中国银行业协会
CHINA BANKING ASSOCIATION

U0732693

中国银行业发展研究
优秀成果评选获奖作品选集

ZHONGGUO YINHANGYE FAZHAN YANJIU
YOUXIU CHENGGUO PINGXUAN HUOJIANG ZUOPIN XUANJI

2017

中国银行业协会行业发展研究委员会　编

中国金融出版社

责任编辑：董　飞
责任校对：潘　洁
责任印制：张也男

本书由中国银行业协会研究部进行资料整理。

图书在版编目（CIP）数据

中国银行业发展研究优秀成果评选获奖作品选集 2017（Zhongguo Yinhangye Fazhan Yanjiu Youxiu Chengguo Pingxuan Huojiang Zuopin Xuanji. 2017）/中国银行业协会行业发展研究委员会编.—北京：中国金融出版社，2017.12

　ISBN 978 – 7 – 5049 – 9333 – 5

　Ⅰ.①中…　Ⅱ.①中…　Ⅲ.①银行业—银行发展—中国—文集
Ⅳ.①F832 – 53

　中国版本图书馆 CIP 数据核字（2017）第 296108 号

出版
发行　中国金融出版社

社址　北京市丰台区益泽路 2 号
市场开发部　（010）63266347，63805472，63439533（传真）
网 上 书 店　http://www.chinafph.com
　　　　　　（010）63286832，63365686（传真）
读者服务部　（010）66070833，62568380
邮编　100071
经销　新华书店
印刷　北京市松源印刷有限公司
尺寸　169 毫米 ×239 毫米
印张　29.25
字数　473 千
版次　2017 年 12 月第 1 版
印次　2017 年 12 月第 1 次印刷
定价　78.00 元
ISBN 978 – 7 – 5049 – 9333 – 5
如出现印装错误本社负责调换　联系电话　（010）63263947

编　委　会

主　编：潘光伟　连　平

副主编：黄润中　周更强

编　审：胡忠福　张　芳　白瑞明　张　亮
　　　　古　瑞　郭三野　赵　濛　金淑英

编　委：周昆平　吴志峰　周月秋　周万阜
　　　　宗　良　张　纯　巴　威　辛　琪
　　　　王庆新　罗亚辉　彭　怡　康守松
　　　　屈宏斌　黄剑辉　林志民　李　健

评审专家组成员：（按姓氏拼音排序）
　　　　巴曙松　管　涛　何海峰　田　轩
　　　　魏革军　徐　忠　闫先东　曾　刚
　　　　朱玉杰

卷首语

　　近年来，中国银行业协会以行业发展研究委员会为重要平台，团结银行业战略研究力量，齐心协力，众志成城，致力于发挥智囊作用，开展行业基础研究和重点课题研究，展现行业发展水平风貌，正确引导社会舆论，为助力我国银行业创新发展作出了应有贡献。"泰山不让土壤，故能成其大；河海不择细流，故能就其深"，为促进形成中国银行业理论、实践研究百家争鸣、百花齐放的良好学术氛围，中国银行业协会自2013年起举办"中国银行业发展研究年度优秀成果评选活动"，至今已连续第五年举办。本年度评选共收到来自86家银行业金融机构及地方协会报名参评作品1024份，评选出特等奖3篇、一等奖10篇、二等奖20篇、三等奖30篇。经各方努力，《中国银行业发展研究优秀成果评选获奖作品选集（2017）》一书终于得以正式出版。

　　本书遴选优秀成果评选中22篇最具代表性的获奖作品，涵盖宏观经济与政策、战略转型、业务发展、金融创新和风险防范等五个篇章。本书汇聚了行业菁英人才智慧，瞄准行业前沿，强化战略研究，实现前瞻性探讨，助推银行业发展走进新时代。从这些成果看，做好行业研究必须坚持以下几点：

　　一是研究的成果源于坚持。研究人员倾注于行业研究工作的日日夜夜，是坚守，更是融注于生命中的理想信念。唯有付出坚持才能奠定研究工作者完成使命、履行责任的基石。对于国内外经济金融形势的判断力和敏感度，并非一朝一夕能够成就的，真正掷地有声的深度研究和报告成果，必须历经多年脚踏实地的跟踪研究，其中的甘苦、付出、奉献和追求尽在不言中。

二是研究的动力源于热爱。习近平总书记曾指出："一个热爱中华大地的人，他一定会爱她的每一条溪流，每一寸土地，每一页光辉的历史""唯有对家乡知之甚深，才能爱之愈切"，推而广之，我们银行业的战略研究工作又何尝不是如此，几神洞妙，熊韬豹略，离开了真正热爱就只能是一纸空文。要做到"知之深"，就需要走下基层，深入了解各个条线业务发展；需要客观分析和基础研究，用调研和数据争取发言权，有理有据地反驳不实之声，正确引导舆论；需要耐得住寂寞，以笔为生产工具，在研究领域深耕细作。

三是研究的发展源于创新。明者因时而变，知者随事而制。习近平总书记指出，"惟创新者进，惟创新者强，惟创新者胜""生活从不眷顾因循守旧、满足现状者，从不等待不思进取、坐享其成者，而是将更多机遇留给善于和勇于创新的人们"。我们广大银行业研究工作者，更要以思想认识的飞跃打开工作的新局面，要有逢山开路、遇河架桥的意志，有探索真知、求真务实的态度，为了创新创造而百折不挠、勇往直前。

刚刚闭幕的党的十九大报告中指出，我国经济已由高速增长阶段转向高质量发展阶段，正处在转变发展方式、优化经济结构、转换增长动力的攻关期，建设现代化经济体系是跨越关口的迫切要求和我国发展的战略目标。这是中国实现从富到强的关键时期。新的时代征程已经开启，让我们坚定信念、不畏艰难、团结一致，为全面建设社会主义现代化国家共同努力！

中国银行业协会专职副会长　潘光伟
2017 年 12 月

序　言

近年来，中国银行业经营环境发生了一系列深刻变化。国内外各种因素相互交织、相互影响，对银行业经营管理带来持续、深入的影响。全球经济呈现不均衡复苏态势，美欧经济稳步复苏，部分拉美国家经济有所改善，但在大宗商品低迷、美国贸易保护主义以及美联储货币政策收紧等冲击下，经济复苏前景仍欠明朗。美联储将启动缩表，欧元区货币政策正常化预期不断增强。尽管美欧等国货币政策收紧可能较为缓和，但其所带来的溢出效应不容忽视。中国经济缓中趋稳，稳中向好，供给侧结构性改革持续深化，利率汇率市场化、人民币国际化及资本项目可兑换等金融领域改革稳步推进。

新的经济金融环境下，银行业机遇和挑战并存。经济结构调整和动力转换，给银行业风险管控带来新的挑战。利率汇率市场化改革深入推进，银行业传统经营模式面临新的竞争发展态势。互联网金融及金融脱媒快速发展，银行业面临新的竞争压力。与此同时，随着"一带一路"、京津冀协同发展等战略的稳步实施，银行业信贷业务将迎来新的政策机遇。随着金融市场对内、对外开放的不断扩大，多层次资本市场建设的稳步推进，供给侧结构性改革的深化，居民投资理财意识的不断提高，商业银行的非信贷资产业务将面临良好的发展机遇。金融科技的发展有助于激发和创造用户需求，不断改善客户体验，推动银行业创新发展。

新环境、新机遇和新挑战，对银行业研究的时效性和有效性提出了更高要求，同时也进一步凸显出银行业研究人员"参谋"作用的重要性和价值。为进一步提升银行业从业人员研究的积极性，鼓励行业从业人员深入思考和潜心研究，提升行业研究能力和水平，加大业内外对银行业改革创新和转型发展的关注与认识，中国银行业协会于2013年起启动了"中国银行业发展研究优秀成果评选"活动，今年是第五年举办。五年来，各会员单位和银行业金融机构广泛响应、积极参与，涌现出了一批有深度、有分量的研究成果，得到了业内外的认可和好评。

本次评选共收到来自86家银行业金融机构及地方协会报名参评作品1024份，比去年增长了27%。其中著作类16份、研究报告类223份、论文类785份。所有参评作品通过"中国知网学术不端文献检测系统"进行查重，行业发展研究委员会对参评作品的原创性严格把关。

报名参评作品数量逐年递增，研究内容覆盖面更加广泛。研究方向主要集中在银行业务、风险管理、战略转型与政策、互联网金融和信息技术、法律、监管政策等领域，并涉及国际化、宏观经济、社会责任、企业文化、人力资源管理等领域。本次参评作品在学术性、专业性及原创性等方面较往年有了进一步提高。

中国银行业协会于2017年2月启动了本年度的优秀成果评选活动，并先后组织相关专家对参评作品进行了初审、复审和终审。最终从1000多份作品中选出22篇（本）有代表性的获奖作品汇编成书并正式出版。这其中既有提交中央高层领导作为决策参考的报告，也有作为银行自身转型发展指导方针的报告；既有已经出版发行的，也有尚未公开出版的；既有宏观研究，也有中观和微观研究；既有金融改革和银行发展战略研究，也有银行业务研究；既有书籍，也有论文和报告，内容和形式丰富多样。

沧海横流方显英雄本色。展望未来，全球经济总体有望呈现复苏态势，但潜在的政治经济风险仍不容忽视。中国经济增长的潜力巨大，新的动能正在增长，但内生增长动力仍待挖掘和提振。经济结构调整任重道远，国内外经济金融形势不确定性依然存在。银行业既拥有良好的发展机遇，也面临前所未有的复杂挑战。银行业研究者使命光荣，责任重大。希望银行业研究者密切关注宏观经济金融形势，紧密结合银行业经营管理中的现实问题，脚踏实地、兢兢业业，持续开展前瞻性和有深度的研究，为中国银行业的改革创新和转型发展贡献更多智慧！

连　平
中国银行业协会行业发展研究委员会主任
交通银行首席经济学家
2017 年 11 月

目　　录

第三篇　业务发展篇

第四篇　金融创新篇

第五篇　风险防范篇

附录

第一篇
宏观经济与政策篇

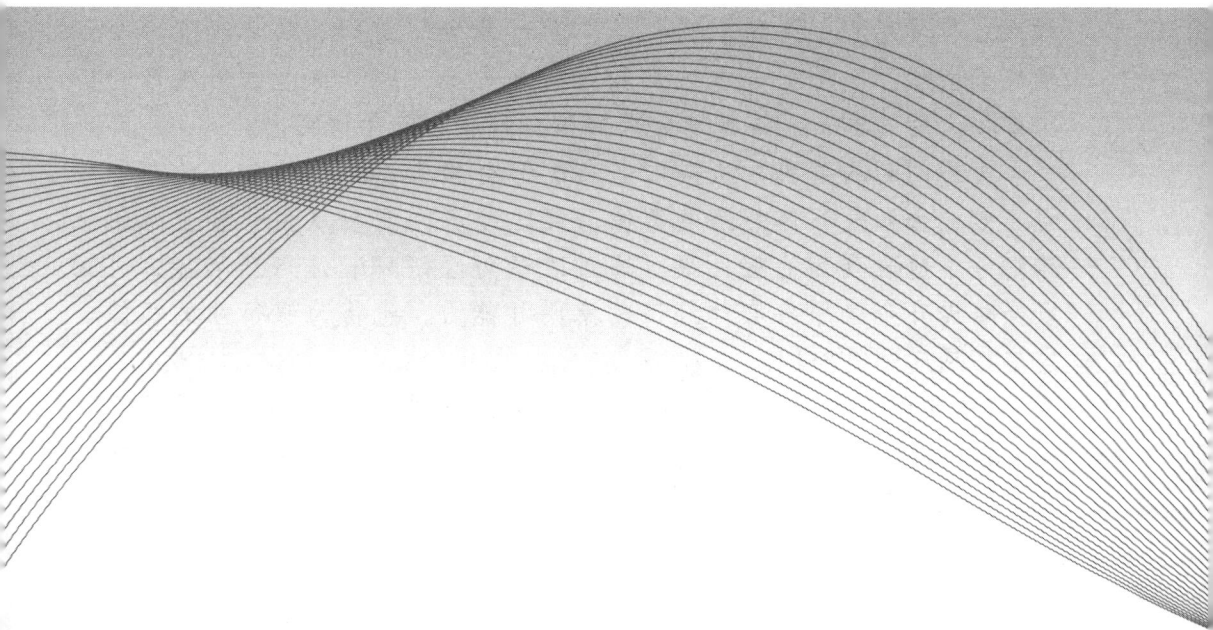

本篇导读

　　当前国际经济缓慢复苏，我国经济进入结构调整的关键时期，经济运行面临诸多挑战。一是结构性矛盾突出。部分行业产能过剩问题依然严重。传统产业减少无效供给难度较大，新兴产业成长面临不少障碍。二是经济金融风险隐患积聚。非金融企业杠杆率高企，地方政府隐性债务规模较大，房地产调控长效机制有待建立。三是实体经济依然较为困难，改进金融服务实体经济工作任重道远。受上游价格高企、市场需求没有明显改观影响，企业盈利能力的可持续性还有待观察。金融机构各类"通道业务"流行，实业企业办金融现象增加。四是部分地区发展难度加大。一些资源型和传统产业比重较大的地区，经济增速大幅回落，财政收支矛盾突出。

　　上述问题的解决，从根本上来说都有赖于供给侧结构性改革取得实效。金融是实体经济的镜像，实体经济问题会从企业和金融机构财务渠道表现为金融问题。通过改革为经济增长注入新动能，可以显著提升金融服务实体经济的意愿和能力，也将为银行业的稳健发展拓展广阔的空间。

　　"宏观经济与政策"篇推荐的4项研究成果，从不同角度反映了商业银行深化改革、服务实体经济的探索与实践，具有很强的现实意义，值得广大从业人员学习与思考。

我国杠杆环境与银行业支持
降杠杆的研究

重庆银行①　冉海陵　隋　军　陈邦强

摘要：作为我国供给侧结构性改革的五大任务之一，降杠杆在理论与实践中均存在待探索的诸多问题，当前背景下作为研究的选题更具现实意义。

本课题研究的路径为：首先，围绕我国降杠杆政策实践亟待解决的难点为问题导向，在梳理归纳国内外已有研究成果的基础上，确立本课题的研究范畴与分析框架。其次，构建跨国杠杆数据库和我国杠杆数据库，围绕求证问题进行资料与数据的对比分析，并在此基础上进行实证检验：(1) 跨国层面：通过跨国间杠杆的比较，考察直接融资与间接融资国家的杠杆率水平变化与宏观经济间的关系，力求发现我国杠杆率变化与不同金融结构国家间存在的差异。(2) 宏观层面：基于所构建 1996 年以来的杠杆率数据，采用水平 VAR 模型对总杠杆率、各部门杠杆率与 GDP 等主要指标进行实证，检验我国杠杆率水平与宏观经济间的关系。由此就杠杆率影响我国宏观经济的观点作出本课题的判断。(3) 微观层面：针对我国的非金融企业部门高杠杆水平，本课题基于中国工业企业数据和上市公司数据构建的杠杆数据库，采用企业层面杠杆数据分析我国非金融企业部门不同行业杠杆率变化趋势，以此考察不同行业、不同类型企业杠杆率升降的影响因素。再次，实证基础上，一方面对不同国家降杠杆的主要政策措施及效果进行分析讨论，以期作为我国开展降杠杆实践的启示；另一方面，对我国历年降杠杆变化期间涉及的宏观经济、货币金融、财政等政策效果进行讨论，以期成为当下降杠杆工作的参考。最后，提出本课题的政策建议。

---

① 课题组组长：冉海陵；课题组副组长：隋军；课题组成员：陈邦强、康继军、张进、陈瑶、张松、魏琪、于晨阳、廖玥。

本课题的主要结论如下：

1. 跨国实证支持：（1）保持合理的杠杆水平尽管对一国经济增长有促进作用，但高杠杆率也导致一国金融体系的脆弱性，引发风险，拖累经济可持续增长。（2）杠杆率对直接融资和间接融资国家的 GDP 影响存在差异，主要体现对不同部门杠杆的影响程度：①直接融资国家的金融部门杠杆对 GDP 影响大。②间接融资国家的非金融部门杠杆对 GDP 的影响大。③政府与居民部门杠杆在两类金融结构国家间对宏观经济的影响程度无明显差异。

2. 我国宏观层面的杠杆实证支持以下结果：（1）我国杠杆总水平仍处于可控区间，但宏观层面的杠杆率快速攀升趋势亟待控制。（2）时序数据实证得到加杠杆对 GDP 无显著促进作用的结果，揭示我国加杠杆存在边际收益递减以及无效杠杆问题，为此需关注并做调整。（3）在降杠杆政策实施的前提下，通过调整和优化杠杆结构以保持宏观经济平稳发展，降低金融体系脆弱性具有可操作的空间。（4）通过脉冲响应和方差分解测定杠杆率变化对我国经济增长的影响结果显示，我国杠杆率增加对 GDP 并非有确定性和稳态的正响应，而且 GDP 对各部门杠杆率变化的响应差异大。

3. 我国微观层面杠杆率考察得到以下结论：（1）杠杆率指标不同得到不同的结果。以"债务/GDP"作为杠杆率宏观指标测算我国非金融企业部门的杠杆率为 166.3%（截至 2015 年末），不仅在各部门杠杆中处于最高，而且显著高于绝大多数国家和国际警戒线。以企业"负债/资产"作为杠杆率微观指标测算我国非金融企业部门杠杆率显示未明显加杠杆。（2）非金融企业部门杠杆率因行业、企业存续时间、企业规模、所处地区、所有制性质等因素呈现不同的差异特征。（3）杠杆率变化对我国企业的资产报酬率、主营业务收入、固定资产增长率和存货增长率均有不同的影响特征。

4. 各国降杠杆政策措施及实施效果对我国的启示：（1）各国降杠杆措施与效果各异，需对症下药，因国施策，不能完全照搬他国经验或搞"一刀切"。但各国应对高杠杆的措施对我国仍有借鉴意义。（2）高杠杆国家仍然可做到风险缓释。

5. 我国降杠杆工作的着力点：在准确把握中央关于供给侧结构性改革核心内涵的基础上，针对重点推进降杠杆工作。（1）保持深化改革的定力，做好参与支持供给侧结构性改革的"持久战"准备。（2）把握降杠杆与金融发展的辩证关系，要以"新常态"的理念引领降杠杆工作，最终通过实体经济的健康发展和金融结构的完善，将总杠杆率和杠杆结构调整到合理水平，促进宏观经济的可持续发展。（3）不盲从他国成功经验，需树立制度自信并立足国情，努力探索具中国特色的"优美的去杠杆"过程。（4）不断探索、勇于创新，力求金融降杠杆措施的精准施力。鉴于我国总杠杆和部门杠杆的特殊性，有待立足国情，不断探索降杠杆的金融措施，实现降杠杆的精准性。（5）立足实际、因地施策、丰富并创新降杠杆模式。①因地制宜开展地方降杠杆实践。通过央行货币政策工具的精准实施、政府出台的降杠杆规范化方案、国家战略落地和新兴产业发展、PPP 等推动降杠杆。②营造企业市场化降杠杆环境。通过债转股降低企业杠杆水平，为企业发展带来生机。针对对传统过剩产能的降杠杆措施，优化杠杆环境。

6. 银行业支持降杠杆政策建议：其一，从银行业参与支持全社会优化杠杆环境的层面：

（1）准确把握降杠杆的核心内涵，树立降杠杆的持久性思维，避免决策的短期性。

（2）建立国家层面的杠杆的信息沟通、监管协调与监测分析机制，做好杠杆调控的基础性工作。

（3）采取结构性去杠杆政策、针对性的货币政策、金融机构监管政策、培育经济新增长点政策等对降杠杆作出前瞻性政策安排。

（4）深化我国资本市场改革，完善金融市场功能，不断增大我国直接融资的比重，降低银行信贷的占比。

（5）着力我国降杠杆的关键点，深化国企改革，建立国企资本补充机制，不断减少"影子银行"的不利影响，提升金融资源配置效率。

（6）完善市场化法治环境，为降杠杆提供制度保障。

其二，从银行业自身降杠杆层面：

（1）完善自身资本和行业的约束，降低自身的杠杆水平。

（2）加快战略转型，建立并不断提升综合化经营能力。

（3）跟随国家战略带来的新增长点，在有潜力的实体经济发展中消化高杠杆。

本课题研究的创新体现在以下几个方面：

1. 在以往数据与资料经验比较的基础上，采用水平 VAR 模型对直接融资与间接融资国家杠杆率对宏观经济的影响进行实证，对以往基于经验判断的结论进行了理论验证。

2. 我国非金融企业杠杆结构分析。采用更新后的上市公司数据和部分中国工业企业数据对不同行业企业杠杆的变化情况进行研究。

3. 在理论分析基础上，运用采集的资料进行跨国层面降杠杆措施与政策评估，对我国降杠杆相关政策措施效果进行讨论，同时开展调研与案例分析，在此基础上提出我国开展降杠杆工作的参考意见。

关键词： 金融　降杠杆

一、前言

债务规模与经济产出形成的杠杆是否存在完美的均衡点，这是学术界一直探索的课题。杠杆是一把"双刃剑"，它一方面能够抑制利率刺激投资，产生财富效应促进消费；另一方面会提升赤字率并形成高额债务压力。债务规模对经济增速的影响是倒 U 形的，在最优债务规模下方，举债能进一步提高经济增速，一旦超过最优规模，举债会拖累经济增速。

在归纳总结国内外相关研究的基础上，本课题从我国银行业支持降杠杆工作面对的实际问题着手，开展如下内容的研究。

（一）理论应用研究

1. 杠杆衡量指标。在跨国和宏观层面，本课题选用该国债务（总债务或者各部门的债务）占该国 GDP 的比重为指标，以考察该国的债务负担程度。中观和微观层面，本课题分别采用"债务/GDP"和"债务/资产"指标对非金融部门的行业杠杆进行分析，从而明晰杠杆刻画的不同指标存在的差异。

2. 杠杆水平对金融发展与经济可持续增长的影响。Goldsmith（1969）、Mckinnon 和 Shaw（1973）强调金融发展来自金融中介与金融市场的结构因数以来，理论界越来越强调两类金融结构与相关的制度安排下对金融发展与经济增长作用的异同。为此，本课题通过跨国数据分析和实证，对直接融资与间接融资主导国家的杠杆水平进行研究，探索不同金融结构与制度安排下的杠杆变化与宏观经济的内在关系。

（二）政策实务研究

首先，在对降杠杆规律分析基础上，结合中国经济运行情况，对标分析我国杠杆水平以及杠杆结构演进趋势。其次，针对中国杠杆的特点，对非金融部门杠杆做深入分析，探索中国去杠杆的关键路径，在此基础上提出不同实体行业杠杆结构调整的建议，以期回答以下问题：

其一，不同金融结构（直接融资主导型和间接融资主导型）国家间，历年杠杆水平变化趋势与宏观经济有何特点？我国杠杆水平与国际比较又有何特点？

其二，各国降杠杆的政策与实施的效果如何？对我国降杠杆工作有何启示？

其三，我国历年杠杆率变化与经济发展有什么关系？杠杆率最高的非金融企业部门的症结在哪里？

其四，我国降杠杆和银行业支持降杠杆的着力点在哪里？

二、不同金融体系的杠杆率的跨国比较

按照 Goldsmith（1969）、Mckinnon 和 Shaw（1973）的划分，本课题选取美国、英国为直接融资主导样本国家，选取德国、日本为间接融资主导样本国家。

（一）直接融资主导国家的杠杆比较

1. 美国杠杆结构变化。在经济下滑趋势得到修复后，在总杠杆水平保持相对稳定的前提下，美国杠杆结构有明显调整。进入 21 世纪以来，美国总体的杠杆水平并没有出现明显的下降。2008 年金融危机过后美国的去杠杆过程表现为杠杆结构的调整，而总体杠杆水平几乎没有变化，通过政府部门加杠杆来使居民部门和金融部门实现去杠杆。

从分部门的角度来看，美国非金融机构和金融机构的杠杆处于较低水平，但是政府部门杠杆快速攀升，特别是 2008 年金融危机过后，在 2014 年达到了 99.7，已经超过了 BIS 计算的预警线 90%，而家庭部门杠杆则由 2008 年的 95.2 降至 2014 年的 79.8，处于相对安全的位置（见图 1）。

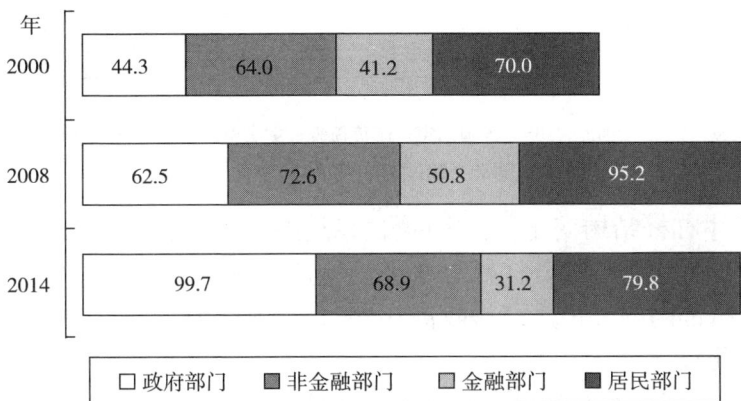

数据来源：Wind 数据库，BIS，各国国家资产负债表；重庆银行金融研究院绘制。

图 1　美国杠杆率结构调整（2000—2014 年）

2. 英国杠杆结构变化。英国总体杠杆率在过去 10 多年间呈现明显变化。次贷危机前，2002 年总杠杆达到最低，2008 年次贷危机时达到最高，到 2014 年仍然维持在较高的水平。

从杠杆结构上看，英国杠杆中的金融部门占比最高。在 2008 年次贷危机中，金融部门增加杠杆达到最高点（238.0），同时政府部门杠杆也在快速增加，2008 年达到 50.2，随后在 2014 年达到 101.4。

（二）间接融资主导国家的杠杆比较

1. 德国杠杆结构变化。2000 年以后，德国总体上呈现降杠杆的趋势，其间在 2008 年金融危机波及后，总杠杆水平只略有上升。从杠杆结构变化上看，德国非金融部门杠杆一直维持在高水平。为应对金融危机冲击，德国主要采取增加政府杠杆的比重，保持非金融部门和金融部门杠杆的稳定，加快居民部门去杠杆水平。危机后，德国为振兴经济，增加政府杠杆，适当减少金融部门杠杆（见图 2）。

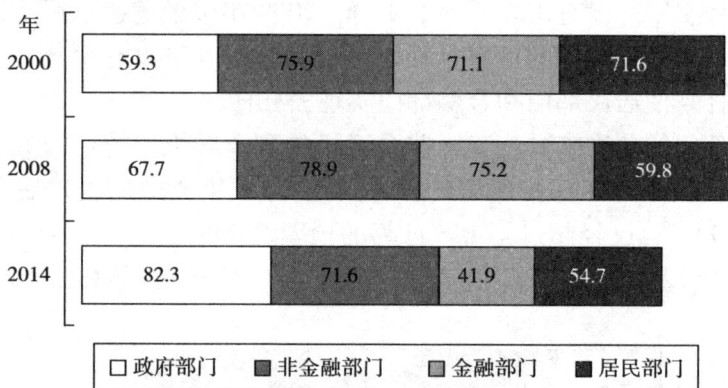

数据来源：Wind 数据库，BIS，各国国家资产负债表；重庆银行金融研究院绘制。

图 2　德国杠杆率结构变化

2. 日本杠杆结构变化。日本的杠杆结构中，政府部门和非金融部门杠杆占有大部分比重。随着杠杆总水平的增加，政府部门杠杆的占比越来越大，非金融部门杠杆仍然维持较高比例，金融部门杠杆逐步减少，居民部门杠杆变化较小。

（三）跨国间杠杆率的实证分析（此处略去）

三、我国杠杆率的趋势、结构与影响分析

2015 年数据显示，我国杠杆占 GDP 比重达到了 282%，超过了发展中

国家平均水平。我国杠杆增加的主要动力来自于非金融企业的借贷，包括房地产企业和大型国企。同时中国债务存在的三大风险主要为中国债务近45%与房地产行业相关、地方政府债务风险和"影子银行"风险（麦肯锡报告，2015）。

（一）我国宏观经济与杠杆的演变趋势

1996年以来，我国杠杆率呈现逐年攀升的趋势。在1997年、2008年两次金融危机的冲击下，杠杆率的提高明显扭转了经济下滑的趋势，促进宏观经济的持续向好。2012年后，尽管杠杆率仍然保持较快增长的态势，但实际GDP增速快速下滑，接近2008—2009年的水平（见图3）。

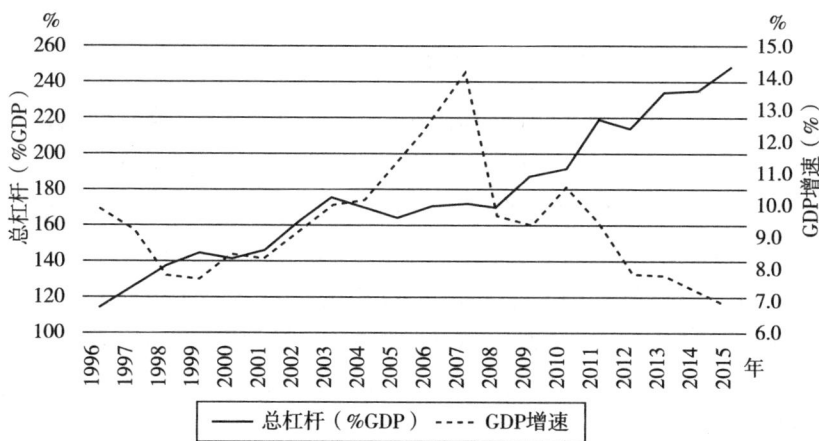

数据来源：Wind，国家资产负债表；重庆银行金融研究院绘制。

图3　中国杠杆率与 GDP 的关系

（二）我国杠杆率的结构变化

2000年以来，我国一直处在加杠杆的进程中。2008年金融危机冲击前，我国加杠杆主要部门为政府、金融与居民部门。非金融部门杠杆占比基本未发生改变。2008年金融危机冲击后，4个部门的杠杆同时增加，其中政府、非金融与居民部门杠杆大幅度增加，金融部门杠杆略微提升（见图4）。

基于"债务/GDP"的杠杆率口径，本课题对我国杠杆结构进行分析。

1. 政府部门杠杆。按照2013年12月审计署《全国政府性债务审计结果》《国务院关于提请审议批准2015年地方政府债务限额议案的决议》，

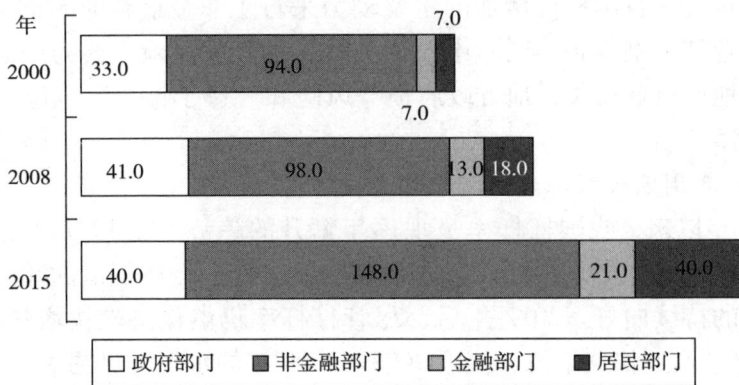

数据来源：Wind，国家资产负债表；重庆银行金融研究院绘制。

图4 我国杠杆率结构变化情况

将中央与地方政府债务汇总，得到截至2015年末，全国政府部门债务达到397349.49亿元，占同年GDP（676707.80亿元）比重为58.72%，低于《马斯特里赫特条约》规定的60%的国家债务安全线，显示政府部门的债务风险处于可控水平以下。

2. 居民部门杠杆。2015年末住户短期贷款额为89084.86亿元，中长期贷款额为181228.12亿元，总计270312.98亿元，占GDP比重为39.95%，低于《债务影响报告（BIS工作报告No.352）》中85%的居民部门杠杆率警戒线。

考察我国国家资产负债表的数据，居民债务增长主要来自住房按揭贷款的增长，其次来源于汽车贷款和信用卡贷款的增长。住房按揭贷款作为居民债务的重要组成部分，随着房地产市场的繁荣不断扩大规模，根据中国人民银行《2015年金融机构贷款投向统计报告》，得出2015年末个人购房贷款余额为14.18万亿元，同比增速达到23.2%，比其他各项贷款增速高出8.9%。

将主要发达经济体、部分新兴经济体与我国进行比较可以看出，在新兴经济体中我国处于偏高水平，而与发达国家相比仍偏低。但我国居民部门杠杆率增速较快（图略）。

3. 非金融企业部门杠杆。根据国际清算银行公布的统计数据，显示出我国非金融部门杠杆呈现出以下趋势：

杠杆攀升速度较快。数据显示，1996—2011年杠杆率变化相对平缓，从2011年之后迅速攀升，上涨了42.3个百分点，其相关原因在于过往经济发展倚重的投资驱动、有待国企深化改革等因素影响。

采集国际清算银行（BIS）公布的统计数据进行分析，从主要发达国家和部分新兴经济体与我国的比较数据来看，我国企业部门杠杆率高于新兴经济体平均水平 65.6 个百分点，高出发达国家平均水平 80.6 个百分点。因此非金融企业部门的去杠杆将是我国整体杠杆水平下降的关键。

4. 全社会总杠杆水平。将各部门杠杆率加总的情况显示，2015 年末我国全社会总杠杆水平达到 265%，较 2008 年水平（157%）增长约 69%。采集国际清算银行（BIS）公布的统计数据进行分析，从主要发达国家和部分新兴经济体与我国的比较发现，我国全社会总杠杆水平在 13 个样本国家或地区中排在第 3 位，我国非金融企业部门的高杠杆率对全社会总杠杆水平攀升有重要影响。

（三）我国杠杆率水平的 VAR 模型检验分析

1. 变量。为了从宏观意义上检验我国总体杠杆率和各部门杠杆率与我国经济发展水平之间的关系，本课题选取杠杆率作为主要的解释变量，选取经济发展水平作为被解释变量，选取我国的资本投入和劳动投入作为控制变量。

2. 模型。本文在 C – D 函数的基础上，引入宏观债务杠杆，研究我国杠杆率对经济增长的影响，具体模型设计如下：

$$\ln Y = \alpha + \beta_1 \ln L + \beta_2 \ln K + \beta_3 Debt + \varepsilon$$

其中，$\ln Y$ 表示我国经济发展水平的对数值，$\ln L$ 表示我国人力投入的对数值，$\ln K$ 表示我国资本投入的对数值，$Debt$ 表示我国的宏观杠杆率。

3. 变量描述性统计。本课题选取我国 1996—2015 年的杠杆率和宏观经济指标数据进行分析，所选变量的描述性统计如表 1 所示。

表 1　　　　　我国杠杆率和宏观经济指标描述性统计

变量	平均值	最大值	最小值	标准差	样本数
$Debt_{total}$	176.1100	249.0000	114.0000	37.9543	20
$Debt_{gov}$	40.6900	57.8000	23.0000	9.6826	20
$Debt_{fin}$	11.5700	21.0000	4.0000	15.1093	20
$Debt_{non-fin}$	105.1300	148.0000	84.0000	4.9644	20
$Debt_{house}$	18.7200	40.0000	3.0000	11.3930	20
K	154296.5589	416384.5767	32815.0312	119056.2771	20
L	74210.5500	68950.0000	77451.0000	2552.8343	20
GDP	173740.9	345428.2	67408.14	207941.1416	20

数据来源：Wind，BIS；重庆银行金融研究院计算整理。

4. 单位根检验。为了验证我国杠杆率与宏观经济指标之间的协整关系，首先对我国杠杆率、资本和人力投入以及经济发展水平做单位根检验，具体结果如表2所示。

表2 我国杠杆率和宏观经济指标单位根检验结果

变量	水平检验结果		一阶差分检验结果	
	ADF 值	P 值	ADF 值	P 值
$Debt_{total}$	-0.3591	0.8971	-5.2075	0.0007 ***
$Debt_{gov}$	-0.6303	0.8389	-6.6938	0.0000 ***
$Debt_{fin}$	0.0265	0.9488	-6.5951	0.0001 ***
$Debt_{non-fin}$	-1.6196	0.4527	-5.7669	0.0003 ***
$Debt_{house}$	0.4986	0.9815	-3.3809	0.0269 **
$\ln K$	0.0996	0.9563	-4.2408	0.0050 ***
$\ln L$	-1.9636	0.2985	-17.1353	0.0000 ***
$\ln Y$	-1.1493	0.6733	-4.3488	0.0049 ***

数据来源：Wind，BIS；重庆银行金融研究院计算整理。

通过上述单位根检验，可以看出我国总杠杆率和各部门杠杆率、资本和人力投入以及经济发展水平变量都是 $I(1)$ 变量，为非平稳时间序列。因此本组中的 VAR 模型采用 Johansen 协整检验方法对各变量进行协整检验。协整检验通过对一组非平稳时间序列进行检测，确定该组数列长期均衡关系。

5. 协整检验。检验我国 GDP 与总杠杆率、人力投入和资本投入之间的协整关系，表3 的结果可以在一定程度上说明我国政府部门的杠杆率会对中国 GDP 产生影响。同时，协整检验结果显示，迹检验和最大特征根检验都表明协整方程的个数为2个。

表3 我国总杠杆率与 GDP 的 Johansen 协整检验结果

H0：Rank = r	特征根	λ_{trace}	P 值	λ_{max}	P 值
r = 0	0.75	62.56	0.00	27.58	0.00
r ≤ 1	0.63	37.46	0.00	17.96	0.13
r ≤ 2	0.53	19.50	0.01	13.69	0.06
r ≤ 3	0.28	4.18	0.39	4.18	0.39

数据来源：Wind，BIS；重庆银行金融研究院计算整理。

检验我国 GDP 与政府部门杠杆率、人力投入和资本投入之间的协整关系，表 4 的 Johansen 协整检验结果显著拒绝了不存在协整关系的原假设，协整检验结果显示，迹检验和最大特征根检验都表明协整方程的个数为 2 个。

表 4　　　我国政府部门杠杆率与 GDP 的 Johansen 协整检验结果

H0：Rank = r	特征根	λ_{trace}	P 值	λ_{max}	P 值
$r = 0$	0.81	67.27	0.00	29.70	0.03
$r \leq 1$	0.70	37.57	0.00	21.88	0.04
$r \leq 2$	0.54	15.69	0.05	14.13	0.05
$r \leq 3$	0.08	1.56	0.21	1.56	0.21

数据来源：Wind，BIS；重庆银行金融研究院计算。

检验我国 GDP 与金融部门杠杆率、人力投入和资本投入之间的协整关系，表 5 的 Johansen 协整检验结果显著拒绝了不存在协整关系的原假设，协整检验结果显示，迹检验和最大特征根检验都表明协整方程的个数为 1 个。

表 5　　　我国金融部门杠杆率与 GDP 的 Johansen 协整检验结果

H0：Rank = r	特征根	λ_{trace}	P 值	λ_{max}	P 值
$r = 0$	0.92	87.46	0.00	44.39	0.00
$r \leq 1$	0.70	43.06	0.00	21.45	0.05
$r \leq 2$	0.49	21.61	0.00	11.95	0.11
$r \leq 3$	0.42	1.66	0.00	1.66	0.20

数据来源：Wind，BIS；重庆银行金融研究院计算。

检验我国 GDP 与非金融部门杠杆率、人力投入和资本投入之间的协整关系，表 6 的 Johansen 协整检验结果显著拒绝了不存在协整关系的原假设，协整检验结果显示，迹检验显示协整方程为 3 个，而最大特征根检验表明协整方程的个数为 1 个。

表 6　　　我国非金融部门杠杆率与 GDP 的 Johansen 协整检验结果

H0：Rank = r	特征根	λ_{trace}	P 值	λ_{max}	P 值
$r = 0$	0.80	67.37	0.00	27.58	0.03
$r \leq 1$	0.63	38.23	0.00	21.13	0.13
$r \leq 2$	0.58	20.21	0.01	14.26	0.03
$r \leq 3$	0.23	4.65	0.03	4.65	0.03

数据来源：Wind，BIS；重庆银行金融研究院计算。

检验中国 GDP 与居民部门杠杆率、人力投入和资本投入之间的协整关系，表 7 的 Johansen 协整检验结果显著拒绝了不存在协整关系的原假设，协整检验结果显示，迹检验和最大特征根检验都表明协整方程的个数为 3 个。

表 7　　　　　我国居民部门杠杆率与 GDP 的 Johansen 协整检验结果

H0：Rank = r	特征根	λ_{trace}	P 值	λ_{max}	P 值
$r = 0$	0.82	75.74	0.00	30.95	0.02
$r \leqslant 1$	0.73	44.78	0.00	23.59	0.02
$r \leqslant 2$	0.51	21.19	0.00	12.90	0.08
$r \leqslant 3$	0.37	8.29	0.00	8.29	0.00

数据来源：Wind，BIS；重庆银行金融研究院计算。

6. 向量误差修正模型（VECM）。经过对各组数据协整检验，可以得到各组数据的 VECM 模型，本课题选取的数据为年度数据，基于此选取滞后阶数为 1，得出的回归方程如下所示：

$$EC_t = LnY_t - 0.2234LnL_t + 18.0776LnK_t + 0.2256Debt_{Total} - 202.8419$$

$$(1)$$

上述方程表明我国经济发展水平与资本投入、人力资本投入和总杠杆率存在着长期均衡关系，从长期来讲，总杠杆率对我国经济发展水平的影响为负向的，即总杠杆率每提升 1 个百分点会导致我国经济发展水平降低 0.2256 个百分点。

$$EC_t = LnY_t + 18.8481LnL_t - 0.1305LnK_t - 0.0014Debt_{Gov} - 212.0528$$

$$(2)$$

上述方程表明我国经济发展水平与资本投入、人力资本投入和政府部门杠杆率存在着长期均衡关系，从长期来讲，政府部门杠杆率对我国经济发展水平的影响为正向的，即总杠杆率每提升 1 个百分点会导致我国经济发展水平提升 0.0014 个百分点。

$$EC_t = LnY_t - 13.4703LnL_t + 1.7412LnK_t - 0.2063Debt_{Fin} + 130.9261$$

$$(3)$$

上述方程表明我国经济发展水平与资本投入、人力资本投入和金融部门杠杆率存在着长期均衡关系，从长期来讲，金融部门杠杆率每提升 1 个百分点会导致我国经济发展水平提升 0.2063 个百分点。

$$EC_t = LnY_t + 26.5676LnL_t - 0.5123LnK_t + 0.0040Debt_{Non-fin} - 294.6549$$

$$(4)$$

上述方程表明我国经济发展水平与资本投入、劳动投入和非金融部门杠杆率存在着长期均衡关系，从长期来讲，非金融部门杠杆率对我国经济发展水平的影响为负向的，即非金融部门杠杆率每提升 1 个百分点会导致我国经济发展水平降低 0.0040 个百分点。

$$EC_t = LnY_t + 7.9282LnL_t - 0.2453LnK_t + 0.0274Debt_{House} - 88.8045 \quad (5)$$

上述方程表明我国经济发展水平与资本投入、劳动投入和居民部门杠杆率存在着长期均衡关系，从长期来讲，居民部门杠杆率对我国经济发展水平的影响为负向的，即居民部门杠杆率每提升 1 个百分点会导致我国经济发展水平降低 0.0274 个百分点。

7. 脉冲响应分析。本课题选取 10 年为观察期，通过脉冲响应和方差分解来观测杠杆率变化对我国经济发展水平的影响。

Response of LNY to Cholesky
One S.D. DEBT_GDP_Innovation

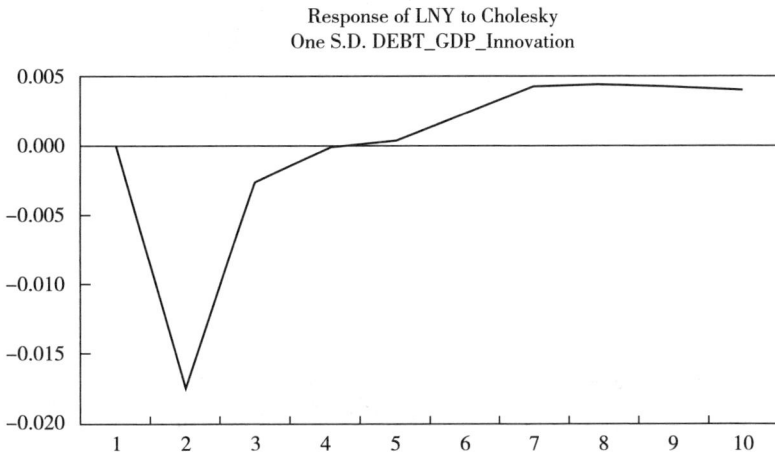

数据来源：Wind，BIS；重庆银行金融研究院计算。

图 5 我国总杠杆对经济增长的脉冲响应分析

通过图 5 的脉冲响应图可以看出，以 10 年为观测期，来自总杠杆率的正向冲击首先会导致我国经济发展水平迅速下降，在 4~5 年后开始对经济发展水平表现出促进作用。这在一定程度上表明虽然加杠杆能够在 5 年以上对经济发展水平产生正向的冲击，但是仍无法抵消短期内给经济发展水平带来的负向冲击，所以总体来看，总杠杆率的提升并不能很好地促进经济增长。

四、我国非金融企业部门杠杆分析

鉴于资产负债率更能从微观层面真实反映企业自身的资本结构，在此基于"负债/资产"口径，从工业企业、上市公司、国有企业三个角度讨论非金融企业部门杠杆的结构问题。

（一）我国非金融部门杠杆的结构特征

根据申万行业分类标准，统计 2000—2015 年上市公司各行业（除金融行业）的资产负债率。自 2008 年以来，房地产、钢铁、采掘、国防军工、交通运输、建筑装饰 6 个行业资产负债率大体上逐年上升，具有明显的"加杠杆"趋势（尤其房地产和钢铁行业最为突出）；计算机、传媒、电气设备、电子、建筑材料、纺织服装行业的资产负债率在 2008—2010 年显著下降，2010 年以后略微上升，具有一定程度的"加杠杆"趋势；其他行业（公用事业、化工、机械设备、家用电器、农林牧渔、汽车、轻工制造、商业贸易、食品饮料、通信、休闲服务、医药生物、有色金属、综合）的资产负债率自 2008 年以来逐年下降或保持平稳，具有一定的"去杠杆"趋势。2000—2015 年我国上市公司各行业（除金融行业外）资产负债率状况如图 6 和图 7 所示。

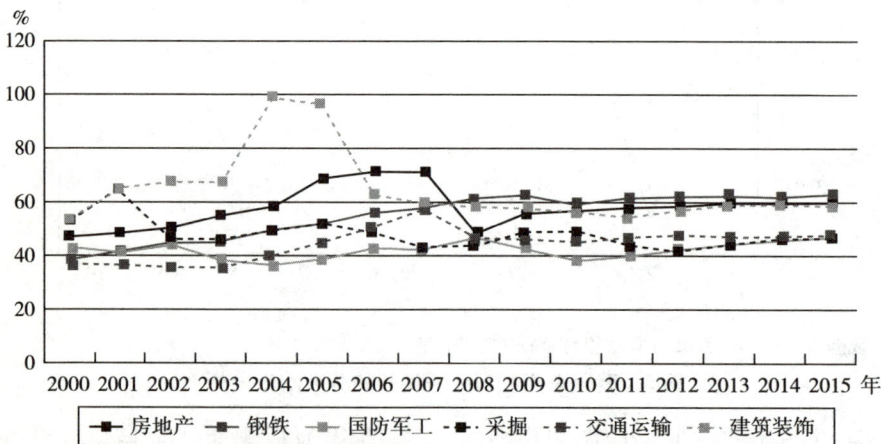

资料来源：Wind，重庆银行金融研究院整理。

图 6 非金融部门"加杠杆"的部分行业

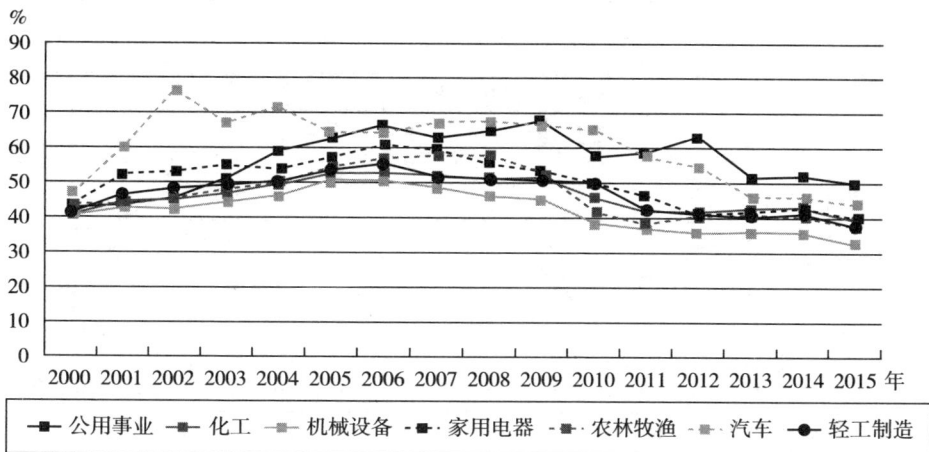

资料来源：Wind，重庆银行金融研究院整理。

图 7　非金融部门"降杠杆"的部分行业

（二）杠杆率对我国实体行业的影响分析

在分析我国非金融企业部门杠杆的总体状况和结构特征基础上，本课题进一步探究各行业的盈利能力、发展能力和资产积累情况，尝试从杠杆与企业经营发展关系的角度初步评价各行业杠杆的合理性，有助于判断哪些行业应该"加杠杆"、哪些行业应该"去杠杆"。

统计 2000—2015 年上市公司各行业（除金融行业外）的总资产报酬率（净利润/总资产），并以其作为盈利能力的度量指标，分析"加杠杆"（或"去杠杆"）是否促进了企业盈利能力的提高（或降低）。

分析发现，自 2008 年以来，虽然整体上各行业的资产报酬率均有所下滑，但"加杠杆"行业（特别是钢铁、采掘业）的下滑幅度更大，趋势更为明显，而"去杠杆"行业（如家电、化工、休闲服务等）该指标的下降幅度较小，甚至保持平稳态势。分析表明，"加杠杆"行业企业的资产报酬率并没有随其杠杆的增加而提高，"加杠杆"未能提升行业的获利能力。2000—2015 年我国上市公司各行业（除金融行业外）的资产报酬率（ROA）变动状况如图 8 和图 9 所示。

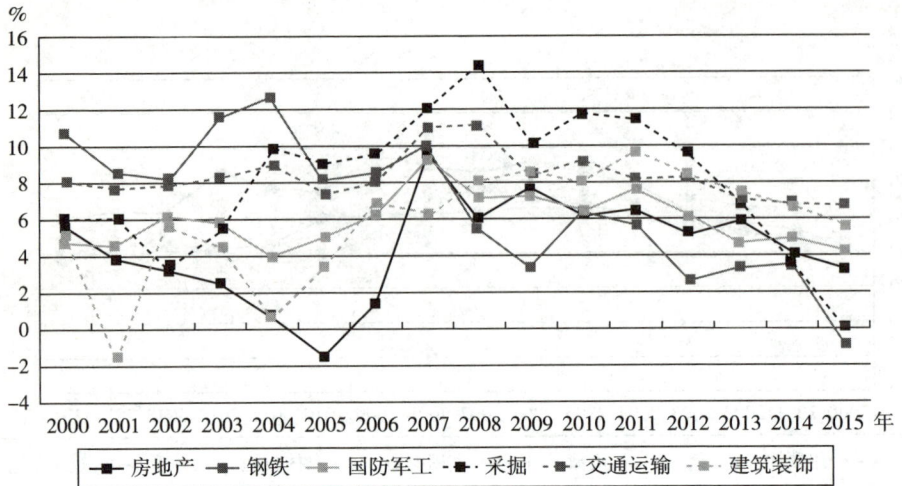

资料来源：Wind，重庆银行金融研究院整理。

图 8 "加杠杆"行业盈利变化趋势

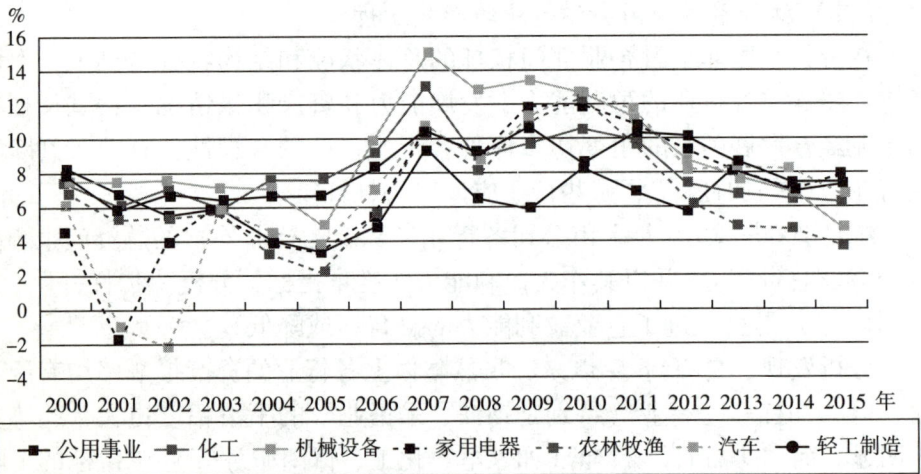

资料来源：Wind，重庆银行金融研究院整理。

图 9 "降杠杆"行业盈利变化趋势

五、结论与政策建议

（一）结论

1. 跨国实证支持以下结论：

（1）保持合理的杠杆水平尽管对一国经济增长有促进作用，但高杠杆率也导致一国金融体系的脆弱性，引发风险，拖累经济可持续增长。

（2）杠杆率对直接融资和间接融资国家的 GDP 影响存在差异，主要体现对不同部门杠杆率的影响程度。

①直接融资国家的金融部门杠杆对 GDP 影响大。美国和英国为代表的直接融资国家，其 GDP 更多受金融部门杠杆的影响，为此反映出金融部门杠杆在直接融资国家对宏观经济的作用。

②间接融资国家的非金融部门杠杆对 GDP 的影响大。以德国和日本为代表的间接融资国家，其 GDP 更多受到非金融部门杠杆率的影响。间接融资国家主要通过银行作为金融中介发挥配置金融资源的作用，资本市场的功能相对较弱。

③政府与居民部门杠杆在两类金融结构国家间对宏观经济的影响程度无明显差异。政府部门和居民部门杠杆率的增加都能不同程度促进 GDP 增长，表明直接融资与间接融资国家，通过调控政府部门杠杆水平对宏观经济施加影响，同时，居民部门在一定程度上加杠杆能够增加社会终极消费能力，带动经济的发展。

2. 我国宏观层面的实证支持以下结论：

（1）我国杠杆总水平仍处于可控区间，但宏观层面的杠杆率快速攀升趋势亟待控制。

（2）时序数据实证的加杠杆对 GDP 无显著促进作用的结果，揭示我国加杠杆存在边际收益递减以及无效杠杆问题，为此需关注并做调整。

（3）在降杠杆政策实施的前提下，通过调整和优化杠杆结构以保持宏观经济平稳发展，降低金融体系脆弱性具有可操作的空间。

（4）通过脉冲响应和方差分解来观测我国 10 年间的杠杆率变化对经济增长的影响，显示我国杠杆率增加对 GDP 并非有确定性和稳态的正响应，而且 GDP 对各部门杠杆率变化的响应差异大。①总杠杆率增加对 GDP 的脉冲效应在加杠杆后的 4 年间为负响应，5～7 年为正响应，其后逐渐衰减；②政府部门加杠杆在最初 4 年间对 GDP 无响应，5 年后正负响应交替出现，9 年各开始急剧衰减；③金融部门加杠杆后的 2 年内 GDP 有明显的正响应，随后 3～4 年为负响应，以后正负响应交替出现；④非金融企业部门加杠杆在最初 4 年间为明显的负响应，5 年后正响应逐渐增加并趋于平稳；⑤居民部门增加杠杆最初 2 年内为负响应，3～5 年达到正响应，其后为负响应。

3. 我国微观层面杠杆考察显示以下结果：

（1）宏观层面与微观层面对我国非金融企业部门杠杆率的考察存在明

显差异。以"债务/GDP"作为杠杆率宏观指标测算我国非金融企业部门的杠杆率为 166.3%（截至 2015 年末），不仅在各部门杠杆中处于最高，而且显著高于绝大多数国家和国际警戒线。以企业"负债/资产"作为杠杆率微观指标测算我国非金融企业部门杠杆率显示未明显加杠杆。上市公司的"负债/资产"指标变化较平稳，呈稳中有降的趋势，而工业企业的"负债/资产"指标则呈明显的下降趋势。本课题分析认为与资本边际产出率下降有关，即单位资产创造的 GDP 呈现快速下降。其原因来自产业结构变化（重资产行业占比上升）、投资效率下降、收益低下、过剩与落后产能等。针对指标差异的计量分析还有待构建我国企业（上市＋非上市）层面全样本数据库基础上的研究。

（2）分析非金融企业部门杠杆结构显示如下特征：①工业企业中，除了少数上游产业相关企业以及基础设施建设相关企业的负债率呈上升趋势，其他行业多呈下降趋势；②存续时间越长的企业，其负债率下降的幅度越小；③大企业的负债率小幅下降，中小企业的负债率显著下降；④东北和中部地区企业的负债率下降幅度最大，东部发达地区企业的负债率较为稳定且略有上升；⑤国有企业的负债率始终高于私营企业，私企的负债率高于外资企业；⑥国有企业中，大中型企业负债率明显偏高，亏损企业负债率高于盈利企业，地方企业负债率高于中央企业；⑦上市公司的平均负债率不断上升，2009 年之后超过非上市公司；⑧在上市公司中，房地产、钢铁、采掘、国防军工、交通运输、建筑装饰行业具有明显的"加杠杆"趋势；计算机、传媒、电气设备、电子、建筑材料、纺织服装行业具有不同程度的"加杠杆"趋势，其他行业均呈现不同程度的"去杠杆"趋势。

（3）杠杆变化对我国企业的影响特征：①加杠杆行业的资产报酬率明显下降，而降杠杆行业该指标的下降幅度较小，甚至保持平稳态势；②加杠杆行业的主营业务收入增长率呈下降趋势，而降杠杆行业该指标整体上较为稳定；③各行业的固定资产增长率和存货增长率均较为稳定，加杠杆与降杠杆行业的资产积累状况没有明显差异。分析表明，加杠杆未能有效增强企业的盈利能力和发展能力，也没有明显增加企业的经营资产积累，因此，从经营发展的角度判断，这些行业存在过度加杠杆的问题。

4. 各国降杠杆政策措施及实施效果对我国的启示：

（1）各国降杠杆措施与效果各异，需对症下药，因国施策，不能完全照搬他国经验或搞"一刀切"。但各国应对高杠杆的措施对我国仍有借鉴意义。

美国针对金融危机采取的降杠杆措施：①美联储通过资产购买计划，持续向市场提供流动性，以应对次贷危机引发的大规模信贷紧缩，修复货币传导机制，扩张信用，帮助金融机构和家庭部门平稳降低杠杆率。②政府部门通过加杠杆，大幅提高预算赤字，实施大规模经济刺激计划以提振总需求。③美国政府和联邦存款保险公司（FDIC）采取金融手段帮助企业解困。降杠杆的政策效果表现在：一是家庭部门降杠杆显著。二是金融机构降杠杆显著。三是美联储和美国政府部门加杠杆明显。

日本降杠杆的政策措施和效果：1990 年日本经济泡沫破灭后，波及实体经济。日本政府一方面通过提高财政赤字扩大总需求，动用公共资金救助国内金融机构；另一方面通过扩张性的货币政策，降低利率，提高货币供应量。由此形成目前政府部门杠杆率最高的国家。日本除非金融企业部门去杠杆略有成效外，降杠杆远未达到预期，其主要原因有三个方面：一是经济泡沫破灭后导致居民住户负担过重，抑制了私人投资。二是支持日本企业原有的高成长性商业模式受到新兴经济体国家的竞争，转型困难。三是日本人口的快速老龄化，抑制国内经济增长势头。

（2）高杠杆能够风险缓释。尽管部分债务风险指标处于预警状态，日本并未出现明显的政府债务危机。其六个方面的因素也许是主要原因：①低的发债成本，降低了实际的资金价格；②政府持有高额海外资产，成为对外净债权国；③央行与金融机构的作用；④日元的国际储备货币地位；⑤来自高端制造业的实体经济做支撑；⑥债务资金使用的可回收能力。政府债务多用于投资基础建设等未来能够有投资收益的项目，不同于产业空心化的希腊等国。后者的债务多用于福利支出。日本竞争力强的实体经济也为债务偿还形成托底支撑。

（二）建议

1. 我国降杠杆工作的着力点：

在准确把握中央关于供给侧结构性改革核心内涵的基础上，针对重点推进降杠杆工作。

（1）保持深化改革的定力，做好参与支持供给侧结构性改革的"持久战"准备。供给侧结构性改革是对经济粗放式发展模式进行的一场"诊疗"，"恙疾"的治愈是渐进的过程。为此银行业要从过往注重自身行业发展的同时更需要增强对实体经济变化的深度研判上，做好降杠杆、调结构的长期准备和资源储备，切实贡献于全要素生产率的提升，营造化解高杠杆的金融生态环境。

（2）把握降杠杆与金融发展的辩证关系，要以"新常态"的理念引领降杠杆工作。降杠杆不能成为一项孤立的举措，为降杠杆而降杠杆，甚至停下发展的脚步来降杠杆。因此，一方面，要通过保持经济中高速增长，做大杠杆指标的"分母"；另一方面，要通过削减债务，紧缩财政，尤其是清除当前的"无效杠杆"，以控制杠杆指标"分子"的无序放大。最终通过实体经济的健康发展和金融结构的完善，将总杠杆率和杠杆结构调整到合理水平，促进宏观经济的可持续发展。

（3）要兼收并蓄但不盲从国际经验、更要汲取别国教训。在降杠杆工作中对国别、制度和时间的差异要有客观的认识。我国不宜普遍采用古典式的降杠杆方式，一味以"休克"的手段，短时间完成降杠杆过程。需要立足国情借鉴温和式的降杠杆方式，努力探索具中国特色的"优美的去杠杆"方式。

（4）不断探索、勇于创新，力求金融降杠杆措施的精准施力。货币政策在支持降杠杆过程中仍然要力求实现 GDP 呈现中高速增长、同时实现物价稳定与就业的充分。但不容忽视的问题是单纯地依靠货币政策为工具降杠杆的作用有限，还有待相应的监管等措施的配合。鉴于我国总杠杆和部门杠杆的特殊性，有待立足国情，不断探索降杠杆的金融措施，实现降杠杆的精准性。

（5）立足实际、因地施策、丰富并创新降杠杆模式。①因地制宜，推进各地方的降杠杆实践。通过央行货币政策工具的精准实施、政府出台的降杠杆规范化方案、国家战略落地和新兴产业发展、PPP 等推动降杠杆。②为企业营造市场化降杠杆环境。如通过市场化债转股、企业有序的并购等为实体经济发展带来生机。

2. 在银行业支持降杠杆的建议：

（1）坚持"持久战"思想，避免降杠杆的短期行为。

（2）做好跟踪监测工作，解决信息不对称问题。

（3）消化吸收已有经验，落实相关政策措施。本课题在对金融危机之后相关国家去杠杆政策及其效果评估基础上，建议在以下几方面作出前瞻性政策安排。

一是采取结构性降杠杆政策，提供科学调节杠杆结构，为有效需求的扩大提供空间。

二是坚持适度宽松的货币政策，同时努力提高金融服务质效，为实体经济健康发展注入金融的活力。

三是有效有序地托管、重组陷入困境的金融机构，防范并化解区域性和系统性风险。

（4）完善资本市场，提升直接融资比重。通过多层次资本市场的构建，调整企业过分依赖于银行融资的金融供给方式。

（5）深化国企体制改革，不断探索建立企业资本补充机制，努力提升企业资本约束能力，通过市场机制的完善推进国企杠杆水平回归到合理水平。

2016年国务院发布《关于积极稳妥降低企业杠杆率的意见》及其附件《关于市场化银行债权转股权的指导意见》。这是当前我国防范和化解企业债务风险的一个重要文件。明确了降杠杆的具体途径，包括通过推进企业兼并重组、完善现代企业制度强化自我约束、盘活企业存量资产、优化企业债务结构、有序开展市场化银行债权转股权、依法依规实施企业破产、积极发展股权融资等7个方面。

一是通过降低企业杠杆促进经济转型升级。我国杠杆率较高的企业主要集中在国有企业特别是国有产能过剩企业，而产能过剩的根本原因在于产业集中度过低。国际经验表明，化解产能过剩的重要手段是通过并购重组提高行业集中度，因此需要通过加强杠杆率考核、市场倒逼和债转股等手段，加快低效企业甚至是"僵尸企业"的兼并重组、资产盘活和破产重组，促进大型龙头国有企业横向和纵向整合，化解过剩产能，推进经济转型。这也是落实供给侧结构性改革的应有之义。

二是通过降低企业杠杆主动防范金融风险。国内债务水平在次贷危机后过快上升，而且主要集中于企业部门，尽管信用风险事件没有出现大面积爆发，但仍存在一定程度的潜在风险。较高的杠杆率水平，导致企业部门在经济和利率波动过程中，往往表现出脆弱性，只有采取未雨绸缪的理念，主动作为、合理有序降低杠杆，才能有效抗击未来无法预计的金融风险。

三是通过降低企业杠杆优化资源配置。考虑到高负债的国有企业中有相当一部分属于过剩产能行业，对其中的"僵尸企业"进行破产重组，有利于释放信贷和其他社会资源，将其优先配置到国家鼓励支持、有发展前景的产业，切实提升资源配置效能。

（6）完善法治环境，保障降杠杆的市场化，要从法制层面防范"拉郎配"和"逃废债"等道德风险。

3. 银行业自身降杠杆：

（1）强化资本约束，收缩同业链条。按照央行 MPA 框架，要压缩金融链条，促进金融服务实体经济的质效，防控金融风险。

（2）规避同质化竞争，构建特色化能力。实务界面临经营的同质化仍困扰着行业发展，贷款的"垒大户"行为不仅带来高杠杆和金融资源效率的低下，也增大了行业风险的集聚。银行业在供给侧结构性改革中要加快战略转型，提升综合化经营能力，不断探索交易型银行模式，增加金融对实体经济的有效供给能力，以此达到优化行业自身的杠杆水平。

（3）跟随国家战略布局，培育新增长点。密切跟随"一带一路"、"长江经济带"、"京津冀一体化"以及自贸区战略布局，及时进行业务和产品创新，促进有效需求的持续释放，消化降低行业杠杆。

中国商业银行资产负债管理

——利率市场化背景下的探索与实践①

楼文龙

党的十八大以来，我国金融改革稳步推进，利率市场化也迈出了关键性一步。利率市场化是我国金融改革的重要内容之一，它从内在逻辑上重构了资金价格的形成机制和变化规律，深刻改变市场主体行为方式和金融竞争环境，使商业银行面临更复杂的风险状况和更大的盈利压力，对银行传统业务模式、盈利模式和内部管理模式带来全方位的挑战。利率市场化改革深入推进，加之经济新常态、金融脱媒加剧、互联网金融崛起以及金融监管加强等宏观经济与金融行业诸多变革因素，促使银行业面临转型发展的迫切要求。

商业银行要成功应对利率市场化带来的诸多挑战，真正实现向先进金融企业蜕变，唯有依靠改革创新和不断探索实践。三十多年改革开放的经验告诉我们，我国成功的实践很大程度上超越了西方既有经验和传统理论的范畴，不能机械地照搬国外所谓"先进模式"。面对利率市场化及其他经济金融变革因素带来的机遇与挑战，我国商业银行应当坚持从基本国情和自身实际出发，不断在实践中探索、在探索中总结、在总结中创新，走出一条适合自身的发展道路。资产负债管理是贯穿商业银行生存发展始终的基本管理行为，是商业银行战略规划、风险管理和价值创造的核心工具。在利率市场化条件下，构建一套行之有效的、适合我国商业银行发展实际的资产负债管理模式，是商业银行实现价值最大化和可持续发展的重要保障。

---

① 本文摘自出版图书：《中国商业银行资产负债管理——利率市场化背景下的探索与实践》，作者：楼文龙，出版单位：中国金融出版社，出版时间：2016 年 5 月。

一、资产负债管理历史沿革

资产负债管理（Asset and Liability Management）是商业银行战略规划、风险管理和价值创造的核心工具，是商业银行谋划战略布局、提升内生发展动力和核心竞争力的关键，在商业银行经营管理中发挥了重要作用。随着社会经济环境不断变化，金融产品和金融服务内容不断丰富，金融风险种类和传染途径不断演化，资产负债管理的目标、理念、方法和模式与商业银行经营实践在相互影响、相互作用中不断发展演进。

商业银行在几百年的发展历程中，积累了丰富的资产负债管理理论、经验和方法，并随着社会经济环境的演变而不断发展和完善。资产负债管理理论发源于 200 多年前的西方商业银行，至今已经历了资产管理理论（Asset Management Theory）、负债管理理论（Liability Management Theory）和资产负债综合管理理论（Asset – liability Management Theory）三个阶段。在资产负债综合管理理论框架下，已衍生出全面、动态和前瞻的综合平衡管理理论。

20 世纪 90 年代以来，随着经济全球化和金融自由化进程加快，商业银行资产负债面临的环境趋于复杂化：表外业务加快创新与发展，拓展了资产负债管理的内涵和外延；经济发展面临的复杂性和不确定性因素增多，资产负债管理的主动性和前瞻性要求提高；2008 年美国次贷危机中更为激烈的市场竞争也令资产负债管理愈加注重价值创造导向。因此，在经历管理内容的延伸、管理范围的拓展、管理思路的更新、管理工具的升级之后，资产负债综合管理理论的内涵与外延进一步拓宽，进入全面、动态和前瞻性综合平衡管理阶段。全面、动态和前瞻性综合平衡管理理论认为现代商业银行资产负债管理是一种全方位的管理方法，具有以下三方面的特征：一是对资产和负债的全面管理。资产负债管理既管资金来源，又管资金运用；既管表内项目，又管表外项目；而且要同时对表内外资产和负债的数量、结构、收益、成本进行规划和控制，使资产和负债在规模、期限、利率、币种等要素上相互匹配。二是动态的前瞻性管理。资产负债管理要基于对宏观经济与市场走势的预测，合理规划资产负债存量和增量的规模和结构，同时考虑资产与负债间的相互影响，动态调整管理策略。三是综合平衡管理。资产负债管理要综合平衡资本约束与业务发展、风险控制与业绩回报、短期目标与长期战略、当期收益与长远价值等方面之间的关系，实现"量、本、利"的平衡和"短、中、长"的兼顾，促进各项业务经营稳健协调发展。

二、中国商业银行资产负债管理体系重塑

近年来，全球经济跌宕起伏，中国经济进入增长动力转换、结构调整再平衡阶段，银行业面临利率市场化提速、互联网金融兴起、金融脱媒深化、监管日趋严格等多重挑战。在内外部经营环境复杂多变的情况下，国内商业银行需通过资产负债管理体系建设和优化，促进经营模式转型和价值创造升级，从而实现规模、速度、质量和效益的有机统一。

（一）经济新常态。经济新常态下，我国经济增速回落，经济基本面的调整，经济增长速度、发展方式、经济结构、发展动力结构正在发生深刻转变，带来了大量过去不曾遇到过的难题和来自多方面的严峻挑战。新常态下，货币政策更加注重松紧适度，财政政策更加注重结构性调整，金融市场环境、客户行为也将发生深刻变化，从而对银行经营管理产生以下影响：资产从高速扩张回归正常增长；负债增速回落，结构变化明显；不良资产上升，风险加大；依靠息差的传统盈利模式遭遇瓶颈。

（二）监管新要求。监管越来越强调微观审慎监管与宏观审慎监管相结合，对银行资产负债主动管理能力提出更高的要求，产生如下影响：促使商业银行合理控制表内外规模扩张，优化结构摆布，提升服务实体经济能力；促使商业银行加强存款稳定性管理，减少"冲时点"行为；促使商业银行注重资本节约与释放，疏通资本补充的内外部渠道；促使商业银行实现对理财业务的独立风险控制与指标管理，使理财业务回归"受人之托、代人理财"的本质；促使商业银行重视流动性风险管理，加强系统工具建设和监测计量方法升级；引导商业银行在提高定价能力和维护利率市场化竞争秩序两个方面"双管齐下"。

（三）金融要素新改革。我国金融改革和开放的核心内容是利率市场化、汇率形成机制改革、资本账户开放和人民币国际化等，互相配合、互相促进中加以推进的，对商业银行影响重大：有可能导致银行业行业集中度提高；高息负债占比上升，低息负债占比下降；风险资产配置偏好上升；资产回报水平趋于下降；存贷利差与净利息收益率（NIM）趋于收窄，非利息收入占比上升。利率市场化对商业银行资产负债管理能力提出严峻考验，从量、价、险三个方面对银行经营管理构成挑战。随着金融全球化的推进，商业银行外汇资产负债规模快速扩大，对汇率敏感性增强。在近年来人民币汇率双边波幅扩大的情况下，汇率风险管理难度加大。增加汇率

风险管理难度。对外汇流动性管理能力提出更高要求。增加外汇资产信用风险管理难度。

（四）资产负债管理体系重塑。2012 年以来，利率市场化改革进入关键时期。这一时期，中国商业银行同时面临经济形势变化、监管新要求、金融改革全面深化诸多挑战。商业银行资产负债管理应当尽快适应形势变化，进一步优化管理目标、提升管理理念和完善管理模式，加快建立满足更高风险控制和价值创造要求的资产负债管理体系。在资产负债表外业务的加速扩张的背景下，商业银行必须积极顺应这一趋势，建立表内外一体化的资产负债管理体系，科学界定资产负债管理内涵，有效拓展资产负债管理外延，坚持"全局性"原则。资产负债管理是一个量、价、险的体系，需要对业务总量、价格、风险状况进行整体性的研判、管理与应对，坚持"协调性"原则。资产负债管理的基本职能之一就要有效平衡商业银行发展的当期收益与长期价值之间的关系，摒弃对短期目标、任期目标的追逐，坚持"未来观"。同时，管理目标上，需要从利润最大化转变为经风险调整后的价值最大化，实现银行的收益与风险有机结合，实现业务发展与风险管理的内在统一。

在利率市场化的关键时期，面对经济形势、监管环境、市场竞争的新变化、新挑战，商业银行要立足于集团化、表内外、本外币的全口径视角，做实资本约束、财务约束和风险约束，协调平衡好规模、结构、风险、收益的关系，通过健全资产负债管理机制和提升政策传导效率来有效推进业务经营转型。

三、价值导向的资本管理体系

在外部监管的推动下，我国国有大型银行从 2004 年起逐步建立了资本管理体系，初步实现了发展方式的转变。在新的阶段，商业银行要在深化对国际银行监管体系认识的基础上，吸收和运用其蕴含的先进管理思想，将监管压力转化为内在经营动力，构建价值导向的资本管理体系。

（一）资本充足率到总损失吸收能力。在现行国际银行监管体系中，资本监管居于核心位置。1988 年至今，BCBS 先后出台了三个版本的《巴塞尔协议》，建立了一套完整的资本计量和资本标准制度。我国从 1994 年开始引入了资本监管理念。2004 年颁布了《商业银行资本充足率管理办法》，建立了与国际标准相衔接的资本监管制度，到 2013 年成为首批实施《巴塞尔协议Ⅲ》主要经济体，对促进银行业改革与发展发挥了重要作用。2015 年，中国建设银行继中国银行、中国工商银行、中国农业银行之后成为国内第四家全球系统重要性银行。四大国有银行相继入选全球系统重要性银行既表明国际社会对中国经济和金融业改革发展成就的认可，也意味着中国银行业将迎来新的全方位挑战，需要监管部门和入选商业银行共同努力应对。

（二）资本充足率管理。我国商业银行的资本管理体系在外部监管的推动下建立，资本约束理念的树立呈现由外而内的过程，因此通常将资本充足率目标作为资本管理的起点。资本充足率管理的关注重点在于资本充足率目标的设定和资本供给端的管理。商业银行在设定资本充足率管理目标时至少要综合考虑四个因素，即最低资本充足率要求、风险与效率平衡、宏观经济周期、投资者信心等。持续提升盈利水平是提升资本充足率的根本途径。从留存收益的构成看，提高资本内生能力的直接途径包括优化收益结构、控制成本费用以及科学合理分红等三个方面。面对资本内生增长压力加大和国内外监管的日趋严格，为实现长期可持续发展，我国商业银行还需要结合资本市场特点和自身资本结构现状，加快外部融资工具创新，构建满足未来资本需求的新型资本工具体系。

（三）经济资本管理体系。在资本需求端，商业银行通过内部的经济资本管理工具进行约束传导，节约和释放资本占用，提高资本的边际回报水平。首先，要协调好三大资本的关系。账面资本是监管资本和经济资本的来源和基础，监管资本是约束目标，经济资本是落实资本约束目标和账面资本保值增值的内部传导工具。其次，要对经济资本进行科学计量。它决定着经济资本信息的可靠性和相关性，以及整个经济资本管理系统的有效性。再次，要完善经济资本配置与考核机制。与国内基于机构的组织管理模式相适应，经济资本管理基本都是按照机构维度模式开展。经济资本的事前配置、事中监控和事后考核构成了完整的管理过程。最后，要搭建内部资本充足评估体系。内部资本充足评估程序建设是资本监管第二支柱的核心内容。实践证明，实施内部资本充足评估程序，有利于提升商业银行资本管理水平，在满足监管部门各项风险管控要求的同时，推动和引导商业银行持续健康审慎发展。

四、资本导向的"大资产"统筹管理

"大资产"是指商业银行的表内外资产项目的集合，不仅包括商业银行资产负债表上的资产项目，还包括没有在资产负债表上反映的表外项目。面对经济新常态与监管变革带来的挑战，商业银行需要围绕股东价值回报最大化目标，在以资本为中心的价值传导机制基础上，建立涵盖表内外的"大资产"统筹管理体系，寻找支持战略、提高效益和控制风险的契合点。

（一）经济资本与信贷配置的结合。当前，信贷资产仍是我国商业银行资产结构的重要组成部分。2015年末，五家国有大型银行贷款余额达44万亿元，占总资产的比例为53.57%，贷款利息收入占营业收入的比例超过70%（数据来源于公开披露）。我国商业银行仍以传统信贷业务为主，信贷配置的效率很大程度上决定着商业银行的运营效率和盈利能力。商业银行内部的信贷资源配置应坚持以资本为主要导向。在资本稀缺的背景下，边际收益高于资本成本（市场平均利润水平）是商业银行业务可持续发展的基本原则，也是上市银行满足股东回报的内在要求。因此，信贷投放不是以会计利润作为唯一标尺，而是要充分权衡资本承受能力和资本回报水平，这样才能使资产边际回报和整体业绩同步优化。

（二）以资本引领资产组合管理。近年来，随着多层次资本市场的发展，直接融资在社会融资规模中的占比逐渐提高。反映到商业银行资产负债表上，表现为贷款增速放缓，贷款占表内总资产的比例有所下降，而投资占比则较快上升。从更大范围看，商业银行表外业务加速创新与发展，表外资产规模迅速扩大，并且与表内业务交叉关联、互相影响。为此，商业银行经营管理的范畴逐步从信贷资产扩展到包括信贷资产、固定收益资产、现金类资产等表内生息资产以及资产管理、资产证券化等表外盈利资产，形成统筹表内外的"大资产"管理格局。以资本引领表内外资产组合管理，关键在于以RAROC为纽带，使各项管理工具形成合力，实现目标、过程和结果的统一，实现资产业务与经济资本联动、表内外资产负债联动以及资产配置与价值创造联动。

（三）表内外统筹管理。表内外资产统筹管理需要围绕提升价值回报水平目标，借助资本管理工具将表外业务纳入统一管理框架，寻找提高资产组合效益、控制风险和支持战略的契合点。针对贷款承诺、信用证、保函、银行承兑汇票等传统表外信贷业务，主要通过资本限额控制业务总量，通过期限管理优化业务结构，通过合格缓释工具节约资本，将其纳入资产负债管理统一管理框架之中。对于资产证券化等新型表外业务，要明确功能定位，主动利用这些工具统筹管理表内外资产组合。对于表外"影子银行"，要纳入资产负债管理体系统筹管理。短期内，在风险可控前提下，以资本回报水平为标尺合理安排资产组合的结构，使表外融资与贷款、债券投资以及资产证券化等保持总量上的协调。远期看，最终应朝"阳光化"

方向发展。

五、成本导向的"大负债"统筹管理

商业银行的负债是指商业银行由于受信而承担的将以资产或资本偿付的并以货币计量的债务，是商业银行从事日常经营业务所依赖的主要基础资金来源。所谓负债管理即是商业银行对负债的规模、结构等进行决策安排的综合过程。

（一）"大负债"管理的理念探索。商业银行的负债业务是近年来受宏观经济变化与金融改革深化影响最为集中的领域之一。商业银行资金来源的竞争压力逐步加大、竞争形势也趋于复杂化，传统的"存款计划"管理方式已经逐渐难以适应管理需要，以表内外多元化资金来源统筹管理为核心的"大负债"管理成为近年来商业银行经营转型的重要方面。所谓"大负债"管理，首先是管理范围的扩大。即由原本的以存款为中心，延伸到覆盖传统存款、同业融资、表内外理财资金、发行债券、同业存单以及大额存单等表内外全部资金来源。"大负债"管理还包括商业银行由被动吸收存款转向主动管理负债，即由单纯的规模管理转为兼顾规模、成本、风险的统筹管理。

（二）"大负债"管理的策略研究。商业银行"大负债"管理下的策略选择，一方面要解决总量计划的确定问题，体现为以资本约束下的资产增长为负债资金组织的目标；另一方面要解决结构协调的问题，体现为以成本为导向、以流动性为边界的结构优化原则，并针对不同负债品种制定差异化的发展策略。针对不同资金来源的性质与特点，可以将最主要的几种负债业务分为核心存款、主动负债和资管理财三大类型。其中，核心存款是稳定低成本的资金来源，在规模计划目标上，主要考虑货币供应量增长与自身客户、渠道等因素确定；在成本控制上，主要根据内生资本需要，确定成本的容忍度；在结构安排上，除成本因素外，还要考虑稳定资金来源的需要。主动负债主要包括同业资金融入和主动型的存款新产品，主要以核心存款增长与负债总量资金需求的缺口作为规模增长目标，并以量价平衡作为统筹管理原则，需要建立以资产收益为约束的定价机制。

（三）理财业务的转型思考。商业银行理财产品，是商业银行发行的以接受客户委托，向客户提供理财顾问及代理服务，并按照约定进行投资活动的业务。在西方商业银行的经营中，具有代客理财性质的资产管理业务已经成为其主营业务之一，在业务结构中的重要性与传统银行业务相当。

但从国内看，虽然理财业务近几年获得了飞速的发展，但仍然带有一定的"类存款"特征。在理财产品的发展策略上，要着重发挥理财业务在支持利润增长及维护客户关系的作用；在目标制定上，要关注市场环境与客户需求的变化；在考核激励上，需要综合考虑多种维度的评价方式；在产品策略上，需要处理好理财发展与净息差、资本的平衡关系。

六、效率导向的净息差管理

净息差又称为净利息收益率，是一段时间内商业银行净利息收入和生息资产日均余额的比值。净息差可用于衡量商业银行在一定资产规模下，通过资金的来源与运用，创造净利息收入的效率。因此，净息差指标是商业银行资产负债管理中重要的效率评价指标。

（一）净息差管理对国内商业银行的重要性日益提升。在利率市场化和金融多元化发展之初，我国商业银行以存贷款为主要业务，存贷款利率存在管制。因此，商业银行规模扩张的冲动较强，优化资源配置和提升定价水平的动力不足，净息差管理理念相对弱化。近年来，净息差管理在资产负债管理中的重要性日益提升。一方面，随着国际资本监管加强和越来越多的商业银行股改上市，商业银行对财务回报和经营效率的管理要求日益提高。另一方面，净利息收入目前仍是国内商业银行的收入主体。提高净息差管理水平，有利于稳定商业银行的盈利基础，为进一步改革发展、经营转型创造良好条件。

（二）利率市场化背景下，净息差管理面临多重挑战。伴随利率市场化改革进程，银行业整体上可能面临存款成本抬升和存贷利差收窄等挑战，对商业银行的净息差管理提出了更高的要求。一是净息差与市场竞争力面临平衡挑战。在利率市场化背景下，存款定价不仅体现着银行的成本要求，也需要反映客户竞争策略，量价均衡的压力面临加大。二是净息差与风险水平面临平衡挑战。在成本抬升压力下，银行资产端也将面临提高收益的要求，往往会带来风险偏好的提升，包括客户下沉、错配增加等，对风险管理能力提出更高的要求。三是净息差与收入目标之间存在平衡关系。净利息收入是量、价结合的成果。在净利息收入最大化的目标下，净息差并不一定最大化，需要做好统筹协调。

（三）关于净息差管理思路的思考。综合上述分析，商业银行净息差管理的目标应是在市场份额和风险水平等因素的约束条件下，在既定的资产规模内追求经营效率的提升，从而实现净利息收入的最大化。因此，净息差目标的制定，需要与资本充足率、经营计划、结构调整、定价策略、流动性风险以及市场风险等管理要素充分衔接。在净息差目标确定后，为形成全行各业务条线和各分支机构对量、价平衡管理的共同关注，在执行资负计划和定价策略的基础上，从总行层面要横向对各业务条线部门进行息差目标分解，在分行层面要纵向提出存贷利差的管理要求，是对净息差管理体系的进一步完善。

七、面向客户的利率定价管理

利率市场化的本质，在于实现商业银行的利率自主定价。在利率市场化的环境下，商业银行的利率定价能力将成为决定其经营竞争能力的关键因素。

（一）利率市场化初期的定价管理。商业银行的资产负债业务按大类可归为存款、贷款、同业业务等。各类业务在外部定价管理模式上存在不同特点。一是在存款定价管理上，伴随存款利率上限逐步打开，各商业银行逐渐形成了分层定价体系，以"挂牌利率"为基准；设置带有准入条件的"批量授权利率"，在挂牌利率基础上实现上浮；并逐步探索一对一单笔定价的"模型测算利率"。二是在贷款定价管理上，目前商业银行已经形成了一些较为成熟的定价模型，能够支持在贷款基准利率的基础上进行差异化程度较高的风险定价。三是在同业业务的定价上，目前同业业务的市场化程度较高，商业银行通常在一定的授权体系下，由业务部门根据市场利率水平进行自主定价。

（二）利率市场化对定价管理提出的挑战。伴随利率市场化推进，商业银行的利率定价管理面临诸多挑战和要求。一是在定价的基准利率上，央行存贷款基准利率可能逐步简化及至取消，进而构建从货币政策工具到货币市场利率，再到存贷款市场利率的利率传导路径，逐步打破存贷款定价对基准利率的依赖。二是在定价方法上，存款的差异化定价是商业银行的主要挑战。伴随利率市场化，如何对存款客户按照利率敏感性差异进行客群分类，然后针对不同的客群执行差异化的定价策略，是存款定价的主要挑战。三是自律机制的作用增强。商业银行利率定价的约束方式由"管制约束"向"财务约束"和"自律约束"转变，未来银行利率定价的行业协调将逐步增加，"宏观审慎评估体系"对理性定价的要求变得更为重要。

（三）主动对接利率市场化的定价管理改革。面对利率市场化的新形势及未来的改革要求，商业银行的利率定价管理需要加快转变管理思维，全面提高利率定价的管理水平和管理效率。一是要探索以市场化利率为定价基础的定价框架。结合利率市场化的国际经验，未来我国商业银行需要建立起以拆借利率或债券收益率等市场化利率为基准曲线的定价管理框架，逐步摆脱对存贷款基准利率的依赖，真正提升在市场化环境下的自主定价能力。二是要优化以差异化定价为目标的定价方法和定价管理。特别是要构建精细化的存款客户分析管理系统。三是要适应以定价自律机制为核心的新的市场秩序，积极参与定价自律机制的工作，主动树立理性定价的自律意识。

八、面向客户的利率定价管理

内部资金转移价格（FTP）是指商业银行内部资金中心按照一定规则，从服务于核算资金收益或成本的目的出发，对每一笔资金来源或资金运用进行的内部计价。内部资金转移价格是实施资产负债精细化管理的重要工具。

（一）FTP 在利率市场化进程中应运而生。从 FTP 的起源看，美国银行业为了应对利率市场化的挑战，于 20 世纪 80 年代将 FTP 工具引入银行管理领域，将商业银行"差额资金管理"模式逐步升级为"全额资金管理"模式，较好地发挥了 FTP 在实现内部精细化管理和实现利率风险集中等方面的功能。在利润贡献的识别方面，FTP"收支两条线"的核算理念弥补了财务账面核算的不足。在利率风险管理方面，FTP"资金集中管理"的理念能够实现利率风险剥离。目前，国内商业银行普遍已经建立了基于 FTP 的全额资金管理模式，较好地适应了利率市场化改革初期的管理升级要求。

（二）国内商业银行 FTP 管理面临的新要求。随着利率市场化推进，国内商业银行现有的 FTP 管理将面临新的要求和挑战。一是 FTP 定价基准面临统一。从国际经验看，商业银行的 FTP 定价基准曲线通常为参考市场化基准利率设置的单一曲线。而在国内"双轨制"利率环境下，目前一些国内商业银行对存贷款业务和投融资业务分别设定了不同的 FTP 曲线，无法较好地适应完全利率市场化环境要求。二是 FTP 管理基础面临完善。目前国内商业银行在市场化 FTP 定价方法的建设上仍处在探索阶段，同时一些银行的 FTP 管理目标定位不够清晰，容易导致行内其他部门的质疑。

（三）关于改进和完善 FTP 管理的思考。在现代商业银行制度下，特别是对于分支机构较多的大型商业银行而言，建立并完善 FTP 体系是强化经营管理的必由之路。我国利率市场化改革完成之后，FTP 更要成为商业银行传导资产负债策略的重要工具。一是要完善 FTP 治理架构。全行层面需要有 FTP 的最高管理机构；管理层面除日常管理部门外，还需要有一个跨部门协调机构；执行层面需要设置相应岗位负责 FTP 的全面实施。二是要统一 FTP 定价原则。FTP 定价基准应准确反映边际筹资成本，FTP 定价范围应覆盖全资产负债表。三是要加强 FTP 在经营管理中的运用。商业银行可通过 FTP 对绩效评价体系进行优化，还可加强对战略性 FTP 点差参数的设计和运用。

九、流动性风险管理

商业银行在经济生活中，不仅承担着信用中介的职能，也承担着期限转换中介职能。因此，流动性风险与信用风险一样，都是银行在经营中所必须承担和审慎管理的风险。只有管理好流动性风险，商业银行才能确保持续安全稳健经营。

商业银行的流动性风险管理能力是指以能够接受的成本，及时获取充足资金，以满足存款人提取现金、持续支付到期负债、为借款人提供正常贷款以及为资产增长提供必要资金保障的能力。当这一能力出现问题，商业银行就将面临流动性风险，巴塞尔委员会认为，商业银行流动性风险（the risk of liquidity）是指商业银行虽然有清偿能力，但无法及时获得充足资金或无法以合理成本及时获得充足资金以应对资产增长或支付到期义务的风险。

自 20 世纪 90 年代国家专业银行向商业银行转轨以来，我国流动性风险管理逐步成为商业银行风险管理的重要内容之一。回顾改革开放以后我国商业银行的发展历程，其在流动性风险管理的方面大致经过以下两个阶段：一是商业银行流动性风险管理的制度"真空"阶段（1993 年之前）；二是商业银行流动性风险管理的快速发展阶段（1994 年至今）。近年来，特别是 2013 年 6 月银行间市场发生"钱荒"事件后，商业银行体系流动性风险管理的地位日益凸显，管理形势不断严峻，国内商业银行纷纷强化自身的流动性风险管理体系，但在流动性风险管理方面仍有完善提升之处。主要表现为：对流动性风险主动管理的意识有待进一步加强；流动性风险管理覆盖面有待进一步拓宽；流动性风险计量工具和方法有待进一步完善；对资金头寸管理较为关注，过程管理尚显不足；在业务规模管理方面较为重视，期限错配管理仍有待改进。

随着利率市场化的逐步深入，银行面临的风险将日趋复杂。利率市场化后，流动性风险与市场风险、操作等其他各类风险的相关性更强，更容易相互转化。如果其他风险没有得到有效防范和控制，长期累积并综合作用，都有可能影响流动性风险或以流动性风险的形式表现出来。如果商业银行仍然针对单一风险进行分别管理，忽视全面风险管理，将无法实现对各类风险的统筹和整合，也无法对流动性风险进行有效甄别，银行发生流动性风险的概率将有所增加。利率市场化的推进，一是影响银行负债的稳定性；二是影响银行的流动性储备；三是会加剧资产和负债的期限错配。

随着未来利率市场化改革加速以及人民币资本项目开放进程加快，影响银行流动性的因素可谓更为复杂，我国商业银行应该在以下几方面不断优化自身流动性风险管理：一是建立完善的流动性风险管理组织架构和内部管理制度；二是拓展流动性风险管理范围；三是健全流动性日间管理机制；四是加强动态现金流的计量和管控；五是完善流动性压力测试；六是加强新流动性监管指标的实践和应用；七是加强流动性风险应急管理。

十、利率市场化与利率风险管理

利率风险是指利率的不利变动给商业银行财务状况带来的风险。利率风险管理与商业银行价值创造能力的稳定性密切相关。

（一）利率风险管理的目标是收益与价值稳定。根据巴塞尔委员会的定义，利率风险在本质上衡量的是利率变化对商业银行的收益或价值产生的不利影响。利率风险的来源包括重定价风险、收益率曲线风险、基差风险及期权性风险等。因此，利率风险管理的目标，主要是识别利率风险的来源，通过控制风险敞口，将商业银行收益或价值的潜在损失控制在一定风险偏好之内。收益角度的利率风险管理，主要关注利率变化对商业银行净利息收入的直接影响。价值角度的利率风险管理，主要关注利率变化对商业银行经济价值的影响。在风险管控手段上，一方面是对收入和价值的风险敞口设置限额，另一方面是通过资负政策传导和金融市场交易两种方式实现缺口调整。

（二）利率市场化对利率风险管理带来的挑战。我国的利率市场化进程将改变存贷款利率框架体系和客户行为方式，进而加大利率风险管理难度。一是基差风险管理面临挑战。基差风险主要是指重定价特征相似的产品的基准利率发生了不同步的变化。在我国存贷款利率浮动区间扩大并放开后，存贷款基准利率可能逐步面临期限简并，甚至取消，存贷款利率和市场化利率可能逐渐融合。受此影响，在短期内，存贷利差收窄将成为常态，基差风险加大。从中长期看，存贷款的基准利率将完全市场化，基差风险的管理难度加大。二是期权风险管理面临挑战。期权性风险主要是指在客户具有选择权的产品中，由于客户行使了不利于银行的权利，导致商业银行损失的一种风险。从利率市场化改革的挑战看，主要是客户对存款利率敏感度的提升将加大期权性风险的管理难度。

（三）通过系统升级和工具创新来提升利率风险管理能力。面临利率市场化改革的冲击和挑战，商业银行围绕利率风险管理的目标，提升利率风险管理水平的关键在于提升计量风险和控制风险的能力。因此，商业银行一方面要加强利率风险管理系统的建设和升级，在静态缺口表的基础上生成动态缺口表，在缺口表计量的基础上实现现金流计量，从而逐步提升风险计量的精细化水平，提高客户行为的分析能力。另一方面，商业银行要加快研究通过利率衍生品对利率风险进行表外对冲的方法。根据监管定义，利率衍生品的范围包括远期、期货、互换和期权等。截至目前，我国除利率期权外，利率衍生品已初步形成了交易市场，包括以金融期货交易所为平台的国债期货市场和以银行间同业拆借中心为平台的利率互换及远期利率协议市场等。但是从交易情况看，上述衍生品的标的物仍主要集中于债券、拆借等市场化业务利率。商业银行仍然需要在存、贷款利率衍生品方面做出更为积极的创新和尝试。

十一、新形势下的汇率风险管理

汇率风险指由于汇率的不利变动而使银行表内和表外业务发生损失的风险。商业银行就上述风险进行识别、计量、监测及控制的做法称之为汇率风险管理。伴随利率市场化的推进，汇率市场化和资本项目开放的步伐加快，汇率双边波动加大，商业银行汇率风险不仅更加显性化、日常化，其内涵和外延也随之发生了一些改变，提高汇率风险管理能力变得更加迫切。

（一）商业银行汇率风险管理的现状。商业银行汇率风险管理从识别开始，主要分为结构性汇率风险和交易性汇率风险。难以对冲的属性以及可自由对冲的属性是区分结构性和交易性的主要因素。汇率风险计量是商业银行汇率风险管理的重要内容，包括敞口分析、汇率敏感性分析、在线价值计量、压力测试等等。相对较为丰富的计量手段，商业银行管控汇率风险的手段较为明确，主要通过资产负债匹配、限额和套期保值对商业银行的汇率风险加以管控。

（二）商业银行汇率风险管理面临的新形势与挑战。随着汇率波动扩大以及我国商业银行外汇业务的不断发展，汇率风险管理已成为各商业银行日常风险管理的重要内容。商业银行汇率风险计量是汇率风险管理的重要环节。在相应的外部形势变化下，汇率风险内涵开始扩充，结构发生转变，首先是指汇率波动下商业银行的负面效应有所扩大，主要指外汇资产收益下降导致商业银行整体价值有所下降；其次是指多币种联动汇率风险取代单一币种汇率风险，交易性汇率风险占比超过结构性汇率风险，在管理难度扩大的同时也提高了商业银行汇率风险管理的灵活性和主动性；最后是提出了汇率风险和流动性风险交织缠绕的可能，通过1997年亚洲金融危机的历史经验，比对了当前新兴市场形势和当年危机爆发前的近似之处，重述了危机发生的过程，并根据相关要素分析了我国对于这种叠加风险的防范。

（三）汇率风险精细化管理之路。为了应对新形势下汇率风险管理的新挑战，商业银行需要从风险识别、计量监测和管控工具等各个风险管理环节加以改进，提升汇率风险管理精细化水平。一是增加汇率经济风险的识别。商业银行传统意义汇率风险尚难以全面识别经济价值损失风险，但这一风险在汇率双边波动下将长期存在。商业银行需要丰富汇率风险管理内涵，从单纯关注汇兑损失风险向兼顾经济价值风险转变。二是丰富汇率风险计量的指标体系。在汇率双边波动下，商业银行对汇率经济风险加以识别后，相应的风险计量方法也要考虑对经济风险的合理计量，同时，单币种敞口由多币种敞口取代，以及未来可能出现资本流出引起的流动性风险，都需要商业银行在汇率风险计量方法上分别予以优化。扩展对汇率经济风险的计量，增加汇率波动下的流动性压力测试，优化多币种下的汇率风险计量，完善汇率风险计量监测系统建设。三是完善汇率风险管理工具。随着商业银行汇率风险来源结构和币种结构的改变，汇率风险管控手段也需相应调整，由原有相对简单的被动管控方式向主动管控转变，提高汇率风险的精细化管理程度。坚持稳健的汇率风险策略，加强汇率风险限额管理，提高汇率走势研判分析，积极利用金融衍生产品直接对冲汇率风险，以人民币对外汇汇率衍生品直接对冲交易性风险，以外汇对外汇汇率衍生品调整汇率风险币种结构。

在我国经济发展进入新常态的时代背景下，利率市场化改革给银行业带来的影响深远。展望未来，全球经济格局将更加错综复杂，经济环境、行业环境、市场环境日益复杂多变，金融改革将向纵深方向推进，在给银行业带来发展机遇的同时，也带来了前所未有的挑战。未来商业银行的经营模式、经营机制、经营形态、经营范畴和竞争方式等诸多方面将发生巨大的转变，一些方向性的转型发展趋势值得重点关注。把握住银行业未来发展的趋势，才能更好地适应未来充分竞争的市场环境，才能实现可持续发展。

供给侧结构性改革背景下商业银行
"债转股"发展建议研究

交通银行湖北省分行　王　舒

摘要： 在中国经济进入深化转型的新时期，供给侧结构性改革应运而生，并已经成为决定转型升级成败的关键之举。供给侧结构性改革的重点在于"三去一降一补"，尤其是去产能、去杠杆。在供给侧结构性改革中，"债转股"被寄予厚望。本研究基于供给侧结构性改革的时代背景，对"债转股"的运作模式、操作流程、换股类型、退出方式等进行了系统阐述，在借鉴发达国家推行经验和近年来我国实践探索的基础上，分析了我国商业银行推行"债转股"的阻力，并进行了案例分析与情景模拟，最后从加强顶层设计、坚持市场导向、优选对接产品等角度提出系列对策建议，以期为管理决策提供参考，从而更好地发挥新形势下商业银行助力供给侧结构性改革和服务实体经济的作用。

关键词： 供给侧　商业银行　债转股

一、"债转股"的基本概述

根据 2011 年 11 月 23 日国家工商行政管理总局公布的《公司债权转股权登记管理办法》规定，"债转股"的涵义为："债权转股权，是指债权人以其依法享有的对在中国境内设立的有限责任公司或者股份有限公司的债权，转为公司股权，增加公司注册资本的行为。"对商业银行来说，"债转股"是处置不良资产的资产保全方式之一。即当贷款对象出现一定问题时，商业银行通过将债权转化为股权，为贷款对象注入活力，一定程度上恢复其盈利能力和财务健康，减少贷款损失。

（一）"债转股"的分类

根据"债转股"的主导对象是市场还是政府部门，可以将其分为政策性"债转股"和商业性"债转股"。

政策性"债转股"是指目标企业选择、债权转让定价、资产管理公司的设立等均由政府主导。为帮助企业脱离困境、改善财务状况，政府推动银企协商，促使银行对企业的债权转化为股权，使银行成为企业股东，降低或消灭企业债务。

商业性"债转股"是与政策性"债转股"相对而言，政府仅制定相关政策和规则，或提供适度担保。债权人和债务人是以市场为主导，为了双方的利益，互相商议后，在合法合规的基础上，双方平等自由地将债权转换为公司股权。

（二）"债转股"的运作模式

根据"债转股"的承载主体不同，可以将其分为三种运作模式：

一是直接模式，即直接将银行对企业的债权转化为银行对企业的股权，这又包括银行设立专项资产管理计划和银行子公司持股两种方式。

二是间接模式，即银行将对企业的债权打包出售给第三方（如金融资产管理公司），再由第三方将这笔债权转化为其对企业的股权。

三是委托模式，即银行将对企业的债权交给第三方（如金融资产管理公司），第三方作为投资主体将原本银行与企业间的债权债务关系转变为其与企业的投资与被投资关系，原本的债务也转变为企业的资本金，银行从第三方处获取股息和分红。

（三）"债转股"的操作流程

根据"债转股"的承载主体和运作模式不同，"债转股"会有不同的程序。但大体包括以下步骤：

1. 债权人、债务人及第三方（若有）达成"债转股"意向；

2. "债转股"方案申请获取政府部门批准；

3. 待处理不良资产或债务的评估定价；

4. "债转股"比例确定；

5. 签订"债转股"协议及最终实施。

（四）"债转股"的换股类型

根据"债转股"后持有股份种类的不同，银行作为企业股东发挥的作用也有所不同。

一是债转普通股。持有企业普通股后，银行即为企业的投资股东之一，全面参与企业经营管理。银行可以通过组织人事、制定发展战略、参与项目决策、监督管理激励等方式，推动企业进行治理结构改革，改善财务状况，有效完成重组。

二是债转优先股。作为优先股股东，银行一般不参与企业日常的经营管理，除会直接影响优先股股东利益之外，银行对企业其他重要事项无表决权。但银行有固定的股息收益，且对公司利润和剩余财产有优先分配权。

（五）"债转股"的退出方式

无论是商业银行还是金融资产管理公司，作为临时持股者，最终要处置股权以退出。而"债转股"企业是否真正恢复盈利能力是能否顺利退出的关键。退出主要有四种渠道：

一是股权回购退出。初始债务人或新公司以现金或非现金资产方式购回股权，并重新管理工商登记，减少公司注册资本。

二是股权转让退出。通过与第三方商议，在合法合规前提下，持股者将公司的股权转让给购买者。

三是上市退出。持股者通过自身优势，协助"债转股"企业发展到一定程度后，企业在资本市场上公开发行股票。

四是损失核销。"债转股"后，企业仍然无法扭亏为盈，持股者最终只能通过损失核销来处理此部分股权。

（六）"债转股"的重要意义

上一轮政策性"债转股"的实施，有效减轻了企业经营过程中的负债压力，同时降低了银行账面不良率，为当时的经济重新注入生机。而在经济新常态下，本轮市场化的"债转股"，强调在去杠杆的同时，要保持企业的持续经营、保持经济的合理增长，对于大力推进供给侧结构性改革意义重大。

1. "债转股"对宏观经济的影响

一是降低经济体债务率。中国经济体债务率偏高的问题于2013年开始出现，当时采取了较为偏紧的去杠杆措施，但债务率下降并不明显，2014年至2015年政策有所调整，债务率继续飙升。在供给侧结构性改革背景下，本轮"债转股"的实行，可以暂时缓解企业的债务压力，同时有效改善银行等金融机构的资产质量，从而降低整个宏观经济的债务率。

二是实现金融战略转型。从传统银行中介型主导的信用融资体制到股权融资主导的资本融资体制的转型，可以降低整个经济体的债务率，提高整个金融市场的效率。特别是随着市场经济的发展，近20年的金融战略一直强调提高直接融资比重，提升资本市场的重要性。推进"债转股"，有利于加快从债权融资向股权融资的转型，提高整个市场的效率。

三是推动产业加速整合。2015 年中央经济工作会议提出"多兼并重组、少破产清算"的去产能思路，国家将本轮"债转股"定位为市场化，使得银行或第三方有较大独立性选择真正具有再生活力的企业。银行或第三方可利用自身资源，扮演产能整合者的角色，推动企业兼并重组，这是化解产能过剩和企业经营困境的治本之策，同时兼并重组可盘活金融资源流向高效率产业，推动经济转型升级，这也符合供给侧结构性改革目标。

2. "债转股"对微观实体的影响

"债转股"作为去杠杆和化解不良的重要手段，具有成本较小且效果明显的特点。适度开展"债转股"，帮助企业降杠杆、降负债、降成本、去产能，帮助银行等金融中介降低不良资产质量、化解金融风险，都具有正面积极意义。

（1）"债转股"于企业而言，好比"救命草"

对于微观经济中运营十分困难的企业来说，当前形势下推行"债转股"是救命之举。一方面，降低了负债比例、减轻了利息负担。银行目前存量贷款收息率大约在 5.5%，若一年完成 1 万亿元"债转股"，可减少企业利息支出 550 亿元。另一方面，获得了可用资金、赢得了生存空间。将债务转化为股权，企业相当于获得长期可用资金，让企业的持续经营和长远发展不因迫于眼前还本付息压力而遭受影响。

（2）"债转股"于银行而言，犹如"双刃剑"

在"债转股"推进过程中，商业银行的收益可以得到改善：一是降低不良贷款率和风险负重力。"债转股"后银行不良资产减少，甩掉了包袱，从而直接降低了不良率和风险负重压力。二是提高贷款拨备率和拨备覆盖率。根据贷款拨备率＝贷款损失准备金/各项贷款余额，在分子贷款损失准备金总额不变情况下，"债转股"引起分母各项贷款余额减少，提升了贷款拨备率；根据拨备覆盖率＝贷款拨备/不良资产，"债转股"使得分母减少，而作为分子的贷款拨备维持不变或减小比例小于分母，提升了拨备覆盖率。三是促进利润增长率和投资收益率。"债转股"后银行释放信贷资源，增大信贷投放，可以增加利润；在企业经营好转情况下，银行作为持股人可以获取股息收入，通过股权转让收回贷款甚至获得额外差价收益。四是增强客户忠诚度和银企紧密度。"债转股"使得原本银企关系紧张局面得到缓和，增强客户对银行的忠诚度，有利于维系和巩固客户资源，协同营销银行产品。同时，"债转股"的推行也给商业银行带来了一系列风险。

二、"债转股"的经验启示

"债转股"兼具政策工具和金融属性，在国际上得到广泛应用。无论是发达国家、转型国家、还是新兴经济体，在应对经济或金融危机时，都不同程度地实施了政策性、商业性"债转股"，以解决银行和企业的困境。

（一）国内外"债转股"经验实践

1. 国际经验

（1）韩国：政府化解系统风险。受 1997 年亚洲金融危机冲击，韩国工业巨头相继破产，银行不良资产逐步暴露。在此背景下，韩国政府重组资产管理公司，并用它直接购买银行不良资产，最终化解了 1.474 万亿韩元企业债务。在这次计划中，韩国以立法形式明确了"债转股"之后的退出机制，法律规定"债转股"的最长期限为 5 年，股东有优先回购权。

（2）日本：制度约束道德风险。"二战"后，银行以"债转股"吸收问题企业股权，并可以相机介入企业治理。这种模式下，银企关联紧密，进一步刺激银行放贷，导致更多不良贷款产生。2000 年后，日本"债转股"发生转变，持股主体不再是银行，而是银行、资管公司、政府出资成立企业再生基金。银行与政府不直接参与基金运作，而是作为有限合伙人，依靠资管公司管理投资。

（3）美国：发挥优先股独特作用。2008 年国际金融危机时，AIG 面临严重问题，美国政府决定开展救助，其中包括财政部向 AIG 购买 400 亿美元优先股。此后，财政部又将优先股转换为普通股，并在二级市场公开销售套现。这一方案亮点在于，通过购买优先股而不是普通股来置换企业债务，避免救助机构过度介入企业日常经营；而在退出时转为普通股，又便于流通转让。

（4）瑞典：银行资管子公司代持股。20 世纪 90 年代，瑞典银行业出现危机，政府应对方案中允许银行下设资产管理子公司处置不良。银行资产管理子公司保持独立性，其管理人员从银行外招聘，有利于防范道德风险。另外，瑞典还制定相关政策，法律上允许资产管理公司报表不与银行报表合并，可以让银行不良债权出表，缓解银行的资本约束和不良处置压力。

2. 国内实践

（1）实行政策性"债转股"

20 世纪 90 年代末，大量国有大中型企业亏损严重。为帮助国有企业脱困、避免出现严重危机，我国首次实施了由政府主导的集中式"债转股"。这其中，包括四大金融资产管理公司对 600 户企业的 4000 亿元不良贷款实施"债转股"，并通过参与治理、并购重组、追加投资等方式，促使转股企业重新焕发生机。这次"债转股"，从政策目标上看，除了盘活商业银行不良资产、防范和化解金融风险之外，还重在促进国有企业改革和商业银行改制，加快建立现代企业制度。

（2）探索商业性"债转股"

长航油运：2014 年，长航油运由于连续亏损，被迫退市进行债务重组。长航油运与相关银行协商，以 2.3 元/股价格，对 62 亿元规模债务转换为 27 亿股股权。"轻装出发"的长航油运 2015 年第一季度净利润 1.21 亿元，并且随后连续三个季度盈利。2015 年 3 月底，长航油运重新上市，银行通过减持顺利退出，退出时回收率高出原普通债权清偿比例，实现银企"双赢"。

熔盛重工：2016 年 3 月，熔盛重工宣布向债权人发布 171 亿股股票（其中向 22 家债权银行发行 141 亿股、向供应商债权人发行 30 亿股），以抵消债务。截至 2016 年 3 月 25 日，已有 12 家银行与其签订了意向书，支持"债转股"方案，涉及金额 125.98 亿元、占到银行债务的 89.3%。"债转股"后，中国银行、国家开发银行、进出口银行成为持股比例最高的三家股东。

（二）国内外"债转股"总结启示

从上述国内外经验和实践来看，"债转股"的实行有以下几个方面的特点和启示：

第一，政府引导是基础。良好的顶层设计是保障"债转股"成功实施的重要基础。"债转股"作为一项政策工具，其运用离不开政府的推动。合法的政策定位、明确的业务指导、有效的制度安排，有利于银行、企业和相关利益方在推进"债转股"过程中有法可依、有章可循，降低违规风险、防范道德风险，从而可以将"债转股"从个案试点向更大范围推广铺开。

第二，市场原则是保障。在应对短期危机冲击时，政府主导的政策性"债转股"是有效的，但这种模式只是"强心剂"、而非"万能药"，主导不当对利益方也容易造成更大损失。因此，在日益完善的法制监管和市场环境下，秉持法制化、市场化原则，遵循银行自主选择、银企自由协商、市场自身运作模式，保护银企双方权益，才能为"去杠杆、去产能、调结构、稳增长"等政策目标提供长期必要的条件。

第三，因地制宜是现实。"债转股"是一个非常富有弹性的金融市场工具。从模式上看，包括银行自身持股、成立基金参股、出售第三方投资、资管公司代持股等；从收益上看，包括分红收益、股权处置收益等；从退出上看，包括股权回购、股权转让、上市退出等。因此，必须在不同的政策目标、市场经济、法律环境下，根据现实情况的不同，根据实际需求选择操作，因地制宜结合运用。

第四，运作机制是关键。与上一轮相比，本次"债转股"在不良形成原因、制度环境、技术手段方面都存在明显不同。特别是经济证券程度提高、股权流转途径多样、银行混业经营加速，诸多银行配备了强大的资管、投行队伍，具备逐步参与资本市场运作的能力。在这样的情况下，"债转股"更应该结合银行和市场的新情况、新手段加以运用，探索符合当前目标和环境的运作机制，推动银行有效参与供给侧结构性改革。

三、"债转股"的阻力分析

"债转股"的推行对激活宏微观经济活力具有重要意义。但现阶段，"债转股"在银行的实践仍然只是个案，尚未大规模铺开，其原因在于一系列的政策难点和实施困境：

（一）缺乏制度支持

一是持股合法问题。《商业银行法》规定，银行不得向非自用不动产投资或者向非银行金融机构和企业投资（但国家另有规定的除外）。若由银行直接操作"债转股"，则与上述规定冲突。二是资本占用问题。根据《商业银行资本管理办法（试行）》，银行被动持有的股权，处置期内（两年）风险权重400%。超过处置期，风险权重高达1250%，远高于不良资产风险权重，反而加大了银行资本金的占用。

（二）缺乏标准流程

一是客户筛选。由于没有统一"债转股"对象门槛和政策导向，地方政府"拉郎配"式重组仍然存在，挫伤了银行开展"债转股"的动力。二是市场定价。现阶段虽然相关利益主体在重组方案定价协商中的市场化程度已经大有提升，但仍应警惕行政力量过度干预。三是退出机制。转股后，如果银行不能及时退出，资本占用、流动性风险以及法律约束等都会给银行带来巨大压力。四是流程冗长。由于没有统一流程，"债转股"每个项目仍以"一企一策、一事一议"推进，漫长和复杂的流程会降低银行实施"债转股"的积极性。

（三）加大银行风险

一是信用风险。股权相比债权而言，没有强制性和优先性。"债转股"后企业如果没有存活，银行参与破产清算时，原来债权下的抵押担保不复存在，银行损失更大。二是杠杆风险。对技术水平低劣、产能严重过程、没有生存能力、本应破产清算的企业来说，"债转股"美化财务报表后更有能力举债，实际上是进一步加杠杆。三是流动性风险。"债转股"将债权转化为股权，银行资金回收周期拉长、资金周转率降低、现金流稳定性不确定等，都有可能引发银行流动性风险。四是投资风险。"债转股"后，银行成为企业股东，但由于法律制度、管理能力等方面的约束，银行难以实质性地参与企业经营管理，在企业重大决策上难以有足够话语权。五是道德风险。面对"债转股"政策，各方都有自身诉求。企业迫于利息负担，可能故意选择"债转股"逃避债务；银行迫于不良压力，可能对不合条件企业实施"债转股"；地方政府出于维稳考虑，可能对本应破产的企业纳入"债转股"。

四、"债转股"的可行性分析

"债转股"在具体实践运用中，因客户不同的情形，对银行风险和收益也有不同程度的影响。为进一步说明该情况，我们选择 A 公司拟实施的"债转股"计划为例，测算不同情形下"债转股"对银行的影响及可行性研究。

（一）案例摘要

受欧美 2012 年"双反"打压，全球光伏市场低迷，A 公司资金链断裂，陷入经营危机，无法偿还债务，债权人提请实施重整的诉讼并经法院裁定通过。

1. 资产负债

截至 2015 年末，A 公司账面资产总额 57.23 亿元，评估资产价值总额 44.89 亿元。公司预计债权 24.37 亿元，其中，诉讼未决债权 5 笔，申报金额 19.66 亿元；待定债权 2 笔，申报金额 21 万元；未申报但债务人财务记载债权 294 家，金额 4.7 亿元。

2. 偿债能力

为核算破产清算状态下 A 公司普通债权人的受偿情况，管理人进行了偿债能力分析。根据分析，假定 A 公司全部资产能够按评估价值 44.89 亿元实际变现，管理人根据审计机构的审计意见以及评估资产的实际情况，对应收账款和其他应收款进行了调整，调整后可供分配的资产总额 40.42 亿元，在清偿破产费用、共益债务、职工职权、税款债权后，剩余部分向普通债权人分配，则普通债权人所能获得的清偿比例为 6.62%。若 A 公司破产清算，实际破产清算的清偿比例可能低于预估 6.62%。

3. 重整投资人

A 公司已严重资不抵债，一旦被破产清算，现有资产在清偿各类债权后已无剩余财产向出资人分配。在重组方案中，A 公司引入重整投资人，用于本次重整的投入（包括现金和股份）。重整计划被法院裁定批准后，重整投资人将通过发行股份及支付现金方式获得 A 公司 100% 的股权。

4. 债权清偿方案

（1）现金清偿。一是职工债权 9296 万元，投资人现金支付。二是税款债权 2.78 亿元，投资人现金支付。三是 1000 万元（含）以下普通债权：单笔债权金额小于或等于 20 万元的，投资人现金支付；单笔债权金额 20 万元至 1000 万元（含）的，按照"20 万元 +（债权金额 - 20 万元）× 6.62%"计算清偿额后，投资人现金支付。预计债权 24.36 亿元按照类别以现金预留。

（2）股票清偿。对于未留债的有财产担保债权和 1000 万元以上普通债权，投资人将向上述债权人预计增发股票 254464477 股进行清偿。有财产担保债权和 1000 万元以上普通债权以受偿金额为基数按照下述公式以投资人股票清偿：

受偿股数 = 受偿金额/股票清偿债权受偿总额 26.98 亿元 × 偿债股票总额 254464477 股。

以 J 银行为例，受偿股数 = 1.97 亿元/26.98 亿元 × 254464477 股 = 18557153 股

发行对象取得的受偿股票自发行结束日起 48 个月内（限售期）不得上市交易或转让，限售期满后每年减持的股份数量不得超过其持有全部股份的 25%，在限售期内不享有表决权。

（3）方案效果。重整计划完成后，A 公司原在 J 银行近 1.97 亿元贷款本金和利息解除，企业"造血"功能逐步恢复。

收益上，J 银行可从"债转股"中获取以下收益：①重组收益；②分红收入，股息及其他分配收入；③追加投资的投资收益；④综合金融服务收入；⑤退出时的股权处置收益。但同时银行会减少一部分贷款利息收入。

资本占用上，虽然 J 银行投放给 A 公司的贷款资本占用得以释放，但该部分转换过来的股权在银行持有期间，按银行被动持有股权，在处分期限（两年）内的风险权重为 400%，两年后上升至 1250%，而贷款的风险权重为 100%。

预期损失上，银行通过"债转股"方式处置的该部分贷款资产预期损失存在冲减，持有股权时不计提预期损失。

（二）情景模拟

按照上述"债转股"操作后，J 银行原有贷款债权本金 1.5 亿元和利息 4693 万元转换为上市股票 1856 万股，每股单价 10.61 元。假定股票持有期间，A 公司股价维持不变，不发生公允价值变动损失，银行打算两年限售期后逐年按照 25% 比例减持。

1. 客户分类不同，银行"债转股"盈利效果迥异（见表 1）

其一，如果 A 公司为存量正常客户，"债转股"前银行有利息收入、较低资本占用，且不存在计提拨备倒拨情况；"债转股"后不仅资本占用高，在股价空间有限情况下，银行盈利空间小。

其二，如果 A 公司为不良且预提拨备客户，"债转股"后，银行盈利空间较转股前较大，且操作意愿较强。

表1　　非不良客户和不良客户"债转股"前后银行盈利情况对比

	正常客户（10 级）		不良客户（5%）	
	贷款	转股	贷款	转股
利息收入	735	0	0	0
经济资本	2915	9062	8625	9062
预期损失	0	0	750	−750
经济利润	385	−1087	−1785	−337

2. 拨备区间不同，银行"债转股"盈利差异明显（见表 2）

其一，拨备率 = 0，贷款资本占用低，且不存在拨备倒拨，受高资本占用影响，"债转股"后银行盈利不占优。

其二，拨备率 = 13%，贷款资本占用与转股后等同，考虑拨备倒拨影响，"债转股"后银行盈利优势较为突出。

其三，拨备率（0%，13%），贷款资本占用较转股后高，此时拨备倒拨略次于拨备率为 13% 的情形，"债转股"后银行盈利仍然可见。

其四，拨备率 ≥ 45%，贷款资本占用为 0，受拨备计提较为充足影响，

"债转股"后银行盈利优势最明显。而且在满足前提假设情况下，拨备率越高，"债转股"后盈利性越强。

表2 不同拨备覆盖下"债转股"银行盈利优势比较

	拨备率（0%）		拨备率（13%）		拨备率（45%）	
	贷款	转股	贷款	转股	贷款	转股
利息收入	0	0	0	0	0	0
经济资本	0	9062	9062	9062	0	9062
预期损失	0	0	1950	−1950	6750	−6750
经济利润	0	−1087	−3037	863	−6750	5663

注：此处不考虑税金及成本等因素影响。

根据上述分析，J银行对A公司1.97亿元债权金额，以"债转股"方式转换为1856万股，限售期后逐年按25%比例减持。假设A公司股价稳定，股息为0，2016年拨备率达60%的情形下，"债转股"盈利测算如表3所示。

表3 银行对A公司"债转股"盈利测算

	收入	经济资本	拨备影响	净收益
2016年	0	9062	−13500	12413
2017年	0	9062	0	−1087
2018年	0	21239	0	−2549
2019年	0	14159	0	−1699
2020年	0	7080	0	−850
2021年	0	0	0	0
合计	0	60602	−13500	6228

考虑后四年逐年减持和资本占用提升影响，综合来看，"债转股"后银行仍然可以实现盈利6228万元。

总结上述可行性对比分析，可以得出如下结论：

一是针对非不良客户的"债转股"，在原正常贷款利息收入减少的情况下，受高资本占用和股价波动影响，银行获利空间有限，且不能优化报表。因此，单纯以持有股份的"债转股"模式，银行操作和参与的动力不足。

二是针对不良客户的"债转股"：拨备率≥45%时，拨备率越高，银行获利空间越大、资产处置损失越小；拨备率在（0%，13%）时，贷款资本占用较"债转股"高，银行获利空间次优；拨备率为0时，银行盈利改善不突出、可操作性最差。

三是"债转股"后客户股价变化直接影响银行持有期间的风险和收益。因此，确定合理的市场化定价和股票持有方式以及对资本占用的影响均对商业银行至关重要。

五、"债转股"的发展对策

（一）加强顶层设计，制定业务标准

在供给侧结构性改革背景下，"债转股"的全面推行亟须政府完善相关制度并明确业务标准。

1. 创新持股方式，降低资本占用

一是特批持股。参考上一轮"债转股"实施，通过国务院特批，适当放宽银行股权投资限制，允许银行持有企业部分股权，但对银行持股比例和期限予以约束。

二是间接持股。银行通过相对独立的子公司间接持有企业股权，并由子公司参与企业管理。一方面将不良剥离至表外、避免资本占用过高；另一方面通过子公司运作获得一定收益。

三是专业持股。银行以有限合伙人身份，携手专业资产管理机构成立股权投资基金，并确立优先级角色。通过引入专业团队，避免自身对企业经营管理经验不足的问题，在改善企业经营管理状况的同时，获取较为稳定可期的投资收益。

2. 明确业务标准，严格操作流程

一是制定明确的行业标准。由于本轮"债转股"所处微观经营形势与上一轮截然不同，对企业应有取有舍、有生有死。政府要根据经济态势、产业政策等，列示可推行"债转股"的行业和企业类型，严谨对待过剩行业、严格排除"僵尸企业"，以此净化市场环境、防止道德风险。

二是制定规范的业务流程。为顺利推进大规模的"债转股"，政府应联合相关部门提前制定业务流程，明确参与主体的权利、义务，对信息公开、意向达成、政府审批、资产评估、退出机制等方面进行梳和规范，为企业、银行、第三方等合理推行"债转股"提供制度依据和流程框架。

（二）坚持市场导向，创新业务模式

在政府加强顶层设计、制定业务标准的同时，还应坚持市场化导向，探索供给侧结构性改革背景下"债转股"新模式。

1. 严格标的选择

一是行业方面，应集中在符合国家产业政策和银行授信指引、科技含

量高、发展前景好、具有相对领先优势的行业，关系国计民生的行业，不能涉足产能严重过剩行业和夕阳产业。

二是企业方面，应选择潜力巨大、产权清晰、管理完善、市场广阔，只因经济周期、行业周期等暂时困难导致资金紧张、负担过重的企业。这类企业通过"债转股"能够较快盘活资产、激发活力和偿还债务。要谨慎对待经营状况严重恶化的地方性国有企业、没有实质性主营业务的地方融资平台企业。

三是客户方面，应主要侧重不良类贷款客户，避免商业银行过度涉足实体企业投资。但也可在一定程度上与投贷联动相结合，对新兴产业和高科技企业予以政策性支持。

2. 增强定价能力

一是定价模式上，包括账面价值定价、双方协商定价、机构评估定价、市场价值定价等。其中，双方协商定价给予谈判空间，有利于协议的达成；机构评估定价引入了第三方，具有独立性、权威性；市场价值定价则可引入债务价值、现金流价值等概念，较为科学合理。

二是定价企业上，对上市企业，由于股票流通性强、股价透明度高，可通过竞争性的市场报价或参照二级市场价格定价；对非上市企业，可通过双方协商、引入第三方评估机构等方式，综合考量确定转股价格。

三是定价过程中，银行要根据不良资产实际价值、标的企业财务状况、盈利能力等因素，测算预估"债转股"后的股权收益率，从而更加准确地确定定价方案。

3. 完善退出机制

一是股权回购退出。鼓励企业在经营状况好转、具备资金实力后，以现金或非现金资产回购银行所持股权。双方要就回购情况协商，明确回购时间、回购价格等细节。回购后，企业需减少相应注册资本，重新办理工商登记。

二是上市流通退出。银行可利用自身资源，通过重组等方式改善企业治理结构和资产负债状况，促成企业上市，利用资本市场进行股权交易，择时转让给机构投资者或社会公众，收回最初的债务，并有机会获取一定的资本利得。

三是股权转让退出。探索引入私募股权投资基金、风投、第三方资产管理公司等主体对接商业银行的股权，吸引更多的社会资本参与企业管理，有利于促进企业股权多元化，促进企业内部治理结构的改善。

（三）优选对接产品，拓宽业务空间

风险可控性是银行实施"债转股"最大的考量因素，有鉴于此，可以关注下一步新的政策动向，在两大领域做好对接。

1. 债转优先股

"债转股"有普通股和优先股两种选择。这轮"债转股"对象大多为产能过剩企业，核心问题不在于内部治理，银行无须参与经营。同时，优先股股息固定，企业无法恶意逃避债务，银行风险相对较小。建议从四个方面予以关注：

一是完善政策法律条款。应出台规定和配套措施，引导优先股市场健康发展。既要防止道德风险，明确被投资企业义务和权利，控制银行投资风险，也要建立良性激励约束机制，对银行持有优先股的风险资产权重系数予以充分考量。

二是规范标的企业选择。优先股处于普通股和贷款的中间地段，要求企业在有盈利时进行分红，达到了"救急不救穷"的效果。因此，债转优先股应全面分析企业基本面，预估企业未来成长空间，真正达到"雪中送炭"目的。

三是谨慎确定优先股股息率。目前优先股股息性质尚未明确。如果定为分红，则企业需缴纳资本利得税，持股人可免予缴税；如果定为票息，则企业可税前抵扣，持股人需承担20%的税率。同时，若股息率过低、银行权益无法保证，若股息率太高、企业财务压力依然很大。因此，要合理确定股息率水平。

四是完善优先股的退出机制。公开发行优先股交易效率过低，折射出我国优先股市场较小、流动性较弱的特点。因此，要加强优先股二级市场建设，完善赎回和交易制度，增加市场流动性，以保证银行债转优先股后可及时退出。

2. 投贷联动

"投贷联动"是指银行以信贷投放与专业机构或银行子公司"股权投资"相结合方式，通过制度安排，由投资收益抵补信贷风险，实现风险和收益匹配，为企业提供持续资金支持的融资模式。投贷联动目前大多针对科技型中小企业、创新型企业，由于风险较大，银行贷款积极性不高。从本质上看，"投贷联动"和"债转股"都是固定收益与权益收益"再平衡"的一种方式，为银行介入股权投资、转变经营思路提供了借鉴路径。

在投贷联动框架下实施"债转股"，可以进一步拓宽"债转股"的业务外延。一是跳出"保全工具"思维定势，将"债转股"处置资产范围从不良资产扩展到正常资产；二是跳出"是否逾期"单一标准，将"债转股"运用到优质企业产业整合中，帮助企业提升股权价值；三是跳出"大型企业"唯一选择，将"债转股"运用到服务中小企业中，既保留银行的定期收益和优先求偿权，也在适当时候将债务转为股权获取超额收益，更有效地服务好中小企业；四是跳出"利息覆盖"传统机制，通过风险补偿的多样性、平衡性和关联性来消解信贷业务积累的结构性矛盾，改善去杠杆带来的债务困局。

在投贷联动框架下实施"债转股"，需要进一步把好"债转股"的关键节点。一是在业务运营上：现阶段，银行可以与专业投资机构成立有限合伙企业，以产业基金方式对目标企业进行股权投资、代表各方利益参与公司治理，实现投资收益。长远看，银行应该在内部组建专业化队伍，通过设立投资子公司方式，将部分债权直接转为股权，并转让给投资子公司运作，实现体系内的投贷联动。二是在风险防控上：如果与外部投资机构合作，要特别注意集中度风险防控，避免由银行贷款承担全部的投资风险；如果在体系内开展业务，必须坚持投资和信贷独立审批原则，建立防止风险传染的防火墙，保证子公司独立营运、独立决策、独立核算。

中国货币制度中的政府因素：
基于转型经济背景的考察①

中国工商银行 赵柏功

伴随着中国经济市场化转型的成功，理论界对所谓"中国模式"的研究也愈发关注。中国的金融发展是否存在"中国模式"，很大程度上取决于政府因素在货币制度中的定位与作用。中国虽然在转型过程中逐步建立起与西方国家形似的货币制度，但是无论是在政府作用的深度还是广度方面，中国的货币制度还是与西方国家的货币制度存在着巨大的差异性。全面深入揭示中国货币制度变迁中的政府因素，对于深刻认识中国货币制度的形成与发展，评价货币制度绩效，以及判断未来货币制度的演进趋势都有重大的理论意义。此外，中国市场化转型以来的物价稳定和经济快速增长，与涉及货币计量、货币控制以及相关组织架构的货币制度的功用也是密不可分的。中国货币制度中的政府因素不容抹煞，其作用既有积极一面也有消极一面。面对当前全球金融危机，如何更好定位政府角色，修正政府作用，提升货币制度的绩效，具有较强的现实意义。

本书在既有研究的基础上，试图构建一个将国家理论、寻租理论以及制度变迁理论融合一体的分析框架，从货币经济和实体经济两个层面衡量货币制度的绩效以及政府的收益，并借助演化博弈模型来分析货币制度变迁的趋势，通过归纳和演绎，最终得出政府因素的适当定位与合理作用。

全书由八章构成。

第1章是导论。主要介绍本书的选题意义，界定研究对象和概念，明确货币制度、货币、政府等研究对象的内涵和外延。本书的研究期间为中国的经济转型时期，简单讲也就是经济发展模式从计划经济向市场经济转

---

① 本文摘自出版图书：《中国货币制度中的政府因素：基于转型经济背景的考察》，作者：赵柏功，出版单位：中国经济出版社，出版时间：2016年6月。

变的时期，考虑到中国从 1984 年才正式建立以二级银行体系为支撑的不兑
现信用货币制度，因此，不同于大多数文献将转型的起始时间定为 1978
年，本书中的转型时期是始于 1984 年。此外，本书所研究的货币采用了格
利和肖对于货币的分类，指的是外在货币和内在货币的集合。而货币制度
作为一个内涵丰富的概念，从新制度经济学的观点来看，可以归纳为决定
货币流量和流向的一个规则框架，以及处于这个框架中的各类组织的行动
与交往。按照这个定义，货币制度的研究可以分为两个方向，一个是从历
史演进的角度研究货币的起源、货币本位，以及货币制度中的各类主体，
并在此基础上考察未来可能的货币体系；另一个是针对现存的不兑现信用
本位货币制度，从规范和实证的角度分析其运行的机制。本书的研究，考
虑到特定的时期限定，所考察的"货币制度"将主要指后者，即研究不兑
现信用货币制度下货币流量与流向的决定规则和制度结构。

此外还确定了研究方法和假设前提，勾勒出分析框架和技术路线，并
说明文章的创新与不足。本书采取的研究方法包括理论研究与实证分析相
结合的方法，宏观分析与微观分析相结合的方法，以及历史分析方法。本
书的假设前提主要包括：一是经济人假设，即政府主导制度变迁是基于经
济利益的权衡；二是有限理性假设，政府对于经济利益的判断不会是迅速
的和准确的，而因为利益而作出的政策调整以及相应的制度变迁也不可能
一次到位，调整过程中存在着多点均衡。本书的创新之处在于：第一，尽
管研究中国转型时期金融制度变迁的文献较多，但聚焦于货币制度的系统
理论分析则较少，本书试图将寻租理论、国家理论以及制度变迁理论集合
在一个统一的分析框架中，突出研究政府因素，从一个新的侧面来透视中
国货币制度的过去、现实与未来。第二，既有的关于金融制度变迁的讨论
过多侧重金融层面，实际上金融制度的绩效不仅仅取决于来自金融体系的
收益，也取决于对实际经济增长的促进。本书将政府主导的货币制度变迁
中的收益归为两大类，即税收和租金，并分别测算了得自于体制内的租金，
以及体制外的税收，其中考察实体经济税收和租金中得益于金融支持的部
分时，考虑了一个资本贡献率变量。第三，借助演化博弈模型，首次分析
了中俄转型货币制度以及西方货币制度变迁的未来趋势，并对不同的货币
制度变迁轨迹进行了对比。本书的不足在于：首先，虽然对于非经济利益
的因素有所考虑，但是本书主要还是基于政府的经济人假设来分析货币制
度变迁，这使得分析存在一定的局限性。其次，将中国货币制度转型中体
制外产出的增长视为既定前提，对其原因并没有给予过多的分析。但是体

制外产出的增长是中国市场化转型成功的一个非常重要的因素，并且和货币制度之间也存在着一定的联系。再次，对于不同类型货币制度绩效的分析，基本上是基于理论模型的抽象分析，缺少必要数据以及实证分析的有力支撑。最后，全书的分析都是置于封闭经济体系之中，在金融全球化和跨国资本流动频繁的现实背景下显得略有不足。

第2章是理论综述，试图为全书后续的研究奠定一个全面和系统的理论基础。新古典经济理论在制度既定、信息充分、完全市场和理性假定的基础上推导出了完全竞争市场在实现一般均衡和增进社会福利上的突出作用。尽管一般均衡可以实现社会福利的最大化，但是如何实现市场均衡，却难以从新古典经济理论中找寻答案，正是对制度因素的忽略，使得经济实现均衡的市场过程被省略掉了。合适的制度安排对于实现经济均衡不可或缺。新古典经济理论忽略制度因素的同时，也没有给予政府太多的重视，由于信奉市场的自发调节机制，因而往往将政府视作"局外人"看待，政府被高度抽象为一个外生变量，然而公共选择学派将经济人假设引入政府行为分析后，政府作用被具体化和内生化了，政府与市场的关系也不再是简单的二元关系了，而成为了你中有我、我中有你的相互补充、相互竞争的关系。制度供给成为了政府参与和干预市场的一个重要途径，制度将政府和市场连接了起来。

而货币制度作为制度安排的一种，对于经济增长有着显著的影响，金融功能的发挥可以极大促进经济增长。货币制度的长期演进符合演化规律，然而不兑现信用货币制度的发展却有着构建色彩，政府在其中的作用不可或缺。建立在西方市场经济基础上的现代不兑现信用货币制度中，政府的作用被严格限定，政府通过对基础货币的操作来稳定物价，货币政策执行要遵循"规则"，而对银行体系的干预主要体现在银行监管上，借此维持金融稳定，促进经济增长。传统货币银行理论对于货币制度中政府因素的分析有很大的局限，并不适合发展中国家和转型国家的经济金融发展现实，而基于发展中国家和转型国家经济现实而产生的金融发展理论却扩展了政府在货币制度中的作用深度和广度。在促进金融深化、稳定宏观经济环境和增进产出中，政府对外在货币和内在货币的控制是必不可少的。2008年席卷全球的金融危机则使得政府因素在货币制度中的作用再次凸显，后危机时代宏观审慎政策框架成为发达经济体和转型经济体的货币制度共识，政府应该在应对系统性风险、维护金融稳定，加强货币政策和监管政策协调方面发挥更加积极主动的作用。因此，在促进金融发展和实现市场均衡的过程中，选择适宜的货币制度至关重要，并没有现成的标准答案可供选择，任何适宜的货币制度都将是在特定制度环境中的包括政府在内的各类经济主体相互作用相互博弈中构建和演进。

第3章简要回顾了中国货币制度构建与发展的历史。从19世纪中叶至20世纪80年代初的近150年，中国处于金属货币向信用货币的过渡时期，同时也处于建立二级银行制度的摸索阶段，中国的货币银行制度从无到有，经历了外部强行植入（1845—1896年）、政府主导建立（1897—1911年）、市场内生发展（1912—1934年）、政府主导控制（1935—1952年）和政府完全控制（1953—1983年）的演进历程。抛却外资主导阶段，中国的现代银行业是在西方"坚船利炮"的冲击下产生的，从1897年第一家商业银行——中国通商银行诞生开始，中国的商业银行体内就蕴含着政府因素这一难以摆脱的基因片段。虽然经历了民国初期蓬勃的内生发展，但是由于没有稳定的投资环境，商业银行往往从事着高风险高利润的投机业务，资源配置功能低下。战时经济的融资需要使得中国银行体系愈发集中，并日益控制在政府手中，而中华人民共和国成立后，由于应对外部竞争而实施国家赶超战略的资金需要，以及意识形态上实施计划经济体制的要求，更使得政府对货币系统的控制力度达到了无以复加的地步。至1984年之前，中国实行的是政府完全控制的货币制度，以及"大一统"的银行体系，这便是中国市场化经济转型前的初始制度条件。此外，中国银行制度经历了一百多年的发展，一直没有建立起现代二级银行体系，银行往往兼具央行和商业银行的双重职能，这直接导致了货币制度的低效。可以说，中国近代货币制度的构建与初步发展，基本上没有体现出制度自发演化的特性。

出于利益的考虑，政府构建并推进了控制型的货币制度，而通过上述的长期历史考察，也使得经济利益后的文化力量有所凸显。由于中国集权主义的政治传统，政府总是自觉地主导着制度变迁，而经济主体也都有很强的国家观念，安于服从政府主导下的制度约束，中国具备着西方所没有的"强政府"传统，这也是支撑政府构建货币制度并主导其强制变迁的重要因素。利益格局会伴随着时间而纷繁变化，但是文化和制度结构的稳定性却是超乎寻常的。此外，"强政府"传统不仅仅为政府控制货币制度提供了动机，也提供了强大的能力。中国的货币制度变迁注定是无法隔离和剔除政府干预的因素的。

第4章在上一章分析的基础上着重对转型时期中国货币制度中的政府作用进行一般性描述。中国经济市场化转型之后，在强大的制度惯性以及控制收益的作用下，绝大部分时期货币制度依旧牢牢的由政府控制着。相对于经济领域政府退出的速度和程度，货币领域政府因素依然无处不在，集中表现在如下两个方面。

从制度结构看，中国转型时期的货币制度结构与西方市场型货币制度结构是非常不同的，尽管中国开始了以分散化决策为特征的市场化转型，但是由于"强政府"传统，政府作用依然非常显著。中央银行、商业银行、企业和居民作为货币制度结构中的四大主体，深深受到政府的影响甚至于直接控制。中国人民银行没有独立性，仅仅是贯彻政府经济意图的工具，其货币扩张与收缩都取决于政府效用，中国人民银行作为中央银行并没有独立的效用函数；商业银行体系中，国有占比下降缓慢，目前仍在40%以上，虽然推行了商业化改革和股改上市战略，但是政府依旧保持着对银行的非经济影响力；由于文化传统以及金融改革的特殊战略，居民在收入快速增长的同时，拥有着极高的储蓄倾向，为政府控制货币提供了必要条件。种种迹象表明，中国以市场化为导向的经济转型似乎始终难以做到彻底，难以摆脱政府控制，事实上，这一悖论之后却有着合乎常理之处。首先，从外部性理论看，相对于其他产业，金融业具有更大的外部性，为了纠正金融市场垄断性、外部性、传染性、脆弱性等所引起的市场失灵，需要政府的适度干预，而实践中，国有银行制度在世界范围内确实也是个普遍现象。其次，从制度变迁理论看，正式制度变迁的路径和效力是由非正式制度决定的，中国拥有特殊的"强政府"传统以及国家控制的偏好和能力，而这一深层次的文化与意识形态是难以在短期改变的，这也决定了政府控制始终与市场化的货币制度变迁相伴。最后，也是最重要的，按照政府经济人假设，对货币制度的控制使政府获取了极大的收益，这一点将在后续第6章详细分析，因此而形成了路径依赖效应也决定了政府不可能从转型中完全退出。因此以市场化为导向的货币制度变迁绝不可能以完全市场化为终点，其实质是逐步降低政府对货币制度的控制程度，而非完全抹去，而最终比例的确定，理应由市场中各个经济主体的博弈来内生决定。

从制度变迁看，中国货币制度变迁表现为政府主导下的强制型渐进变迁特征。中国政府的强政府传统，以及政府控制货币所带来的稳定物价和产出的正面效应，决定了政府在货币制度变迁中起决定性作用。根据强制型制度变迁理论，政府主导型的货币制度变迁的实施取决于政府对变迁预期收益和预期成本的判断。政府实施货币制度变迁的收益无外乎税收和租金两部分，又可以分为两个层面，直接收益和间接收益，直接收益包括银行体系的税收和租金，间接收益包括金融支持经济增长后来自企业的税收和租金。金融支持效应则包括对价格的稳定和对产出的资金支持，具体包括资源的合理配置，金融对经济的服务功能以及宏观调控的有效性等等。成本包括放弃旧的制度的成本和建立新的制度的成本，包括产生新的金融功能作用所需付出的成本，金融变革对经济产生的不良影响，金融体制变革冲破原有的意识形态、习惯势力和既得利益的阻碍所付出的政治、经济支出，以及新的金融运行机制的不确定所带来的风险等等。只有在以上收益大于成本的情况下才有可能实施改革，否则制度变迁不可能实现。

渐进式的改革模式是中国货币制度变迁的主要特征。首先，中国的改革是以意识形态上的突破为前提的。从"计划经济为主、市场调节为辅"到"有计划的商品经济"再到"社会主义市场经济"，认识上的渐进性决定了改革实践的渐进性。其次，政府的利益预期和国家的政治稳定要求决定了其无法容忍激进式改革所带来的动荡风险。最后，政府的有限理性、技术条件限制，以及利益集团的阻挠也成为了转型无法快速推进的限制。因此，中国货币制度的变迁没有采取激进的方式推进，种种改革不可能一步到位。由局部变迁向整体变迁推进，由小范围试点向大面积推广成为中国金融改革的主要方式。

第5章是对上一章结论的实证检验。已有关于货币外生性与内生性的研究文献的主要不足在于没有分清这一对概念的层次性，忽视了格利和肖所提出的外在货币和内在货币的划分对于分析这一问题的重要意义。格利和肖的划分不仅仅是为货币外生性与内生性这一对古老范畴增添了新的内涵，也为我们剖析中国货币制度提供了新的视角。格利和肖从信用内涵的角度来对货币进行分类，将货币区分为内在货币和外在货币，这一区分并不仅仅在于使货币内生性与外生性的争论更加精确，其更重要的意义则在于，突破了原有宏观经济理论研究货币与实体经济因果关系的范式，强调从微观角度，从契约和制度的层面来看待货币对实体经济增长的促进作用，外在货币通过明显的财富再分配来作用于经济，内在货币则直接作用于经济增长，外在货币是财政过程的产物，而内在货币是金融过程的结果。内在货币因其所代表的私人部门间的债权债务关系而具备了更强的信用约束作用，因而内在货币支撑的经济体系也更加具备增长潜力和稳定性。

转型后国有银行占主导的银行体系虽然形式上提供了大量的内在货币，但是实质上在资金运用方面，一定程度上还执行着"财政功能"，银行货币（内在货币）的投向更多体现着政府的意志。由此也产生了大量的政策性不良贷款，银行货币（内在货币）的债务追索权最终落在了政府的头上，形式上的一部分内在货币在实质上却具备了外在货币的信用内涵，即体现着私人部门对政府的债权。可以说，外在货币与政府主导的货币制度是相互对应的，政府通过对投融资机制的控制，将外在货币导入经济体系，既控制资金流量也控制流向，以此实现政府干预经济的意图，然后通过对银行政策性不良贷款的核销又将更多的外在货币注入经济体系，从而形成循环机制。在中国经济转型时期，形式上的一部分内在货币实质上是外在货币，2003 年后这一情况似乎有所变化，伴随政府主导投融资体制的弱化，内在货币的信用内涵也得到加强，货币对经济体系的外生作用也开始弱化。

通过建立 VAR 模型，使用中国 1996 年至 2015 年的相关月度数据所得的实证分析结果也验证了上述的理论分析结论，从因果关系上看，以 2003 年初为分界点，前一时段与后一时段相比，货币变量对国内生产总值、市场利率和物价等非货币经济变量的决定性更强，这恰恰也说明了转型时期大部分时间中国货币制度体现较为明显的政府主导特征。所以，中国货币的外生性是与特殊的政府控制的货币制度结构相联系的，反映着转型时期政府主导型的投融资机制与经济结构，只要这一制度结构不发生改变，中国的货币就会具备较强外生性，而这一制度结构一旦发生松动，中国的货币外生性也会同步呈现出弱化。

第 6 章对中国转型时期货币制度的政府控制进行了经济分析。传统货币理论指出，政府控制货币对于降低交易费用、消除经济外部性，以及克服金融脆弱性具有积极作用，然而对于转型国家，政府控制货币的作用并不仅仅局限于此，因而也决定了货币控制的程度更深。政府控制货币的效应可以从两个方面来衡量。首先，从铸币税的角度看，政府控制下的外在货币和内在货币具有部分铸币税的属性，可以弥补财政收入下降所带来的政府投资的减少。根据贝利曲线，如果要使铸币税收益最大化，必须提高实际货币需求，并降低实际货币需求的通货膨胀弹性。抑制通货膨胀对于铸币税最大化，或者说提高政府控制外在货币和内在货币的收益有着显著的积极作用。由于强大的政府控制力，中国转型时期，借助价格控制和利率指数化，通货膨胀大多数年份被控制在了合理的范围，而作为导致通货膨胀根源的信贷扩张，由于政府没有真正压低信贷规模的主动性，因此导致信贷规模控制并没有很好地起到稳定物价的作用。其次，从金融剩余的角度看，金融剩余即居民等"私人部门"在政府控制的金融部门的存款超过从该部门所获贷款的差额。金融剩余之所以可以由政府获取，其必要条件是中国的高储蓄率，而其充分条件则正是政府对内在货币的控制，政府通过维持庞大的国有银行体系，牢牢地掌握了大量银行货币，也就是各类存款，使得银行货币徒有内在货币的"名"，却具备了外在货币的"实"，也就是第 5 章所论证的内在货币外在化。金融剩余通过补贴的形式对于体制内产出的稳定增长起到了很好的支持作用，但是因此而导致的国有银行坏账和寻租也成为了侵蚀金融剩余的两大方式。

总体来看，政府控制货币的正效应包括抑制通货膨胀和稳定体制内产出，而负效应则包括造成大量银行坏账和寻租。因此，借助一个修正的国有银行信贷均衡模型，通过对社会福利的分析，基本的判断是，政府控制货币的总效应，也就是社会福利水平，应该是低于新古典均衡状态下的社会福利水平的。

而政府控制货币对于自身收益的影响，通过一项基于相关统计数据的细致的租金和税收计算获得。政府控制货币的收益将包括两大类五部分：（1）税收：体制外企业（集体、私营个体、股份、外资）税收中获得国有银行信贷支持的部分 $T_{Ek} = T_E \times k \times b$，其中 T_E 为体制外企业的税收，k 为资本贡献率，b 为国有银行对体制外的贷款比例。（2）租金：国有银行的税收 T_B，国有企业税收中国有银行信贷支持部分 $T_{Sk} = T_S \times k$；国有银行的租金 R_B，和国有企业租金中国有银行信贷支持部分 $R_{Sk} = R_S \times k$。结论是转轨时期大部分年份政府控制货币的收益主要组成部分依然是租金，但税收比重呈逐年增加态势并在 2010 年前后首次达到了 50%，政府控制的货币制度绩效的改进与国有银行资产在银行业中占比不断下降存在同步性。总体上政府控制的货币制度对于体制外产出支持依然不足，这也是民间金融发展迅猛的一个主要内因。政府控制的货币制度绩效存在着继续改进的空间。

第 7 章分析了货币制度变迁的趋势并讨论了政府因素的调整。政府收益和制度绩效之间存在着紧密的联系，无论从静态上还是动态上看，政府收益中税收比重都将与制度绩效存在着正向变动的关系，而租金比重则与制度绩效呈反向变动关系，基于这一简单的结论，借助一个信贷市场均衡模型，对非政府控制的市场型货币制度、政府控制的计划型货币制度、政府控制的渐进转型货币制度和非政府控制的激进转型货币制度四种不同模式的货币制度进行社会福利分析以及包括政府在内的各参与主体的收益分析，并着重分析了寻租对于转型货币制度福利的影响。非政府控制的市场型货币制度所创造的社会总福利分为银行获取的生产者剩余，企业获取的消费者剩余，以及政府获取的税收。而政府控制的计划型货币制度的社会总福利除了分配给银行、企业和政府外，还有一部分会以"无谓损失"的方式耗散。政府控制的渐进转型货币制度社会总福利在体制外配置效率和X效率提升的激励下会逐步增加，银行福利由于政府在产权领域的逐渐退出，政府垄断租金也将逐渐减少，银行的福利分配也将增加，企业福利也将同步增加，而政府福利（政府收益）将会从租金转变为税收，并且税收将会大于租金。非政府控制的激进转型货币制度社会总福利初期由于缺乏有效的市场秩序和稳定的利率环境，以及寡头银行的出现，没有体制外产出增长和体制内产出的稳定，信贷量和产量首先出现衰退，社会总福利会减少，在相关制度构建完善后，信贷量和产量才会出现新的增长，实现制度的顺利转型，达到更高规模的均衡水平，总福利水平会增加；银行福利由于国家的迅速退出所带来的投机经营以及寡头垄断，信贷市场定价将由寡头决定，同时由于寻租活动，银行的垄断租金会基本耗散，所以银行福利初期也会减少，同样，在相关制度构建完善后，信贷量和产量才会出现新的增长，银行福利才会增加，企业福利的变动与银行福利相同；政府福利，即政府垄断租金初期也将会迅速减少为规模更小的租金，并在寡头和政府之间分成，转变过程中，税收会迅速下降，租金规模也将不断缩减直至维持政权的必要成本时，这时制度改进将会出现，政府收益中的租金比重将会逐步下降，税收将会增加，最终政府收益转变为税收，并且税收将会远远大于租金。

在上述分析的基础上，引入了演化博弈模型，分别对应四种不同类型的货币制度，构建了政府与银行间不同的四对策略配对，根据模型的分析，在不同的制度绩效假定下，推导出货币制度不同的演进趋势。对于非政府控制的市场型货币制度、政府控制的渐进转型货币制度、政府控制的计划型货币制度和非政府控制的激进转型货币制度，尽管当前西方货币制度出现了银行国有化加强的迹象，可是中国的货币制度依然是到了放松政府控制的拐点，而俄罗斯的货币制度则经历了政府控制先放松再加强的变迁轨迹。然而从长期看，货币制度中的政府因素将基本上从直接控制领域退出，更多转向金融监管和货币政策操作，而这也是市场型货币制度绩效的内在要求。

第8章是全书的结论和政策建议。在促进金融发展和实现市场均衡的过程中，任何适宜的货币制度以及政府在其中的作用和定位，都将是由特定制度环境中的各类经济主体基于利益权衡的相互博弈而决定。"强政府"

传统，以及控制利益，使得中国货币制度构建与演进中的政府因素无处不在，转型时期，中国的货币制度是政府控制的，基于 VAR 模型的实证检验也证明了这一事实。但是经济分析说明，政府控制货币的社会福利水平，应该是低于新古典均衡状态下的社会福利水平的，政府控制的货币制度绩效存在着改进的空间。扩展的对政府作用不同的四类货币制度的绩效分析以及基于此的演化博弈分析表明，尽管当前西方货币制度出现了银行国有化加强的趋势，中国的货币制度仍然已经到了放松政府控制的拐点，而俄罗斯的货币制度则经历了政府控制先放松再加强的变迁轨迹。但是从长期看，货币制度中的政府因素将大幅从内在货币控制领域退出，转向金融监管和货币政策操作。

政策建议是在未来中国货币制度的演进中，政府因素应有"进"有"退"。

首先，关于政府因素的"退"。政府应意识到现阶段直接控制内在货币，也就是控制银行体系的负效应已经逐渐超越正效应。政府大幅度退出对内在货币的直接控制，不仅仅要具备意愿，同时也要讲究策略和技巧，政府的退出势必会导致既得利益集团的强力反对，因此在退出上可以采取"稳定存量，扩展增量"的方式，即不再以资源倾斜的方式直接支持现有国有银行组织规模的扩展，通过制定相关法律，继续放宽对民营金融的准入标准，关键是给予其公平竞争的市场环境，继续推进完善目前已经实施的存款保险制度以及存贷款基准利率自由浮动，同时研究相关政策，扶持符合条件的民间金融"转正"，使其成为正规的民营金融机构，规范发展。特别应注意的是政府扶植民营金融的发展应遵循其内生增长规律，因势利导，而不可一厢情愿地"揠苗助长"，同时应加强对其监管，防范过度市场化带来的金融不稳定。对于已有的实施了股份制改造的国有商业银行，政府当初对其实施股改上市的初衷是想既保持对国有银行的控制力又提升其盈利性，现在来看，股改上市后的国有银行各利益相关方合谋共同攫取政府利益的可能性很大，根本上这还是源于公有产权界定模糊带来的激励约束问题，让产权主体既追求公共利益又追求私人利益，这是难以实现的。所以，下一步的策略应该是积极推进混合所有制和国有资本监管体制改革，政府探索以优先股方式持股，逐步消除对国有银行经营与人事的直接干预，完善内部控制、激励约束机制，明确其商业金融属性，消除公有产权偏好与非公有产权歧视，打击寻租等非生产性行为；同时继续强化三大政策性银行的公共金融定位，以提供具有较强外部性的信贷产品，譬如基础设施投资、长期项目投资，重大战略工程投资为其主要业务，不以利润目标来约束其经营。以政策性银行作为履行政府管理目标的工具，而国有商业银行应将其定位为市场化主体在全球金融市场中竞争发展。总之，政府为了从源头和机制上遏制信贷市场上的寻租行为，就必须退出对信贷资金的垄断，政府掌握信贷的规模以公共金融需求为基准。

其次，关于政府因素的"进"。伴随着从内在货币直接控制上适当退出，政府也应逐步改进对外在货币的控制，这也是后危机时代全球货币制度的共识：探索完善宏观审慎政策框架，强化货币政策和金融监管协调配合。要认识到以往的带有行政色彩和随意性的货币政策操作是不适宜于市场机制的，要将以往的相机抉择甚至带有明显通货膨胀倾向的货币政策操作手法转变为遵守"承诺"的货币政策操作，要营造政府的公信力和透明度，从而提升货币政策的效力。同时要重视和加强金融监管，建立金融危机的预警机制，探索混业经营下的有效监管模式，并在金融全球化的趋势下，加强监管的全球协调。还要重视对银行经营的激励机制的设计，以市场的力量激励银行的稳健经营，加大对"监管者的监管"力度，防止金融机构向监管者实施新的寻租，而且要根据不断变化的社会经济环境而相应改进监管理念和技术。

需要看到，政府的"进"需要以"退"为基础，近几年来，货币政策失效一定程度上反映的正是政府控制内在货币的弊端，货币政策的效率取决于现有货币制度结构的优化，政府的"退"应优先推进。

第二篇
战略转型篇

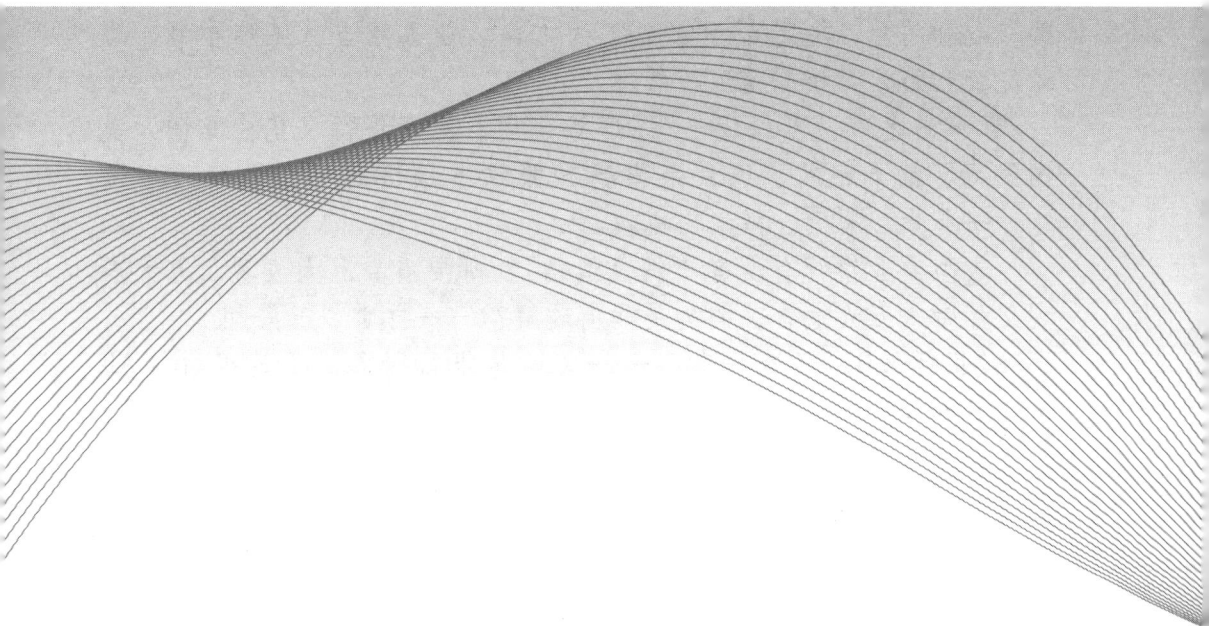

本篇导读

中国社会科学院金融政策研究中心主任　何海峰

《银行3.0》说——未来的银行将不再是一个地方，而是一种行为（Banking is no longer a place you go，but something you do）。

中国银行业正在告别高增长、高息差、高利润的"三高"时代，步入"盈利放缓、息差收窄、质量下滑"的"新时期"。怎么办？《创新超越——新常态下大型商业银行改革与转型》，牛锡明和交通银行愿意带你做"第一个吃螃蟹的人"。

因为"客户第一"，所以——客户战略是引领商业银行健康发展的核心和关键，决定着一家银行的方向、业务重点、风险控制、资源配置和绩效考核等全流程管理。

"他山之石，可以攻玉"。摩根大通、富国银行、花旗集团、美国银行、汇丰银行、巴克莱银行和德意志银行的转型之路一一道来——背景、原因、做法、成效。

大型商业银行有没有"鼯鼠情结"？那要看看五大表现。五大表现必然带来五大危害，关键是如何破解？——打通"三关"！

《银行3.0》还有一句话——关键是银行服务，不是银行（Always Banking，never at a bank）。战略转型有差异，提升服务无止境。

创新超越——新常态下
大型商业银行改革与转型[①]

交通银行 牛锡明

一、大型商业银行深化改革与转型发展的必要性

当前中国经济步入新常态，供给侧结构性改革深入推进，商业银行面临诸多机遇与挑战。党的十八届三中全会提出了我国全面深化改革的主要任务，金融改革是重要组成部分，而银行改革则是金融改革的重要内容。我国经济社会发展的"十三五"规划则把创新列为五大发展理念之首。今后一个时期，商业银行深化改革和转型发展既是顺应国家改革发展大浪潮的必然趋势，又是突破自身瓶颈和提升竞争力的客观要求。

（一）深化改革转型发展是应对严峻挑战的必然选择

1. 外部环境急剧变化，银行业正面临严峻挑战

我国经济发展转型换挡，银行面临风险管控的挑战。当前我国经济步入中高速增长阶段，前期快速膨胀的金融资产风险开始释放，银行业进入风险暴露期，利润增幅减缓，不良贷款额和不良贷款率双升。据估算，银行业不良贷款率每增加1%，就会产生约8000亿元不良资产，按150%计提拨备，就是1万多亿元，将消耗银行业大部分的利润。

利率市场化加速推进，银行面临盈利能力的挑战。当前存款利率上限已经完全开放，银行息差持续收窄，盈利能力显著下降。2015年银行业净利润同比增速仅为2.4%，较2014年、2013年、2012年分别下降了7.2个、12.1个、16.5个百分点。尽管2016年平均净利润增速为3.5%，同比略有回升，但未来几年银行业利润增长仍将面临严峻压力。

---

① 本文摘自出版图书：《创新超越——新常态下大型商业银行改革与转型》，作者：牛锡明，出版单位：中国金融出版社，出版时间：2016年5月，收入本书时略作修订。

　　互联网金融和民营银行崛起，银行面临生存发展的挑战。互联网金融有可能在一定程度上替代商业银行的支付、融资等功能。近年来互联网金融已通过嫁接银行活期存款与同业存款，不断分流低成本资金，提高了银行融资成本。与此同时，民营银行的设立和放开将进一步加剧银行业竞争，特别是"民营银行 + 互联网金融"的经营模式对传统商业银行经营模式产生强力冲击。由于金融业务专业性强、人才培养周期长，加上国有大型商业银行与民营银行薪酬差异悬殊，民营银行将在人才竞争方面给国有大型商业银行带来新的压力。

　　2. 大型商业银行内部体制机制存在诸多不足

　　现有授权体系未能充分考虑银行作为上市公司的治理要求，大型商业银行授权体系不够健全，董事会的权利责任边界也不甚清晰，形成了大股东考核和董事会考核两套绩效考核体系，董事会难以平衡好大股东直接考核要求、自身发展战略及短期考核目标之间的关系。董事会在资产投资及支出方面权限较小，在激烈的市场竞争中灵活性不足。

　　管理团队和关键员工市场化导向激励约束机制不够健全。管理层主要由上级任用和考核，董事会与管理层的委托—代理关系不明确，董事会对管理层缺乏一套行之有效的绩效考核体系。银行内部选人用人和绩效考核行政化、机关化的色彩还比较浓厚，干部能上不能下、员工能进不能出、薪酬能高不能低的现象依然存在。

　　风险管控与责任约束机制不足。全面风险管理体系还不完善，风险偏好尚不统一，资本节约理念没有充分体现在业务经营中，风险管理要求没有全面固化到信息系统中。日常运行过程中，发展目标责任制、风险管控责任制还不够健全，管理责任、岗位责任不够清晰。风险责任追究存在"重结果、轻过程"的倾向，集体决策、集体不负责的情况时有发生，责任追究威慑力不足。

　　业务治理体系不够灵活高效。普遍采用"多层管理、一级经营"的模式，管理链条长，市场反应慢，经营管理效率不高，对发展的制约较为突出。按行政区域划分的业务组织模式，越来越不适应企业集团化跨区经营、财务集中管理，以及金融服务综合化、网络化、移动化的发展方向。

　　党的十八届三中全会通过的《中共中央关于全面深化改革若干重大问题的决定》（以下简称《决定》）指出，经济体制改革是全面深化改革的重点，核心问题是处理好政府和市场的关系，使市场在资源配置中起决定性作用和更好发挥政府作用。这表明国家深化改革的中心思想就是要清楚划分政府与市场边界，将属于市场的交还给市场，充分发挥市场在资源配置中的基础性和决定性作用；优化金融主体结构、融资结构，推动经济沿着更有效率、更加公平和可持续发展的轨道前进。为适应市场化改革取向，提高商业银行经营效率和活力，必须深化商业银行经营管理体制机制改革，建设有中国特色的银行公司治理机制，推进银行经营模式的转型创新。

3. 商业银行转型发展有其客观必然性

从金融功能学理论视角观察，商业银行转型发展势在必行。从金融服务需求端来看，随着技术创新逐渐成为经济增长的主要动力，金融分工需要更为细化、风险应该更为分散。大型商业银行需要拓展完善多层次、多元化金融服务功能，满足不同类型客户的融资需求。在国际贸易往来更加频繁、资本和金融账户逐渐开放、企业跨境投资规模不断扩大的背景下，经济主体跨境现金管理、跨境投融资、跨境财富管理、跨境支付结算等金融服务性需求迅速提升。随着经济金融全球化深入发展，我国经济金融的交易范围已扩展到全球，交易复杂程度和不确定性大大提升，这要求商业银行强化金融风险管理功能，降低金融市场信息不对称，提升资源配置效率。

从金融服务供给端来看，以互联网经济为代表的技术进步能够降低金融系统交易成本和信息不对称，有效提高银行在支付、结算、兑换、资源配置上的效率，也有利于激发新型金融业态。新兴技术的推广和应用必将成为商业银行业务转型的坚实基础和有力保障。商业银行作为我国金融系统的"主力军"，更需要通过转型发展适应和满足实体经济对金融服务功能的新需求。

从核心竞争力视角来看，商业银行应根据自身核心竞争力定位转型发展方向。核心竞争力是一个企业能够长期获得竞争优势的能力，是企业所特有的、能够经得起时间考验的、具有延展性并且是竞争对手难以模仿的能力。公司、个人、同业客户未来更加多元化和个性化的金融服务需求将催生商业银行差异化的经营模式，IT技术不断进步、金融服务业态不断创新也将为银行差异化经营注入新的活力。商业银行只有结合自身核心竞争力来确定转型发展方向，才能充分发挥银行潜在优势，在所擅长的领域形成独特的经营风格。

从企业再造视角来看，银行再造是商业银行转型发展的重要保障。1993年哈默和钱皮在《企业再造》一书中提出了企业流程再造理论，并认为企业再造就是对企业的业务流程进行根本性的思考和重新设计，从而在速度、质量、成本和服务等关键绩效指标上取得显著改善。随着金融市场业务全球化、利率市场化、金融综合化的步伐不断加快，银行业竞争日趋激烈。面对挑战，西方商业银行早已从组织架构改革、流程运行机制设计和信息化建设等方面进行了系统全面的变革。

当前，我国商业银行的业务流程仍是基于内部管理和内部核算的需要而设置，存在重复审查、环节过多、流程周期过长、业务流程僵化单一等问题。在组织架构方面，商业银行现行模式是较为典型的"金字塔"式结构，在实践中存在管理层次多、链条长、效率低的问题。在流程运行机制方面，当前利润分配机制、成本分摊模式、内部交易核算制度等还有较大的提升空间。在信息技术改造方面，绝大多数银行已借助信息技术推动流程改造重建，但在提高信息处理自动化水平和增强信息分析决策支持效能等方面还存在欠缺。建设好信息平台并推动知识和经验的集聚与共享将是商业银行流程改造的重要组成部分，也将是商业银行改革转型的一个重要保障。

（二）西方商业银行转型发展的经验和启示

1. 西方商业银行转型发展的主要特征

20世纪80年代以来，面对经营环境的重大变化，西方商业银行主动谋变，在经营理念、经营模式、业务结构、组织架构与运营流程等方面不断进行创新与转型，表现出以下特征：

——经营范围综合化，市场定位由"融资中介"向"服务中介"转变。随着分业经营政策被打破，西方大型商业银行纷纷通过并购等方式建立金融控股集团，将业务拓展到银行、证券、保险、信托、租赁、基金等各个领域，综合型经营逐渐成为主流模式。与此同时，银行提供服务的方式也发生了深刻改变，从原来以资金融通为核心的"金融中介"转变为提供支付、风险管理等多种金融服务的"服务中介"。全球性大型商业银行大都涉及商业银行、零售银行、投资银行、资金交易与证券服务、资产管理及保险等多个业务领域。

——业务活动国际化，经营地域由本土向全球市场发展。随着贸易自由化和全球经济一体化的深入发展，发达国家的大型银行在巩固本土业务的同时，大力拓展海外业务机会，通过开设独立分支机构、并购、战略联盟等手段，快速拓展海外市场，获取全球金融服务利润。20世纪90年代以来，随着全球经济重心转移和新兴市场迅速崛起，跨国银行普遍加大了在新兴市场的战略布局力度，新兴市场逐渐成为国际性商业银行新的利润增长极。

——服务对象小型化，业务类型由批发业务为主向零售业务为主转变。西方商业银行在过去很长一段时期内是以企业尤其是大企业为主要服务对象的。20 世纪 80 年代以来，随着资本市场迅速发展，大企业主要转向股票市场、债券市场进行直接融资，商业银行面临严重的金融脱媒趋势。与此同时，发达国家居民财富的迅速累积为商业银行带来了新的发展机遇。个人客户、小企业客户进入了商业银行的视野，零售业务逐渐成为一些国际性商业银行发展的重点领域和利润增长的主要来源。

——收入来源多元化，盈利模式由利差收入为主向全面显著提高中间业务收入占比转变。面对严格的资本监管和利率市场化过程中利差收窄的趋势，西方商业银行不断拓展业务空间，优化业务结构，大力发展低资本消耗的中间业务和表外业务。反映在收入结构上就是，包括账户服务收入、投行业务收入、资产服务收入、证券化资产交易收入、保险业务收入和资产销售盈亏等在内的非利息收入占比不断上升，以利差收入为主的传统盈利模式彻底被改变。

——组织结构扁平化，组织形式由部门银行向流程银行转变。为应对组织机构迅速扩张过程中产生的经营管理效率低下等问题，进一步加强专业化营销与管理，提高对客户需求的响应速度，西方商业银行对组织架构与业务流程进行了全方位、系统性的改造。在组织架构方面，按照以客户为中心的理念，强化以业务板块为单位的垂直运作与管理，建立起同时兼顾纵、横双向联系的"矩阵式"组织架构。在业务流程方面，推行以业务流程为主导而不是以部门为中心的经营管理模式，实现了业务处理和后台支持的集中化，切实提高了为客户提供及时、高效、全方位服务的能力。

——经营手段信息化，运营模式由粗放型向集约化转变。得益于电子信息技术和互联网技术的广泛应用，商业银行服务渠道的自动化、网络化水平不断提升，为客户提供服务的广度和深度得到了极大的拓展。通过发展自助银行、电话银行、网上银行、手机银行等渠道，有效降低了运营成本，提高了运营效率。与此同时，西方商业银行对传统物理网点也进行了改造，通过重塑网点业务模式，改善内部功能分区，营造人性化的服务环境，将传统的"出纳网点"改造成产品销售中心和利润中心，网点柜员转变为顾问型销售员，使网点的营销功能最大化。

——管理工具科学化，管理方式由定性管理向量化管理转变。在业务与经营模式转型的同时，国际性商业银行普遍提升了业务经营管理水平。例如，在风险管理方面，建立全面风险管理体系，不断优化风险管理的架构与流程，引入大量数理统计模型来识别、衡量和监控风险，使得风险管理越来越多地体现出客观性和科学性的特征。在绩效管理方面，国际性商业银行普遍引进了经济资本、风险调整资本收益率（RAROC）和经济增加值（EVA）等理念与量化指标，更加注重长期发展，平衡收益与风险之间的关系。强调在有效防控风险、优化结构的基础上，加快发展速度、提高盈利水平。

2. 西方商业银行转型发展的启示

——坚持金融的本质，以商业银行业务为核心实现功能拓展。在转型发展的过程中，虽然商业银行的业务模式、经营模式与组织形式发生了广泛而深刻的变化，然而从金融功能观的角度来看，商业银行的转型发展始终没有脱离金融的本质，仍然是为了实现经济金融资源的优化配置。

——明确发展战略，突出专业化与特色化的发展方向。在转型发展的过程中，国际性商业银行往往根据自身的优势与特色制定差异化的发展战略，通过内生增长与外延扩张等手段不断巩固和加强自身在某个细分领域的市场领先地位。

——优化资产结构，降低资本占用。1988 年国际清算银行《巴塞尔协议》实施后，特别是 2004 年《新巴塞尔协议》、2010 年《巴塞尔资本协议Ⅲ》实施以来，商业银行面临的资本外部约束大大强化，纷纷加强了资本管理，主动优化资产结构、业务结构和收入结构，更加注重发展轻资本的低风险业务和表外业务，如发展个人按揭贷款和提供咨询、投资决策、投资组合、个性化理财等服务，从而推动了商业银行经营模式的转型。

——充分发挥各项业务协同效应。在综合化经营模式下，充分发挥不同产品与业务间协同增效作用，是商业银行提升经营效率的重要途径。例如，瑞银集团将协同效应最大化作为一项主要战略目标，建立了独特的一体化业务模式，利用机构资产管理与私人银行、投资银行业务之间的协同效应，加强各业务部门之间的互动，挖掘更多业务机会，实现客户增加值的最大化。瑞银集团对协同效应的挖掘不仅体现在业务与收入方面，还在成本、技术、后勤、业务流程等方面实现了各部门充分共享。

——注重内涵式增长，兼顾发展速度与发展质效。近年来，面对经济下行压力与不断增强的资本约束，国际性商业银行的增长方式也发生了深刻改变，由以往追求扩张速度向更加注重发展质效转变，由主要依靠"外延式"增长向"内涵式"增长回归。全球金融危机后，国际性商业银行更是表现出业务扩张与业务收缩同步进行的发展趋势。

——全面贯彻"以客户为中心"的经营管理理念。对商业银行而言，市场竞争核心在于谁能最终赢得客户。因此，"以客户为中心、以市场为导向"是商业银行转型发展所应坚持的一项基本原则，具体体现在组织架构、业务流程、产品设计、渠道建设及服务过程等各个领域与环节。

——始终将风险管控作为经营与发展的第一要务。在国际性商业银行转型发展的过程中，由于风险控制不力而导致的风险合规事件时有发生。例如，花旗集团在1999—2004年急剧扩张，导致其对风险管控顾此失彼，频频爆出违规事件，不仅严重影响了其国际声誉，也造成了巨额的经济损失。面对一系列风险合规问题，花旗银行开始对以往的急剧增长战略进行反思，并着手加强全集团的合规风险管理机制建设以重塑其市场形象。

——切实提高经营效率，降低运营成本。在资本约束日益强化和负债成本持续上升的情况下，商业银行以往通过扩大资产规模增加盈利的模式越来越难以为继。由粗放型向集约化转变，也成为商业银行运营模式转型的必由之路。例如，美国银行率先引入"六西格玛"管理模式，通过精密的统计指标跟踪记录，来改善成本、服务、销售乃至并购整合的各个方面和所有环节，产生了巨大的效益，客户满意度迅速提升。

——高度重视信息技术的运用。信息技术的快速发展与互联网金融的崛起对商业银行传统的经营模式、盈利模式与服务模式产生了深远的影响。当前，商业银行无不将信息化建设提升到至关重要的位置。除加强电话银行、网上银行、手机银行等电子渠道建设和内部信息系统整合外，还通过业务外包与战略联盟等途径，加快对新技术的运用，促进信息技术与银行业的深度融合。

（三）大型商业银行具备进一步改革转型的基础

从财务表现来看，我国大型商业银行资产规模已跻身全球前列，盈利大幅提升。从2003年到2016年，五大银行资产规模从16万亿元增长到86.6万亿元。盈利状况从股改前核销坏账后亏损扭转为净利润快速增长，截至2016年末已达到9468.16亿元。

从风险管理水平来看，五大银行的资本实力、资产质量均居国际银行先进水平，加权平均资本充足率从处于负数的技术性破产水平提高到14%以上，不良贷款率从20.36%下降到1.68%左右。

从服务实体经济能力来看，五大银行积极贯彻国家宏观调控政策，全力支持实体经济，特别是在2008年应对国际金融危机过程中，五大银行积极支持基础设施、大型重点项目、涉农产业、小微企业发展，对促进我国经济健康、持续、稳定发展起到了中流砥柱的作用。

从内部治理情况来看，自五大银行股改上市以来，通过组织架构再造、人力资源管理改革等措施，初步建立了与公众持股银行相适应的内部管理体制。

从业务经营模式来看，在我国加入 WTO 以后，五大银行从完全依靠利差经营发展，到能够开展资管、投行、基金、信托、租赁等业务，综合金融服务能力显著增强。

从对外合作开放来看，国有大型商业银行在"引资"的同时积极"引智"、"引制"，加快融入世界金融体系，提升自主创新能力，不断加大"走出去"的开放力度，在海外成立分支机构数已超过千家，覆盖40多个国家。

自2003年五家国有大型商业银行相继完成"重组—引资—上市"的股份制改革以来，现代商业银行制度在我国初步建立，历史积累的风险也得到了较好的化解，我国大型商业银行实现了脱胎换骨的转变和10多年来的高速增长，为进一步改革和转型发展打下了坚实的基础。

在五家国有大型商业银行中，交通银行当前所面临的困难和挑战较为突出，进一步深化改革更显迫切。一是不具有四大银行的客户优势和规模优势，机构网络数量差距悬殊；二是不具有股份制商业银行机制灵活的优势，内部管理行政色彩较浓，经营活力和商业气息不够；三是创新的动力明显不足，创新不能紧贴客户需求和市场变化；四是经过前十年的高速发展，发展后劲不足，绩效下滑，部分财务指标和市场整体评价处于靠后水平。时至今日，面对快速变化的外部形势，面对积极求变的金融同业，交通银行曾经引以为傲的体制机制优势已不复存在，前期改革红利已基本释放完毕，改革转型发展已迫在眉睫。

但从另一方面看，交通银行先行先试、深化改革的基础较好，有能力承担率先改革探索的任务。一是历史上多次承担金融改革任务，一直是我国金融改革的先行者和探路者。1908年交通银行设立时就是中国现代商业银行的先驱。1987年恢复之初就实行股份制，不受专业银行业务经营范围的限制；20世纪90年代初率先实行综合化经营，先后设立了海通证券公司和太平洋保险公司；2004年率先引进战略投资者汇丰银行，并于2005年率先在香港上市，2007年又在上海证券交易所上市。二是体量适中、管理基础相对较好。截至2016年末，交通银行总资产达8.40万亿元，净利润为672.10亿元，境内外营业网点3300多个，具有规模适中、网点适度、收入成本比低、IT 基础好的优势。这有利于获得改革试点的经验，也可确保改革试验的风险在可控范围内，保持金融稳定。三是股权结构已初步形成了混合所有制形态。在交通银行股份中，财政部、社保基金合计占股比例 40% 左右，汇丰银行持股占比 19% 左右，上海烟草、首都机场、中国一汽等国有大企业占比 6% 左右，其他社会流通股和小股东占比 35% 左右，相对实现了股份结构的均衡化，已具有混合所有制经济的基本特征，为进一步深化改革打下了较好基础。

二、大型商业银行深化改革与转型发展的总体设想——以交通银行为例

交通银行深化改革的思路和要点，包括总体目标、基本原则以及具体措施等内容，涵盖完善公司治理机制、深化内部经营机制改革和经营模式改革转型等三大方面。转型发展的核心内容则可概括为"四项标准、六个领域、八大业态"。

（一）交通银行深化改革的基本思路

交通银行深化改革的总体目标是：深入贯彻落实党中央、国务院决策部署，通过深化改革显著提升核心经营业绩指标，使交通银行的公司治理机制、业务运行效率、业绩发展水平、风险管控能力、社会服务水平、市场整体评价和利益相关者满意度达到国内同业的先进水平，建成国际化、综合化、财富管理特色突出，具有国际先进管理水平的现代银行集团。

交通银行深化改革的基本原则，一是坚持市场化改革方向，使市场在资源配置中发挥决定性作用和更好发挥政府作用，更加尊重市场经济规律和企业发展规律，依法确立市场主体和法人实体地位，激发创新活力。二是坚持体制机制创新。通过深化改革、完善公司治理机制，破除制约商业银行转型发展的体制机制障碍，释放制度红利，进一步提升大型商业银行的经营活力和市场竞争力。三是坚持问题导向、稳步实施。把握好改革的顺序、力度和节奏，在积极稳妥、集思广益基础上先行先试，努力探索改革经验措施。四是坚持服务实体经济与防控风险并重。提高交通银行的经营管理效率和风险管控水平，进一步加强外部约束和监管，保证银行稳健运行，切实增强服务实体经济能力，更加有效地防控经营风险。

交通银行深化改革涵盖完善公司治理机制、深化内部经营机制改革和经营模式转型与创新等三大领域。

一是建设有中国特色的公司治理机制，为有效服务实体经济奠定治理

基础。充分发挥党委、董事会、监事会和管理层的作用，探索党委领导核心和现代公司治理有效结合的新途径和新方式。一方面，党的领导核心是社会主义公司治理的基石。要充分发挥党委的政治核心和统领全局的作用，将国家战略意志与商业银行转型发展有机结合，为实体经济转型升级提供坚实有效的金融支持。另一方面，在董事会和管理层之间建立相互制衡、授权经营的公司治理机制。在坚持国有控股地位的基础上，优化股权结构，董事会在战略管理、选人用人、薪酬分配、绩效考核、风险管理和公司治理中要发挥更大作用，给高管层充分授权、明确经营责任。

二是推动内部经营机制改革，充分调动银行经营管理人员服务实体经济的积极性。用人薪酬机制改革是重要内容之一。推行职业经理人制度，实行"目标责任制、契约化管理"。推行全员全产品计价考核，打破"大锅饭"，激发竞争活力，提升业绩水平。建立发展责任制。完善对于境内外分行的差异化绩效考核机制，结合市场需要和同业对比下达考核指标。在子公司和事业部利润中心推行市场化聘任制，依市场原则实行聘任、辞聘和解聘。完善总行部门考评机制，总行注重提升控制风险能力以及办事、审批效率。完善风险管理岗位责任和管理责任追究制度。

三是推动经营模式转型与创新，更加协同高效地为实体经济服务。启动总行改革，加大总行经营力度，重点建设公司客户、同业客户、个人客户、风险管理、互联网金融等五大板块，以及资产负债管理、资金营运管理、绩效考核、用人薪酬考核、授权经营等五大体系。分行管理与经营并重，成为营销的主力军和新的盈利增长点。推动基层经营机构客户集中营销、网点经营模式转型和全员全产品计价。

（二）交通银行转型发展的核心内容

交通银行转型发展有四项标准。一是增长模式向低资本消耗、低成本扩张型转变。将业务结构不断优化、质量效益不断改善作为转型的首要检验标准，实现盈利上"跑赢大市"、质效上"争先进位"、内生动力不断增强的转型效果。二是提升国际化、综合化，财富管理银行的利润贡献度。持续提升跨境跨业跨市场服务能力，在继续完善国际化、综合化布局和推进财富管理银行建设的基础上，加强业务协同和交叉销售，满足客户多元化的金融需求。三是做互联网金融领先的创新型银行。依托现代信息技术，积极创新经营模式、盈利模式和服务模式，努力占据未来金融业竞争的制高点。四是金融服务"做特色、做品牌"。围绕商业银行金融服务的本质，不断降低投诉率、提升服务效率、提升标准化程度，做特色化服务最突出的银行。

未来一个时期,交通银行转型发展的重点是推动理念、机制、方法和技术的深入转型,力争在六大领域实现转变。

——以"两化一行"引领转型发展,实现战略"顶层设计"到分解落地、系统推进的转变。"两化一行"顺应我国经济金融发展大势,符合交通银行的实际情况,体现了前瞻性、全局性和量身性的有机统一。近年来,交通银行在综合化、国际化等领域取得了显著进展。未来一个时期,交通银行将在"两化一行"战略实施方案的基础上,进一步推进发展战略在前中后台、总分支行的分解落地。从业务创新、管理协同、流程优化、资源配置和考核评价改革等方面入手,系统性地建设符合现代商业银行运行规律的战略管理体系,让"两化一行"战略全面融入整个集团的各项经营管理活动。

——以改革创新驱动转型发展,实现体制机制改革由单兵突进向整体推进转变。借助混合所有制改革试点的东风,落实好总体设计、统筹协调、整体推进和督促落实职责。以独立、专业、科学、高效为标准,健全改革的方案设计、项目督办、评估优化等各项工作机制。提高重大改革项目推进情况与部门(条线、板块)绩效考评的连接度。

——以"三位一体"支撑转型发展,实现分销渠道和获客方式由单点作业到链条式、平台化、一体化的转变。实行差异化定位并着力整合网点功能布局,持续优化网点组合,全面提升电子渠道功能;加强客户经理队伍的总量、结构、素质管理,优化职业发展通道、完善激励约束机制。创新经营思路,转变营销模式,深化技术应用,融合网点、电子渠道和客户经理队伍,搭建获客平台;深度渗透目标客户的业务经营和日常活动,实现线上线下一体化拓展,达到批量获取客户、提供增值服务和有效管控风险三者有机统一的效果。

——以表内表外协同转型发展,实现表内外业务发展由相对脱节向相互依存、相互促进的转变。大力发展新型业务,通过发展表外业务、增加中间业务收入,实现增量转型。注重保持表内传统业务的合意增速、提升竞争能力,支撑、带动表外业务和中间收入的增长,实现存量转型。通过表内表外、银行业务与非银业务良性互动、协调发展和灵活转化,全面满足客户的金融服务需求,不断扩大盈利增长点。

——以风险管理保障转型发展,实现管控风险向经营风险的转变。持续优化全面风险管理体系,健全落实风险管理责任制,把"全覆盖、全流程、责任制、风险文化"贯穿于业务发展的全过程，有效控制利润当期性与风险滞后性错配所产生的风险，维护巩固转型发展的成果。注重提升风险经营能力，作为获取低成本负债和保持息差稳定的重要抓手。确立前、中、后台条线协同经营风险的理念和机制，通过专业分工完善、风险产品创新、流程效率优化、大数据应用等途径，切实提升风险经营水平。

——以服务提升助力转型发展，实现服务管理由标准化、规范化为主向更加重视内部服务和客户体验的转变。把服务作为"做特色、做品牌"的重要内容，成为投诉率低、服务效率高、客户体验好的银行。突破传统意义上的服务规范和硬件环境，树立"大服务"理念，拓展服务对象和服务内容的边界，形成全方位、全流程、全人员的大服务格局。借鉴抓外部服务的理念和方法，高度重视搞好内部服务和提升管理效率。

未来一个时期，交通银行转型发展将突出八方面的金融业态。

——金融市场（交易型金融）。金融市场业务在产品和服务创新、带动客户及利润增长等方面具有独特优势。在新的经营环境下，推动金融市场业务转型发展日益成为大型商业银行转型发展的重点之一。交通银行通过深化事业部体制机制改革、进一步完善司库管理制度、优化非信贷资产结构等多措并举，以打造交易型银行为抓手推进金融市场业务转型。交易型银行是指在主要债务资本市场、场外资产及衍生品交易市场里起中间商作用的金融机构。交通银行在总行层面建立专门的同业与市场业务推进委员会，公司、零售和同业三大前台板块搭建信息共享平台，以全产品销售体系创造尽可能多的交易机会，深入实施"资产为锚"策略，创新文化、模式、机制、产品、架构、流程，不断完善事业部制运行机制，有效运用互联网手段，做强做大转型发展的业务增长极，实现业务结构向交易型与配置型业务并重转变，盈利模式向利息收入、价差收入和手续费收入并重转变，建设国内一流的交易型银行。

——贸易金融（供应链融资）。供应链融资是贸易金融不断发展、深化的结果，突破了交易双方形成的简单贸易关系范畴，以供应链为纽带，通过对贸易金融产品的组合创新，实现供应链管理高效运行，达到供应链参与主体的多方共赢。对大型商业银行而言，贸易金融有利于商业银行更好地提升利润、控制风险、拓展客户。交通银行将持续提升贸易金融跨境、跨业、跨市场综合财富管理能力，构建快速高效的在线供应链金融服务平台，全面吸引上下游企业资金体内循环，提供多元化供应链融资服务。实施差异化产品策略，推进现金管理、产业链金融交叉销售，提高客户拓展效率。打造"互联网 + 公司金融"特色，建立快捷高效的互联网供应链平台，从单一客户营销向批量获客转变，打通和连接形成企业内部、外部一体化的结算网络，助力发展低成本负债，全面提高客户价值。

——国际金融（境内外联动）。国际化战略是我国商业银行顺应经济金融全球化趋势、以客户为中心、提升跨境服务能力的重要举措。大型商业银行国际化是服务于中国投资和贸易全球化的内在要求，是保持银行竞争力的紧迫需求，是寻找新的利润增长点的必然选择。交通银行国际化发展将以国际业务整体转型为发展方向，同时突出境外行转型发展的推动作用。交通银行国际化转型的发展重点包括：以全球化市场营运创新推动整体业务向轻资本业务模式转型；以全球化金融服务创新推动整体业务向综合服务提供商转型；以全球化架构创新推动整体业务向提高资源回报率转型。经过坚持不懈的努力，力争使交通银行具备较高的境外服务能力和管理水平，境外机构集团贡献度显著提高，能在国际范围内与全球性商业银行开展合作竞争。

——消费金融（个人按揭贷款）。消费金融是指金融机构向消费者（家庭）提供的包括消费贷款在内的金融产品和金融服务。发展消费金融，从宏观上讲有利于深化供给侧改革，进一步扩大内需，助力改善国计民生。从微观上看也有利于银行优化业务结构，降低资本消耗，提升资产收益，培育新的利润增长点。随着我国经济转型的不断深入，国家政策的扶持、居民消费方式和消费习惯的变化、消费金融公司的兴起、同业产品的创新都为商业银行发展消费金融业务带来了机遇和挑战。交通银行在消费金融业务发展中"突出重点，明确定位"，打造"批量、主动"营销模式，做专、做特、做品牌，并采取诸多措施推动消费金融业务。未来交通银行将继续大力拓展消费信贷业务，推动消费金融效率提升及风险防范，建立更加科学高效的运营管理体系，积极探索消费金融产品和服务的创新。

——财富与资产管理（理财、托管和保险）。居民收入及财富持续增长，高净值客户群体不断扩大、消费率提高，商业银行融合金融市场，做大财富管理业务拥有更加广阔的市场。居民财富管理需求的多元化倒逼银行提升综合金融服务能力，全方位提高资产配置能力已成为大中型商业银行塑造核心竞争力的重要环节。交通银行将以 AUM 为统领，以效益为核心，以客户为抓手，强化"财富管理、有效客户、资产业务、全渠道营销"四大核心驱动力，打造"发展质效领先国有、客户体验位居一流"的财富管理特色。以 AUM 为驱动，提升财富管理规模和效益。进一步强化

AUM 的"考核指挥棒"作用，引导分行做大 AUM 规模、优化 AUM 结构、提升 AUM 贡献。提升非存款资产占比，确保表外理财、代销、托管等 AUM 重点产品增幅赶超同业平均水平，持续提升"每亿元 AUM 资产财富管理收入"。

——投资银行。投行业务综合贡献高，创新效应强，是大型银行实现战略转型的重要基点和抓手，大型商业银行加快发展投资银行业务势在必行。为更好地发挥优势，补齐短板，未来交通银行将进一步创新思维，加快投行业务发展步伐，实现跨越式增长。主要举措和策略包括：明确定位，打造"精确制导武器"和"利润放大器"；抓住重点，紧贴国家战略、政策取向与市场变化；善借外力，为客户提供综合金融服务；强化创新，重点培育结构化融资和绿色投行业务；兼容差异，发挥商业银行和投资银行两种文化的积极作用；拓宽渠道，解决投行产品发展的后顾之忧；夯实基础，从源头上管好管住风险。

——互联网金融（手机银行）。互联网金融是利用互联网技术和移动通信技术等一系列现代信息技术实现资金融通的一种新兴金融模式。互联网金融改变了商业银行的盈利模式，重构了商业银行的融资格局，改变了商业银行的服务模式。大型商业银行发展互联网金融具有良好的基础，但也有挑战。落实好"互联网+"的国家战略，更好地服务实体经济，交通银行将以在互联网上打造"第二交通银行"为最终目标，用互联网的立体化思维，构建以生活化场景为切入、以客户需求为核心、以数据智能运营为驱动，且与母行齐头并进，客户、业务互补的互联网金融平台，进而开辟一条全行"互联网+"时代的转型之路，使交通银行成为国内互联网化程度最高和互联网盈利能力最强的金融集团之一，更好地服务实体经济。

——综合金融（非银行子公司）。商业银行综合经营是金融发展到一定阶段的必然要求和结果。随着金融监管日益开放、混业竞争不断加剧，近年来国内外大型商业银行都在积极推动综合经营战略落地。交通银行也进一步明确了未来综合经营转型提升目标。其中"完善经营牌照"、"深化战略协同"、"提高跨境跨业跨市场的经营能力和服务能力"等目标为银行的综合化战略赋予了新内涵，为落实综合经营发展目标，切实获得综合化转型效益，交通银行未来将从深化子公司专业内涵、完善板块管理机制、促进集团内部协同落地三方面着力，全面激发综合经营活力。贯彻"一个交行、一个客户"理念，按照"业务融合，客户共享，IT 落地，集中办公"要求，以子公司转型发展工程为抓手，以集团一体化的多元融资平台、财富管理平台为纽带，切实提高跨业跨市场经营服务能力。

面对宏观经济环境带来的挑战，这八个业态将是未来交通银行转型发展的重要抓手。它们都具有发展潜力大、资本占用少、对人工渠道依赖度低的共同特点，很好地契合了"低资本消耗、低成本扩张"的转型目标和标准。同时，八个业态也各有其特点，对于银行转型发展具有重要意义。未来交通银行将找准客户的关注点，找准展业和风控的关键点，持续推进经营模式创新和金融产品创新，力争做深、做透、做精、做细，形成在特定领域的专业化、特色化优势，使之成为重要的转型着力点和利润增长点，并将紧扣八大业态，聚焦客户体验，有效优化业务流程和服务链条。

三、大型商业银行深化改革与转型发展必须坚持服务实体经济的方向

中国实体经济仍然有巨大的增长空间，为银行改革转型提供了良好的外部条件。我国大型商业银行改革与转型必须始终坚持为实体经济服务的方向。

（一）中国经济发展为商业银行深化改革与转型发展提供有利条件

当前，我国经济金融步入新常态，经济转型升级对金融机构功能优化提出了新的要求。商业银行在贯彻党的十八届三中全会、五中全会精神时，必须以服务实体经济为宗旨，推动体制机制创新和转型发展。

1. 经济中高速增长和质量显著提升为银行转型提供了良好的外部环境

当前，我国无论是在经济增长的动力转换还是政策调整的空间等方面，都还具有较大的潜力。目前我国人均收入相对较低，2016 年人均 GDP 约为7800 美元，属于中等收入国家。只要把握好内涵式发展的正确方向，通过继续推动改革，实现经济增长动力机制由资本积累到全要素生产率提升的成功转换，未来十年内潜在经济增速仍能保持在中高速水平上，并成功跨越"中等收入陷阱"。

新型城镇化和工业化仍然具有较大发展空间。以工业化为基础促进城镇化特别是中小城市快速发展，能够充分发挥城镇的产业聚集功能，带动包括养老、医疗、教育、住房等方面的消费，以及基础设施、学校、医院等方面的投资。

人力资本的逐步提升也将成为经济发展的重要动力。我国城镇化建设可以通过缩小城乡收入差距推动劳动者素质的提高，部分抵消劳动力成本上升对于经济发展的抑制作用。未来我国在加大教育投入、培养创新型人才以及提升教育质量与回报等方面潜力巨大。

政府公共财政投资仍将是经济增长的重要"稳定器"。未来政府公共财政投资在逐步退出市场竞争领域的同时，将重点围绕打造服务型政府、扩大公共产品和公共服务供给助力经济发展。在我国工业化、城镇化和农业现代化建设过程中，铁路、机场、码头、水利工程等基础设施建设领域的公共投资仍将是经济增长的重要推动力量。

创新型经济将为发展注入新的活力。近年来我国企业的创新环境持续优化。多层次融资体系不断健全，为打造创新型经济提供了更加有力的金融支持。政府在简政放权、加强人才引进、提供财政支持等方面加大改革力度，进一步优化了创业、创新的制度环境。移动互联网、生物科技、新能源、新材料等高新技术的持续进步，为创新型经济发展提供了有效的技术支持。

通过深化经济体制改革进一步释放制度红利仍有较大空间。相对于过去通过大规模投资拉动需求的调控模式，未来政府可更多地从供给层面深化改革、释放活力。例如，通过推进价格和财税改革，建立有利于结构调整的激励机制；形成劳动力和资金的市场化价格，激励企业研发和技术创新；通过提高直接税收比重，改变地方政府以前过度重视规模扩张的理念，推动产业结构转型；通过打破垄断和政府隐形担保机制，形成有效供给，淘汰落后产能。

在新常态下，我国经济提质增效、升级换代仍有巨大潜力。从总体上看，宏观经济的外部环境还是比较好的，商业银行创新转型具备良好的外部环境和较大的回旋余地。

2. 经济转型升级给银行带来新的业务机遇

我国经济正经历增长动力换挡期和结构调整期，经济转型升级离不开金融体系的支撑。商业银行作为我国金融体系的主要力量，在未来经济发展的过程中仍将发挥重要的金融支持作用，仍有新的业务发展机遇。新型城镇化建设需要银行提供海量综合配套服务。在新增居民层面，未来新增城市人口将增加住房、医疗、汽车、教育、旅游等投资和消费需求，进而推动商业银行零售业务的发展。在企业与产业层面，城镇化建设将为商业银行发展城镇中小企业信贷业务提供难得的发展机会。在政府层面，包括交通、能源、电信等在内的各方面基础设施建设，特别是城市轨道交通、地面公共交通、机场等城市建设将带来大量的融资需求。

国有企业改革将催生大量综合型金融服务需求。新一轮国企改革中，混合所有制要求存量产权多元化和增量产权多元化并举，这将带动国企并购与重组行为，产生相应的融资需求。国企改制及资产整合在策划期和推进期都离不开专业金融中介服务的介入与支持，无论是地方政府、有国资背景的投资基金公司或者是改制企业，都会在咨询顾问与撮合交易等增值服务方面产生各类需求，为商业银行投行顾问类业务提供了较多机会。

产业升级要求银行量身打造全产业链条、全生命周期的金融服务。产业升级依托于技术进步和科技创新，企业在不同的发展阶段存在不同的融资需求。处于早期发展阶段的企业技术创新具有较强的不确定性，商业银行可以选择与资本市场合作进行结构化融资，配套咨询和财务顾问服务，培育潜在优质客户。对于大中型企业而言，产业升级通常需要大规模、期限较长的融资支持，商业银行可通过银团贷款或者与开发性金融机构、保险资金合作开展融资业务。拓展战略新兴行业、先进制造业、现代服务业客户也有利于商业银行优化客户结构，并通过与龙头企业合作，延伸金融服务链条。

中国经济加速"走出去"要求商业银行切实提高跨境、跨业服务能力。随着"一带一路"的全面铺开，企业在信用、融资和避险等方面对商业银行"跟随式"服务的需求也将不断增加。而境内企业海外并购、投资、承建工程及境外公司运营也将为商业银行境外融资业务和咨询服务带来机会。商业银行还可以根据政府相关扶持政策重点，重点发展汇率避险、境内外资产抵押、境外产业链融资及跨境人民币结算等业务。

人民币国际化将催生我国大型银行全球化、多元化服务需求。人民币国际化将在境外产生大量人民币资金沉淀，包括境外人民币存贷款市场、债券市场、同业拆借市场、外汇交易市场以及衍生品市场等逐步建立健全，有利于商业银行开展境外人民币存贷款、跨境理财、资金托管、资金交易和结算等业务。国际上以人民币计价流通的金融产品、大宗商品将不断丰富，而人民币在加入特别提款权（SDR）货币篮子之后也将逐渐成为许多国家的储备货币，这将增加人民币的投资机会，同时推动人民币产品创新。

（二）金融改革创新必须始终依托于实体经济

为实体经济服务是金融体系赖以生存的基础，经济与金融唇齿相依。经济决定金融，金融的产生和深化来自于经济发展的实际需要；金融为经济服务，高效运转的金融体系是经济持续健康发展的必要条件。金融的发展必须以实体经济为基础，应始终辅助、服从和服务于实体经济。如果实体经济不能健康发展，金融也将成为无源之水、无本之木。金融改革的根本目的是通过完善金融功能，更好地支持实体经济的发展。脱离实体经济的金融创新终将成为空中楼阁，抛开经济发展的金融改革则是舍本逐末。

在经济全球化时代，跨国贸易和资金跨境流通更加频繁，企业对于风险规避、风险管理以及信息处理等多方面需求增加，金融功能也相应拓展和深化，出现了衍生金融工具。它有助于进行风险管理、降低融资成本和提高流动性，但也具有杠杆性、复杂性和投机性特点，容易导致过度的金融虚拟化和资产泡沫化。特别是在金融虚拟经济过度发展的经济体中，经济危机不仅可能产生于实体经济，还可能来自于金融领域自身。从金融机构自身的角度看，主要是以下三个方面出了问题：一是金融机构公司治理机制不健全、责权利不匹配，造成经营管理行为异化、冒进；二是金融机构盲目转型、过度创新，脱离了服务实体经济这一根本宗旨；三是忽略了利润当期性与风险滞后性这一金融活动的重要特点，违背了金融风险管理的基本原则。

2008年美国金融危机的根源就在于金融"自娱自乐"。美国的次贷危机就是金融改革和改革转型脱离实体经济、最终自酿苦果的典型案例。20世纪80年代以来美国金融自由化进程加速，起初确实提高了金融机构的效率和服务实体经济的能力，但缺少整体设计和有效管控的金融自由化最终却造成了巨大问题。一是公司治理畸形。金融机构出于不断拓展业务、获取天价薪酬的目的，短期行为特征突出，忽略、隐瞒甚至推销风险，道德风险问题十分严重。关注风险、关注长期发展的金融机构，反而有被淘汰的危险，形成了"劣币驱逐良币"式的逆向选择。二是金融创新过度。严重脱离了实体经济需求，忽略了基本面风险，各类"衍生的衍生"产品"爆炸式"增长，风险过度累积、放大，最终导致危机爆发。这充分说明，金融机构必须有健全的公司治理机制和绩效考核体系，金融创新活动也必须紧紧依附于实体经济，只有围绕服务实体经济所进行的金融改革和金融创新才具有生命力。

我国商业银行改革转型的原动力是更好地服务实体经济。从我国银行业发展历程来看，自改革开放之初设立专业银行到初步建立现代商业银行制度、再到对商业银行进行股份制改造，银行不断深化改革的原动力正是我国经济发展的各个阶段对金融服务功能所提出的新需求。当前，我国经济进入经济增长动力换挡期和经济结构再平衡期，经济体制改革也在逐步推向纵深，经济环境变化对于包括商业银行在内的金融体系提出了新的金融服务需求。面临新的经济环境，商业银行要坚持以服务实体经济为基本原则，通过深化改革和转型发展，完善金融服务功能，提升金融服务效率。

（三）商业银行改革转型必须以更好地服务实体经济为导向

以深化改革夯实服务实体经济的体制机制基础。商业银行服务实体经济、推动业务转型发展，最根本的还是要深化体制机制改革。只有理顺了内部治理机制和经营机制，商业银行才能够有效提升应对实体经济变化的灵敏度，根据客户需求和市场导向灵活进行业务模式创新和金融产品创新；才能够真正贯彻业务转型发展目标，打造自身核心竞争力。在前期重组上市的改革红利逐步释放完毕后，我国商业银行内部体制机制不灵活、创新动力和活力不足等问题开始显现，突破自身发展瓶颈、有效服务实体经济首先需要进一步深化体制机制改革。

以转型发展提升服务实体经济的功能和效率。从宏观战略层面来看，商业银行围绕服务实体经济推进业务转型发展，就是要紧密结合国家发展战略和宏观经济形势来制定银行自身的业务经营战略，通过提升金融服务功能助力经济发展。在金融基础功能方面，国内企业"走出去"和人民币国际化等战略布局客观上要求我国商业银行支付结算网络要不断向海外延伸，同时互联网金融的发展也对银行完善国内支付结算服务提出了新的课题。在金融核心功能方面，我国商业银行要在有效防范风险的前提下建立更加市场化、更为灵活的投融资机制，加大对小微、"三农"领域以及战略新型产业的支持力度，同时提升财富管理服务能力，以满足个人和企业财富保值增值的要求，主动参与直接融资体系建设。在金融扩展功能方面，随着利率和汇率市场化改革的推进、资本账户的渐次开放以及国内资本市场的发展，商业银行在提升自身风险管理能力的同时，也要通过创新衍生金融产品满足企业和个人对于风险规避、套期保值的金融服务需求。

从微观经营层面来看，客户和市场的诉求代表了来自实体经济的最直接金融服务需求，商业银行服务实体经济落到实处就是要根据客户需求和市场导向进行业务模式和金融产品创新，这也是银行服务实体经济最为直接和有效的途径。对于公司机构类客户，应结合企业发展战略将金融服务做深、做透、做精、做细、做综合；对于零售类客户，应围绕客户体验提升服务质量，借助互联网工具进行大数据分析，实施精准营销、提升风险定价能力。

经济新形势下的
商业银行客户战略转型研究

中国民生银行　洪　崎　黄剑辉　王一峰

摘要： 客户战略是引领商业银行健康发展的核心和关键，决定着一家银行的方向、业务重点、风险控制、资源配置和绩效考核等全流程管理。近年来，国内外市场环境发生了深刻变化，国内商业银行也亟待确立充分适应新形势的客户新战略。

我国银行业客户需求的特点和趋势。目前，民营企业、居民部门和国有企业已成为我国经济的主要支柱。其中，民营企业作为我国经济的重要组成部分和最活跃的增长点，其金融需求增长迅速且面临较大缺口；居民财富积累、消费结构转型升级等带动居民部门消费金融需求快速增长；国企改革、PPP、基建投入等有待金融机构为国有企业提供全方位、综合化的金融服务。

海外银行业客户战略的发展趋势和特点。从长期看，海外银行业客户战略主要受到经济发展变化和金融市场结构变迁影响，在近三十年的演进过程中，客户战略整体呈现出向零售和中小客户下沉的趋势；从中短期看，各家银行依据自身特色，确立起具有差异化竞争优势的客户定位。客户体验和精细化管理的重要性日益凸显，客户分层、交叉销售、电子渠道整合等管理手段开始得到广泛应用。

国内银行业客户战略的发展趋势和特点。与国际趋势相适应，零售、中小企业和同业客户日益受到国内银行业的关注。客户选择上，在求同存异中转型变革，如招商银行的零售主体定位、兴业银行的"同业之王"地位、中信银行的对公优势和基因、平安银行的"三步走"战略以及华夏银行"三中定位"等。

经济新形势下商业银行客户战略转型的对策建议。一是不忘初衷，立足当下，前瞻布局，以服务民众为大力发展方向，以服务民营和国有企业为重要支撑；二是构建具有包容性的综合化客户结构体系，在"主导型大客户、发展型中小客户与优质小微客户"三类客群中建立竞争优势；三是保持长期战略稳定，战略性布局前景广阔的零售银行和轻型银行业务，适时适度动态优化客户结构；四是树立"价值客户"理念，重视综合收益，探索建立跨经济周期和客户全生命周期的客户价值综合评价体系；五是按照"因地制宜，分类施策，尊重差异，特色发展"的原则，给予分行适度客户选择自主权；六是提高客户精细化管理水平，完善配套资源支持。

关键词： 银行　客户战略　战略转型

客户战略是引领商业银行健康发展的核心和关键，决定着一家银行的方向、业务重点、风险控制、资源配置和绩效考核等全流程管理。近年来，国内外市场环境发生了深刻变化，国内商业银行也亟待确立充分适应新形势的客户新战略。

一、我国银行业客户需求的特点和趋势

经济发展是银行业发展的基础，经济结构变迁决定了银行业客户结构的发展变化。目前，民营企业、居民部门以及国有企业是我国经济的主要支柱，三类客户的金融需求不断增长，是银行业客户定位的主体。

（一）民营企业的金融需求存在巨大空间

民营企业经过几十年发展，已成为我国经济的重要组成部分和最为活跃的增长点。但我国银行业针对民营企业的金融服务供给仍然不足，金融需求仍面临很大缺口。

1. 民营企业的发展空间广阔

一是民营企业在经济中的占比不断上升，发展潜力大。以规模以上工业企业为例，2004 年以来，以私营和股份制企业为代表的民营企业利润总额占工业企业利润总额的比例由不到 40% 提升至 70%（见图 1）；2016 年 1~9 月，民营工业企业利润总额同比增长 8%，远高于国有控股工业企业 3% 的利润增速；民营企业成为我国工业企业资本积累的重要力量（见图 2）。

二是民营企业资产负债表更为健康。从资产负债率看，截至 2014 年末，国有及国有控股工业企业的资产负债率为 61.98%，而民营工业企业资产负债率仅为 52.15%；从资产贡献率看，2005—2014 年国有及国有控股工业企业的资产贡献率维持在 11.2%~13.8%，而私营工业企业为 13.8%~22.5%。

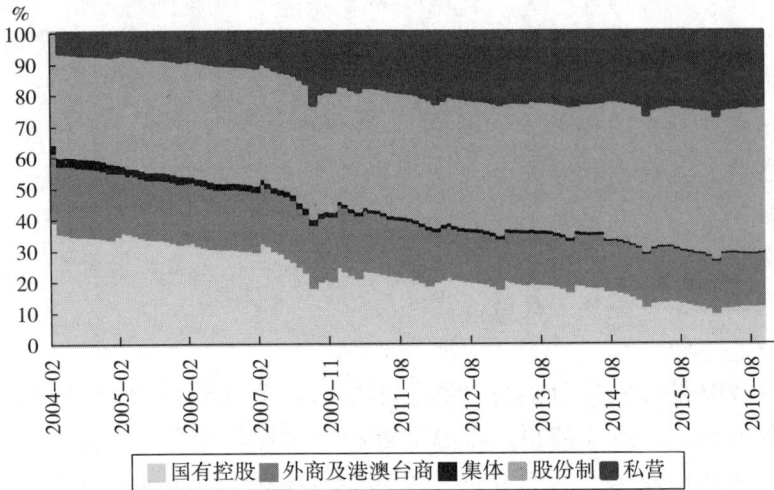

资料来源：Wind，民生银行研究院。

图 1　民营企业的利润占比不断提升

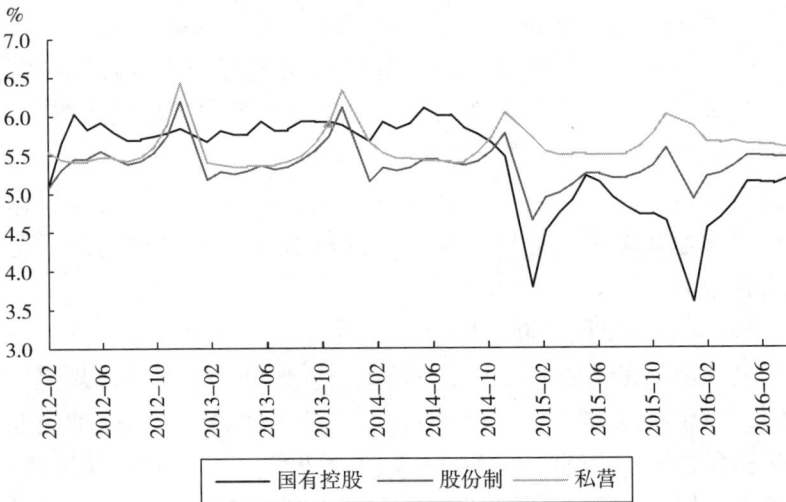

资料来源：Wind，民生银行研究院。

图 2　近年来民营企业利润率高于国企

　　三是民营企业的经营实力不断提升。2015 年《财富》世界 500 强中，我国内地有 93 家企业上榜，其中 83 家国有企业排名较上年平均提升 10 位，而 10 家民营企业排名较上年平均提升 33 位，表现出更强的成长性。

　　四是民间资本已成为我国投资增长的重要力量。我国民间投资占固定资产投资的比例由 2004 年的 30.4% 上升至 2015 年的 64.2%（见图 3），占据越来越重要的地位。受制于经济增速放缓，2016 年以来，民间投资对固定资产投资增速形成一定拖累，但 2005—2015 年，民间投资增速一直高于固定资产投资整体增速，是我国投资增长的重要支撑力量（见图 4）。

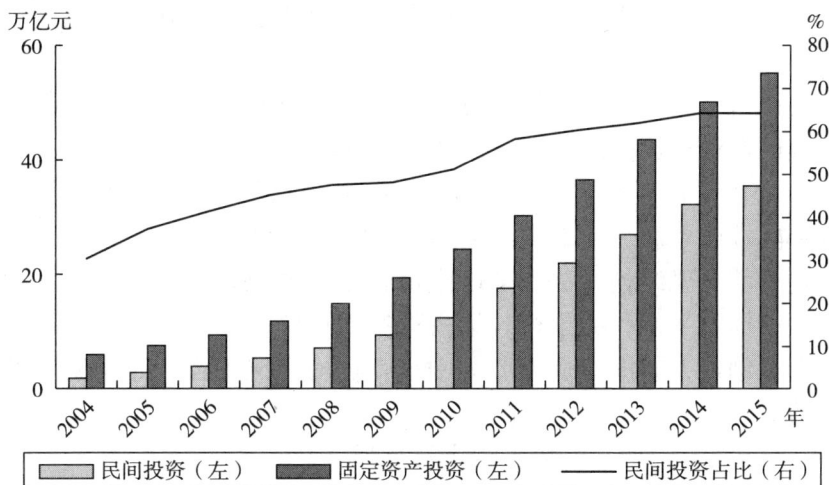

资料来源：Wind，民生银行研究院。

图 3　民间投资占比已达 60% 以上

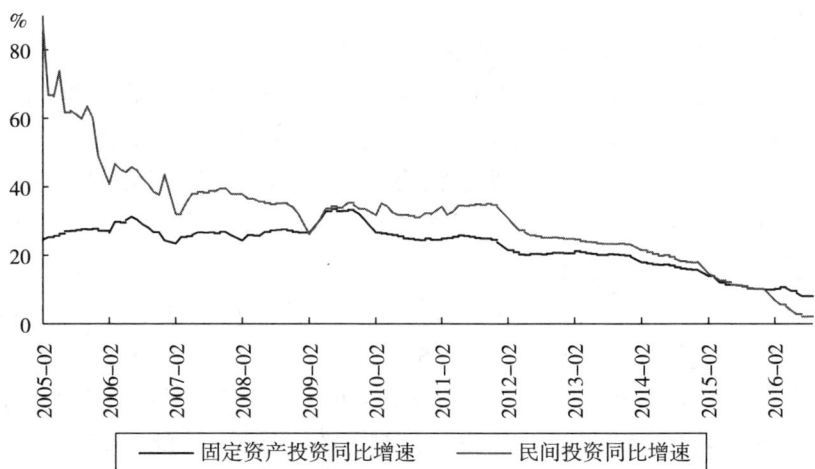

资料来源：Wind，民生银行研究院。

图 4　2015 年以前民间投资增速较快

2. 民营企业的金融供给仍面临很大缺口

民营企业是我国经济中最有活力的部分，对经济增长做出了重要贡献。但现实中，大部分民营企业都遇到了"融资难"的问题。近年来，在政府、监管部门以及各类金融机构的努力下，中小微民营企业的融资能力有所提升，但相对于庞大的民营群体，金融供给还远不能满足其快速增长的金融需求。

一是民营企业的投资过度依赖内部资金。以固定资产投资为例，中国民营企业固定资产投资所需资金的89.6%来自内部融资，远高于世界平均水平的71.3%；仅有4.5%来自于银行借款，远低于14.6%的世界平均水平。外部融资成本高于内部资金成本是融资约束的主因。

二是当前金融结构无法完全匹配民营企业的融资需求。当前，我国银行业发展结构不平衡，大银行长期占据垄断地位，在信贷市场上对国有大型企业存在偏好，有能力但是服务中小企业的意愿不强；而小银行的发展又相对滞后，有意愿但资金有限。

（二）居民部门的金融服务需求快速增长

随着财富增加和消费结构转型升级，居民部门的消费金融和资产管理需求快速增长，商业银行在为居民提供全面金融解决方案上的专业化价值凸显。在全球经济弱复苏和不良爆发的背景下，大力发展零售业务成为国内外银行业的共识。

1. 消费金融开启银行零售业务新增长极

一是消费行为转变为消费金融带来新机遇。随着居民收入增加和年轻消费群体成长，适度超前的消费观念被大众所接受，消费金融成为零售银行业务的蓝海。同时，伴随消费结构升级，汽车、住房等大型耐用消费品和教育、通信、文化娱乐、旅游等服务类消费也大幅攀升，必然需要与之相匹配的消费信贷给予支持。

二是我国居民消费杠杆率低，市场空间有待挖掘。从消费贷款占比看，目前我国这一比例只有20%（见图5），与发达国家50%左右的占比有明显差距。剔除住房按揭贷款后，2015年我国居民消费贷款余额占各项贷款的比例不到7%。从短期消费信贷与居民实际消费支出的比重看，虽然近些年攀升较快，从2004年的2%提升至2015年的14%左右（见图6），但仍然远低于欧美国家20%以上的水平。从居民部门债务占GDP的比重看，2015年我国居民部门杠杆率不到40%，而同期美国为77%，日本为65%，欧洲国家普遍在50%以上，我国居民消费领域具有温和提升杠杆空间。

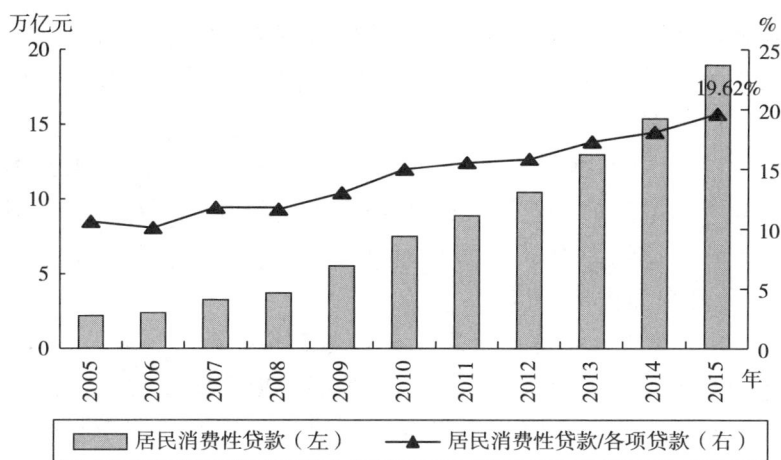

资料来源：Wind，民生银行研究院。

图5　消费贷款占比较低

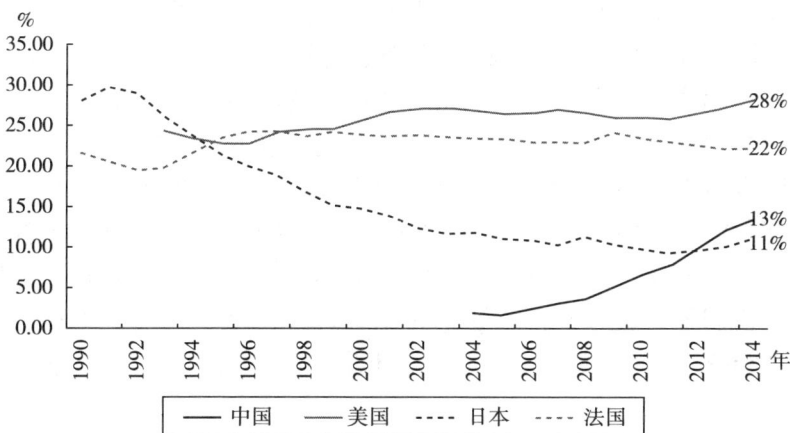

资料来源：Wind，民生银行研究院。

图6　我国居民消费潜力仍待挖掘

2. 我国居民财富管理意识显著增强

一是社会财富的增长催生对资产管理业务的需求。我国经济持续增长使社会财富大幅增加，为理财需求的爆发提供物质基础；同时利率市场化改变了客户收益预期，开始追求更加市场化的资产收益，居民财富管理意识不断增强。

二是人口老龄化和通货膨胀带来资产保值增值需求。随着人口结构变迁，我国居民尤其是庞大的退休人口在资产保值、现金流收入、抵御通胀等方面的资产配置需求显著增强。

三是人民币国际化唤醒居民的全球资产配置需求。近年来，中国居民海外资产配置的增速成倍上涨，但仍处于初级阶段。目前，发达国家家庭海外资产配置占比约为 15%，而我国家庭的海外资产配置占比仅为 4% ~ 5%，国际化理财需求潜力巨大。

（三）国有企业和政府平台是当前重要服务对象

一是国有企业在逆周期"稳增长"阶段的融资需求较大。国有企业特别是中央国有企业，是我国国民经济的重要支柱。在经济下行阶段，基础设施、民生保障类工程的建设投入将加大，而国有企业是这类建设投入的主力，相应的资金需求将上升。

二是国有企业改革过程中对于综合融资服务的需求上升。随着国企改革深入和混合所有制推进，国有企业间的并购重组将显著增加，相应的综合融资需求将大幅上升；利率市场化条件下，国企的直接融资需求将上升，需要银行协助提供发债等直接融资服务；伴随"一带一路"战略推进，国有企业"走出去"步伐进一步加快，相应的跨境金融服务需求也将增大。

三是 PPP 模式有待金融机构为相关参与方提供全方位、综合化金融服务。2015 年 8 月，银监会和发改委联合发布《关于银行业支持重点领域重大工程建设的指导意见》，明确指出银行业金融机构在"风险可控、商业可持续"的基础上，应主动对接、积极支持重大工程项目建设；鼓励银行业金融机构创新金融服务，拓展重大工程建设的融资渠道和方式，尤其是对作为社会资本参与的 PPP 项目，在风险可控和市场化原则下予以信贷支持。

二、海外银行业客户战略的发展趋势和特点

从长期看，海外银行业客户战略主要受到经济发展变化和金融市场结构变迁影响，随着居民消费水平提升、直接融资对间接融资替代、利率市场化实现、IT 技术降低运营成本等外部环境变化，客户战略整体呈现出向零售和中小客户下沉的趋势，零售客户也成为银行业应对金融危机和经济衰退的有力缓冲。从中短期看，各银行基于自身优势，并根据所处的经济环境、客户区域等，在全球化或区域化、多元化或聚焦化等方面形成各具

特色的客户战略，并在中短期内具有相当稳定性。此外，在近三十年的客户战略演进过程中，客户体验和精细化管理的重要性日益凸显，客户分层、交叉销售、电子渠道整合等手段得到广泛应用。

（一）零售客户是利率市场化及危机后的主要转型对象

经济发展是银行业发展的基础，居民收入水平的提高、各行业发展增速的变动、不同时期的宏观环境都会影响银行客户结构的转变。以美国为例，20世纪80年代左右，美国经济出现传统工业增长困难、居民消费增速提升、房地产市场快速发展的特征，美国主要银行的客户开始转向零售客户，工商业贷款在美国银行总贷款的占比持续下降，零售贷款尤其是住房抵押贷款占比迅速扩大。

1. 经济结构变迁引导银行客户结构向零售客户迁移

个人收入及居民消费提升带动零售客户金融服务需求。根据G20国家个人可支配收入与个人金融业务占银行收入占比的相关性分析，个人可支配收入与个人金融服务需求具有明显正相关关系（见图7）。20世纪70年代后期，美国私人消费占GDP比重有所降低，导致个人消费性贷款占比由1977年的22.8%降至16%的低点，之后随着80年代初该占比的提升（由1981年的64%上升至1983年的68%），个人消费性贷款占比也有所回升（见图8）。

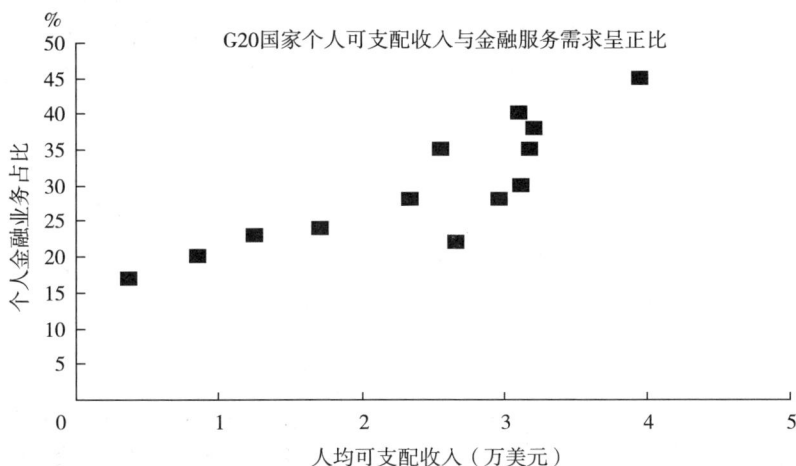

资料来源：Bloomberg，民生银行研究院。

图7 个人收入提升金融服务需求

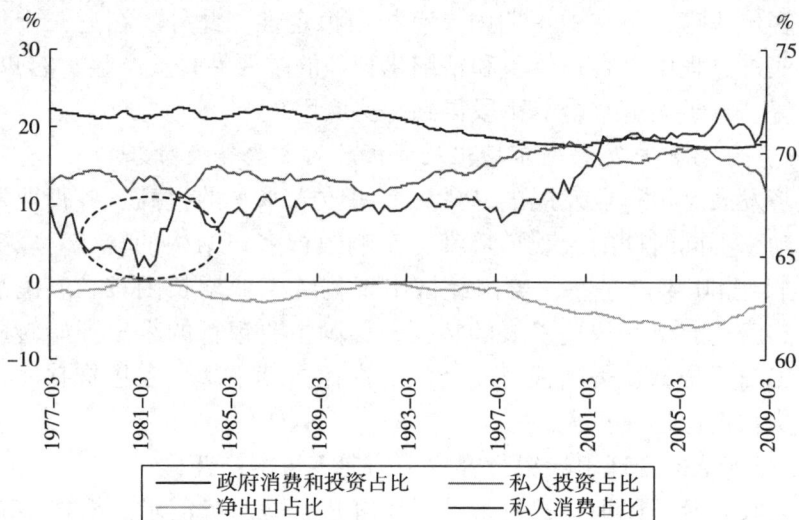

资料来源：CEIC，民生银行研究院。

图8　20世纪80年代美国私人消费占比提升

　　行业发展速度不平衡导致银行客户定位偏好的变动。传统工业的不景气会导致银行对工商企业客户的兴趣降低。20世纪70年代后，美国的建筑、采掘、铁路运输、钢铁、橡胶、汽车、食品等部门的利润率长期低于平均水平，这些支柱行业的不景气不仅影响到该行业的整个产业链，还造成银行对这些行业贷款的违约率提高和信用成本增加。从80年代开始，美国工商业贷款占比从1982年的40.5%一路下滑至1990年的29%（见图9）；工商业贷款增速也一路走低，显著低于同期个人消费和房产抵押贷款增速（见图10）。

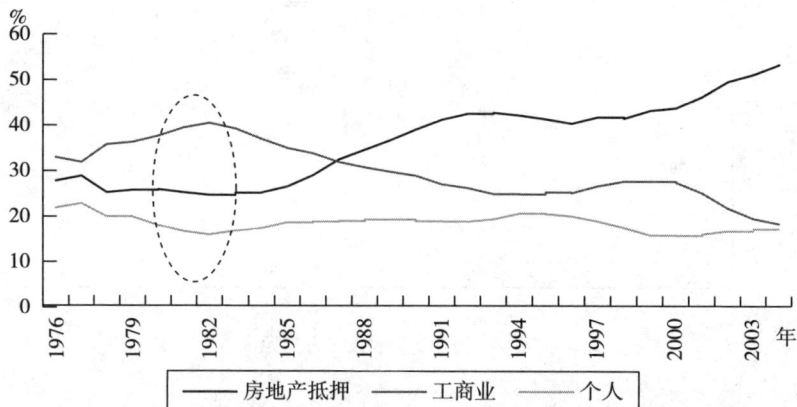

资料来源：FDIC，民生银行研究院。

图9　1976—2004年美国银行业贷款结构变动

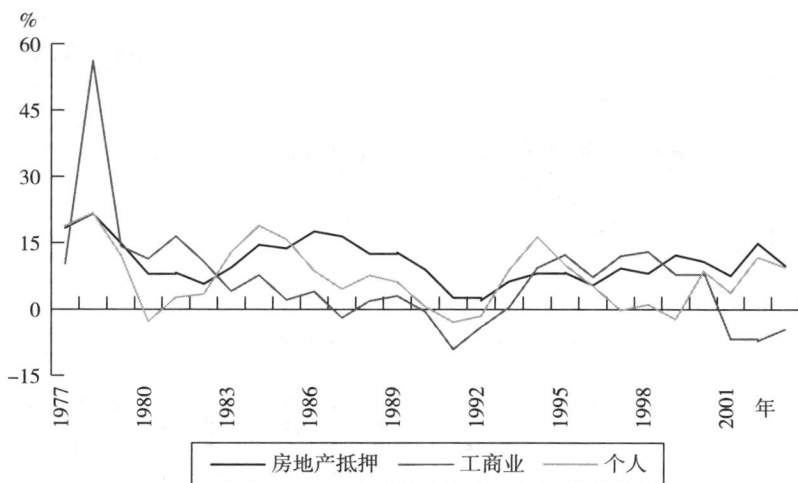

资料来源：FDIC，民生银行研究院。

图10　1977—2003 年美国银行业贷款各细项同比增速

2. 金融市场结构变化推动向中小、零售客户下沉，与非银同业合作加深

直接融资的发展和利率市场化改变了银行传统的信贷结构。伴随直接融资对间接融资的替代，传统公司银行业务在银行利润中的占比趋于下降；同时利率市场化缩窄银行利差，亟须通过高收益资产和低成本负债稳定利润，银行开始向中小和个人客户下沉。

在美国，利率市场化后银行业利息支出加速增长，利息收入支出比由 1972 年的 44.5% 增加到 1973 年的 52%；1977 年到 1979 年，由 54.2% 增加到 63.3%（见图 11）。利率市场化导致银行业在短期内经营面临较大困难，并引发了 1980 年左右的银行业危机。随后，美国银行业开始转变客户结构，向零售和中小客户转型，全部贷款中零售业务占比由 1985 年的 31% 上升至 2009 年的 52%，成为银行业贷款的主体（见图 12）。欧元区银行业也在利率市场化后将零售业务作为发展重心，汇丰控股个人金融业务税前利润贡献率由 2001 年的 33.5% 上升至 2009 年的 42%。

直接融资的发展和利率市场化推动银行加大与非银同业客户的合作。金融脱媒和利率市场化使得市场上金融主体种类与数目不断增加，金融可获得性显著提升，银行传统存贷业务的增长空间被挤压，不得不加大与非银同业客户合作，为客户提供更全面的综合金融服务。

银行加大与非银同业客户的合作，一是显著提升了银行非利息收入占

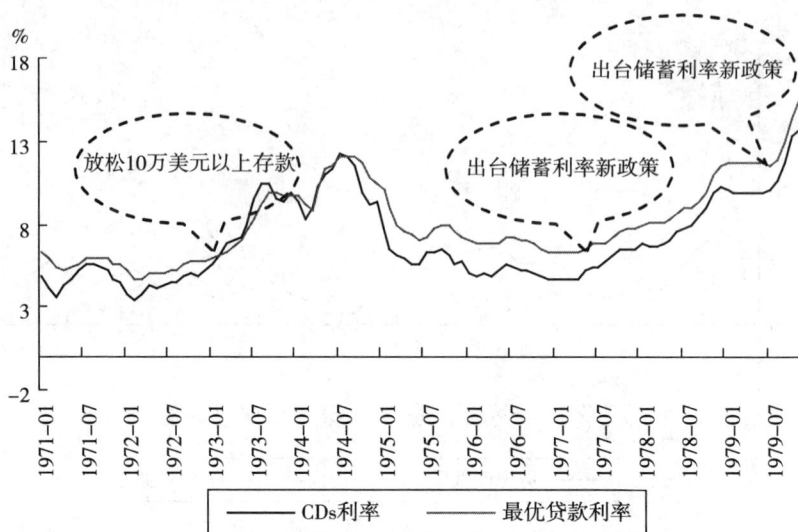

资料来源：FDIC，民生银行研究院。

图 11　美国利率市场化后存款利率显著提升（1971—1979 年 CDs 与最优贷款利率走势）

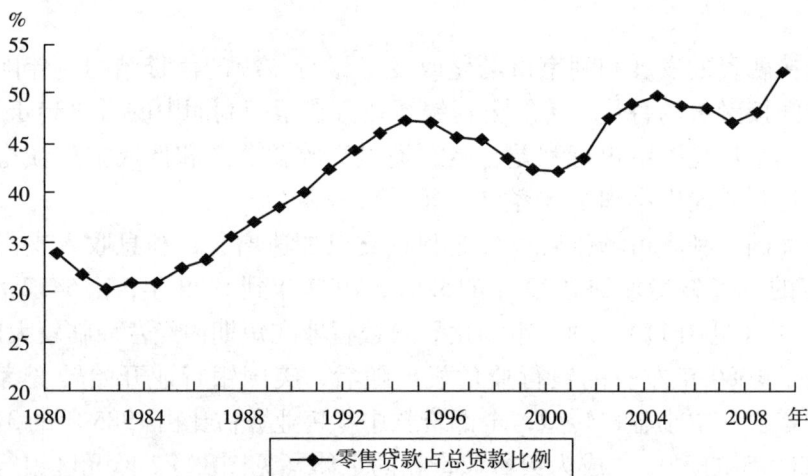

资料来源：FDIC，民生银行研究院。

图 12　美国商业银行贷款中零售贷款所占比重提升

比。伴随资本市场发展，美国银行业非利息收入占比从 20 世纪 80 年代以来逐年上升，《金融现代化法案》推出后非利息收入大幅提高，2000 年后进入相对稳定时期（见图 13）。欧盟银行业在经济货币一体化推进下，非利息收入占比也达到 40%，其中全能银行体系的德国银行业非利息收入占比达到47%。在专业化分工较强的日本银行业，长期以来非利息收入占比有限，但20世纪90年代后，为拓展收入来源，非利息收入占比稳步提升，从2000年的13.2%提升至目前的25.6%（见图14）。二是非利息收入中收益结构日益多元化。佣金收入、证券交易收入、衍生品交易收入、投行业务收入等不断扩展，费用收入占比缓慢下降。

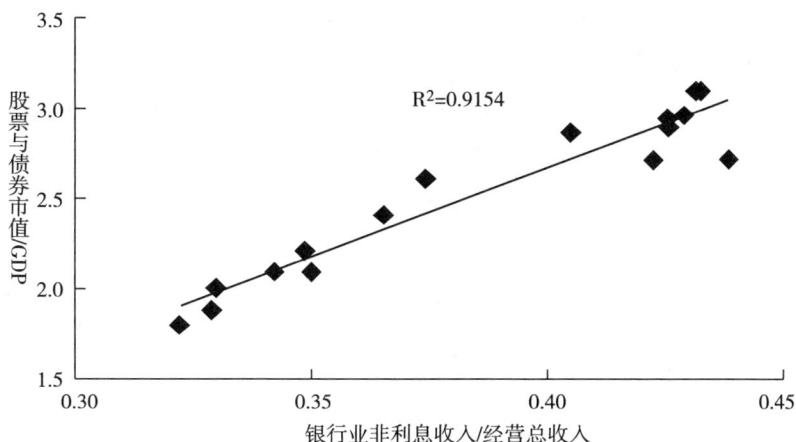

资料来源：FDIC，民生银行研究院。

图13　美国资本市场发展促进银行业收入结构改善

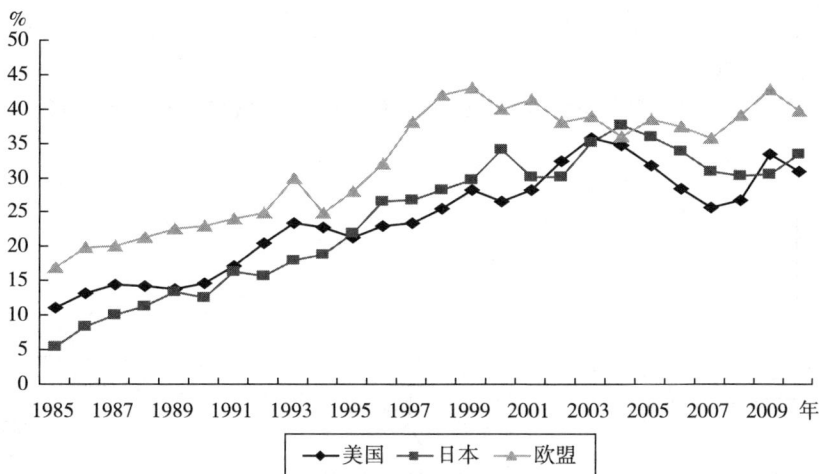

资料来源：FDIC，ECB，OECD，民生银行研究院。

图14　1985—2009年各国非利息收入占比趋势图

3. 零售客户是银行业应对金融危机和经济衰退的有力缓冲

由于零售客户业务整体风险较低，且零售存款是银行稳定的低成本负债来源，零售客户成为银行应对金融危机的有力缓冲。

国际金融危机后零售业务增速较快。因风险补偿机制合理，美国 21 世纪以来的两次衰退及其后的复苏期，零售业务占比均有所提升。2000 年新经济泡沫后，美国大型银行的零售贷款占比从 44% 提升至 2004 年的 52%，主要得益于个人住房按揭抵押贷款的增长（见图 15）。2008 年国际金融危机爆发后，个人消费性贷款占比由 2009 年末的 12.5% 迅速提升至 2010 年末的 16.5%，也为银行业应对危机提供了一定缓冲（见图 16）。2016 年，在全球经济弱复苏和监管趋严的影响下，传统老牌投行高盛也开启了零售银行业务，以拓展稳定低成本资金来源，缓解流动性管理压力，拓宽新盈利来源。

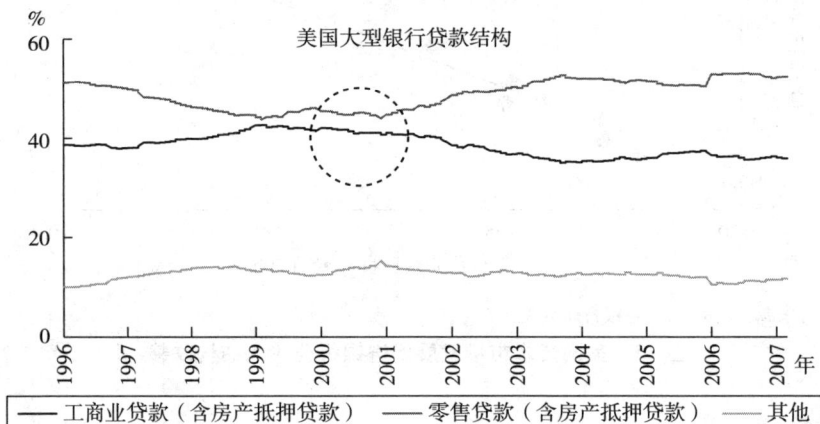

资料来源：FDIC，民生银行研究院。

图 15 2000 年新经济泡沫后零售贷款（含住房抵押贷款）占比持续提升

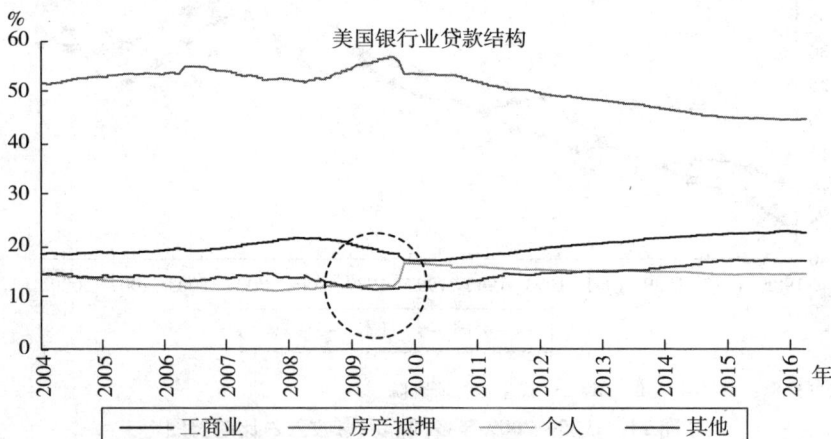

资料来源：FDIC，民生银行研究院。

图 16 2008 年国际金融危机后个人消费性贷款占比迅速提升

资本市场对零售型银行估值较高。2008 年国际金融危机后，全球银行估值中枢明显下移，但经营稳健、盈利能力良好的零售型银行仍受到资本市场青睐，其估值长期或阶段性高于全球银行业整体水平，如恒生银行、富国银行等。银行要想在零售业务上取得优势，需要长时间精耕细作，但一旦建立起稳定的市场地位和竞争壁垒，同业便很难模仿和超越。

4. 科技发展降低了银行服务中小和零售客户的成本

由于零售和中小客户具有小额分散的特点，传统模式下获客和风控成本较高，盈利水平难以保证，并非银行业发展初期的最优客户选择。但随着互联网、云计算、大数据、移动支付等技术相继成熟并被大规模应用于金融领域，电子化的获客渠道和批量化的风控体系降低了单笔业务成本，为银行服务零售和中小客户提供了技术上的可行性。

随着移动互联网的发展，居民金融消费习惯开始向线上迁移，银行电子渠道替代率不断上升。如荷兰 ING Direct 依托互联网，短时期内将零售业务扩张到本土以外，并在几年内成为美国、澳大利亚、德国等地的区域性大型零售银行。科技发展也使得银行可以充分借助于信息技术管理小企业客户，富国银行通过结合自身系统的信用评分和审核机制，有效实现了规模经济，成为全美最大的小企业贷款业务提供商。

（二）依据自身特色，确立起具有差异化竞争优势的客户定位

海外各银行根据所处经济环境、自身优势、客户区域的不同，在多方面依据自身差异化竞争优势，形成了各具特色的客户战略，"因地制宜、因势而变"贯穿海外银行业发展始终。

在客户全球化和区域化方面，汇丰银行、花旗银行致力于全球化布局，为全球客户提供综合性金融服务平台，而富国银行、渣银行打更侧重于打造区域性优势，着力为重点区域客户服务。汇丰银行客户遍布 73 个国家和地区，横跨欧、亚、中东及北非、北美、拉美五个大区；花旗银行在 140 个国家和地区向 2 亿客户提供各种各样的金融产品和服务。而富国银行专注美国本土市场，通过一系列并购逐步成为一家全国性银行；渣打银行专注于亚太、中东、南非及亚洲等新兴市场客户，提出"全球最佳的国际银行，在亚洲、非洲及中东市场占据领导地位"战略。

在客户聚焦和多元化战略方面，不同银行根据自身特定发展阶段，采取了不同策略。如渣打银行在 2000 年前后受到区域资本市场冲击，业绩一路下滑，于是立刻收缩资本及衍生品业务，从盲目的多元化扩展转向有针对性的、符合自身区域客户需求的业务，制定了"以中小企业供应链融资

为重点、以个人业务为牵引、以发展中地区可持续金融为长期发展"的三大客户战略，以客户和业务聚焦打造差异化核心竞争力。而美国银行则在2008年国际金融危机时采取多元化策略和全能银行模式，低价收购美林公司，扩充投行和财富管理业务，弥补之前主要集中于传统业务，尤其是个人零售和卡业务造成的业务短板。

在传统和新型客户选择方面，部分银行放弃传统信贷客户，专注某一细分市场，如道富银行和纽约梅隆银行，专注于为资本市场和个人客户提供托管和资产管理业务；部分银行则一直专注于传统商业银行客户或在危机后开始向传统业务回归，如富国银行和汇丰银行，分别专注于为中小企业和零售客户提供信贷和财富管理服务。

（三）精细化管理和提升客户体验的重要性凸显

1. 分层和分类管理是客户管理的基础

随着全球经济发展和居民财富积累，在客户规模增大的同时，客户需求也呈现出多样化和个性化特征。对客户实施分层和分类管理，集中优势资源开展有针对性的金融服务，成为国际银行业提升客户满意度、进行有效客户管理的基础（见表1）。

表1 全球大型银行的客户分层分类管理

代表银行	客户分层分类管理
富国银行	• 将小企业与大中型企业板块分开，并根据小企业的销售额、贷款金额、信贷评分等特征将其划入"企业通"和"企业银行"进行差别营销和服务。
汇丰银行	• 将全球61个市场分门别类归入六大类别；对业务板块进行细分以精准定位客户，如财富管理业务在构建面向富裕客户的"汇丰卓越理财"基础上，对卓越理财的客户进行进一步细分，并推出"汇丰运筹理财计划"面向正在崛起又未达标汇丰卓越理财服务的客户，并通过私人银行来满足高净值客户日趋复杂的金融服务需求。
摩根大通	• 将客户划为14个行业进行分类管理，针对不同类别成立专业化贷款事业部，使用优化的客户关系管理体系，增强业务团队专业性。 • 注重优先满足特定细分客户群的特定需求。首先是美资跨国公司的跨境金融需求，帮助它们拓展市场；其次是国外金融机构，利用强有力的清算能力，为美国之外的银行提供美元清算服务；最后向美国之外的跨国公司渗透。

资料来源：Bloomberg，民生银行研究院。

2. 交叉销售和综合服务是提升客户体验及获利的重要手段

在为客户服务过程中，为更有效地提升老客户的边际收益、更多地融入客户生活、进一步增加客户黏性并提高客户忠诚度，国际大型商业银行都注重构建不同板块之间的连通性，通过交叉销售来共享客户资源，把客户做深做透，进而提高单一客户的综合回报率（见表2）。

表2　　　　　　　　全球大型银行的客户交叉销售和综合服务

代表银行	客户交叉销售和综合服务
富国银行	● 立足把客户做深做透，注重交叉营销。其分支机构通常被称为"商店"（store），每个商店里包含消费金融、财富管理、保险等数百种产品。2015年，平均每位客户持有6.4个该行产品，被称为"交叉销售之王"。
汇丰银行	● 围绕客户来组织大部分业务操作，构建不同板块之间的连通性。在零售板块和对公板块间开展交叉销售，扩大集团向公司客户及其雇员提供的产品种类；加强商业银行部、环球银行与资本市场部以及私人银行部的协同配合，促成汇丰担任独家顾问、牵头行、承销商等角色的资本市场业务，提供综合服务。
渣打银行	● 对大型公司客户实行"金字塔"形战略，以信贷业务为突破口建立客户关系，在长期的维护中挖掘客户更深层次的服务需求，逐步向其提供交易银行、全球市场以及战略咨询等高附加值和收益率的产品和服务，通过交叉销售和综合服务提高单一客户综合回报率。
德意志银行	● 在全能银行体系下，通过交叉销售共享客户资源，进而提高单位客户收益。交叉销售主要来源于负责重要客户的客户关系经理，其隶属全球银行部，负责联络客户高层进而全面了解客户的金融服务需求。客户关系经理所在的全球银行部又与各部门之间有事先约定的收入分享方案，从而有效整合行内业务模块，为重要客户提供"一站式"金融服务。

资料来源：Bloomberg，民生银行研究院。

3. IT技术在客户获取和服务方面扮演越来越重要的角色

互联网技术和信息系统的不断发展，为国际银行业实现跨区域、低成本获客拓宽了渠道，搭建起了能够提供更加丰富的金融产品和便捷服务的平台，也为商业银行自身的客户管理模式、业务流程再造提供有力支撑。

三、国内银行业客户战略的发展趋势和特点

长期以来，依靠重资产的对公业务带来的息差收入，中国银行业获得了高速发展，客户结构上也形成了过度依赖对公大客户的状况。近年来，伴随经济步入新常态、金融改革不断深入、利率市场化加快推进、大型优质企业加速"融资脱媒"、居民财富增加、消费结构转型升级以及互联网金融飞速发展，国内银行业的客户选择开始逐步下沉。与国际银行业的发展趋势一致，零售、中小企业和同业客户日益受到关注，轻资产的交易和

投行业务、大资产管理和金融市场交易业务、私人银行、财富管理和消费金融等业务重点，日渐成为各银行的利润增长源。在相似的转型趋势下，在客户分层的过程中，各家银行也基于自身的客户基础、历史优势等因素，在战略客户选择上呈现出一定差异性。如招商银行的零售主体定位、兴业的"同业之王"地位、中信银行的对公优势和基因、平安的"三步走"战略以及华夏银行的"三中定位"等，都在丰富客户的多样化选择，优化市场客户结构。同样，与国际趋势相适应，国内银行业在客户管理上也呈现出新态势，主要表现为获客方式多样化、客户分层精细化、客户服务生态化和客户运维网络化。

（一）客户下沉成为行业共同趋势

1. 零售客户成为各银行的发力重点

伴随经济步入新常态、利率市场化推进、居民财富增加和消费结构转型升级，具有"利润稳定器"和巨大发展潜力的零售业务逐渐成为各家银行的发力重点。以住房按揭、信用卡、汽车金融、一般性消费信贷、财富管理为代表的零售业务迎来快速发展。

个人住房按揭贷款占主导地位。伴随城镇化的加速推动，住房需求快速增长，个人住房按揭贷款成为我国零售金融的重要组成部分，占消费贷款的比重一直在75%以上（见图17）。未来，除了传统的住房按揭贷款外，围绕存量房地产开展的消费、养老、留学等房屋抵押贷款，也可能成为市场热点。

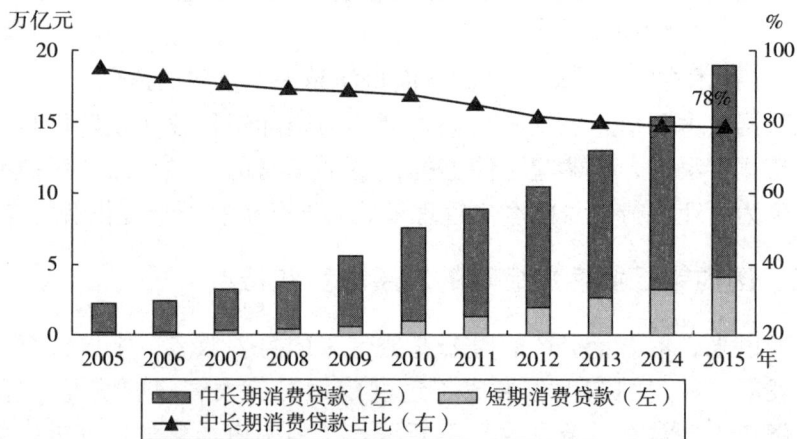

资料来源：Wind，民生银行研究院。

图17　住房按揭等中长期贷款占比高

信用卡规模保持稳定增长。信用卡市场在经历十年高速发展后，已成为我国消费金融产品的第二大市场，市场份额约17%（见图18）。目前，各行在信用卡领域的竞争日趋激烈，多家银行也将信用卡业务分拆列为下一阶段的运营方向。未来，因人均卡拥有量偏少、银行与商户间的合作增多、移动互联网技术日益成熟等因素，信用卡市场或将迎来更大发展空间。

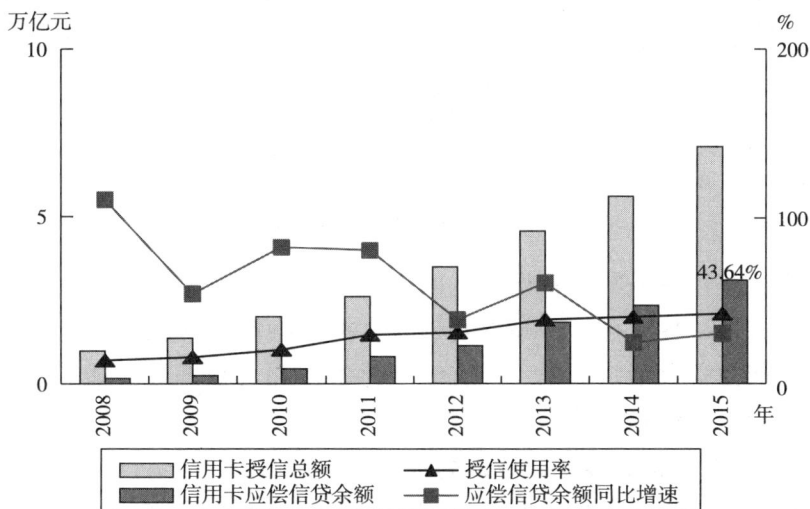

资料来源：Wind，民生银行研究院。

图18　信用卡信贷规模稳定增长

私人财富管理市场竞争加剧。近年来，中国私人财富每年以高达21%的速度增长，其中储蓄占总资产比例逐年下降，股票、基金和信托等理财产品占比相应升高。受此影响，各银行"跑马圈地式"的布局私人财富管理市场，目前已进入精耕细作的新阶段，在更广更深的层面展开竞争。在境内市场，以客户需求为中心，不断创新产品和服务；在境外市场，加大战略合作力度，打造境内外联动的综合金融服务平台。

一般性消费信贷发展潜力巨大。目前，消费者对于耐用消费品、教育、医疗服务、房屋装修、旅游度假、奢侈品等的短期一般性消费信贷的渗透率还比较低，2015年末余额约2万亿元，占全部消费信贷余额的比例不到12%。随着中产及富裕阶层、新世代消费者以及网络购物成为未来推动消费增长的三大推动力，一般性消费贷款将迎来爆发性增长时代。未来几年，我国一般性消费信贷将保持45%左右的增长速度，成为消费金融产品中增速最快的市场（见图19）。

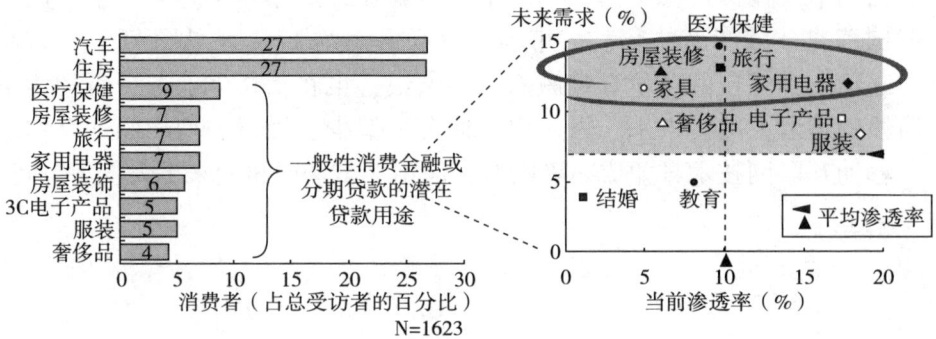

资料来源：BCG 中国消费者洞察智库调研，民生银行研究院。

图19　一般性消费信贷需求旺盛

未来，零售业务与消费场景之间的联系越来越紧密，银行将主要围绕客户的医、食、住、行、玩等消费领域，把金融服务嵌入到每个生活场景中去。有能力整合消费场景、拥有线上化平台和大数据风控能力强的银行将在竞争中占据优势地位。

2. 发展中小企业金融业务成为银行的战略选择之一

近年来，为进一步拓展业务空间、改善定价水平和节约资本，各银行逐渐将信贷资产从大型客户向中小微客户转移，在中小企业业务方面频频发力，创新层出不穷。多样化的中小企业信贷产品、轻型化的信贷工厂审批模式、打包式综合型的小微金融服务、数据驱动的风险管理体系，不断推动中小企业业务发展壮大。同时，为更好地解决中小企业"融资难、融资贵"问题，政府和监管机构也采取了多项重大措施改善中小微企业的融资渠道。截至 2016 年末，用于小微企业的贷款余额为 26.7 万亿元，实现"三个不低于"目标。

当前，虽然受外部经济环境下行和以往粗放型的客户拓展方式影响，中小微企业的经营出现了困难，信贷资产质量不断承压。但考虑到中小微企业的现实需求、金融环境的持续改变和国外银行业的历史经验，银行业在中小微企业贷款和金融服务领域仍有极大发展空间。未来，国内银行业需要在优质客户群的定位和获取、产品和渠道的整合与创新、内部管理体系变革等多方面进行创新以实现中小微业务的升级和转型。

3. 同业客户为银行创造出新的业务机会

伴随资本市场发展，银行业务被分流，金融脱媒加剧。但资本市场发展后，相应的银行服务需求也随之增加，在同业交易、相关融资、并购、托管等多方面，银行的机会还有很多。金融脱媒一方面使得银行机会减少，另一方面又使得银行客户进一步下沉，创造出新机遇。

近年来，国内商业银行的同业业务快速增长，同业合作方式也从仅限于流动性管理需求，逐渐发展到债券互持、资金融通、资本管理、资产管理、交易与服务等多种模式。随着利率市场化进程加快，同业合作将继续深入，从分散、单点的合作转变为系统、战略性合作，通过资本、业务、服务等关系形成错综复杂的网络。在这个复杂的同业合作网络中，盈利将主要来自利润转化、平台价值和风险价值三个方面：一是传统银行业务向创新型银行业务转化形成的利润为同业业务带来了盈利的超常规增长；二是通过交易、服务、渠道等方式提供的增值型同业业务平台能够创造可持续的盈利来源；三是通过信用风险的错配、资金期限的错配、风险补偿的错配形成的风险价值能够为同业业务带来超额盈利。

（二）战略优先客户选择上，在求同存异中转型变革

从银行的最新战略定位看，国内银行业正充分增强批发、零售、金融市场"三驾马车"动力，着力向"轻型银行"转型。公司金融聚焦交易和投资银行业务，同业金融聚焦大资产管理和金融市场交易业务，并不断突出零售金融战略地位，聚焦私人银行、财富管理、消费金融等业务重点，寻求多维度的利润增长来源。但在相似的转型方向下，各家银行也基于自身的客户基础、历史优势等因素，在战略客户选择上呈现出一定差异性。

1. 招商银行：以零售金融为主体，"一体两翼"协调发展

作为发力零售最早的银行之一，招商银行坚持零售业务发展战略长期不动摇。2004 年"一次转型"中，招商银行提出加快发展零售、中间和中小企业业务，形成了独特的资产负债结构，在客户、产品、渠道、品牌、服务、队伍等多方面也形成体系化、差异化竞争优势。

2014 年初，根据"二次转型"打造轻型银行的目标，招商银行又提出"一体两翼"的战略定位（"一体"指零售业务，"两翼"指公司和同业金融），通过进一步聚焦零售业务来巩固优势、打造特色，提升零售基础能力。同时，充分发挥零售与公司、同业间的相互带动作用，产生交叉协同效应。目前，小微贷款、财富管理、消费金融已成为撬动招商银行零售业务发展的三大新引擎，同业金融则将打造成精品银行，以大资产管理和金融市场交易双轮驱动形成新盈利增长点。

2015 年末，招商银行零售、同业业务异军突起，在税前利润中的占比达到近 80%；零售业务税前利润占税前总利润的比例达到 46.34%，2016 年末，这一比例进一步上升至 53.62%，零售业务占比在国内银行业中遥遥领先，招商银行的业务、收入和客户结构都在经历巨变。

2. 平安银行：对公与零售并重，全力推进智能零售银行转型

2012 年，平安银行提出"三步走"发展战略：第一步，3~5 年内，以对公业务为主，同时构建零售业务快速发展的强大基础；第二步，5~8 年内，对公和零售业务并重，实现各项业务协调发展；第三步，8 年后，零售业务成为主导业务和利润主要来源。

过去几年，平安银行全面发力公司业务，截至 2016 年 9 月，其事业部架构增至"11 + 7 + 1"，形成八大行业产业链"全覆盖"模式，抓住了一批行业龙头，为下一步深耕细作产业链上的中小企业和零售终端客户积累了丰富资源。经过发展，平安银行零售业务顺利完成第一步战略目标，客户数、管理客户资产、存贷款等数据均取得了跨越式发展。此外，技术进步也为零售业务的战略投入和智能化布局提供了有力支持。

2016 年 8 月，平安银行以"智行合一零动天下"为主题开启了零售银行深入转型的大幕，发力"三步走"战略的第二步。此次零售业务转型将围绕获客、智能主账户、客群、产品、渠道、IT、架构七大关键策略，开展 20 个具体落地实施项目，全力推进智能化零售银行转型工程。按照战略规划，该行将用 3~5 年使银行客户数量达到 1.1 亿，并将其建成中国最佳零售银行。

3. 中信银行：公司银行为主体、零售银行和金融市场为两翼

中信银行秉承传统优势和基因，坚持公司大客户、零售中高端、同业广覆盖的客户定位和以公司银行为主体、零售银行和金融市场为两翼的业务定位。

公司金融客户：巩固大型企业客户和机构客户的基础优势，聚焦具有区域特色的优质行业，依托大客户基础"链式"批量获取优质中小客户群，实现中小客户风险有效防控和客户经营的协调发展，做大做实对公基础客户群，拓展特色客户群。

零售银行客户：以中高端个人客户为核心，做精高端、做大中端、做简低端、做细客群。在完善私人银行、贵宾、大众客户分层经营体系的基础上，重点突破白领、出国、养老、代发、企业主、职业经理人等特色客群经营。

金融同业客户：形成广覆盖、有重点的同业客户群，深度挖掘同业客户价值。围绕全国性商行、大型地方商行、重点非银机构，全面开展交易类业务；大力拓展城商行、农商行、农信社、券商、基金、保险、金融租赁、期货及创新类同业机构，积极开展各项代理类业务。

4. 兴业银行："一体两翼"、七方面核心业务群

兴业银行坚持"轻资本、高效率"的经营转型方向，将客户和业务定位在"一体两翼"和七大核心业务群方面。"一体"，即以传统银行业务为主体，强调重心下沉，大力发展小微、零售客户，拓展低成本负债和高收益资产来源。"两翼"，即批发银行业务和财富管理、资产管理业务，以"大投行"、"大资管"理念为引领，开展横跨多个市场的综合化运作。2015年，该行进一步将养老与绿色金融、城镇化与供给侧金融、投资银行、中小金融机构综合服务、资产管理与财富服务、交易银行等七大板块业务一同提升为集团的核心业务群。

在此选择下，兴业银行的同业业务持续稳健发展，"同业之王"地位巩固。截至2016年6月末，其第三方存管联网证券公司行业覆盖率为97%；开展合作的信托公司行业覆盖率为99%；与1556家机构建立代理行关系，覆盖98个国家和地区；银银平台合作客户784家，成为国内最大的商业银行信息系统提供商之一。目前，该行继续以推进中小银行综合金融服务为工作主线，打造以金融云服务为支撑，涵盖财富管理平台、支付结算平台、资产交易平台在内的金融生态圈。

同时，兴业银行在"一体"战略指导下，加快客户重心下沉。2013年，该行调整小企业业务客户定位，将总资产6000万元以下的小微企业客户作为金融服务重点，意味着"小企业客户"的定位从"中小"转向"小微"。在零售金融转型上，养老金融、信用卡、社区银行三箭齐发，零售业务渐露声色。2016年前三季度，零售金融净利润68.08亿元，业务利润贡献率约15%。

（三）客户管理呈现出新态势

1. 获客方式多样化

区别于以往依赖银行网点的单一获客方式，当前，国内银行通过公私联动、集团联动、跨界联动、物理网点和电子渠道联动、境内外联动等多样化路径，着力构建"批量化、智能化、平台化"的获客方式，搭建"全接触"的客户服务渠道（见表3）。

表3　　　　　　　　　　　国内银行的多样化获客方式

代表银行	多样化获客方式
招商银行	• 发挥零售客户资源优势，加强对公转介，为战略客户及其员工提供专属的综合性零售金融服务；发挥零售渠道在保险、基金、信托等产品方面的销售优势，为同业引流。 • 公司金融通过大力营销代发工资、商务卡、养老金等零售业务，带动零售金融客户拓展；同业金融资产管理业务根据零售客户的差异化投资需求和风险偏好，提供理财产品，助力零售金融业务发展。 • 探索通过流量互换、直投及设立合资公司等模式，加强与移动运营商、政府部门、ERP软件等有资源、有数据、有流量的第三方公司跨界合作。
平安银行	• 基于平安集团的综合优势，大力发展零售业务。平安集团的综合业务，意味着1.1亿金融客户、2.4亿互联网客户、近百万代理人，涵盖保险、证券、基金、信托等20多家子公司。 • 平安集团交叉销售在信用卡、汽车金融等领域的探索已充分显现优势。未来，客户迁徙和交叉销售将覆盖银行零售业务全领域。
中信银行	• 注重线上化对公获客服务平台建设，推出上百个资金交易系统，增强客户黏性。 • 建立公私联动机制，确定公私联动子项目，实现优质公司、零售客户资源转化。 • 发挥中信集团金融与实业并举的独特优势，深化与集团金融类子公司在产品、渠道和客户资源上的共享与合作；积极拓展核心实业子公司的产业链，实现客户资源在"1＋N"链条上的不断延伸；建立"总对总、分对分、机构对机构、人员对人员"的协同沟通机制，加强产融合作对接。 • 搭建跨境协同平台，举办地区联席会议，扩大协同队伍，促进集团成员间日常联络和业务合作的顺利进行。

资料来源：公司财报，公开信息，民生银行研究院。

2. 客户分层精细化

作为全球使用率最高的管理工具之一，客户分层也成为国内银行业客户关系管理的一项重要工作。为更好地服务客户，增强客户黏性，各银行结合自身优势和客户差异化需求，从资产数额、行业类别、客户信誉度、地理环境、人口因素、消费心理、消费行为、生命周期、行业周期等多个标准和若干变量入手，建立起二维、三维甚至多维标准，加强客户分层的精细化管理（见表4）。

表4　　　　　　　　　　国内银行的客户分层管理

代表银行	客户分层管理
招商银行	●零售业务形成一卡通客户、金卡客户、金葵花客户、钻石卡客户、私人银行5级递进的完善客户分层体系。 ●使用生命周期阶段模型对个人客户进行细分，将客户群踏入工作后的人生分为炫彩、浪漫、和美、丰硕、悠然五个阶段，并根据各个阶段的生活形态特点、理财需求、投资风格，有针对性地提供不同的金融产品和服务，"伙伴一生"计划成为其主打产品之一。
中信银行	●将公司客户分为总分行两级战略客户、机构客户、普通企业客户、小企业客户五大类别。 ●针对细分客群推出特色借记卡，如针对青年客群的菁英卡、针对女性客群的香卡、针对中老年客群的幸福年华卡，客户拓展卓有成效。
平安银行	●启动事业部制改革，成立多个行业、产品和平台事业部，大大提升对重点行业、主流客户的研究了解深度，得以根据行业属性、客户特点，针对细分行业的客户需求设计综合金融解决方案。

资料来源：公司财报，公开信息，民生银行研究院。

3. 客户服务生态化

在互联网时代，任何单个业务模式都可以轻易地复制，通过不惜成本的扩展规模迅速颠覆对手，而且以同样的方式被对手颠覆。在有可能颠覆与被颠覆的情况下，国内银行业开始尝试以客户的需求为导向，从金融服务逐步延伸至泛金融，实现金融与产业的逐步融合，打造服务的生态，围绕生产和生活的多个方面提供全方位服务，努力成为客户的贴身专家，以一整套的服务体系塑造核心竞争力（见表5）。

表5　　　　　　　　　　平安银行的生态化客户服务

平安银行	●依托平安集团的综合金融优势，以"跳出银行办银行"的理念，跨界整合资源，努力与产业龙头、领军科研机构和优秀投资机构等结成利益共同体，深耕全产业链，推动不同领域新生态的构建。
	●橙e网面向不同客户群体的互联网转型升级需求，打造了"创业易"、"转型易"、"升级易"组合金融解决方案，为工业互联网的供应—制造—分销全链条的电商化给予全面金融支持。
	●平安银行"教育行业综合金融服务平台"以高校校园一卡通为服务载体，实现银行金融服务、校园特定应用场景整合，满足师生校内食堂就餐、超市消费、考试报名、新生注册、门禁通行、图书借阅、身份识别、线上订购等日常需要，并提供平安集团专业、全面的综合金融增值服务。

资料来源：公司财报，公开信息，民生银行研究院。

4. 客户运维网络化

随着信息科技在全球的快速发展和广泛利用，移动互联的交叉、交互方式已逐步渗透至生产和生活的各个环节，从根本上改变着客户的行为方式和金融消费习惯。为顺应形势、抢占先机，国内银行纷纷在网络化、移动化、智能化的道路上展开布局（见表6）。

表6 　　　　　　　　　　　　国内银行的网络化客户运维

代表银行	网络化客户运维
招商银行	● 在"一卡通"和"一网通"的双轮驱动下，电子化成效显著。当前，正按照"手机优先"的原则，全面梳理各业务环节，"手机银行"和"掌上生活"成为最活跃的电子渠道。 ● 致力于以"小企业 E 家"为载体构建以其为核心的产业互联网金融生态圈；致力于打造同业电子渠道与客户服务窗口，推出国内首家全功能网上托管银行。
工商银行	● 构建起以融 e 行、融 e 联、融 e 购"三大平台"为主体，以 e 支付、融资、投资理财"三大产品线"为依托的 e－ICBC 整体架构。
平安银行	● 确立了"做互联网时代的新金融"战略，将"互联网金融"作为四大业务特色之一。致力于推动"互联网金融生态圈＋产业金融生态圈"的同步发展，构建起"橙 e 网"、"平安口袋银行"、"平安橙子"、"行 e 通"、"金橙俱乐部"等面向公司、零售、同业、投行四大客户群体的互联网门户。

资料来源：公司财报，公开信息，民生银行研究院。

同时，伴随银行业步入电子化、网络化新时期，灵活高效的客户关系管理（CRM）系统得以建立和有效利用，从而为国内银行业提供全方位的管理视角，使其获得更加完善的客户交流能力，实现最大化的客户收益率。

四、经济新形势下商业银行客户战略转型的对策建议

为更好地形成较稳定的客户群，有效推动营销和业务增长，当前国内银行的客户战略应进行适时、适当的调整，建议具体遵循以下原则：

（一）不忘初衷，立足当下，前瞻布局

不忘初衷，客户战略应尊重、巩固、发扬传统竞争优势，与主流客户群体"同根同源、共谋发展"；立足当下，客户选择也应体现时代特征与银行业发展趋势，在经济全周期的视图下，找准长期的业务爆发点，前瞻布局，以服务民众为大力发展方向，以服务民营和国有企业为重要支撑。

（二）构建具有包容性的综合化客户结构体系

在当前银行的客户战略中，按照客户的规模和性质来进行单一分类，

"贷大、贷长、贷垄断"的现象比较突出。未来，在新的经济形势下，应坚持遵循"不变"（客户的优质成长区域和风险期间的选择）和"可变"（市场周期的变化与国家产业战略的转型）两大原则，以客户集群在不同行业的风险度与成长度作为标准进行复合分类，构建起符合国家规划、与未来发展预期相一致、具有包容性的综合化客户服务体系，在"主导型大客户、发展型中小客户与优质小微客户"三类客群建立竞争优势，打造三个"高赢利区间"：

第一，主导型大客户战略是以各行业的优势企业为核心，以为处于主导地位或相对垄断地位的大客户提供银行的特制产品为重点，谋求"总对总"模式下的低风险、高收益产品竞争优势。这个转型区间的重点是打造开放式的高科技、智力型创新产品，引导客户实现信贷之上的"交易业务＋投行业务＋国际业务＋资金资本业务"的综合盈利。

第二，发展中小客户战略是以符合国家转型方向的战略新兴和现代服务产业为主体，以为处于行业上行期间的中小型客户提供银行的特定产品为切入点，谋划"一对多"模式下的适度风险、高收益产品竞争优势。这个转型区间的重点是打造开放式、高效率的电子网络产品，引导客户实现电子网络产品之上的"结算业务＋授信业务＋现金管理"等的综合盈利。

第三，优质小微客户战略是以社会财富结构中的富裕创业群体和中等收入群体为集群，以为其提供银行的特色产品作为增长点，谋求"一对众"模式下的分散风险、高收益产品竞争优势。这个转型区间的重点是打造富裕创业群体和中等收入群体的个人投融资产品，围绕消费（批发零售类企业的电商化和线上化）、升级（传统制造业供应链的线上化升级）、创新（成长高科技企业的知识经济圈）三大主题服务小微企业。引导客户实现基于自身优秀资质之上的"结算业务＋授信业务＋理财业务"等的综合盈利。

（三）保持长期战略稳定，动态优化客户结构

银行客户战略既要立足经济结构调整和银行业转型发展长期趋势，顺势而为；又要增强在变化的市场环境下保持选择客户的主动性，更好地平衡收益与风险。从长期趋势看，建议本着"做强公司金融、做大零售金融、做优金融市场"的原则，战略性布局发展前景广阔的零售银行，以及投资银行、交易银行、金融市场等轻型化业务，保持长期战略稳定不折腾，避免"运动式"展业。

对于零售银行业务，一是深化客户分类管理，拓展和培育优质客户群。

坚持区域差异化管理策略，批量获取中高端优质客户；围绕真实消费场景，提升对高消费、高收益客户的消费授信支持；促进零售客户综合经营，提升客户产品与服务拥有量。二是聚焦财富管理、消费金融、信用卡等重点领域，打造新盈利增长点。三是全方位拓展客户群，实现零售规模化、生态化发展。以移动互联、公私联动、集团联动、社区金融等方式，全力拓展"长尾客户"；积极扩大三线及以下城市中高端客户的覆盖面，确定零售银行业务的重点分行进行扶持；寻找有潜力和价值的零售客户群体，打造全生命周期的生态化服务体系，做强做精，构建优势地位。四是完善体制机制创新，实现零售重点业务专营化发展。积极探索推进信用卡、消费金融、资产管理、私人银行等领域的子公司化改革，形成既能适应利润中心改革需要、又符合市场竞争与业务发展特点的新型机制。五是提升零售贷款总体定价水平。依托精准"客户画像"，结合多维度的 RAROC 分析，提供差异化、精细化的定价管理。

对于轻型银行业务，聚焦现金管理、贸易金融、跨境金融、并购金融、上市金融、投资管理、证券化等对公中间业务和重点方向，构建交易银行和投资银行两大业务体系，以"大资管"和金融市场交易双轮驱动形成新的盈利增长点，打造专业、精品和智慧银行。

（四）树立"价值客户"理念，重视综合收益

引导银行业实现从经营业务向经营客户转变，进而向经营"价值客户"转变。银行庞大的客户群体不是数量级客户的无序堆积，而是由若干核心式、"灵魂级"的客户串起来形成的客户集群、企业链、或者分层的客户群体。这些核心级的价值客户在不同时期有不同的标准，而且不只包括国有大型集团客户，还有不断成长壮大的有核心技术、现代企业体制、完整产业链的民营企业，以及跨国性排名靠前的国际型企业。银行必须要争夺并持续留住该类客户，并不断提升自己的综合服务能力，建立起自身客户大厦中最稳固的根基。

坚持长期价值创造原则，重视客户的综合回报。建立并完善客户盈利预测与监测机制，探索建立跨经济周期和客户全生命周期的客户价值综合评价体系，培养客户路径依赖，挖掘客户潜在需求，实现客户服务生态化。以轻资产占用、低资本消耗、风险可控、带动性强为目标，从结算、定价、产业链上下游等维度多方面拓展，大力提升客户综合价值。

（五）坚持因地制宜，走差异化特色化发展路线

考虑到地区经济发展不平衡的现状，各区域客户类型、特点和需求差

异较大，客户战略应按照"因地制宜，分类施策，尊重差异，特色发展"的原则，在总行政策指引下，给予分行适度客户选择自主权。

建议按照"双主双特"的方针，将对地方经济发展具有突出贡献、符合国家产业政策导向的当地主流行业，以及具有较强竞争力和比较优势的主流企业，作为同业竞争的重点；将地方产业链长和产业集群效应强的特色行业，以及具有行业领先、技术垄断和管理高效等自身优势和可持续发展能力的特色企业作为重点营销对象。鼓励特色分行发展，集中优势资源，加大支持力度，形成区域业务增长爆发点，构建区域核心竞争力，充分发挥其辐射带动作用。

（六）提高客户精细化管理水平，完善配套资源支持

以客户为中心，构建综合化服务平台，实现客户营销服务模式转变。一家银行服务客户能力的高低主要体现在效率和功能两方面。要达到快速、及时地响应客户的多样化需求，为客户提供"一站式、一揽子"的金融服务，需构建起综合化的服务平台，加快实现自身的混业经营，并与非银机构展开广泛合作。要逐步实现客户营销服务模式的"三个转变"，从"单个客户营销"向"平台渠道获客"转变，从"单一产品营销"向"综合方案营销"转变，从"考核指标驱动"向"专业前瞻指导"转变。

重视对客户的分层分类管理，实现交叉和精准营销。银行应全面树立市场细分的理念，运用大数据等技术手段，在产品开发、客户服务、营销管理、风险管理等各方面，进行细致严格、多维立体的市场细分，提升客户忠诚度，在市场竞争中形成独特优势和品牌差异化。

升级客户关系管理系统，加大信息科技投入力度。在时代大背景下，不断加大信息科技投入，升级完善 CRM，强化"客户统一视图、集团客户管理、客户价值评价、数据分析挖掘"等功能，实现客户精细化管理。

完善配套资源支持。为配合客户战略的优化调整和顺利实施，资源配置应向重点客户和业务倾斜，在激励机制、考核标准、客户营销、产品开发、技术支持等方面给予优惠政策。

国外大型商业银行转型发展研究

中国邮政储蓄银行　战略发展部课题组①

一、前言：商业银行面临转型发展压力

本课题主要分析了巴克莱银行、德意志银行、富国银行、花旗银行、汇丰银行、美国银行、摩根大通银行等 7 家国外大型银行的转型发展之路。全文约 6.3 万字。由于本书篇幅所限，我们仅选取部分内容。

商业银行转型发展，是指商业银行通过分析内外部形势的变化，结合自身的具体情况，对战略、运营、体制机制等进行调整和创新，从而使得发展模式更符合未来发展趋势要求②。各家银行虽然都是在转型发展，但模式和重点却不尽相同。本课题主要选取国外大型商业银行作为研究对象，力图通过分析其转型的背景、原因、做法、成效，为国内银行的转型发展提供借鉴。

总体来看，宏观经济环境变化，金融竞争加剧等外部因素，以及银行自身谋求更好地发展，共同决定了银行仍然面临较大的转型发展压力。

宏观经济是银行发展的外部环境，宏观经济的变化在推动甚至逼迫银行谋求转型发展。银行业是典型的亲周期行业，我国经济结构调整、发展动力转换与周期性因素的叠加，导致宏观经济正在发生深刻的变化。银行传统的发展模式面临挑战，进入微利时代，信贷资产质量管理面临更大的压力。第三产业在经济总量中的比重逐步增大而导致经济"软

---

① 课题组组长：周琼；课题组成员及分工：各银行部分内容由彭军、阮达、丁玉、李钰、蔡然、范亚舟、韩军伟撰写，娄飞鹏撰写前言、结论和统稿，周琼、关晶奇、严敏、杨伟指导和修改。

② 黄志凌：《深刻理解大型银行战略转型的客观性与特殊性》，http://www.ccb.com/cn/ccbto-day/media/20160322_ 1458631796. html，2016 – 03 – 22。

化"，意味着银行业继续采用重资产的经营模式难以为继。① 利率市场化、汇率市场化、人民币国际化、多层次资本市场建设等，都对银行的传统经营模式提出新的挑战。新行业、新业态、新技术等不断出现并发展壮大，以及商业模式的变化等②，也需要银行业创新发展以满足其金融服务需求。

金融竞争已经不再是银行同业之间的竞争，非银行金融机构甚至是非金融机构也在通过创新蚕食银行业的市场。商业银行存款被债市、股市、理财分流，支付结算不断被第三方支付蚕食③，间接融资也在逐步向直接融资转型，发展信贷业务面临更多的困难。理财、保险、信托、租赁、财务顾问等金融服务需求不断涌现和扩大，相关机构快速发展并在部分业务上与银行业直接开展竞争。互联网金融机构凭着其跨界经营和信息科技优势，以分解银行业务的方式不断获取客户④，抢占传统银行业的地盘，在为银行业转型发展提供新思路的同时，也在倒逼银行业加快转型发展。

面对内外部形势的变化，银行为了能够持续经营，提高经营绩效，增强客户体验满意度，也在主动寻求转型发展，从战略定位、管理运营、机构业务、人员队伍等方面进行调整。具体的转型类型包括：为机构存续而转型，应对各类挑战而转型，提高经营效率而转型，增强市场竞争而转型，顺应发展趋势而转型⑤，以及抢抓新的发展机遇而转型。

二、巴克莱银行：零售和投行战略都经历调整

（一）巴克莱银行简介

巴克莱银行创立于 1690 年，总部位于伦敦。根据英国《银行家》"千家大银行"排名，2016 年末，巴克莱银行以 703 亿美元的一级资本位列全球银行 1000 强的第 18 名，英国位列第 2 名（仅次于汇丰控股）。

2016 年的年报显示，巴克莱银行共划分为四个业务单元——巴克莱英

---

① 周昆平：《"十三五"商业银行转型发展的方向》，载《金融时报》，2016 - 02 - 29（010）。
② 刘晓春：《银行为什么要转型发展》，上财人文读书会微信公众号，2016 - 11 - 03。
③ 许一鸣： 《银行为什么要转型》，http://business. sohu. com/20161014/n470311088. shtml，2016 - 10 - 14。
④ 麦肯锡：《中国银行业的明天在哪里——双轨战略》，2016 - 11 - 25。
⑤ 黄志凌：《深刻理解大型银行战略转型的客观性与特殊性》，http：//www. ccb. com/cn/ccbto-day/media/20160322_ 1458631796. html，2016 - 03 - 22。

国、巴克莱国际、非核心和非洲。其中巴克莱英国划分为个人银行、巴克莱信用卡、财富管理和中小企业银行三个条线。巴克莱国际划分为公司和投资银行、消费者、卡和支付。以前的巴克莱非洲，在巴克莱出售了62.3%的股权之后失去了对该公司的控制权，巴克莱在2016年第四季度向监管机构提交了完整的剥离计划（见表1）。

表1 　　　　　　　　**2011—2016年巴克莱银行主要经营指标**　　　　　单位：亿英镑

指标		2011年	2012年	2013年	2014年	2015年	2016年
经营业绩	营业收入	322.92	208.41	240.44	217.63	220.40	214.51
	净利润	39.51	− 6.24	5.40	− 1.74	− 3.94	16.23
资产负债结构	总资产	3910	3870	4420	4020	3580	3660
	一级资本充足率	11.00%	10.80%	9.10%	10.30%	11.4%	12.4%
	贷存比	118%	110%	91%	89%	86%	83%
主要财务比例	ROE	6.9%	− 1.4%	1.2%	− 0.3%	− 0.7%	3.6%
	非利息收入占比	—	54.70%	60.67%	53.66%	51.87%	50.88%
	成本收入比	64%	84%	79%	84%	82%	76%
资产质量	不良贷款率	0.77%	0.70%	0.64%	0.42%	0.42%	0.53%

注：①表中总资产为风险加权总资产（Risk Weighted Assets）；②表中的ROE为股东平均有形权益报酬率（Return On average tangible shareholders' Equity）；资料来源：巴克莱银行年报。

（二）零售业务的提振

受困于经济衰退和业务丑闻①，巴克莱银行组建单独的零售条线，将零售业务进行集中化管理。针对零售及小企业业务，实施差异化分区经营。出售非核心资产，关注本土及高盈利地区零售业务。国际金融危机后，巴克莱银行也通过削减非核心业务实现零售业务架构调整，主要包括退出大部分欧洲零售业务，将重心调整至英国和北美地区，大力发展英国和美国的信用卡业务。

为了满足客户的差异化需求，巴克莱银行通过定期归纳总结提出了相应的产品和交易模式，客户的满意度始终是最主要的衡量指标。管理模式

---

① 2012年涉嫌在2005年至2009年试图操纵和虚报伦敦银行同业拆借利率（Libor）和欧元同业拆借利率（Euribor）；2013年巴克莱银行及其四名前电力交易员涉嫌操纵美国电力市场；2014年前交易员涉嫌操纵伦敦黄金定价机制；2015年涉嫌操纵汇率。

的转变实际上是从"以产品为中心"向"以顾客为中心"的方向转变。具体可分解为，首先要了解客户的需求，然后根据需求推荐恰当的办理方式，同时利用科技手段将原有的工作流程进行集成和压缩，此外还要做到"入乡随俗"，最终要把"简单＆舒适"的服务留给客户。

（三）投行业务的发展

繁荣一时的巴克莱·佐特·韦德（Barclays de Zoete Wedd，BZW）经过重组更名为巴克莱资本，同时将战略调整为：放弃传统投行业务中较为重要的新股发行和公司并购，转而重点发展负债领域的融资管理，业务布局围绕欧洲向全球扩展。原因在于，虽然传统投行的利润增长主要来自诸如新股发行和公司并购业务，但是这些传统业务领域日渐形成寡头垄断市场。新进入者或者成长者只能通过不计成本的方式来扩大市场份额。同时，该业务的主要风险不是来自内部，而是外部的股市波动。更为重要的原因在于，20世纪90年代，处于国有经济向民营经济转型期的欧洲充斥着建立债券市场的强烈需求，这是因为异常庞大的养老金资产不得不面对由非基金型养老金向基金型养老金转型的难题。也正因为如此，巴克莱银行的投资银行部门得到了飞速发展。

巴克莱银行在2008年国际金融危机之后经营业绩相对较好，避免了同业中出现的求助政府的情况。对雷曼兄弟投行的部分收购，使得巴克莱银行成功立足于华尔街。但是没过多久，巴克莱银行再一次进入衰退状态。面对困境，巴克莱银行做出了重新定位的决定：致力于建设成为一家与华尔街巨头相媲美的全球贸易银行。作为应对措施，首席执行官安东尼·詹金斯宣布成为一家"更精简、更强大、更平衡"银行的愿景。随后，巴克莱银行裁撤掉了投资银行的7000多个工作岗位，退出了传统优势业务固定收益、货币和大宗商品，保留了利润更大的股票、信贷和客户咨询业务。监管的收紧使得投资银行很难有自由发挥的余地，运行成本也随之增加。巴克莱银行对巴克莱资本的投资也由原来的50％下降到更加安全的30％。

（四）对我国银行的启示

巴克莱银行平衡零售业务和投行业务的方法对以全能型银行为发展目标的银行具有一定的参考意义。投行业务和零售业务有着不同的文化背景和经营模式，需要分别设计机制，但可以发挥联动协同作用。投行的组织架构往往具有自由、权力分散、有机式和自我设计的特点。零售业务的特点则是向客户提供标准化的产品，采取的是一种类似流水作业的经营方式。投行业务像是订制化的科研公司，零售业务更像是批量化生产的工厂。零售业务对于资管、投行业务最重要的是销售渠道。投行业务还从零售业务的资本和声誉，以及信贷业务技术等方面受益①。

三、德意志银行：组织结构适应战略而调整

（一）德意志银行简介

成立于1870年的德意志银行（以下简称德银）是德国最大的商业银行，也是全球系统重要性银行之一。1913年，德意志银行成为全球资产规模最大的银行，2000年时资产规模仍居全球第三。20世纪90年代开始由面向大企业客户的银行战略转移为投行，通过并购英国投行摩根建富、美国信孚银行等，2000年成为世界前10名的投行。2007年ROE超过40%，主要得益于投行业务的盈利。德银在国际金融危机中表现极佳，成为全球三大投行之一。但近年业绩不佳，2015年创纪录亏损67.7亿欧元。根据《银行家》"千家大银行"排名，2016年末，德银以584亿美元的一级资本位列全球银行1000强的第21名，资产规模排名15位（见表2）。

表2　　　　　　　　**2011—2016年德意志银行主要经营指标**　　　　单位：欧元、%

	指标	2011	2012	2013	2014	2015	2016
经营业绩	营业收入（百万）	33228	33736	31195	31949	33525	30014
	净利润（百万）	4326	316	681	1691	−6772	−1356
资产负债结构	总资产（十亿）	2164	2022	1611	1709	1629	1591
	贷款（十亿）	412	397	376	406	428	409
	总负债（十亿）	2109	1968	1556	1635	1562	1526
	存款（十亿）	601	577	528	533	567	552
主要财务比例	ROA	2.00	0.16	0.42	0.99	−4.16	−0.85
	ROE	78.65	5.85	12.38	22.85	−101.1	−20.86
	普通股一级资本充足率	9.5	11.4	12.8	11.7	11.1	11.8
	成本收入比	78.2	92.5	89.0	86.7	115.3	98.1

数据来源：德意志银行年报。

---

① Rogers D. The big four British banks: Organisation, strategy and the future ［M］. Springer, 2016.

（二）德银组织结构演进的过程

1. 矩阵结构形成初期

20世纪90年代，全球化的经济浪潮使德银加快了全球化的步伐。为成为全球领先的全能银行，德银一方面坚持内源增长，积极调整业务布局与区域布局，另一方面也积极并购其他金融企业扩展产品线或经营地域。虽然德银的扩张战略帮助其迅速完成业务条线布局和地域布局，但是从股东回报以及资本收益的角度看，德银在20世纪90年代前后的扩张难称成功。在1998年德银启动组织结构改革前，由于历史问题以及不同支柱型业务之间协调困难，导致德银一方面太过庞大与复杂，另一方面盈利能力远低于国际平均水平。

为追求更高的效率以及更好地为客户服务，德银开始积极调整自己的组织结构，使之更好地支持自己的战略目标——成为一家全球领先的以客户为中心的全能银行，从而为所选定的目标客户群体提供更好的传统商业银行服务、投资银行服务以及各项新型金融服务，并为股东创造更大的价值。1998年起德银开始实行"双重心"战略，这一战略的实质精神一直延续到现在。其战略的要义是在投资银行、资产管理和私人银行方面力争成为全球领先的银行，而在公司业务和零售业务方面则更多地偏向于成为欧洲的领头银行。从德银组织结构的演变上来看，德银一直试图让整个集团成为一种更为有效的矩阵式结构，试图让各主要事业部门、职能机构以及区域管理机构之间进行深度协同。为了使自己的业务部门之间能够更好发挥协同效应，2001年德银再一次实施了机构部门的重组，将总行管理部门由30个减少到12个。由人力资源部、审计部、风险控制部等部门组成银行管理中心，管理控制业务系统，但不直接进行业务操作。德银将业务集中于核心业务上，形成了两个客户导向的部门（公司与投资银行部以及私人客户与资产管理部）和一个管理自身资产的公司投资部，并将非核心的业务（部分后勤、物资供应）分离出来。2001年9月，德银在集团领导层面设置了首席行政官小组，主要负责战略领导职能以及总体行政管理职能，涵盖人力资源、法律事务、合规管理以及审计等职责。2002年1月，德银进一步将集团管理委员会/监事会的任务进行了明确，要求其将精力集中于战略层面、资源分配、监督以及银行的总体风险管理上，具体的银行运营则由执行委员会来处理。德银于2002年2月起正式采用了如表3所示的组织结构。

表3   德银2002—2006年部门结构

职能委员会				
财务	风险	其他资产	IT& 运营	人力资源
投资		资产负债		合规部

集团执行委员会
集团管理委员会/监事会①
全球业务领导

业务分部委员会		
公司与投资银行业务部②	公司投资部	私人客户与资产管理部③

资料来源：德银2001年年报。

此时，德银矩阵式组织结构初步形成。这样的组织结构需要职能部门内部的专业人员能够良好地协调各事业部之间的关系，同时需要构建双向制约来增强各项业务的能力，从而使得银行内部经营管理更有专业性与有效性。在矩阵式结构中，利润通过分产品、业务部门与业务组来进行考核，地区分行并不对利润完全负责，地区分行行长更多负责分行经营的合规性以及分行层面资源的配置。

2. 最近的组织结构

由于近年德银面临了很大的经营困难（欧洲经济与银行业不景气以及德银自身面临高昂诉讼成本），德银在2015年4月公布了一项新的战略计划（"2020战略"），同年8月对该项战略的细节进行了完善。该项战略的核心在于：德银将通过集中于其优势领域来为利益相关者创造价值，成为一个更为简单有效、更低风险、更高资本充足率和执行更有纪律性的银行。

因经济环境的变化以及德银在2016年碰到的挑战（包含美国司法部的惩罚），德银在2017年初对其战略进行了修订，在2016年年度报告中，德银将自己的定位表述修正为立足于德国的全球可达的欧洲领先银行。同时德银再次调整了业务部门的划分，分为了三个部门，分别是公司与投资银行部，私人与商业银行部以及独立的德意志资产管理公司（见图1）。

---

① 德国的监事会类似于我国的董事会，这里采用监事会的译法是与德银年报保持一致。

② Corporate & Investment Bank（CIB）.

③ Private Clients & Asset Management（PCAM）.

公司经营部门 （2016）	运营事业部 （2016）	公司部门 （2017）
德国邮政银行 {	零售银行 公司银行	} 私人与商业银行部
私人、财富管理 与商业客户部 {	私人与商业客户 财富管理	
全球市场部 {	债券销售与交易 股权销售与交易	} 公司与投资银行部
公司与投资银行部 {	公司金融 全球交易银行	
德意志资产管理 ——	资产管理	—— 德意志资产管理

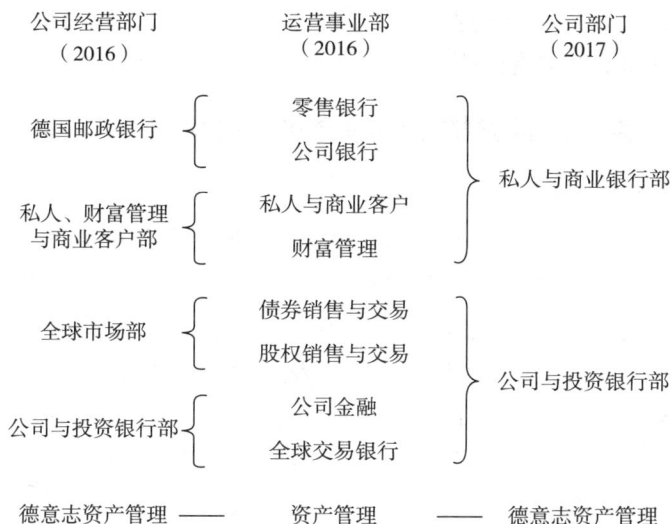

资料来源：德银 2016 年年报。

图 1　德银 2017 年业务部门结构

（三）对我国银行的启示：战略需要组织结构支撑

虽然德银因进入投资银行业务时未能把控好合规等风险，全球性全能银行战略在近几年遭受了严重挫折，目前还在艰难转型过程之中，但其作为百年老店，其渐进的转型过程还是可以给我们启示。

战略与组织结构是互动的，战略决策导致组织结构变化，而组织结构恰当变化支撑了战略目标的达成。当战略发生改变或者原先的战略导致组织规模大为增长，延续原先的结构会导致组织的无效率。当德银在若干不同区域或者不同的产品市场上运营的时候，高级管理层的决策多样性与复杂性不断增加而导致"集权"于最高层的运行模式不再有效。随着德银业务不断拓展、复杂性持续提升，总分支行模式暴露出管理链条过长、专业性不足、协调成本过高等劣势，银行运行效率低下。同时将琐碎事务以及例行事务的决策归结到最高层的做法极大地挤占了最高层的心智能力，产生了信息过载，并使之无法致力于公司的关键决策，制定更为适合的战略并推动战略的实施与落地，而后者是只能由高层完成的职责。

德银在组织结构的发展中坚持一直以客户为中心的理念，建立起了自己的部门结构体系，期望通过组织内部的调整与协调，达到组织的输出端能够拥有提供特定顾客一整套的金融解决方案的能力，客户面对着一个统一的德银，而不是由很多部门分别向顾客提供服务。德银调整部门划分的原则之一便是使一类客户的业务尽量能够在某一大的事业部中完成，使客户的需求能够得到更快地响应。

四、花旗集团：回归核心的综合化金融集团

（一）花旗集团简介

花旗集团由花旗银行与旅行者集团在 1998 年合并成立。其历史最早可以追溯到 1812 年成立的纽约城市银行。几经并购发展，花旗集团已成为世界上最大的综合金融服务公司之一，为个人、公司、政府和机构客户提供广泛的金融产品和服务，包括个人银行及信贷、公司银行与投资银行、证券经纪、交易服务和财富管理等。花旗集团下属花旗控股和花旗股份，其中，作为花旗控股的核心业务，花旗银行在全球超过 160 个国家和市场拥有 2 亿客户账户。根据《银行家》"千家大银行"排名，2016 年末，花旗银行以 1764 亿美元的一级资本位列全球银行 1000 强的第 7 名（见表 4）。

表4　　　　　　　　　2011—2016 年花旗集团主要经营指标　　　　单位：亿美元、%

	指标	2011 年	2012 年	2013 年	2014 年	2015 年	2016 年
经营业绩	营业收入	656	585	679	694	684	629
	净利润	111	75	137	73	172	149
资产负债结构	总资产	18738	18647	18804	18425	17312	17920
	贷款	6171	6300	6458	6286	6050	6244
	投资	2934	3123	3089	3334	3430	3533
	总负债	16943	16737	16742	16305	15081	15659
	存款	8659	9306	9683	8993	9079	9294
主要财务比例	ROA	0.58	0.40	0.73	0.39	0.96	0.85
	ROE	6.94	4.11	6.95	3.53	7.98	6.67
	净息差	2.86	2.88	2.85	2.90	2.93	2.86
	非利息收入占比	38.17	32.16	38.73	37.58	38.93	39.39
	资本充足率	13.6	14.1	13.7	11.5	13.5	14.2
	成本收入比	114.66	121.55	95.11	99.03	81.14	85.74
资产质量	不良贷款率	5.27	4.88	3.57	3.00	1.91	1.41

数据来源：花旗集团年报。

（二）花旗集团综合化经营战略

1998 年，花旗银行与旅行者集团合并是花旗集团开始综合化经营的标志性事件。合并后，花旗集团成为美国第一家全能金融集团和全球规模最

大的全能金融集团之一。通过综合化经营，取得的成效如下：一是经营业绩全球银行名列前茅。合并后总资产7000亿美元，为遍及全球100多个国家的2亿多客户提供多样化综合金融服务；二是形成了由横轴产品线和纵轴地域线组成的矩阵式组织结构。三是客户产品互补，信息资源共享。花旗银行的一亿客户基础形成了遍布全球的庞大客户网络。旅行者集团的产品补充满足了除商业银行产品之外的客户其他多样化的金融服务需求。

（三）花旗集团综合化经营战略再调整

在近十年的业务地域扩张战略下，花旗集团成为一家规模巨大，服务全面的一站购买式"金融超市集团"。2008年，在国际金融危机的爆发和金融海啸的冲击下，花旗净亏损277亿美元，裁员7.5万人，曾经的"金融超市"濒临破产的边缘。花旗走上了艰难痛苦的战略再调整之路。其核心就是摒弃全能型"金融超市"模式，回归银行的基本核心功能。第一阶段将花旗集团一分为二，划分为花旗公司和花旗控股两家公司。同时，将风险、财务等全球职能部门进行集中管理。第二阶段机构瘦身和再投资，对负责核心业务的花旗公司进行再投资的同时，连续两年缩小花旗控股规模。第三阶段战略执行阶段，不断调整优化全球资源配置，持续提高盈利和回报率，不断满足《巴塞尔协议Ⅲ》核心一级资本充足率标准，持续提高责任感。在经营困境中，花旗高度重视科技投入，着力强化信息系统建设，依托科技进步而不断走在同业前列的金融创新，使花旗集团大幅降低了成本，极大地改善了盈利能力。经过多年的努力，花旗集团在回归核心业务的同时，从2010年开始实现了财务上的扭亏为盈，战略再调整初见成效。

（四）对我国银行的启示

国内商业银行开展综合化经营之路，在借鉴国际大型商业银行先进经验的同时，也需结合自身发展阶段和自身优势特点。

一是坚持综合化经营之路。走综合化经营之路，是商业银行发展到一定阶段的必由之路，也是实现国际接轨的必然趋势。二是要采取审慎态度，走循序渐进的道路。应当采取与自身业务发展水平相适应的节奏，控制好前进步伐。三是要突出主业，增强核心竞争力。在经营发展中，持续聚焦核心业务，在核心业务上取得客户认可，形成市场共识。在此基础上，协同开展其他业务，实现综合经营规模经济和协同效应等优势。四是要适时调整战略目标，放弃发展停滞业务，在风险可控范围内寻求更高的经济效益。五是要加快科技信息化建设。以物理网点为支撑，以"客户＋数据"为中心，以信息化为抓手，打造互联网金融新模式。

五、汇丰控股：成功打造出环球知名品牌

（一）汇丰控股简介

汇丰控股的前身汇丰银行于 1865 年在香港和上海成立，全称香港上海汇丰银行有限公司。重组后的汇丰控股有限公司于 1991 年在英国注册，截至 2017 年 6 月底为超过 3800 万名客户提供环球服务，业务遍及欧洲、亚太区、中东及北非、北美和拉美，覆盖全球 67 个国家和地区。汇丰银行作为汇丰控股的全资附属公司，是香港三大发钞银行之一，在亚太地区设立约 700 多间分行及办事处。

为打造全球统一品牌，从 1998 年至今，汇丰控股采用 HSBC 和六角形标志，成功提升了世界各地的客户、股东及员工对汇丰品牌的知名度。汇丰在 2007 年《商业周刊》全球银行类顶级品牌排名第 2 位；在《银行家》的"2008 金融品牌 500 强"中荣登榜首；在《银行家》发布的《2016 年全球银行品牌 500 强排行榜》中居于全球第 9、"欧洲地区品牌价值最高的十大银行"之首（见表 5）。

表 5　　　　　　　2011—2016 年汇丰控股主要经营指标　　单位：亿美元、%

	指标	2011 年	2012 年	2013 年	2014 年	2015 年	2016 年
经营业绩	营业收益总额	835	825	783	746	711	598
	年度利润	179	153	178	147	151	34
资产负债结构	资产总值	25556	26925	26713	26341	24097	23750
	客户贷款	9404	9976	9921	9747	9245	8615
	金融投资	4000	4211	4259	4155	4290	4368
	总负债	23895	25094	24808	24342	22121	21924
	存款	12539	13400	13613	13506	12896	12724
主要财务比例	ROE	10.9	8.4	9.2	7.3	7.2	0.8
	ROA	0.70	0.57	0.67	0.56	0.63	0.14
	净利息收益占营收比例	48.7	45.6	45.4	46.5	45.8	49.8
	费用收益净额占营收比例	20.6	19.9	21.0	21.4	20.7	21.4
	交易收益净额占营收比例	7.8	8.6	11.1	9.1	12.3	15.8
资产质量	一级资本比率	11.5	13.4	12.0	12.5	13.9	16.1

数据来源：汇丰控股有限公司年报。

（二）应对国际金融危机的转型战略

汇丰控股为应对国际金融危机后经济环境的变化作出的战略调整可以归纳为以下四个方面。

1. 加强风险管理，构建三道防线

汇丰控股风险偏好稳健，致力于构建稳健完善的风控框架。一是坚持在全球范围内配置资源；二是建立了严格的三道全球风控体系防线：一线员工监督、中后台合规指导和内部审计审查，职责明确，严密防范金融犯罪，确保了风险管理的有效性和权威性。

2. 精简管理层级，优化人力资源

汇丰控股控制业务线员工数量，重组了十一大中后台功能部门，提出了著名的八乘八原则进行管理：从最高领导到最基层员工至多八个层级，每个管理人员管辖的员工人数至少八人。开展经营的国家和地区从 2010 年的 87 个下降至 2016 年的 70 个，全职职员人数也从 2010 年的 30.7 万人下降至 2013 年的 25.4 万人，不过由于监管和合规要求而增聘的全职雇员又抵消了部分裁员的成效，截至 2016 年，全职职员人数控制在 23.5 万人。2016 年较 2015 年运营和改革节约成本共 7 亿美元，用于加强金融犯罪风险监控的措施增加成本 4 亿美元。

3. 收缩全球经营，转向亚洲市场

汇丰控股通过国际关系程度、经济发展水平、盈利能力、成本效率、流动性和金融犯罪风险这六个评价标准来决定业务取舍。先是有选择地退出美国、俄罗斯等亏损地区的零售业务，再从西方向东方开放转型，重点增大在潜力地区的资源配置。2016 年集团税前盈利中亚洲板块占 193.7%，北美占 2.6%，欧洲则贡献为负，占 -95.2%。

4. 改变并购扩张，优化组织架构

汇丰控股在 2008 年国际金融危机之前主要通过并购来实现业务的扩张，2002 年至 2010 年，实施的并购交易数量达到 107 笔。2011 年以来，汇丰控股在全力处置非核心资产，2011 年至 2014 年，并购交易数量仅为 6 笔，出售的资产交易数量却高达 78 笔。同时，对原有业务线进行重组，形成了四大全球业务线：零售银行和财富管理、商业银行、环球银行和资本市场，以及环球私人银行，使得业务盈利水平和贡献能力加快复苏。从 2010 年至 2014 年年均可持续业务费用节约达 57 亿美元。

（三）对我国银行的启示

作为一家具有东方文化特色的银行，汇丰从亚洲走向世界的经验对我国银行的战略思维、公司治理、风险控制、市场营销都具有启发意义。汇丰控股转型的重中之重就是对品牌形象的打造和维护。品牌价值是银行维持市场信心的重要无形资产。我国银行应该学习汇丰控股，坚持实施品牌培育战略，发挥客户信赖优势，通过以品牌为核心的营销去拓展全球业务，并且汇聚不同人才、汇融不同思想，重视客户认可度、忠诚度和品牌价值的培育，注重挖掘本土化的价值，充分尊重不同文化。

1. 以本地化为导向的服务理念

汇丰控股一开始在收购不同地区的银行时，保留了这些银行原有的独特形象标志，为初步拓展经营和拓宽市场起到了良好的作用。然而，随着互联网的崛起，汇丰意识到未来客户在使用搜索引擎时，拥有一个醒目的全球统一品牌主张的重要性。于是，汇丰全球品牌重塑计划应运而生，提出了著名的、沿用至今的品牌主张：世界的本地银行——永远不要低估本地知识的重要性。我国银行在未来国际化的进程中应推进本地化的战略思想，利用好本地的市场资源，提供出满足本地客户需求的产品和服务，但最后还需打造统一的品牌形象。

2. 以客户为中心的服务宗旨

汇丰控股从产品的设计、推广，到价格的制定，甚至于广告促销，都牢牢把握客户群体的特点和定位。例如，汇丰控股的卓越理财服务客户范围是富裕人群和家庭，其贵宾账户身份都会被全球认可，并享受私秘接待室。我国银行在创新的过程中应时刻把握以客户为中心的服务宗旨，学习汇丰控股在开展业务之前充分调查钻研市场特点和客户偏好的经验。

3. 从受人尊重到受人爱戴

汇丰曾经被普遍认为是一家过度保守的银行，整体形象缺少令人亲近的魅力。汇丰控股持续不断地反思和调整对外的形象定位，进行路演、发表演讲、缓解媒体的敌意。我国银行在打造商业品牌的道路上，应充分借鉴汇丰的经验，从投资者关系和媒体方面寻找突破口。

4. 企业社会责任感的建立

汇丰一开始并不是企业社会责任方面的领跑者，《泰晤士报》1998 年在评估企业的道德表现时仅给汇丰以 10 分制中的 5 分。汇丰主动调整在慈善和赞助方面的预算，用于支持教育和环境保护，最终得到了社会的广泛认可。2001 年汇丰控股的股票被纳入富时社会责任指数和道琼斯可持续发展指数中。我国银行也应对企业社会责任给予足够的重视，在社会公益和环保教育的参与中强化我国银行优良的公众形象。

六、摩根大通：放下身段的贵族银行

（一）摩根大通简介

摩根大通是全球领先的金融服务商，也是美国最大的金融服务机构之一，在投资银行、消费者和小微企业金融服务、商业银行业务、金融交易处理和资产管理领域，摩根大通都是领导者之一。根据《银行家》"千家大银行"排名，2016 年末，摩根大通以 2081 亿美元的一级资本位列全球银行 1000 强的第 3 名，资产规模排名 6（见表 6）。

表 6　　　　　　　**2011—2016 年摩根大通主要经营指标**　　　单位：亿美元、%

指标		2011 年	2012 年	2013 年	2014 年	2015 年	2016 年
经营业绩	营业收入	896.60	936.46	963.81	910.66	897.16	903.1
	净利润	189.76	212.84	179.23	217.62	244.42	247.33
资产负债结构	总资产	22658	23591	24157	25731	23571	24909
	贷款	7237	7338	7384	7573	8373	8948
	投资	4501	4930	6701	8325	6308	7218
	总负债	20822	21551	22045	23411	21041	22904
	存款	11278	11936	12878	13634	12797	13752
主要财务比例	ROA	0.87	0.92	0.75	0.87	0.99	1.02
	ROE	10.55	10.98	8.63	9.82	10.19	9.86
	净息差	2.70	2.19	2.04	1.97	1.97	2.12
	非利息收入占比	55.30	51.80	49.90	50.50	50.50	51.6
资产质量	不良贷款率	1.38	1.48	1.16	0.94	0.77	0.90

数据来源：摩根大通年报。

（二）利率市场化进程中的转型

1998 年，美国利率市场化正式完成，对商业银行的发展主要产生了较大影响：一是使银行负债结构对市场更加敏感，导致银行负债成本逐步走高，且宽松的货币政策也降低了银行贷款的定价能力。二是对于净息差管理提出了新的要求。三是银行非利息收入占比不断增长，20 世纪 80 年代后期达到 30% 以上，1999 年金融自由化改革完成后达到 43%。[①]

在利率市场化的冲击下，摩根大通银行也面临着金融脱媒的严重冲击、

----

① 国家开发银行—国信证券联合课题组：《美国利率市场化给中国四点启示》，载《中国保险报》，2015－05。

公司信贷急剧下滑，摩根银行不得不开始谋求转型。总的来看，摩根银行的转型主要包括三个方面：

一是顺应混业经营的需要进行战略转型，主打公司金融、企业并购、证券交易和销售、投资管理和私人银行业务，既维持了公司客户作为其主要客户群，又使其服务重心移向高端市场客户。[①]

二是保持稳健的发展理念强化风险管理。一方面，减少或者禁止发放高风险贷款；另一方面，开发了"在险价值"（VaR）的市场风险管理系统。

三是根据客户特点实施主动负债管理。充分利用欧洲美元存款、联邦基金、回购协议和本票等工具，既没有全部采用隔夜的联邦资金，也没有把资金完全放在长期的资金上。

（三）零售业务转型

在新经济时代，J. P. 摩根的行销模式和客户标准严重制约了客户来源，束缚了其发展空间。在开展投行业务方面，摩根高质量的客户要求导致其承销新股的机会受限，J. P. 摩根"虽然有很多产品，但没有足够的客户"，摩根银行零售业务转型迫在眉睫。在此压力下，通过两次合并，摩根大通实现了零售业务的转型。

一是以零售业著称的大通曼哈顿银行兼并了摩根，于2000年9月组建了J. P. 摩根大通公司，实现了零售业务与批发业务、"平民化"与"贵族化"路线的优势互补。合并后，总资产由1999年的4061亿美元快速增长至2003年的7710亿美元，年复合增长率为17.4%。总负债从1999年的270亿美元快速增长至2003年的462亿美元，年复合增长率为14.4%。从市场表现来看，在两家银行合并以后，总收入和总利润均增长明显，1999—2003年年均复合增长率分别为10.8%和5.1%，每股净值从1999年的21.3美元上升到了23.2美元。

二是2004年，摩根大通银行与美国第一银行通过易股的方式进行合并，使摩根大通的业务拓展至美国中西部和西南部，实现了零售市场、公司业务和投资银行业务的均衡发展，总资产、净利润、市值和资本充足率等指标均得到了较大发展。到2016年，摩根大通总资产达到2.49万亿美元，较2004年增长115%；净利润为247.3亿美元，较2004年增长454%；市值达到3088亿美元，较2004年增长122%；总资产充足率和核心资本充

---

① 黄小军：《美国利率市场化进程及其对我国银行业的启示》，载《银行家》，2014（12）。

足率分别为 15.2% 和 14%，分别较 2004 年增长 3.2% 和 5.5%。

近年来，摩根大通不断推进网点转型和数字化转型，加大科技投入，助力零售银行业务发展。网点转型方面，摩根大通将网点定位为建立和深化客户关系、提供专业理财咨询和规划服务、满足客户综合金融需求的中心。数字化转型方面，一是通过推出闪付、超级 ATM（E-ATM）、手机 APP、无纸化开户、增强网站服务、扩展 ATM 功能等手段，为客户提供日益便利的数字化自助服务，引导客户使用自助及电子渠道；二是引入人工智能等先进技术，提高中后台的自动化处理水平，大力推广内外部无纸化流程。科技投入方面，摩根大通 CEO 杰米·戴蒙将摩根大通银行描述成一家科技公司，并表示"这意味着随着我们越来越依靠科技来为客户提供解决方案，我们的科技团队对于业务而言，与我们的银行家同样重要"。摩根大通在技术领域投入巨大。2016 年，摩根大通对科技的投入高达 95 亿美元。据了解，摩根大通科技人员占比高达 15%。

（四）对我国银行的启示

近两年来，利率市场化也给国内银行带来一些挑战。在未来的发展过程中，国内银行应积极做到以下几点：一是根据不同的客户特点，探索产品差异化定价机制，打破固定利差的收益约束，提升议价能力。二是推动零售业务条线充分利用网点端建立综合营销模式，通过数字化转型释放人力充实客户关系管理队伍。三是加大科技投入，加快科技队伍建设，推进大数据应用，强化互联网金融创新，提升移动金融产品快速迭代开发、响应市场和客户需求的能力。

七、美国银行：零售银行巨头终圆投行梦

（一）美国银行简介

美国银行①是一家以美国本土零售业务为主的银行，是美国第二历史悠久的银行。长期以来，美国银行一直以零售业务立行，2008 年国际金融危机中，美国银行收购美林证券，进入投行领域，实现了从零售业务为主的商业银行向全能型银行的华丽转身。根据《银行家》"千家大银行"排名，2016 年末，美国银行以 1808 亿美元的一级资本位列全球银行 1000 强的第 5 名（见表 7）。

---

① 2002 年，Bank of America Corporation 将其在中国大陆注册的中文名从"美国美洲银行"正式更名为"美国银行"。

表7　　　　　　　2011—2016 年美国银行主要经营指标　　　　单位：亿美元

指标		2011 年	2012 年	2013 年	2014 年	2015 年	2016 年
经营业绩	营业收入	934.54	833.34	889.42	842.47	825.07	837.01
	净利润	14.46	41.88	114.31	48.33	158.88	179.06
资产负债结构	总资产	22963.22	21913.56	21635.13	21455.9	21601.14	21877.02
	贷款	9380.96	8987.68	9186.41	9039.01	8821.83	9066.83
	投资	7787.7	8679.6	7743.5	8299.5	8338.8	/
	总负债	20662.22	19730.18	18695.88	18610.63	18881.11	19208.62
	存款	10358.02	10477.82	10897.35	11242.07	11558.60	12609.34
主要财务比例	ROA	0.06%	0.19%	0.53%	0.23%	0.74%	0.82%
	ROE	0.04	1.27	4.62	1.70	6.26	6.71
	净息差	2.38%	2.24%	2.37%	2.25%	2.20%	2.21%
	非利息收入占比	52.26%	51.21%	52.48%	52.58%	52.43%	51.0%
资产质量	不良贷款率	2.74%	2.52%	1.87%	1.37%	1.05%	0.85%

数据来源：美国银行年报。

（二）从偏居一隅到横跨全美

美国银行的前身是 1904 年由意大利移民创立的银行，初期主要经营意大利移民的存放款业务，以后逐渐吸收中下阶层的存款，并对中小企业提供抵押贷款和发放消费信贷。1929 年与加利福尼亚美洲银行合并，改名为美洲国民信托储蓄银行。

在 1994 年美国取消了分业限制和跨州经营业务的限制后，美国银行大幅度并购。1998 年，美国银行与当时的国民银行合并，合并后的新美国银行业务横跨东西海岸，超过大通曼哈顿银行而成当时全美之首，成为美国首家拥有全国性零售网络的银行，并奠定了其在中小企业的产品营销和风险管理方面的绝对优势。2003 年，美国银行收购了波士顿舰队金融公司，成为美国拥有分行、客户和支票账户最多的银行，也成为美国最大的消费者银行。2005 年收购了美信银行，成为美国最大的信用卡发卡银行。

（三）向全能型银行转型

与摩根大通、高盛，甚至花旗等竞争对手不同，美国银行一直以零售业务为主，传统商业银行业务一直是其主要业务，投行业务板块一直比较落后，在以投行为主的华尔街，美国银行一直是"乡巴佬"，没有成为华尔街的主流银行。因此，发展投行业务一直是其重要愿景。早在 1997 年，刘易斯的前任麦科尔便曾经做过尝试。2008 年的美国金融危机，美林的落难为美国银行发展投行业务提供了难得机遇。

美林集团于 1885 年成立,是全世界最大的全球性综合投资银行。在《财富》杂志全球 500 家大公司排名中,位列证券业第一。[①] 自 1988 年起,美林集团连续 10 年成为全球最大的债券和股票承销商。通过收购美林,美国银行成为全球最大的高收益债券承销商、全球第三大股票承销商和全球第九大并购咨询服务商。

(四) 问鼎全美

尽管收购之后经历一番波折,但总体上此次收购还是比较成功的。首先对美林的收购扩展了美国银行的投行、财富管理和经纪业务系列。其次是新的业务结构使美国银行利润也大幅增长。根据美国银行年报,2016 年末,包括美林和美国信托在内的美国银行财富管理部门在资产数量、存款和贷款方面均居美国首位,美林业务收入 144.86 亿美元,为美国银行贡献了 17.2% 的收入。随着产品的丰富及业务体系的完善,美国银行的客户黏性不断增加,成功地将客户的多元化业务需求维持在集团内部,在各业务板块间转移客户资产。

美国银行的此次转型,奠定了美国四大银行的竞争格局:摩根大通在投行和公司银行方面具优势;美国银行进入投行领域,在个人零售及财富管理、证券经纪方面显示出长远发展潜力;花旗以零售、投行、另类投资和全球化见长;富国在社区银行、电子银行方面优势突出。

(五) 对我国银行的启示

从一家偏居美国西部的移民银行,到登上世界第一大银行的宝座,从一个以个人和中小企业为主要客户的银行,到世界银行零售业巨头,从深陷金融危机泥潭到瘦身重生,美国银行值得我国银行借鉴的地方很多。

1. 创新产品和服务

在 100 余年的发展历程中,正是得益于不断的产品创新和服务创新,使得其成为国际一流银行。"一直保持着变化","为我们的客户提供他们从未经历过的银行与投资服务"。《哈佛商业评论》曾对美国银行的创新行为评论称:"当今的商业世界里,我们拥有许多科学的产品开发和改进方法,却没有一套严格而持续的服务研发流程。不过,现在有了一个例子。美国银行进行了一系列服务研发的实验,揭示了服务企业研发的真正面貌。"

---

① 百度百科。

2. 积极拓展大企业客户

作为以零售为主的银行，美国银行在服务个人和小企业的同时，积极开拓大中型企业客户。根据美国银行 2015 年年报，其与 81% 的世界 500 强客户建立了联系，与 96% 的美国财富 1000 强有关系往来，2015 年美国银行针对大公司客户的全球银行和全球市场部对企业贷款占总贷款 40%，比 2012 年上升 28 个百分点。

3. 关注企业文化和形象建设

美国银行认为自己是"社会的建设者"和"客户的邻居、朋友"，非常注重客户满意度和自身形象建设。对内构建良好的企业文化和对外树立良好的企业形象，不仅是银行壮大发展的基础，也是实现跨越式发展的必须选择。

八、结论：启示与建议

当前，国内经济转型加快，监管环境趋严，同业和跨界竞争日益加剧，信息科技飞速发展，中国银行业面临严峻挑战和重大机遇并存的复杂环境，深化转型势在必行。本课题通过研究国际主要大型商业银行转型的案例，希望能对处在转型路口的国内银行提供一些启示。

一是转型是一个系统性工程。随着经营环境的变化，商业银行总是面临着转型调整的要求，在经济面临更深刻重大转型的时候，商业银行也需要作出重大转型以适应、服务经济发展的需要。转型绝不只是口号，而是复杂艰巨的系统工程，需要设定清晰的战略蓝图和实施路径。转型可能取得成功，也可能在战略方向设定上、执行中出现偏差或不能适应形势的变化，还需要及时修正调整战略。例如德银发展投行、交易银行和花旗综合化经营的战略，一度取得成功，但在国际金融危机后暴露出巨大问题，不得不进行重大战略调整。商业银行转型发展涉及银行定位、客户对象、主营业务、组织架构、技术支撑、人才建设等方方面面，而大型银行业务领域宽，覆盖区域广，员工机构多，风险管理复杂，收益结构多元化，企业文化和经营理念等方面的惯性强，其转型面临的困难会更大。商业银行转型需要统筹规划，制定系统性的转型方案，再分阶段执行。

二是转型中要坚持有所为，有所不为。商业银行转型过程也是一个重新定位的过程。为了重建竞争力，商业银行要重新定义自己的客户、组织架构、运营模式等。在这个过程中，商业银行需要根据经济金融环境和自身情况，舍弃一些不符合战略和当前环境的业务，发掘新的增长点或者更加聚焦自己熟悉的客户和业务模式。国际金融危机后巴克莱、花旗、汇丰等普遍以壮士断腕的决心进行了"瘦身"，主动退出一些国家的经营，削减一些非核心、风险较高、亏损的业务，聚焦核心业务。

三是转型既有差异化特色，也有共同点。例如美国四大行在国际化战略上对比鲜明：花旗、摩根大通非常国际化，美国银行、富国银行则坚守国内市场。据美联储统计，2016年末海外资产占比，花旗为39%、摩根大通为23%、美国银行仅为5%、富国仅为3%。但转型中也有共同点：综合化经营仍是主流，更加重视降本增效、内涵式增长。虽然国际金融危机后一些国外大型银行对过去过度综合化的战略进行了调整收缩，但大型银行基本都是零售、公司、投行、资管等业务各有侧重、总体较为均衡地发展，并从中获得协同效应，多样化收入来源也分散经营风险。综合化经营也使得中间业务收入占比高，更加轻资本式发展。经济增长放缓，银行经营环境更为困难，成本收入比普遍较高，使得银行都高度重视降本增效，通过优化流程、提高技术应用甚至裁人员撤机构等方式压降成本。

四是转型发展需要瞄准未来发展趋势。商业银行转型发展虽然很难，但如果能够准确研判未来银行业发展趋势，并成功实现转型，可以有效推动自身的发展，大大增强在市场上的竞争力。例如资本市场在融资中占有越来越重要的地位，财富管理、资产管理业务在富裕社会中成为增加客户黏性的关键，提前树立了投行、资管业务优势的银行，就能在较长时期内获益。缺乏从事这些未来制高点的业务能力，就需要培养，国外银行更多通过收购兼并的方式迅速获得能力，如德银、美国银行为了发展投行业务都采用收购的方式。从当下的情况看，科技创新对银行发展影响重大，花旗、摩根大通等银行纷纷通过加大自身科技投入、投资入股金融科技企业等方式，抢占先机。

五是转型中需要重视品牌和企业文化建设。国际性大银行无不重视品牌形象的打造和企业文化的建设。银行的转型发展，特别是战略定位的调整，需要内部企业文化和外部品牌形象也作出相应调整。银行是经营货币、以管理风险为核心的企业，在经营压力和盈利动机下容易出现道德风险。金融危机凸显了部分国外大银行风险态度过于激进的问题，违规丑闻也时有发生。在转型中需要坚持合规稳健经营等银行业不变的原则，也需要给企业文化和品牌形象注入新的内涵。例如汇丰打造全球统一品牌的做法获得成功。银行需要做好品牌宣传，承担企业社会责任，营造有利于银行转型发展的舆论氛围。

国外银行和国内银行在发展阶段、路径上存在着不同，例如国外大型银行从过去日趋集团化、综合化、国际化经营做"加法"到国际金融危机后做"减法"多，我国银行大多还处在做"加法"的阶段；国外大型银行多数通过众多收购兼并而成，缺乏某区域网点或某项业务时收购，做"减法"也多采取出售业务板块、子公司的方式，我国银行业金融机构的资本运作还未如此发达，但也会是未来的方向。纵观国际银行转型之路可以发现，由于商业银行面临的经济金融环境、监管环境以及自身发展阶段、资源禀赋的不同，每家银行的转型发展路径都是不同的。商业银行转型之路无简单模式可复制，但还是可以从发展阶段更成熟的国外大型商业银行转型历程中吸收借鉴其经验教训。

中国银行业转型升级需摒弃"鼯鼠情结"

——以大型商业银行为例

中国银行　张兴荣[①]

近年来，中国银行业市场竞争加剧，一些银行着力在业务种类、客户数量、地域范围、渠道形式等领域全线出击，全面拓展，表现出求多求全的发展情结，颇似寓言故事"鼯鼠学技"中鼯鼠的心态。这种求多求全的"鼯鼠情结"已开始带来一些问题和危害，长远看，会影响银行经营效率和竞争力，需要引起警惕。

一、"鼯鼠情结"的五大表现

近年来，大型银行的发展呈现出一些新的特点，可以概括为五个"求全"：

一是业务"求全"。由传统商业银行领域持续向多元化金融领域拓展，多数已持有证券、保险、基金、租赁等牌照，有的还持有期货、信托、直接投资、财务公司等牌照（见图1）。拥有多元化的业务牌照已成为许多银行的共识。

二是客户"求全"。由国有大中型企业向民营和小微企业客户拓展，由服务单一企业向产业链上下游企业延伸，由本土客户向海外客户延伸，客户范围力求覆盖各行各业、各个阶层，客户总数日益庞大。

2015 年末，工商银行所服务的公司客户数达 532 万户，是 2005 年末的 2.1 倍；个人客户数近 5 亿户，是 2005 年末的 3.3 倍。农业银行公司客户数达 364 万户，比 2010 年末增加约 100 万户；个人客户数超过 4.7 亿户，比 2010 年末增加约 1.2 亿户。中国银行和中国建设银行的公司客户数分别接近 300 万户和 400 万户，个人客户数均约 2 亿户。

---

① 张兴荣：中国银行国际金融研究所资深研究员。

图1 中国大型银行多元化布局历程（时间轴：1984｜1992｜1998｜2000｜2002｜2004｜2005｜2006｜2007｜2008｜2009｜2010｜2011｜2012｜2014｜2015｜年）

- 工商银行：工银瑞信基金、工银金融租赁、工银国际（香港）、工银金融服务（欧美证券清算）、工银安盛人寿保险
- 农业银行：农银汇理基金、农银国际（香港）、农银金融租赁、农银人寿
- 中国银行：中银集团投资（香港）、中银集团保险（香港）、中银集团人寿（香港）、中银国际控股（香港）、中银国际证券、中银基金、中银保险（财险）、中银航空租赁（新加坡）、中银三星人寿
- 建设银行：建银国际（香港）、中德住房储蓄银行、建信基金、建信金融租赁、建信信托、建信人寿、建信期货、建信养老金
- 交通银行：交银保险（香港）、交银施罗德基金、交银国际（香港）、交银租赁、交银国际信托、交银康联人寿保险

图例说明：保险　投行　基金　租赁　其他

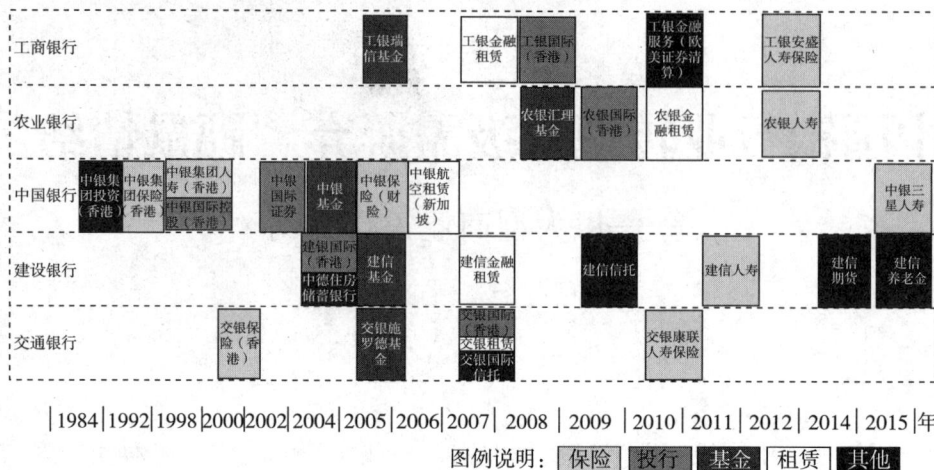

资料来源：银行公告、公开信息，作者统计或计算。

图1　中国大型银行多元化布局历程

三是地域"求全"。从境内看，广泛覆盖中心城市以及城镇、乡村，从长江三角洲、珠江三角洲和环渤海等发达地区向中西部深入延伸；从境外看，由港澳向亚太区拓展、由欧美发达市场向非洲、拉美等新兴市场延伸，国际化程度逐步提高。

从信贷增长的区域特点看，在各地区信贷均保持增长的背景下，2010年至2015年，工行、农行和建行三大行在长三角、珠三角和环渤海地区的贷款余额占集团的比重有所下降，分别由56.2%、59.4%和56.2%降至48.9%、53.6%和49.7%，境内其他地区的占比上升；中国银行境内除西部地区的贷款余额占比有所上升外，其他地区的占比均有所下降，其中华东地区的降幅最大，由34.4%降至30.9%。工行、农行、中行、建行四家银行的境外贷款占集团的比重均有所提高，分别由2010年末的5%、1.5%、15.9%和3.2%提升至2015年末的8.8%、5%、21.2%和6.5%。

从海内外布局的新动向看，工行、建行两行海外扩张速度领先同业，"十二五"期间所覆盖的海外国家和地区数量各新增了14个，总数分别达到42个和25个，逐步接近中国银行（46个）的水平。农业银行实施重点城市行优先发展战略，城市金融业务对营业收入的贡献度由2009年末的61.9%上升至2015年末的63.2%。中国银行着力推进村镇银行建设，业务进一步向县域和乡镇渗透，"十二五"期间共设立了76家村镇银行，其中78%在中西部，33%是国家级贫困县，村镇银行的机构数量、覆盖范围列同业第一。

四是渠道"求全"。由物理网点、电话及电脑终端向自助设备（包括自助银行、自动柜员机、自助终端等）、手机、平板电脑、可穿戴设备延伸，由银行渠道向电商平台等非银行渠道延伸，线下线上互动频繁，打破时空限制。

2010 年至 2015 年，工行、农行、中行、建行四家银行的境内外机构数均有所增长，总量已分别达 1.7 万、2.3 万、1.1 万和 1.4 万家，年均分别增加 214、37、115 和 304 家。2015 年末，四家银行的自助设备总量分别达 12.8 万、17.1 万、9.1 万和 11.6 万个，分别为 2010 年末的 2.2、2.4、2.3 和 2.1 倍。

通过电子银行渠道拓展客户已成常态，业务规模巨大，发展迅速。2015 年末，工商银行电子银行客户数突破 5 亿户，其中网上银行客户超过 2 亿户，手机银行客户达 1.7 亿户；电子银行交易额达到 560 万亿元，是 2010 年的 2.2 倍。农行、中行、建行三家银行的企业网银客户数分别达到 377 万、285 万和 402 万户，分别是 2010 年末的 4.8、6.8 和 4.3 倍；个人网银客户数分别达到 1.5 亿、1.2 亿和 2 亿户，分别是 2010 年末的 3.7、4.9 和 3.7 倍。农行、中行、建行三家银行的企业网银交易量分别达到 100 万亿、129 万亿和 177 万亿元，分别是 2010 年末的 2.9、3.2 和 3.2 倍；个人网银交易量分别达到 84 万亿、19 万亿和 44 万亿元，分别是 2010 年末的 2.2、4.9 和 5.1 倍。

五是扩张方式"求全"。从自设到合资，从接受战略投资、开展战略合作，到对外股权投资直至兼并收购，扩张步伐显著加快。2010 年至 2015 年，五家大型银行共完成了 12 个对外股权投资或并购项目，累计出资约 40 亿美元（见表 1）。

表 1　　　　　　　　近年来大型银行完成对外收购项目概览

完成时间	出资方	入股/收购对象	出资（亿美元）	购股比例（%）
2010 年	工商银行	加拿大东亚银行	0.7	70.0
	工商银行	泰国 ACL 银行	5.5	97.2
	工商银行	富通北美证券清算部门	0.0	
2011 年	建设银行	太平洋安泰保险	1.5	50.0
2012 年	工商银行	美国东亚银行	1.4	80.0
	工商银行	阿根廷标准银行	6.5	80.0
	工商银行	金盛人寿保险有限公司	1.8	60.0
	建设银行	建信金融租赁有限公司	1.8	24.9

续表

完成时间	出资方	入股/收购对象	出资（亿美元）	购股比例（%）
2014 年	建设银行	巴西 BIC 银行	7.1	72.0
2015 年	工商银行	标准银行公众有限公司	7.7	60.0
	工商银行	土耳其 Tekstilbank	3.4	92.8
	中国银行	中航三星人寿保险有限公司	2.0	51.0

资料来源：银行公告、公开信息，作者统计或计算。

二、"鼯鼠情结"的潜在危害

中国银行业正在迎来转型发展的转折点。以大型银行为例，2015 年度净利润平均增速已从上市以来百分之二三十的高点降至百分之一以下的最低点，2016 年可能迎来业绩增速的拐点。在资本、资源有限的情况下，各银行有必要重检求多求全的发展模式，特别是要认清以下五大潜在问题的苗头及危害。

（一）业务求全但不强大，投入产出效率不高，损害股东价值

业务求全的一个潜在问题是分散资源与精力，难以做到各方面都精、都强。例如，大型银行向多元化金融领域拓展时间已有二三十年时间，但与国际领先同业比，竞争力还有待提高。例如，在投资银行一些核心业务领域，尚没有一家中资银行进入全球前十强（见表 2）。与国内市场领先者相比，大型银行的多元化子公司在服务覆盖面、产品研发能力以及服务水平等方面也存在一定差距。有的大型银行习惯以传统商业银行思维管理多元化子公司，对子公司的管控多于投入。有的子公司自身发展动力或能力不足，规模小、成长慢、竞争力弱的局面难以打开。

表 2   2015 年全球投行主要业务排名

排名	证券承销	债券承销	并购财务顾问
1	高盛	摩根大通	高盛
2	摩根士丹利	美国银行	摩根士丹利
3	摩根大通	巴克莱银行	摩根大通
4	瑞士银行	花旗银行	美国银行
5	花旗银行	高盛	瑞士信贷
6	美国银行	摩根士丹利	花旗银行
7	瑞士信贷	汇丰银行	Lazard Ltd
8	德意志银行	富国银行	巴克莱银行
9	巴克莱银行	德意志银行	德意志银行
10	加拿大皇家银行	多伦多道明证券	瑞士银行

资料来源：Bloomberg。

　　从投资回报角度看，除了基金类子公司外，大型银行多数多元化子公司的股本回报率、资产回报率低于集团总体水平。以各行披露的 2015 年底数据为例，工行、农行、中行、建行四大行 18 家非基金类子公司中的 16 家 ROE 低于集团水平、9 家 ROA 低于集团水平（见图 2）。如果子公司ROE 持续得不到改善，势必拉低集团财务回报率，损害股东价值。在集团内部，银行、证券和保险业务之间的风险有时很难彻底隔绝，"烙饼卷手指头，自己吃自己"的现象并不鲜见，造成风险的内部传染和风险成本的叠加。当经济下行，商业银行业务的利润增速一般会落后于资产增长速度，而投资银行等非商业银行业务回报通常波幅较大，可能进一步压低集团股本回报效率，假以时日，银行将不得不处置资产、剥离非核心业务。

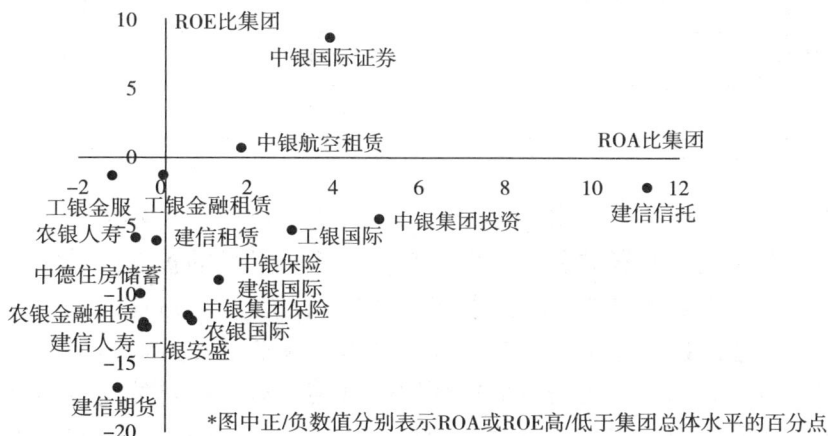

资料来源：Wind，各行年报，作者计算。

图 2　多元化子公司 ROA、ROE 与集团水平的比较（2015 年）

（二）客户求全但不精准，规模效应和协同效用不高

　　笼而统之地扩大客户规模并不一定带来边际效益的增加。"二八定律"表明，往往总是少数的客户带来了绝大部分的业务，而其他大部分的客户产出偏低，由于维护成本或信贷违约率偏高等原因，有些客户甚至带来负利润。

　　与国内同业比，大型银行在某些业务领域的客户选择精准度不高，客户获取能力和服务竞争力有待提高，例如，在私人银行业务领域，大型银行尽管占尽网点数量和客户数量优势，但各行的私人银行客户资产规模上全体落后于客户数量相对较少的招商银行（见表 3）。银行为扩大客户基础以及提供全面服务所作的种种投入，如果面广量大地被"次级"客户占用，则很难实现长期盈亏平衡，而且，"次级"客户规模扩得越大，给银行带来的损害越大。尽管互联网金融为银行掘金长尾客户提供了新的选择，但如果客户回报不足以覆盖前期投入和相关成本，也将难以实现规模效应。

表3 **2015年末私人银行业务统计**

	资产管理规模（亿元）	客户数（万人）	户均资产（万元）
工商银行	10600	6.2	1699
农业银行	8077	6.9	1171
中国银行	8100	8.7	936
交通银行	4073	3.0	1358
招商银行	12521	4.9	2555
总计	43371	29.7	1461

资料来源：银行公告、公开信息，作者统计或计算。

抢抓同业的现有客户往往付出的代价更高。为吸引同业客户，最常见、最简单的办法是降低贷款利率、提高存款利率，以量的扩展弥补价差的收窄。然而，如果长此以往，一旦形成路径依赖，往往会造成净息差持续走低。如果综合回报不能覆盖潜在风险或成本，特别是在接盘其他银行"甩出"的次优客户后，不仅难以取得预期的规模效应，还可能遭受巨大的潜在损失。随着中国利率市场化改革的全面推开，大型银行的净息差开始全面下滑，在不良贷款率上升的背景下，净息差与不良贷款率之间的差距日益缩小，2015年底仅有0.5~0.8个百分点，个别银行的这一差额甚至已接近于0（见图3）。大型银行的拨备覆盖率持续下降，已接近、甚至暂时低于150%的监管红线，如果资产质量进一步恶化而非利息等收入增长乏力，在维持较高拨备覆盖率的情况下，很可能出现盈利的负增长。

为客户提供"一站式"服务知易行难。由于商业银行与投行、保险、基金等的行业文化、发展重点和人员薪酬差异大，集团内部合作的成本和壁垒有时甚至会超过与同业的合作，多头营销、内部争利、重复授信的情况并不少见，协同效应很难发挥。如果集团内部没有强大的协同文化、精准的管理信息技术、一体化的快速响应机制和合理的利益分配机制作支撑，"一站式"服务将很难落实到位。大型银行的公司客户、个人客户所使用的产品种类一般不超过3个，多元化金融产品的交叉销售远未普及。

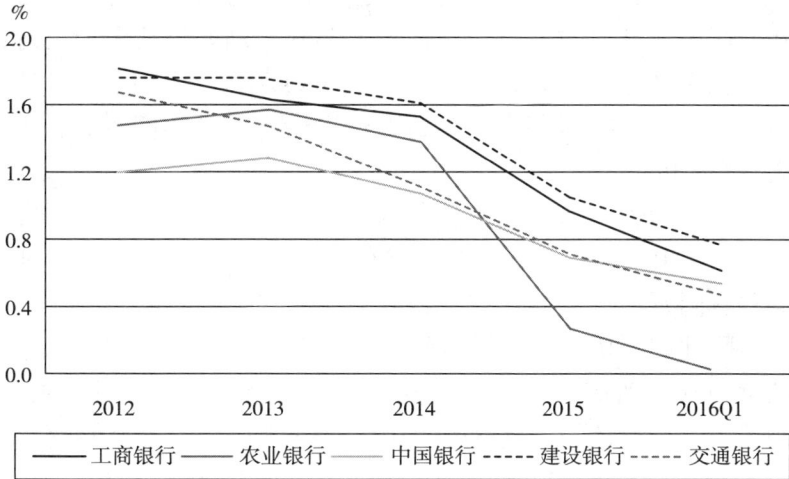

图3　大型银行的净息差与不良率的差额

（三）地域求全但不审慎，风险集中化、同步化，分散难度大

近年来，国内各省（区、市）的经济环境发生了较大变化，区域不良贷款率变动呈现出先分化、后趋同的态势。2011年起，东部地区不良率持续上升，由全国不良率的最低区域变为最高区域，而2013年起，不良贷款从东部向中西部等地区蔓延，各区域不良率同步上升（见图4），呈现从单一产业向相关产业蔓延、从产业链的某个环节向全产业链蔓延的态势，区域风险、行业风险集中爆发，分散难度大。

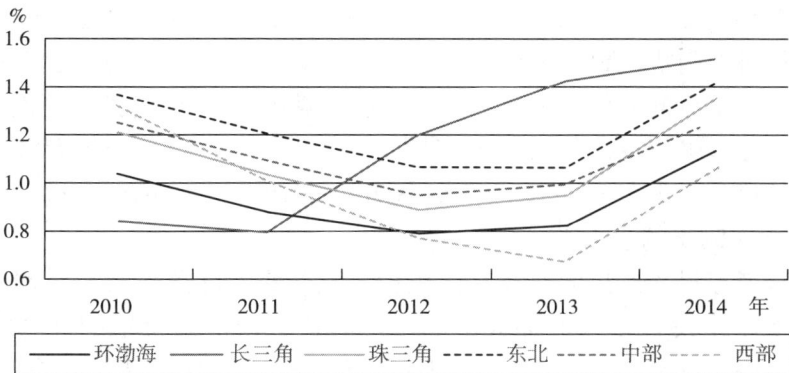

图4　中国各区域不良率

新的外部环境给银行信贷业务的区域布局带来了巨大挑战。如果银行

信贷资源配置失衡，风险政策的调整不够审慎或前瞻性不足，势必造成某个或某几个区域不良率的集中上升、同步上升。例如，某大型银行在长三角地区的贷款不良率相对偏高，2011 年起不良率由 1.31% 升至 2.5%；而在中、西部地区，2013 年起有的大型银行不良率上升幅度较高，不良率已分别接近 2.5% 和 3.5%。

从海外看，尽管目前大型银行的海外贷款不良率总体低于境内水平，但不良率单年上升 0.5 个百分点以上的情况并不鲜见，制约了海外业务的稳步发展。就国别风险而言，发达经济体和新兴经济体的发展日益分化，地缘政治风险此起彼伏，市场风险的波动和转移特征日益明显，国与国之间宏观政策的互溢效应日益加强，很难有谁在全球金融危机中独善其身，即使是小范围、局部性的金融危机，在"蝴蝶效应"、"羊群效应"、"黑天鹅事件"的作用下，也可能扩大为区域性、系统性金融风险，加之国际监管趋严趋紧，大额罚单已成为常态，国别风险的分散化难度预计越来越大。

（四）渠道求全但不高效，资源投入产出比下降，瓶颈有待突破

大型银行各类渠道的快速扩张并没有带来网点效率的革命性提升。2015 年末，农行、中行、建行等大行的自助设备总量约是 2010 年末的 2 倍以上，企业网银、个人网银的客户数及交易量约为 2010 年末的 3 倍以上，但网均存款、贷款及净利润仅分别比 2010 年末提高了约 43%、65% 和 63%。

与国内领先同业比，大型银行的渠道效率仍然偏低。仍以招商银行为例，2015 年末，该行的网均净利润①达 3379 万元，约为交通银行的 1.6 倍、工商银行、中国银行、建设银行的 2 倍，农业银行的 4.4 倍，网均存款、贷款也大幅领先五家大型银行。据测算，在招商银行网点，配备一台自动柜员机的门槛大致为客户个人活期存款余额达到 6683 万元，这一门槛值约是工商银行的 2 倍，交通银行的 3 倍（见图 5）。招商银行渠道效率较高还体现在其吸收并留住低成本存款的效能上，在该行的个人存款中，活期存款的比重已由 2010 年末的 59% 提升至 2015 年末的 69%，远高于大型银行 40% ~50% 的水平。

大行渠道投入产出的效率有待重检。五年来，随着各大行对网点硬件设施和智能化设备投入的加大，银行柜面业务向电子渠道的迁移率已由 55% 左右快速提高到 90% 左右，网络银行的客户数和交易量也快速上升，但多数大行的基层网点数量、网点面积和柜员人数并没有因此明显下降，

---

① 网均净利润 = 各行集团净利润/海内外机构总数（交通银行为营业网点数，下同）。

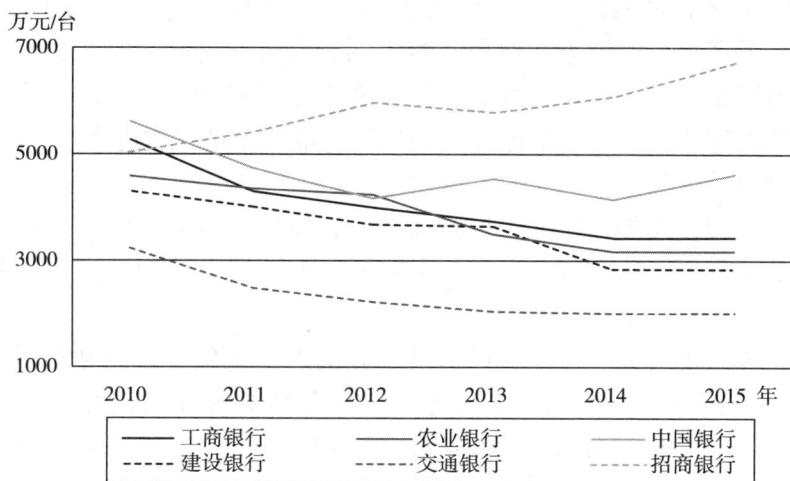

图5 每台自动柜员机所覆盖的个人活期存款（万元/台）

长此以往，固定成本势必居高不下。同时，大型银行年龄在51岁及以上的员工比重逐步上升，员工老龄化加速，将导致渠道成本的刚性上升。近年来，各大银行新增固定资产对新增净利润的拉动作用逐年下降（见图6），人均净利润的增速亦逐年下滑、趋近于零。

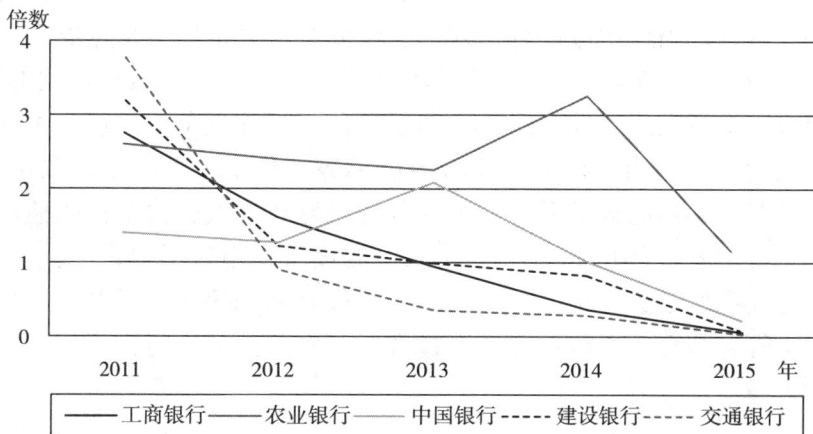

图6 新增净利润/新增固定资产净值

（五）扩张方式求全但不甚稳健，蓝海或变"鸡肋"

大型银行已经开始全面运用自设和并购的方式推进海外扩张，但需防范布局雷同、步伐过快和资产利润率偏低等问题。

2015 年末，大型银行已经在全球 58 个国家和地区设有机构或注册法人机构，但多年来海外布局路径基本雷同，即先在港澳设点，再在欧美发达国家国际金融中心布局，然后向其他新兴市场扩展。目前，几家大行在亚太和欧洲等地区主要经济体的布局高度重合，呈现梯次进入、扎堆布局、同质化竞争的现象。

大型银行在海外的扎堆式扩张和同质化竞争使得各行海外资产的利润率连年低于集团总体水平，其中，个别银行 2015 年末海外资产利润率比集团低一个百分点以上。

短期内大规模海外扩张的代价是放弃国内其他发展机遇和相对更高的资产回报率，存在一定的机会成本——在其他条件不变的情况下，如果2010 年以来各行的海外资产利润率能与集团水平持平，各大行每年大致可以增加 20 亿 ~ 100 亿元人民币的税前利润。目前，大型银行的海外资产占集团的比重多低于 11%，海外发展总体处于战略投入期，资产收益率的提高有个过程，这一点尚可理解；但长期看，海外资产的收益率需与集团水平保持大致平衡，否则回报率持续走低的海外业务将可能成为"鸡肋"，食之无味、弃之可惜，进退两难。

在海外市场的"蓝海"里游泳，大型银行还需打造独特的竞争优势、夯实稳健经营和专业化运作的基础。长期以来，中国大型银行在欧美发达市场并没有进入当地主流银行之列，在亚太等新兴市场很少位居东道国外资银行前列，在港澳以外的国际零售银行领域基本没有形成规模化的发展，这表明大型银行在海外发展尚处在初级阶段，海外竞争优势尚不突出，还需要长期的艰苦努力。在国际政治经济形势不稳定、各国监管政策趋紧、大额监管罚单不断的背景下，过于分散的全球布局或过快的扩张速度很可能会超越集团管理幅度和风险管控能力的极限，稍有不慎，不良、案件、违规、丑闻在所难免。从国际经验看，通过并购加速业务扩张，即使是花旗、汇丰等老牌百年大行也曾经吃过大亏，中国大型银行需引以为戒，避免重蹈覆辙。

三、破解"鼹鼠情结"需过三关

经历了股改上市以来的大发展和国际金融危机的考验，中国银行业已经是全球银行业的"巨人"，业务全、规模大、业绩优，但目前也面临着资产质量、风险内控、长期可持续发展等近忧远虑的困扰。依托中国全球领先的经济体量和中高速增长潜力，以及不断深化的改革开放进程，银行完全有条件进一步转型升级，关键是要过好以下三关，实现由"更大更全"向"更强更专"的转变。

（一）经营哲学关：回归"客户第一"

客户是银行的生命线，也是同业竞争的焦点。金融的本质是服务，银行服务实体经济的落脚点在于客户，没有一定规模的客户数量作支撑，银行发展将是无源之水、无本之木。无论是银行与银行之间的竞争，还是与非银行金融机构或互联网金融企业的竞争，归根结底是客户之争，谁能获得客户的信赖，谁就能获得未来。我国大型银行均以建设"国际一流银行"、"最好的银行"为目标，必然需要拥有国际一流的客户基础和服务水准。

坚持客户第一，是破解各种矛盾关系的重要途径。从利益相关者视角看，银行需要妥善处理好与国家、社会、股东、客户、员工、监管机构等各类主体的关系，否则可能面临进退两难的困境：大型银行是国家宏观调控的重点对象，信贷扩张过猛则有通胀之忧，惜贷又恐实体经济不济，还可能担上"融资难"的责任；利率市场化有利于提高金融资源配置效率，但银行一不小心就可能被指责"融资贵"；银行盈利好则可能被认为与实体经济争利，而利润增速下滑则"崩溃论"盛行；银行股东和投资者希望提高息差以增加盈利、进而提高股价，而贷款人则希望银行降低融资利率与费率以节省财务成本，存款人则希望银行提高存款利率以增加财富收入；员工希望银行提供更好的工作环境和收入水平，而股东和投资者则要求尽可能压缩任何不必要的成本；银行理论上可以裁撤机构和人员以提高成本效率，但潜在的就业和社会问题又让人望而却步。破解这些症结的关键，在于银行不被杂音所扰，从生存和发展的生命线出发，围绕客户需求不断改革创新和内部挖潜，以更加安全、便捷、高效、定价合理和人性化的服务来赢得客户，只有赢利取之有道，才能打消各类利益相关者的疑虑。

国际百年大行的经验和教训表明，只有长期坚持客户第一，才能从优秀走向卓越，并没有捷径可言。具有164年历史的富国银行，长期奉行"满足客户的所有金融需求，并帮助他们取得财务上的成功"的愿景理念，从一家小小的社区银行逐步成长为美国第四大银行，2015年被英国《银行家》杂志评为全球最佳银行，曾连续三年年末市值列全球银行业第一。具有204年历史的花旗银行，经历了2008年国际金融危机的生死考验，将集团使命更新为"致力于提供简单、创新及负责任的金融解决方案，为客户创造最佳效益"，经过重组很快恢复活力，2013年被英国《银行家》杂志评为全球最佳银行。具有 289 年历史的苏格兰皇家银行从国际金融危机中深刻反省，摒弃了以短期股东利益为导向的全球扩张战略，经营宗旨回归"为客户提供优质服务"。具有 326 年历史的巴克莱银行，国际金融危机后的经营宗旨逐步由股东利益导向转向服务客户、促进经济发展导向，2012年，在总结 Libor 操纵案等教训的基础上，经营宗旨进一步调整为"以正确的方式帮助客户实现梦想"。

衡量大型银行是否坚持"客户第一"，关键看有没有机制保障和自觉行动。例如，银行的重大决策是否首先考虑到了客户利益，为客户服务的理念是否融入了每一位员工的日常行为，每一项业务流程的设计、每一项产品和服务的提供是否都从客户的实际需求出发、充分考虑客户的感受，将客户的每一份托付负责到底。客户的口碑、忠诚度和钱包份额是检验"客户第一"成效的标志。

（二）客户选择关：厘清战略边界

坚持客户第一，并不意味着大型银行应无原则地满足所有客户的所有金融服务需求。每家银行选择客户都应有明确的战略边界，形成符合自身独特竞争优势的核心客户群体，这些客户群体是银行的主要盈利来源，是值得银行投入绝大部分资源与精力去维护、发展的对象。

第一，法律合规边界。遵守国际国内法律和监管规定，远离那些企图借助银行渠道从事洗钱、偷逃税款、金融犯罪甚至恐怖主义融资的客户，是所有银行把好客户准入关的基本要求，同时也是银行合规经营的底线要求。放松客户准入，甚至纵容、协助、参与客户非法金融活动必将付出惨痛代价。例如，近年来一些国际大行因涉嫌参与客户洗钱、海外逃税、欺诈活动以及违反国际制裁规定等合计被罚 100 亿美元以上，有些大行的海外机构甚至被迫关闭。

第二，商业可持续边界。安全性、流动性和盈利性是银行可持续发展的根基，银行所选择的核心客户群体，应满足"三性"的最起码要求，至少做到盈亏平衡。商业银行在定义核心客户群体时，应把那些可能不符合"三性"要求的客户排除在相关业务之外。如果违反"三性"要求，例如选择了缺乏诚信的客户或潜在违约率较高的客户，除了危及银行信贷资金的安全、造成盈利损失外，在特殊时期还可能造成银行挤兑，引发流动性危机。例如，美国次贷危机前，很多金融机构曾着力拓展低收入客户群体，向他们推销并不符合其自身经济条件的住房按揭贷款，结果随着房产市场衰退，这些客户的违约率大幅上升，引起了多米诺骨牌效应，导致了金融机构大面积的损失甚至破产。

第三，资源配置效率边界。与政策性银行及开发性金融机构不同，商业银行有更高的盈利性要求，仅仅保持盈亏平衡是不够的。在资源有限的情况下，银行需要将优势资源向那些风险适度、回报率更高的客户群体倾斜。银行有必要在集团层面明确界定机构客户、公司客户与个人客户发展的战略优先级，在此基础上，进一步界定好不同类型客户、不同地区资源配置的标准和投入方案。对于市场有前景、投入产出效率高于集团水平甚至领先同业的客户群和海内外机构，应考虑追加投入以及通过并购做强做大；反之，则应考虑减少投入或进行必要的业务重组。国际金融危机后，汇丰、花旗、苏格兰皇家银行等大行重新制定了全球资源配置标准，进行了全面的业务重组，收缩了高风险、低回报的海内外业务，经过"瘦身"，盈利逐步回到正轨。

第四，竞争能力边界。资源配置的效率边界并非一成不变，关键取决于银行的竞争能力是否强于同业。市场机遇对于多数银行是公平的，抓住市场先机固然可以取得先发优势，但是如果没有着力培育出超越同业的独特优势，则很可能"起个早身，赶个晚集"，被后发者赶超。银行的独特优势，可以源于传统特色的传承，也可以源于创新探索，只有客观评估好自身优劣势，才能把握好进退尺度，做到行稳致远。例如，富国银行坚守美国本土业务、传统业务优势，没有盲目发展海外业务，也没有跟风发展次贷相关的高风险业务，在美国次贷危机中所受的冲击最小；桑坦德银行则坚持走国际化路线，逐步构建了海外零售银行业务优势，海外业务贡献了约90%的集团利润，尽管西班牙本土爆发金融危机，但对该行并没有造成致命冲击。

第五，社会责任边界。大型银行作为国家控股的商业银行，应有别于西方一些纯粹以营利为目的的私有银行，特别是大型银行在成立之初就具备全国性的特许机构网络，应该义不容辞地服务好普通老百姓和广大小微企业的基本金融需求，如存款、结算、银行卡等，将普惠金融落到实处。事实上，通过借助现代科技手段以及服务模式的创新，普通大众业务也是可以实现可持续发展的。

在银行选择客户的同时，客户也在选择银行。为提高识别、获取、保留核心客户的效率，银行应建立全集团一致的核心客户筛选标准和流程，以核心客户为主线来重塑组织架构和业务流程，根据核心客户的数量、地区分布、金融服务需求及未来盈利潜能来评估银行专业人才、业务品种、机构布局、线上线下渠道安排、多元化子公司等资源配置的必要性和充分性，并作出相应调整。同时，要建立起集团共享的客户视图，优化客户关系管理和核算系统，使得核心客户在全球任何时间、地点、渠道提出的服务需求都能够得到集团一体化的高效服务响应，提高核心客户的满意度和忠诚度。

（三）专业能力关：坚守生存与繁荣的根本

专业是银行做优做精继而做强做大的必然选择，工匠精神是银行在应对高竞争压力、低增长、低回报环境下的生存之道。对多数中资银行而言，以下三大能力将决定未来五到十年的转型成败：

第一，战略评估能力。在复杂多变的环境下，银行既要保持战略定力，避免发展路线的摇摆不定，又要具备一定的战略弹性，包括捕捉新的战略机遇，退出、处置非核心业务和机构等。确保银行制定出科学的、能够历经时间检验的集团战略是公司治理的重要课题，也是董事会的重要职责。为避免战略失误，董事会需要完善战略设计框架和评估论证流程，基于严密的商业逻辑和善意的质疑流程进行战略决策，摒弃华而不实的口号和纯粹的数字规划游戏。

在银行内部，如要构建强大的战略评估能力，则必须夯实全行一体化的综合研究体系，着力打造一支既懂宏观环境和银行经营又经过战略咨询技术训练的高端专业人才队伍，以帮助银行发现看不见的新大陆，识别那些可能令人夜不能寐的潜在危机，适时提出应对策略。例如，为服务全球战略，汇丰集团、德意志银行、三井住友金融集团等在全球设立了上百人甚至千人以上的研究部门或子公司，除从事宏观经济研究、战略与政策咨询外，有的还提供新业务孵化、信息系统整合等衍生服务。

第二，战略执行能力。一个大师级的战略，如果没有得到很好的执行，其效果还不如一个得到完美执行的普通战略。战略执行的核心在于把握好"守成"与"创新"的平衡，守成有余而创新不足会导致发展停滞，而冒险创新、忽视根基则可能得不偿失，两者均可能造成巨大风险。对于银行各级管理者而言，"守成"的重点在于日常经营的例外管理，以及应对传统业务的新矛盾，如净息差的收窄和不良贷款的高企等；"创新"的重点在于孵化新的战略业务单元（如新设业务实体或并购）、抢抓未来的重大业务机遇（如互联网金融）、推进重大运营改革（如信息科技体系重构）等。

衡量"守成"与"创新"成功与否的重要标志是最终财务成果，任何缺乏财务说服力的措施建议都可能沦为文字游戏。解决这一问题行之有效的办法是战略项目制，即区分战略业务与日常业务，只有满足一定准入门槛的战略议题才能进入管理层视野；战略项目一般为期数年，滚动推进，直到转为日常业务为止；每个项目需具备完备的业务方案（Business Case），明确运作模式和财务指标承诺，项目执行结果与有关人员绩效挂钩；集团层面建立战略项目的定期跟踪、报告、评估和问题解决机制。20世纪90年代后期，苏格兰皇家银行在全球银行业迅速崛起，就是凭借其卓越的战略项目管理机制。当然，战略执行能力必须以正确的战略方向为前提，如果此前的战略评估失误，战略执行能力越强，反作用则更强，苏格兰皇家银行的大规模全球扩张止步于2008年国际金融危机即是明证。

第三，业务模式锻造能力。正确的发展战略、高效的战略执行框架犹如人的头脑与骨架，决定了一家银行的发展格局，而业务模式则犹如人的血肉，是一家银行竞争力的内在体现。只有具备强健的肌肉、畅行的血脉和灵敏的器官机能，银行才能在任何经济周期中立于不败之地。锻造银行的业务模式必须从客户需求出发，通过积极倾听"客户之声"、开展市场调研和同业标杆对比，来前瞻性地研发金融服务方法和模式，主动引导客户的需求。

卓越的业务模式不仅能够改写行业游戏规则，甚至能够改变游戏本身，其落脚点在于为核心客户提供一体化服务解决方案和"一点接入，全行响应"的服务体验。业务模式的设计，必须全方位考虑客户价值主张、产品组合、渠道营销、架构流程、IT支持、财务平衡、风险内控、人员配置和考核机制等方方面面的内容，贯穿客户在不同时间、不同渠道与银行的所有接触点，穿透银行的前中后台相关流程节点，其核心是以比同业更快的速度、更稳定的服务质量来满足核心客户的潜在需求，提升核心客户的忠诚度。业务模式的优化永无止境，除了对标优秀同业、积极引进行之有效的管理技术或工具外，更需要各级员工发挥自力更生、团结协作、长期艰苦奋斗的精神，将追求卓越、精益求精的文化融入工作细节。例如，2006年8月，富国银行开始实施"一体化的富国银行"（One Wells Fargo）转型计划，核心是促进银行80多种业务之间的无缝衔接，力求"每次与客户接触，就能够一次性地建立终生合作关系"。该计划的实施历时1500天，客户流失率显著下降，客户满意度大幅提高，银行业绩明显提升，成就了富国银行"交叉销售之王"的美誉。

中国银行业的转型升级，不在于知的先后，而在于行的快慢，归根结底在于优秀人才的竞争。事实上，借鉴鼯鼠的滑翔飞行原理，极具创造力和开拓精神的人类已经研发出了高科技的"翼装飞行"（Wingsuit Flying）运动。穿上特定的套装设备，运动员可以以200公里时速纵横于千米高空，远远突破人体自身条件的束缚。尽早破除"鼯鼠情结"，回归"客户第一"，把握好转型边界，着力提升专业能力，中国银行业必将进入一个全新的时代！

（本文原载于《中国银行业》杂志2016年第7期，
系作者的学术探讨，不代表所在单位观点）

第三篇
业务发展篇

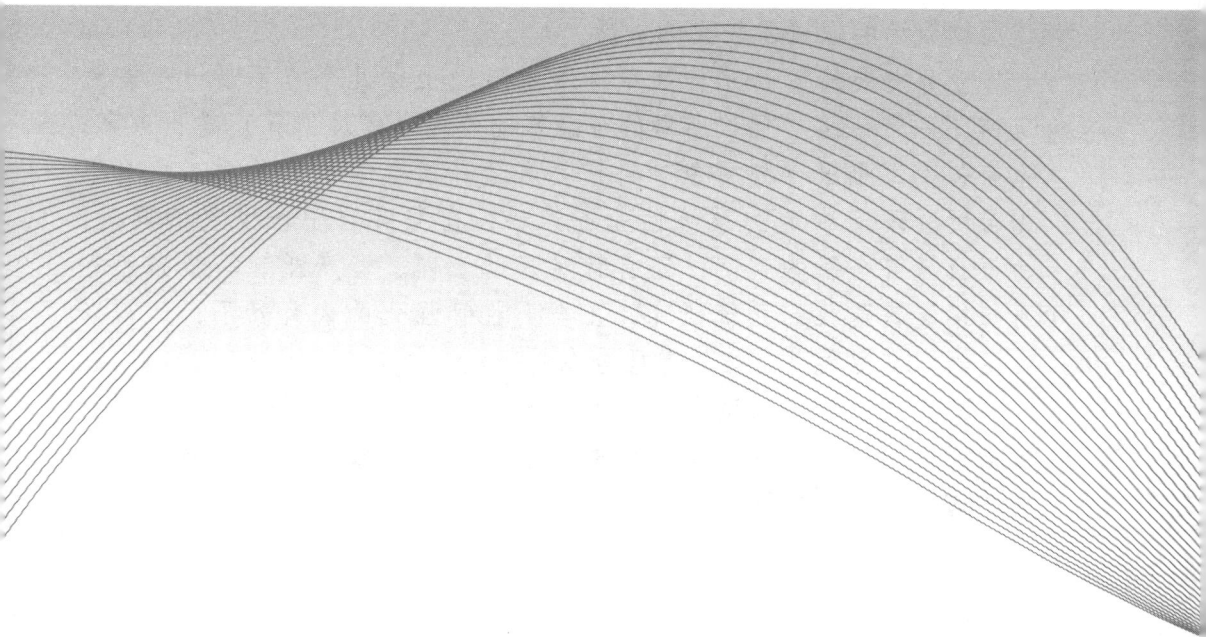

本篇导读

中国社会科学院金融研究所银行研究室主任　曾　刚

面对利率市场化的挑战以及日趋激烈的市场竞争，银行业加快业务转型和创新的步伐，主要集中在两个层面，一是配合国家战略、拓展业务发展空间。对外，支持国家对外开放战略，提升跨境金融服务能力。对内，发力普惠金融，助力全面实现小康社会的目标。二是顺应经济"新常态"，优化业务结构。客户结构方面，加大对零售、小微客户的资源配置；收入结构上，积极发展资产管理、资产托管等"轻资本"业务，带动非利息收入增长，等等。从目前看，这些创新已经取得了较大的进展。

业务发展篇中的几篇文章，基本沿着上述几个方面展开：有为支持"一带一路"倡议所做的金融基础设施（跨境清算）建设方案；也有关于商业银行利用金融科技更好地开展零售业务的思考；有根据自贸区改革制定的系统性业务策略，在服务自贸区发展的同时，为银行赢得全新的空间；还有针对资产管理、资产托管等新兴业务可持续发展路径的系统研究，在当下监管强化的大背景下，让新兴业务回归本源和可持续轨道已势在必行。

总的来说，这几篇文章从不同侧面反映了商业银行在业务创新方面所做的思考，以及所取得的成绩，基本也代表了目前银行业研究的前沿，乐于推荐。

商业银行"一带一路"
跨境清算服务研究

中国农业银行[①]　孔新荣

摘要： "一带一路"战略是我国深化改革开放、加强境外经贸合作、推进国际产能合作、建立全方位开放新格局的重要举措。"一带一路"沿线国家大多属于发展中国家，金融资源相对匮乏，这为中国商业银行跨境金融发展提供了广阔的空间。发挥金融服务在"一带一路"战略中的支撑和引领作用，迫切需要完善以支付清算体系为核心的跨境金融基础设施。本文以实证的视角，对"一带一路"沿线 15 个典型国家的金融环境和金融基础设施现状进行了开创性研究，论证了清算体系对金融服务的支撑作用，并在此基础上，提出了具备针对性和可操作性的跨境清算服务解决方案，以更好地发挥金融服务实体经济、商业银行服务国家战略大局的重要作用。

一、引言

（一）研究背景

2013 年 9 月，习近平主席在哈萨克斯坦访问期间发表了题为《弘扬人民友谊　共创美好未来》的演讲，提出"共同建设'丝绸之路经济带'"的倡议；同年 10 月，习近平主席在印度尼西亚访问期间发表了题为《携手建设中国—东盟命运共同体》的演讲，提出了"共同建设'21 世纪海上丝绸之路'"的倡议（"丝绸之路经济带"与"21 世纪海上丝绸之路"，简称"一带一路"）。"一带一路"重大战略构想是准确把握世界经济政治发展脉搏，统筹国内国际两个大局，对中国经济社会发展战略做出的趋势性调整，

[①]　课题组成员：瞿建耀、韩通、全红坡、李欣、李旸、苏琳、李帅牟、杨婧、李雅楠。

是为进一步深化对外开放，统筹全局做出的重大战略抉择。

"一带一路"战略以政策沟通、设施联通、贸易畅通、资金融通、民心相通（简称五通）为重点，旨在促进经济要素有序自由流动、资源高效配置和市场深度融合，推动沿线各国实现经济政策协调，开展更大范围、更高水平、更深层次的区域合作。"一带一路"建设从无到有、由点及面，取得了一系列建设成果，目前已经有 100 多个国家和国际组织参与到"一带一路"建设中，中国已同 30 多个沿线国家签署了共建"一带一路"合作协议、同 20 多个国家开展国际产能合作，同时以亚洲基础设施投资银行、丝路基金为代表的金融合作不断深入，一批有影响力的标志性项目已逐步落地。"一带一路"沿线国家 65 个，资源禀赋各异，经济互补性较强，彼此合作潜力和空间很大。伴随跨境贸易高速增长，基础设施建设力度不断加强，"一带一路"建设为中国商业银行带来广阔的发展机遇。

（二）理论创新

随着"一带一路"战略的全面推进实施，围绕商业银行服务支持国家战略的研究著述众多，研究内容已涵盖了商业银行产品创新、业务拓展、机构布局、发展转型等经营活动所涉及的方方面面。在"一带一路"实施过程中，无论是基础设施建设、区域经贸往来，还是能源资源合作，都需要发挥金融服务的资源配置作用，而无论哪种金融服务，都伴随货币资金的流动，银行的清算体系是资金流动的通道，其运转是否高效、安全、便捷，直接关系到金融服务的效率和质量。然而，从国内目前研究情况来看，研究商业银行跨境清算服务体系的文献资料甚少，清算服务是金融基础设施的核心，作为一项底层、基础性、公共性服务，却长期关注不足，特别是商业银行的清算服务在"一带一路"战略中如何定位、如何发挥战略支撑作用，却尚未涉及，正是基于此，本文力图在以下三个方面进行创新：

一是从金融基础设施的重要性出发，分析商业银行跨境清算对金融服务的支撑作用。商业银行的跨境清算服务体系是金融市场基础设施的重要组成部分，对发挥金融服务在"一带一路"战略中的引领作用意义重大。2015 年，人民银行主导的人民币跨境支付系统（Cross – border Interbank Payment System，CIPS）一期投产后，标志着跨境"高速公路"初步建成，跨境金融基础设施建设初具雏形，商业银行跨境清算体系作为跨境"高速公路"的重要补充，也需要不断优化完善，以便更好地发挥支付清算体系的基础支撑作用。

二是从实证研究的角度出发，对"一带一路"沿线国家跨境金融基础设施现状进行了开创性研究。目前尚无文献对"一带一路"沿线国家和地区的金融基础进行研究，为突出问题的代表性和特点，课题组从沿线 65 个国家中，综合战略地位、经贸往来密切程度等因素，选取了 15 个国家作为典型样本，全面分析了相关国家和地区的金融环境、金融体系、金融基础现状等内容，丰富了"一带一路"金融领域的研究内容。

三是针对"一带一路"区域经济金融特征，提出了商业银行跨境清算服务方案。"一带一路"国家金融经济环境差异大，清算服务需要充分结合地区特点，提供具有可操作性的清算服务解决方案。"一带一路"建设对人民币国际化、区域化、跨境金融基础设施都提出了更高要求，跨境清算服务需要找准着力点，重点疏通金融服务通道的"堵点"，以更好地发挥清算服务的基础支持作用，提高商业银行的服务效率。

（三）文献综述

2009 年以来，随着人民币国际化步伐加快，跨境清算领域的研究逐渐增多，从研究对象来看，主要包括央行主导的跨境清算体系建设和商业银行跨境清算发展策略两方面。

在央行层面，围绕跨境清算体系建设的研究主要集中在系统建设思路、跨境清算模式的选择等方面，崔瑜（2012）、钟红（2013）分析了国内跨境人民币清算体系的不足，通过总结美元、欧元、日元等国际主要币种的跨境清算的经验，提出了加快构建跨境人民币清算平台的设想。王雪和陈平（2013）建议在短期内推广清算行模式，同时要加快建设人民币跨境支付清算系统，在中长期，逐步弱化清算行模式，建立代理行主导模式。朱珊珊（2014）则进一步探讨了短期内的跨境清算模式，建议在现阶段跨境清算系统不完善的情况下，加强不同模式的发展定位，推进多种清算模式协调运作，实现效益最大化。许非（2015）提出了未来跨境人民币清算网络的总体构想，即在实体架构上应建立独立的跨境人民币支付清算系统；在资金架构上，应力图推进人民币流动性输出；在监管架构上，应建设符合国际标准的跨境支付监管体系。CIPS（一期）上线后，相关学者的相关研究主要集中在 CIPS 系统功能的完善上。屈庆东（2016）结合跨境贸易人民币结算的现状，提出了逐步推行以代理行为主导的跨境清算模式和发展人民币 NRA 账户的离岸业务功能的建议。高蓓、盛文军和张明（2016）认为在发展跨境支付清算基础设施的同时，需要着重关注风险问题，建议整合现有清算系统，完善 CIPS 系统功能，发展独立报文系统。

在商业银行层面，研究主要集中在跨境人民币业务发展的政策建议上。

张希刚（2012）、孟晋雅（2013）提出了具体的政策建议，包括加快国际化经营和全球结算网络建设、提升金融创新能力、巩固和扩大境内外客户资源、提升境内外机构的风险管理能力、培养和引进各类国际专业人才、抢占跨境人民币业务市场等。杨帆（2012）从支付清算实务角度出发，分析了发展代理人民币清算业务的可行性，并提出了优化组织架构、组建代理清算业务中心等具体措施。陈州（2012）则认为清算业务不仅仅是商业银行的成本业务，发展代理人民币清算业务将成为清算业务的利润增长点。

二、跨境清算助推"一带一路"战略实施

（一）金融服务是"一带一路"实施的重要保障

随着"一带一路"战略全面实施，众多海外建设项目和"走出去"企业将会产生大量金融服务需求，对商业银行的金融发展带来巨大发展机会。

一是基础设施建设投融资需求。由于沿线国家经济发展水平相对落后，基础设施建设薄弱，以铁路、公路、港口为代表的交通基础建设，以石油、天然气、矿产为代表的资源基础建设和以通讯网络、智能电网为代表的线网基础设施建设将成为优先发展领域，并将对银行贷款、项目融资、股权融资等金融信贷服务产生大量需求。根据预测，未来五年内，沿线国家的基础设施建设投资总额将超过 4 万亿美元。

二是区域经贸往来融资需求。我国与沿线各国在工业、农业、科技等领域的互补性较强，随着区域贸易的不断深化，双方开展贸易的前景广阔。截至 2016 年 9 月，我国与"一带一路"国家进出口总值超过 4.5 万亿元人民币，占同期进出口贸易总值的 1/4，其中对巴基斯坦、孟加拉国和印度等国出口分别增长 14.9%、9.6% 和 7.8%。

三是人民币资金结算需求。"一带一路"沿线国家众多，币种多样，"一带一路"建设的推进为人民币跨境贸易和投融资结算创造了机会，相对于沿线国家的小币种而言，人民币币值相对稳定，区域流动性强，在越南、老挝、缅甸等地区边贸往来中，人民币已成为当地贸易结算的硬通货，同时，马来西亚、柬埔寨、菲律宾等国也已将人民币纳入外汇储备。

"一带一路"战略的实施是一项系统性工程，商业银行应积极作为，加大在沿线重点国家的布局力度，延伸金融服务渠道，依托投资银行、贸易融资、金融租赁、财务顾问、融资咨询、风险管理等综合化服务，建立跨产业链、跨行业、跨地区的金融服务体系，充分发挥金融服务实体经济的作用，推动"一带一路"建设不断向更深的层次发展，为实现"五通"

注入强大活力。

（二）资金互联互通是发挥金融服务功能的前提条件

金融的本质是在不确定条件下提供资源的跨期配置，而无论何种跨境金融服务，最终都伴随着资金流的跨境流通，金融服务能否正常开展，取决于资金流通渠道是否顺畅。随着我国对世界经济影响的不断深入，人民币的使用范围和国际化程度不断提高，人民币的海外流通量不断增长，流通范围不断扩大。SWIFT 数据显示，在 2014 年 11 月，人民币已成为全球第五大最常用货币。人民币在"一带一路"沿线国家经济交往、贸易往来中扮演了更加关键的角色，人民币与周边沿线国家互联互通程度进一步提升。

一是央行货币合作不断深化。如表 1 所示，人民银行已与蒙古、哈萨克斯坦、巴基斯坦等 19 个国家签署了双边本币互换协议，总额度接近 1 万亿元人民币，从政策层面促进了人民币的互联互通。

表 1　　　　　　　　　　"一带一路"沿线国家货币互换情况

序号	国家	协议签署时间	互换规模	时间
1	蒙古	2011.5.6 2014.8.21 （续签）	50 亿元人民币/1 万亿蒙古图格里克 100 亿元人民币/2 万亿蒙古图格里克（扩大） 150 亿元人民币/4.5 万亿蒙古图格里克（续签）	3 年
2	哈萨克斯坦	2011.6.13 2014.12.14 （续签）	70 亿元人民币/1500 亿哈萨克坚戈 70 亿元人民币/2000 亿哈萨克坚戈	3 年
3	塔吉克斯坦	2015.9.03	30 亿元人民币/30 亿索莫尼	3 年
4	巴基斯坦	2011.12.23 2014.12.23 （续签）	100 亿元人民币/1400 亿巴基斯坦卢比 100 亿元人民币/1650 亿巴基斯坦卢比（续签）	3 年
5	马来西亚	2009.2.8 2012.2.8（续签） 2015.4.17（续签）	800 亿元人民币/400 亿马来西亚林吉特 1800 亿元人民币/900 亿马来西亚林吉特（续签） 1800 亿元人民币/900 亿马来西亚林吉特（续签）	3 年
6	泰国	2011.12.22 2014.12.22（续签）	700 亿元人民币/3200 亿泰铢 700 亿元人民币/3700 亿泰铢	3 年

续表

序号	国家	协议签署时间	互换规模	时间
7	白俄罗斯	2009.3.11 2015.5.10（续签）	200 亿元人民币/8 万亿白俄罗斯卢布 70 亿元人民币/16 万亿白俄罗斯卢布（续签）	3 年
8	印度尼西亚	2009.3.23 2013.10.1（续签）	1000 亿元人民币/175 万亿印度尼西亚卢比 1000 亿元人民币/175 万亿印度尼西亚卢比（续签）	3 年
9	新加坡	2010.7.23 2013.3.7（续签） 2016.3.7（续签）	1500 亿元人民币/300 亿新加坡元 3000 亿元人民币/600 亿新加坡元（续签） 3000 亿元人民币/600 亿新加坡元（续签）	3 年
10	阿联酋	2012.1.17 2015.12.14 （续签）	350 亿元人民币/200 亿阿联酋迪拉姆 350 亿元人民币/200 亿阿联酋迪拉姆（续签）	3 年
11	土耳其	2012.2.21 2015.9.26（续签）	100 亿元人民币/30 亿土耳其里拉 120 亿元人民币/50 亿土耳其里拉（续签）	3 年
12	乌克兰	2012.6.26 2015.5.15（续签）	150 亿元人民币/190 亿乌克兰格里夫纳 150 亿元人民币/540 亿乌克兰格里夫纳（续签）	3 年
13	匈牙利	2013.9.9	100 亿元人民币/3750 亿匈牙利福林	3 年
14	阿尔巴尼亚	2013.9.9	20 亿元人民币/358 亿阿尔巴尼亚列克	3 年
15	斯里兰卡	2014.9.16	100 亿元人民币/2250 亿斯里兰卡卢比	3 年
16	俄罗斯	2014.10.13	1500 亿元人民币/8150 亿卢布	3 年
17	卡塔尔	2014.11.03	350 亿元人民币/208 亿元里亚尔	3 年
18	亚美尼亚	2015.3.25	10 亿元人民币/770 亿德拉姆	3 年
19	塞尔维亚	2016.6.17	15 亿元人民/270 亿塞尔维亚第纳尔	3 年

资料来源：人民银行，统计时间截至 2016 年 6 月 30 日。

二是人民币加入国际货币基金组织特别提款权（SDR）。2016 年 10 月，国际货币基金组织（IMF）宣布纳入人民币的特别提款权（SDR）新货币篮子正式生效，人民币成为与美元、欧元、英镑和日元并列的第五种 SDR 篮子货币，人民币在国际范围的互联互通迈出了重要的一步，人民币作为储备货币的职能进一步发挥，标志着人民币国际化的地位进一步提升。

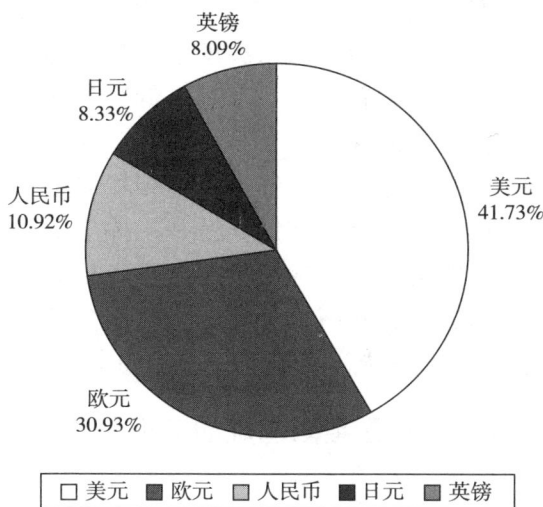

资料来源：国际货币基金组织（IMF）。

图 1 SDR 货币篮子权重比例

（三）跨境清算体系是资金互联互通的基础支撑

在资金跨境流通过程中，各类清算系统、清算规则、清算渠道、清算方案相配合，形成了跨境清算服务体系。货币资金是保障经济活动正常开展的"血液"，而清算体系则成为输送"血液"的"管道"，是实现资金流动的渠道，高效的跨境清算体系对于促进资金流通、发挥金融的服务功能发挥着至关重要的作用。

2008 年国际金融危机爆发后，清算体系作为金融基础设施发挥的支撑作用得到了各国政府和国际组织的高度重视。2010 年美国颁布的《多德—弗兰克华尔街改革与消费者保护法案》（Dodd – Frank Act）强调，金融市场的正常运转依赖于对支付、证券以及其他金融交易安全、高效的清算与结算安排。2012 年，国际清算银行（BIS）和国际证监会组织（IOSCO）正式发表了《金融市场基础设施原则》（Principles for Financial Market Infrastructures，PFMI），认为清算体系为金融交易和货币结算提供了便利，对于巩固其所服务的市场、增强金融稳定性至关重要。

跨境清算体系是我国金融基础设施的重要组成部分，对于发挥金融服务的引领作用、支撑"一带一路"战略的设施具有重要的作用。一是提高资源配置效率。清算服务作为资金汇划的渠道，直接为经济活动的参与者提供货币的结算和交收，实现交易过程中债权和债务的转移。清算体系的技术和制度安排是影响资金效率的关键因素，清算体系的运转效率决定了资金周转效率，完善、高效的清算体系有助于提高交易效率、加快社会整体资金周转速度，提高资源配置效率。二是降低交易成本。在商品与服务交易的支付环节中，资金的流通存在着各种摩擦、风险与不确定性。清算服务作为底层、公共性的服务，对于畅通资金传输渠道、减少资金流通环节的摩擦、降低交易成本具有重要作用。三是发挥金融服务的基础支撑作用。清算体系为各类金融交易、金融工具、金融产品的最终资金交割提供清算安排，清算体系运转是否顺畅，关系到金融服务的效率和质量，决定着金融服务的功能能否充分发挥，金融服务的目标能否达到。

三、"一带一路"十五国金融基础的实证分析

（一）样本国家的选择

2015 年 5 月，"六大经济走廊"规划思路正式提出，作为"一带一路"战略实施的主体框架，得到沿线国家积极响应。六大经济走廊根据地理位置和经贸联系紧密程度，划分为中蒙俄、新亚欧大陆桥、中国—中亚—西亚、中国—中南半岛、中巴、孟中印缅六条经济带。本文以六大经济走廊划分为依据，为突出"一带一路"沿线国家和地区的特点，在样本国家的选择上，综合与我国经贸往来的密切程度、战略重要性和地理区域位置，分别选取蒙古、哈萨克斯坦、塔吉克斯坦、吉尔吉斯斯坦、印度、巴基斯坦、孟加拉国、缅甸、越南、老挝、柬埔寨、马来西亚、泰国、印度尼西亚、伊朗共 15 个国家进行研究分析（见表 2）。

表 2   "一带一路"十五国基本概况

序号	国家	地理位置	所属经济走廊	经贸合作地位
1	蒙古	东北亚	中蒙俄	我国是蒙古第一大贸易伙伴
2	哈萨克斯坦	中亚	新亚欧大陆桥	我国是哈萨克斯坦第二大贸易伙伴，也是哈萨克斯坦最大出口市场和第二大进口市场
3	塔吉克斯坦	中亚	中国中亚西亚	我国是塔吉克斯坦第三大贸易伙伴
4	吉尔吉斯斯坦	中亚	中国中亚西亚	我国是吉尔吉斯斯坦第二大贸易伙伴
5	印度	南亚	孟中印缅	我国是印度第一大贸易伙伴，印度也是中国在南亚最大的贸易伙伴
6	巴基斯坦	南亚	中巴	我国是巴基斯坦外商直接投资的第一来源，投资建设的瓜德尔港（Gwadar）已成为我国能源战略要道

续表

序号	国家	地理位置	所属经济走廊	经贸合作地位
7	孟加拉国	南亚	孟中印缅	我国是孟加拉国第一大贸易伙伴
8	缅甸	东南亚	孟中印缅	我国是缅甸第一大贸易伙伴
9	越南	东南亚	中国中南半岛	我国是越南第一大贸易伙伴，也是越南的大米、煤炭、天然橡胶第一大出口市场
10	老挝	东南亚	中国中南半岛	我国是老挝第一大投资国以及全面贸易合作伙伴
11	柬埔寨	东南亚	中国中南半岛	我国是柬埔寨最大的投资来源国
12	马来西亚	东南亚	中国中南半岛	我国连续6年成为马来西亚最大贸易伙伴，同时马来西亚也是我国除日本外的亚洲第二大贸易伙伴
13	泰国	东南亚	中国中南半岛	我国是泰国第一大贸易伙伴，也是泰国第一大出口市场和第一大进口来源地
14	印度尼西亚	东南亚	中国中南半岛	我国是印度尼西亚非油气产品第一大贸易伙伴
15	伊朗	西亚	中国中亚西亚	中国连续7年是伊朗第一大贸易伙伴，伊朗也是中国海外原油主要进口来源地

资料来源：商务部、外交部。

以上15个样本国家覆盖了六大经济走廊，在地理位置上也涵盖了"一带一路"的重点地区，且在与我国经贸、产能合作中占据重要地位，样本国家的选择能够突出"一带一路"战略的发展方向和实施重点，具备"一带一路"沿线国家和地区的代表性和典型性。

（二）"一带一路"十五国的金融基础

1. 金融环境分析

（1）货币与汇率

表3　　　　　　　十五国货币与汇率基本情况

序号	国家	当地货币	外汇管理	与人民币兑换情况	对人民币汇率
1	蒙古	图格里克（MNT）	可自由兑换	可直接兑换	1CNY = 312.52MNT
2	哈萨克斯坦	坚戈（KZT）	可自由兑换	可直接兑换	1CNY=49.91KZT
3	塔吉克斯坦	索莫尼（TJS）	可自由兑换	不可直接兑换	1CNY = 1.16TJS
4	吉尔吉斯斯坦	索姆（KGS）	可自由兑换	不可直接兑换	1CNY=9.71KGS
5	印度	印度卢比（INR）	严格管制	不可直接兑换	1CNY=9.87PKR
6	巴基斯坦	卢比（PKR）	可自由兑换	不可直接兑换	1CNY=16.62BDT
7	孟加拉国	塔卡（BDT）	贸易项下可自由兑换，资本项下严格管制	不可直接兑换	1CNY = 11.7941BDT

续表

序号	国家	当地货币	外汇管理	与人民币兑换情况	对人民币汇率
8	缅甸	缅甸元（MMK）	严格管制且缅币不可出境	不可直接兑换	1CNY＝188.64MMK
9	越南	越南盾（VND）	严格管制	不可直接兑换	1CNY＝3258.49VND
10	老挝	基普（LAK）	相对宽松，外汇进出需要申报	仅在老挝北部及边贸地区可直接兑换	1CNY＝1186.30LAK
11	柬埔寨	瑞尔（KHR）	可自由兑换	不可直接兑换	1CNY＝578.53KHR
12	马来西亚	林吉特（MYR）	不可自由兑换	不可直接兑换	1CNY＝0.64MYR
13	泰国	泰铢（THB）	可自由兑换	可直接兑换	1CNY＝5.15THB
14	印度尼西亚	印尼盾（IDR）	可自由兑换	不可直接兑换	1CNY＝1958.37IDR
15	伊朗	里亚尔（IRR）	不可自由兑换	不可直接兑换	1CNY＝4662.21IRR

资料来源：商务部、世界银行（World Bank），统计数据截至 2016 年 11 月末。

如表 3 所示，上述 15 国的货币均属于小币种，各国的外汇管理制度不尽相同。具备以下特点：一是各国外汇管制情况整体宽松。多数国家的外汇可自由兑换，但南亚地区外汇管制相对较为严格，印度、越南、缅甸均实行严格外汇管制，在外币兑换、汇出、账户开立等方面有诸多限制。二是人民币在境外流通相对受限。除蒙古、哈萨克斯坦、泰国等国外，多数国家仍不能实现与人民币的完全自由兑换，人民币在当地市场尚不能成为主流的可兑换货币，人民币计价的商品和服务交易结算在一定程度上受到限制。

（2）银行机构与主要金融市场概况

表4　　　　　　　　　　十五国金融机构与金融市场基本情况

序号	国家	中央银行	商业银行数量	金融市场概况
1	蒙古	蒙古国家银行	4	拥有证券交易所 1 家，上市公司数量 237 家，债券市场规模较小，每年仅发行少量国债。
2	哈萨克斯坦	哈萨克斯坦国家银行	38	哈萨克斯坦外汇市场、国家有价证券市场、债券市场、衍生金融工具市场集中在证券交易所交易，目前上市公司 2200 家，债券市场和衍生品市场规模较小。
3	塔吉克斯坦	塔吉克斯坦中央银行	16	无统一规范的全国性货币市场和资本市场，没有证券交易机构，每年仅发行少量国债。金融服务和支付结算方面，塔吉克斯坦金融机构主要从事存款、转贷款、社会福利和保障金发放等基本银行业务，银行卡使用率极低。

序号	国家	中央银行	商业银行数量	金融市场概况
4	吉尔吉斯斯坦	国家银行	20	股票交易市场规模较小，只有 14 家企业的股票在交易，非银行金融机构发展滞后，甚至出现倒退。截至 2013 年底，吉尔吉斯斯坦股票交易所由 2009 年的 3 家减少为 1 家，保险公司由 19 家降为 18 家，信用社由 238 家降为 153 家，小额贷款组织由 359 家降为 277 家，外汇兑换处由 377 家降为 333 家。
5	印度	印度储备银行	26	拥有 2 家证券交易所，分别是孟买证券交易所和印度国家证券交易所，印度的资本市场主要包括股票市场、债券市场、货币市场和外汇市场。
6	巴基斯坦	巴基斯坦国家银行	52	拥有 3 家证券交易所，分别设在卡拉奇、拉合尔、伊斯兰堡，上市公司共 583 家，银行间市场、外汇市场、衍生品市场仅限掉期和期权交易两类。
7	孟加拉国	孟加拉国国家银行	17	拥有 2 家证券交易所，即达卡股票交易所和吉大港股票交易所，交易产品以股票和债券为主。
8	缅甸	国家银行	26	金融市场极其不发达，2016 年 3 月，唯一一家证券交易所正式开业，目前上市公司仅一家，全国性的债券、外汇等交易市场尚未建立。
9	越南	越南国家银行	30	目前有证券交易所 2 家，市场规模有限。越南证券市场刚起步，上市公司多为中小企业，交易量有限，债券市场仅发行少量政府债券、城市债券和银行债券。
10	老挝	老挝国家银行	37	老挝证券交易所成立于 2010 年，但交易规模极小，目前上市公司仅 3 家，此外老挝政府每年发行少量国债，其他金融市场尚未建立。
11	柬埔寨	国家银行	36	拥有 1 家证券交易所，上市公司数量较少，全国性的金融市场尚未建立。
12	马来西亚	马来西亚中央银行	39	拥有证券交易所 1 家，即马来西亚股票交易所，上市公司 811 家，创业板市场共有上市公司 109 家，金融市场包括外汇、债券、衍生品等。
13	泰国	泰国中央银行	439	拥有证券交易所 1 家，即泰国证券交易所，是泰国主要的资本市场，其他金融市场还包括债券市场和外汇市场。

续表

序号	国家	中央银行	商业银行数量	金融市场概况
14	印度尼西亚	印度尼西亚银行	120	印度尼西亚已建成包括证券交易所、外汇市场、债券市场为主的金融市场体系，但总体规模较小，金融产品种类较少，外汇市场仅允许在岸市场即期和远期交易，债券市场尚无有组织的回购市场。
15	伊朗	伊朗中央银行	16	受金融制裁和国内政局不稳影响，金融市场发展缓慢，德黑兰证券交易所是国内主要资本市场。

资料来源：商务部、世界银行（World Bank）。

如表 4 所示，综合来看，上述国家的金融机构与市场具备以下几个特点：一是商业银行均在金融体系中占据主导地位。商业银行机构数量普遍不高，市场竞争性不强，特别是蒙古、哈萨克斯坦、塔吉克斯坦、吉尔吉斯斯坦等国，由于通货膨胀较为严重，本币基准贷款利率普遍超过 20%，国内融资环境较差。二是尚未建立多层次的金融市场。中亚地区中除哈萨克斯坦外，塔吉克斯坦、吉尔吉斯斯坦的金融发展程度不高，中亚各国证券行业不发达，直接融资能力有限；东南亚国家金融发展呈现分化，马来西亚、泰国等国已基本建成较为完善的金融体系，但越南、老挝、柬埔寨、缅甸的金融市场却尚未健全，仅有的证券交易所也极为"袖珍"，上市公司数量极少；除印度外，其他国家金融市场发展均相对偏低，市场的交易品种和规模有限。三是金融开放程度差异大。塔吉克斯坦、缅甸、老挝、越南、柬埔寨、伊朗等国由于国内经济、政治、国际环境等各种因素，金融开放程度较低，对于外资都有诸多限制，商业银行仅从事传统的存贷业务，金融发展水平低，而马来西亚、印度、泰国、哈萨克斯坦等国金融开放程度较高，金融环境相对较好，金融发展水平较高。

2. 支付清算体系分析

表 5　　　　　　　　　　十五国支付清算体系基本情况

序号	国家	主要支付系统	清算模式	应用情况
1	蒙古	1. 大额支付系统（BN） 2. 清算所系统（CH）	1. 全额实时清算（BN） 2. 批量净额（CH）	1. 跨行大额交易 2. 跨行小额交易、银行卡
2	哈萨克斯坦	1. 银行间转账系统（ISMT） 2. 银行间清算系统（ICS）	1. 全额实时（ISMT） 2. 小额批量净额（ICS）	1. 跨行大额交易 2. 跨行小额交易、零售支付领域

序号	国家	主要支付系统	清算模式	应用情况
3	塔吉克斯坦	—	—	尚未建立全国统一的支付清算体系
4	吉尔吉斯斯坦	1. 大额支付系统（RTGS） 2. 小额批量清算系统（BCS）	1. 全额实时清算（RTGS） 2. 批量净额清算（BCS）	RTGS 和 BCS 主要用于跨行交易，但支付体系电子化推广程度很低，人均拥有银行卡不足 0.1 张
5	印度	1. 全国电子资金转账系统（NEFT） 2. 实时全额结算系统（RTGS）	1. 批量净额清算（NEFT） 2. 全额实时清算（RTGS）	电子化支付程度很低，支票、汇票等纸基支付手段占非现金交易的 60% 以上
6	巴基斯坦	1. 大额支付系统 2. 零售支付系统	全额实时清算 多边净额批量	银行间资金清算、政府债券、大额交易支票结算、小额交易、POS、ATM
7	孟加拉国	1. 国际支付交换系统（NPSB） 2. 自动清算所系统（BACH）	1. 净额批量，部分全额实时清算（NPSB） 2. 多边净额批量（BACH）	主要应用于票据清算，跨行资金清算，部分大额交易可实现全额实时清算，POS、ATM 及电子支付手段应用程度极低
8	缅甸	——	——	尚未建立全国统一的支付清算体系，以现金交易为主
9	越南	1. 银行间电子支付系统（IBPS） 2. 同城电子清算系统（ECS）	1. 大额交易可实现全额实时清算，小额为多边净额批量清算（IBPS） 2. 小额批量净额清算（ECS）	跨行资金交易
10	老挝	支票清算系统	批量	仅用于银行间清算
11	柬埔寨	国家清算系统（NCS）	多边净额批量清算	仅用于银行间清算，电子化程度极低，绝大多数交易仍通过现金方式

续表

序号	国家	主要支付系统	清算模式	应用情况
12	马来西亚	1. 大额支付系统（RENTAS） 2. 零售支付系统（eSPICK、SAN、Inter–GIRO 等）	1. 全额实时清算（RENTAS） 2. 定期批量清算（eSPICK）	RENTAS 主要应用于大额跨行资金转账、无纸化证券资金清算；eSPICK 应用于全国电子支票清算；SAN 应用于 ATM 跨行交易等
13	泰国	1. 大额自动清算系统（BAHTNET） 2. 支票影像清算和档案系统（ICAS）	全额实时清算（BAHTNET）	BAHTNET 应用于大额跨行交易
14	印度尼西亚	全额实时清算系统（BI–RTGS）	全额实时清算（BI–RTGS）	除银行卡外的大额跨行交易和对时效性要求高的交易
15	伊朗	银行卡跨行结算系统（SHETAB）	多边净额批量清算	银行卡跨行交易

资料来源：各国央行、国际清算银行（BIS）、世界银行（World Bank）。

如表 5 所示，从各国支付清算体系发展情况来看，存在的问题主要表现在：一是清算基础设施发展相对滞后。塔吉克斯坦、缅甸、老挝尚未建立全国集中统一的支付清算体系，金融基础设施极不发达，如塔吉克斯坦仍然存在"马背上的银行"；吉尔吉斯斯坦、印度、巴基斯坦、越南、柬埔寨等国尽管已初步建立电子化的清算体系，但普及程度仍然不高，现金支付的形式依然占据主流。二是支付应用场景相对单一。蒙古、哈萨克斯坦、孟加拉国、泰国、印度尼西亚等国尽管已建成覆盖大额支付、零售支付的清算体系，但应用场景较为单一，仅能满足日常交易需要，对互联网支付、移动支付、近场支付等新技术、新应用支持不足。三是尚未建立独立的跨境支付清算系统。上述 15 国中，跨境资金清算仍然主要靠代理行、汇款公司（如西联汇款）等模式，清算渠道也主要依靠大额支付系统、SWIFT 等；在边境贸易中，如蒙古、越南、老挝、缅甸等国还需要通过"地摊银行"的模式进行资金交易清算，而伊朗，则由于此前长期受到金融制裁，直到 2016 年 1 月才重新加入 SWIFT 网络，跨境交易的安全性和便利性明显不足。

（三）"一带一路"地区的金融矛盾分析

1. 金融服务滞后于金融需求快速增长

"一带一路"地区的金融供求不平衡问题十分突出，沿线多数国家的经济发展水平相对落后，金融体系尚在培育发展阶段，国内金融体系、金融市场发达程度不足，金融资源相对匮乏，相比较而言，经过多年的发展，我国商业银行已积累了较丰富的跨境金融服务经验，"一带一路"沿线国家的发展空间十分广阔。

一方面，"一带一路"的实施推动了人民币投融资、人民币计价商品和服务贸易结算等金融服务需求。具体来看，一是区域经贸往来继续加强。我国与"一带一路"沿线国家经济互补性强，经贸合作逐步加强。截至2016年6月，我国在"一带一路"沿线15个国家建设有52个经贸合作区，与"一带一路"沿线国家货物贸易额为3.1万亿美元，占我国对外贸易总额的26%。二是人民币作为避险货币需求不断增长。乌兹别克斯坦、塔吉克斯坦、越南、老挝、缅甸等国，由于本国外汇储备较少、币值长期不稳，如哈萨克斯坦坚戈全年贬值幅度超过40%，随着人民币加入SDR和国际化程度不断提高，上述国家使用和储备人民币的意愿强烈。三是海外人民币投资品种日益丰富。除传统的跨境贸易结算、人民币即期兑换等业务规模不断扩大外，离岸人民币市场的人民币远期、掉期、外汇期权、点心债发行等业务也得到了良好的发展，随着人民币产品的日益丰富，境外企业和个人对人民币的投资热情进一步提高。

另一方面，由于沿线国家金融发展水平相对滞后，"一带一路"战略实施推进所需的金融服务资源有限。一是融资环境不容乐观。"一带一路"沿线国家的市场融资多集中于银行贷款和股权筹资，尤其是商业银行在金融体系中占据绝对优势，行政色彩依然较浓，市场竞争不充分，信贷市场化程度不高，银行贷款成为最主要的融资渠道，融资成本较高。二是金融服务种类相对单一。当地商业银行的主要金融服务仍然是"存、贷、汇"等传统业务产品，金融服务种类偏少，服务体系还不够健全，金融制度和组织结构创新能力不足。三是金融市场发达程度不足。由于国内缺乏多层次的金融市场，缺少对冲风险的金融工具和产品，国内金融市场不发达，容易受到资源价格变化、外国资本的冲击，同时，多数国家的货币属于小币种且受到汇率管制，增加了汇率风险管理的难度，金融安全在一定程度上受到影响。

2. 清算基础薄弱制约金融服务发展

"一带一路"沿线国家的清算体系基础薄弱，多数国家的支付清算系统还处于发展阶段，资金清算服务仅能满足一般日常交易的需要，对于跨境金融服务支持不足。一是支付清算系统电子化程度不高。在 15 个样本国家中，塔吉克斯坦、缅甸、老挝、柬埔寨 4 国尚未建立全国统一的电子化支付清算系统，金融服务效率受到制约。二是资金清算时效性不足。在零售支付领域中，多数国家的资金清算仍采用净额批量轧差清算，通过日终批量实现资金结算交收，清算链条较长，中转环节多，资金清算效率较低，对时效性要求较高的支付结算服务支持不足；在跨境资金清算中，多数国家的货币和人民币不可直接兑换，付汇方在付汇完成后，需要开户行通过购汇转换成美元或欧元，再通过代理行或者第三方汇款公司进行转汇，收款行收到美元或欧元款项后，再结汇转换成本国货币，资金转换过程中存在汇率损失，资金清算时效性较差。三是支付场景应用较为单一。在样本国家中，除印度、马来西亚、泰国、哈萨克斯坦等国外，多数国家的支付应用仍停留在现金、支票、银行卡、网上银行等传统场景上，对于移动支付、电子现金、近场支付等新应用支持不足。

随着境外人民币使用范围越来越广，不同地区的交易参与者希望获得更加便利、高效、安全的跨境人民币资金清算服务。完善跨境支付清算服务体系，疏通境外人民币流通渠道，实现"一带一路"国家资金的互联互通，是发挥金融支持"一带一路"、推动人民币国际化的先决条件。"一带一路"战略也对跨境清算服务建设提出了更高要求，在境外金融基础建设相对滞后的情况下，迫切需要商业银行完善跨境清算基础设施，以发挥金融服务在"一带一路"战略中的积极作用。

四、"一带一路"跨境清算服务方案

（一）提高跨境交易"端到端"的直通清算效率

跨境交易的资金流动主要包括"支付—清算—结算"三个环节，交易的最终目的是要实现客户"端到端"（Peer to Peer，P2P）的直通清算。其中支付是付款客户向付款行（Peer to Bank，P2B）发送支付指令的过程，清算是资金从银行到银行（Bank to Bank，B2B）的流动过程，结算则是收款行到收款客户（Bank to Peer，B2P）的资金交收过程，整个跨境交易过程可以概括为"P2B2B2P"。

从清算的业务组织和技术安排来看，B2B 的过程涉及多家银行、多个清算渠道、多套业务系统，系统节点、报文转换、资金清算环节复杂，B2B 实际是制约资金清算效率、质量、安全性的关键环节，商业银行需要努力优化 B2B 清算运营效率。一是在清算流程方面,以打造直通式处理为目标,实现支付指令从发起到执行、验证与确认等全流程的自动化处理,最大限度地避免过程中交易信息的手工录入和人工干预,防控后台处理操作风险,提升运营效率。二是从账户结构着手,减少资金逐级流转环节。通过集中系统清算账户设置,减少清算账户层级,降低资金逐级轧差清算损失的效率,释放系统内资金的流动性。三是以清算组织模式为切入点,全面梳理清算管理关系,实现业务集约运营、业务布局优化和风险集中控制。

(二) 构建"点、线、网"相结合的清算网络

1. 以境外清算分中心为支点,提高人民币使用的便利性

一是拓展周边地区的代理人民币清算业务。优选金融基础相对较好的地区,建设境外清算分中心,利用中资银行人民币清算的资源优势,发挥"以点带面"的作用,使人民币向周边地区辐射,带动区域内的人民币业务快速发展。二是提高境外人民币的流动性。依托境外清算分中心,打造跨境人民币清算运营的业务支点,形成境外人民币资金池,为境外企业和居民参与人民币计价的交易结算提供便利,满足人民币在当地市场的交易需求,形成人民币境外良性循环机制,增加境外客户对人民币的使用黏性。三是连接境外多层次的金融市场。为海外离岸人民币市场交易的人民币远期、掉期、期权、点心债等金融产品提供资金清算安排,提高海外人民币投资和交易结算的便利性,服务离岸人民币市场的发展。

2. 以直接清算渠道为纽带,缩短小币种汇划路径

一是建立小币种直接报价机制。针对"一带一路"沿线国家小币种多、与人民币不可直接兑换等问题,商业银行应探索建立小币种挂牌直接交易机制,实现人民币与"一带一路"小币种兑换直通,减少通过第三方货币转兑换的汇率损失。二是建立直接清算关系安排。商业银行可择优选择评级较高、信誉度较好、资金实力强的境外银行,建立直接清算安排,"拉直"与小币种清算路径,提高境内外客户资金往来的清算效率,促进与"一带一路"国家双边交易的便利化。三是建立边贸地区跨境清算平台。整合边贸地区区域内商业银行的跨境清算渠道和境外代理行资源,搭建连接境内外银行机构的区域性人民币清算平台,减少资金清算的中间环节,推动人民币成为区域内的主导货币。

3. 以代理清算网络为突破,拓宽人民币清算渠道

一是拓宽代理行清算网络。与境外代理清算关系的广度决定了商业银行跨境清算基础设施的发达程度,要积极营销境外跨境人民币业务的参加

行开立清算账户，延伸代理行清算服务网络。二是优化代理行转汇通道。通过建立代理行数据库，清算系统可根据代理行数据库，筛选出最合理的汇路，对中间行进行资金转汇，有效提高现有清算路径和账户行资源的利用效率，节约客户资金成本。三是支持清算汇路智能选择。综合客户支付请求、清算节点服务时间窗口、清算路径成本等要素，实现智能汇路选择、报文自动转换、账务自动处理等功能，提高跨境清算业务的直通率，降低资金在途和内部作业成本。

（三）创新面向客户的"一站式"清算产品服务体系

1. 以客户需求为导向，设计最优的清算服务产品

一是在清算产品成本上，对每一笔清算业务，系统自动在产品、路径、费用中寻找平衡点，在兼顾清算效率的同时，采取最优清算渠道，节省客户费用。二是在清算模式选择上，参考汇款指令的紧急程度、清算系统的流动性以及截止时间，在银行行内汇划、跨行汇划、实时大额清算及小额批量轧差清算之间选择最优清算模式，满足客户对清算效率的需求。三是在清算产品功能上，可基于汇款客户或收款客户的名称、账号及开户行，自动关联相应的费率标准，满足商业银行对于重点客户、重点外汇业务地区的特殊要求，并基于客户要求，提供全额到账服务，为客户控制中间行费用，保证汇款流程的透明化。

2. 以客户体验为中心，定制灵活的清算服务协议

一是创新代理同业清算服务计量机制，根据不同的客户类型、汇款金额、汇款形式及汇款地区制定灵活的费用标准。为客户节省清算费用、降低清算成本，提高客户服务体验。二是提供清算账户流动性管理服务，自动控制客户账户透支，提供包括付款端与收款端全方位的头寸代保管服务，并实时监控自身在清算系统及账户行的头寸余额，最大限度发挥商业银行人民币资金优势，缓解"一带一路"沿线国家在开展跨境人民币业务时流动性紧张问题。三是定制线上线下多种清算服务标准，满足不同类型客户的服务需求，对于金融同业客户，支持同业以灵活多样的渠道接入商业银行清算网络，对于普通客户，重点研究网上支付服务需求，对接电商平台、第三方支付机构等跨境清算业务，为"一带一路"沿线国家客户提供覆盖线上线下的多渠道清算服务。

3. 以客户服务为重点，提供跨时区 7×24 小时连续清算

一是对接境外主流清算系统。依托全球化的境外机构和境外清算分中心，实现与各国央行清算系统、国际主流清算组织、跨国清算网络的直接

对接，构建覆盖全球的支付清算网络。二是构建 7×24 小时连续作业模式。境内外清算中心使用统一的作业平台，境外通过与境外分行、分中心有序衔接，实现全球多时区连续运作机制，支持清算业务跨时区 7×24 小时不间断运行，形成以清算平台为核心的一体化的跨境清算网络。三是对接全球主要的金融市场。服务金融市场的"全球化"发展，通过统一的接口规则和接口转换规则，实现与在岸市场、离岸市场、跨境市场、主要金融交易市场的直连，建立人民币深度参与国际资本市场新途径。

4. 以客户满意为标准，高效响应特色业务创新

一是封装清算基础服务模块。清算作为一项底层公共性服务，承接前台各类交易资金的最终清算环节，通过对各类清算规则、清算接口进行标准化的封装，形成清算基础服务模块，可实现对各类外部支付请求的灵活对接，实现清算服务的"即插即用"，提高对客户需求的响应速度，不断提高客户满意度。二是支持客户特色清算服务需求。"一带一路"客户需求各不相同，需要以跨境人民币业务产品作为切入点，在清算服务模块基础上，设计多元化服务方案，积极开展小币种清算、资金全额到账、对账单服务、现金管理、汇率风险管理等业务创新。三是适应互联网金融业态。依托清算模块在接入渠道和服务定制方面的灵活性，快速承接电商平台、第三方支付机构跨境清算需求的清算标准、清算流程设计，满足客户线上支付渠道的清算需求。

（四）构建统一运营的集中清算作业平台

1. 以一体化为支撑点，打造统一作业平台

一是支持多渠道业务处理。建立境内外多币种统一清算平台，作为业务运营基础支撑，为各种渠道及外围应用发起的支付请求提供统一的清算接口，支撑跨境汇款、金融市场、现金管理等各种业务产品的清算需求。二是支持多机构协同联动作业。平台可实现境内分中心与总中心协同作业，支持跨时区境外分中心之间，境外分中心与境内分中心业务有序衔接、联动作业，为"一带一路"地区的跨境人民币贸易和投资活动提供更加高效的资金清算服务。三是支持灵活的业务运营管理。平台具备参数化管理功能，支持业务规则和处理流程的灵活配置。实现在统一的作业平台基础上，对特定产品提供灵活的清算业务模式组合，以满足不同地区、不同业务品种、不同要求的个性化产品的清算需求。

2. 以标准化为切入点，统一内部报文管理

一是统一银行内部清算报文标准。参考国际通用的 ISO20022 标准和广

泛使用的 SWIFT 报文标准，设计银行内部统一的清算报文规则，实现对各类主流报文格式、当地特色清算系统报文格式，以及同业报文格式的全面兼容。二是统一清算报文管理。建设联通境内外银行和清算机构的报文传输渠道，境内与人民银行 CNAPS 和 CIPS 报文对接，境外与 SWIFT、境外地区央行、境外本地清算系统报文标准对接，实现境内外机构清算报文的标准化、规范化管理。三是支持报文自动转换和智能转换。持续研发及优化中英文报文转换功能，提升报文自动转换率和准确率，支持非标准报文的自动修改，清算系统可智能自动修改或替换报文中非标准的内容，提高自动清算效率。

3. 以集约化为根本点，建立清算集中运营机制

一是整合清算服务功能。商业银行要从作业流程出发，对不同支付产品对应的清算功能，进行跨业务条线、跨系统平台整合，实现作业流程与管理流程的协调统一。二是整合清算业务资源。逐步改变分散清算的作业模式，将各类交易的清算环节通过统一接口接入清算平台，实现清算作业集中化和管理的集约化。三是建立丰富的系统功能。在账务处理方面，建立关系清晰、灵活可变的清算关系树，以适应未来扁平化区域化需要；在业务管理方面，具备头寸管理、风险提示与监控、服务计价等功能。

4. 以数字化为着力点，实现线上线下全覆盖

一是在服务渠道拓展方面，传统银行应从依托于物理网点，向通过移动互联网、智能终端设备转变。通过远程登录、电子化交易的方式，使客户不受地域网点、营业时间等方面的制约，可随时随地进行业务办理。二是在产品与服务方面，从"大而全"的产品服务体系，向"简单、精致、易用"的产品设计转变。以简单、透明、标准化为原则，以客户体验为中心，逐步推动线下向线上迁移，使客户享受到线上和线下无差异的交易结算服务。三是在技术平台方面，优化全行系统架构。从传统的综合系统，向应用平台化、业务服务组件化和平台一体化的方向转变，使得信息科技能够快速、灵活、可扩展的适应数字化创新和个性化、差异化需求。

大数据体系下工商银行
零售业务精准营销工作发展研究

中国工商银行　王英琦　郭亚欣

摘要： 经济"新常态"背景下，零售银行业务成为众多商业银行转型发展的重点方向，而营销作为零售银行获客、活客和粘客的重要利器，成为决定银行零售业务发展的关键要素。新时代背景下，传统金融行业的市场环境发生了较大变化，营销模式日趋精准化和场景化，服务模式日益个性化和定制化，亟须建立符合时代需求的创新型营销管理与服务策略。随着大数据、云计算、移动互联等新技术信息的不断发展，大数据的应用为银行零售业务营销工作发展带来了前所未有的机遇。工商银行从 2000 年开始建立数据仓库以来，拥有了庞大的历史数据资产和领先的数据处理技术，在大数据应用方面具有先天优势，如何把握大数据分析带来的市场机遇，将大数据应用到大零售业务的客户服务与营销管理中，是当前面临的一项重要课题。

　　本文主要分为五个部分，第一部分阐述大数据体系下商业银行零售业务营销机制的发展趋势，分析当前经济形式与金融环境，指出大数据应用于银行零售业务的必要性与紧迫性。第二部分通过借鉴国内外银行及其他零售行业相关案例，展现大数据在零售银行营销体系中的应用经验与前景。第三部分立足工商银行现状，提出搭建大零售业务数据营销闭环体系的架构，包括建设 DMP 数据管理平台、建立客户信息体系、建立客户分析模型、制定营销策略与方案以及营销效果评估与管理等五个环节。第四部分深入探讨未来银行大数据技术应用于零售业务营销机制的优化策略，将大数据分析与银行零售业务营销工作有机结合，实现银行营销与消费者生活的无缝链接与亲密融合，更加契合消费者的金融需求，提高客户体验。第五部分主要阐述大数据应用中可能遇到的问题并提出对策建议。

　　关键词： 大数据　大零售　精准营销　标签

一、大数据体系下商业银行零售业务营销机制的发展趋势

（一）大数据概述

大数据，英文 big data，字面意义即海量数据，是一种在分析、管理、储存和获取等方面都超出了传统数据库软件所具有的功能处理范围的巨大数据的集合。随着 IT 技术的发展，大数据被引申为通过数据解决问题的方法①，即通过收集、分析海量数据获得有价值信息，并通过实验、算法和模型，从而发现规律、并收集有价值的见解和帮助形成新的商业模式。

学术界普遍认为大数据具有 4V 特征，第一，数据体量巨大（Volume）。IDC 的研究报告显示，2020 年预计全球新建和复制的信息量已超40ZB，是 2012 年的 10 倍，而中国产生的数据量将超 8ZB，比 2012 年增长22 倍。第二，数据类型丰富（Variety），不仅包括传统的结构化数据，还包括来自互联网的网络日志、图片、音频、视频、地理位置、模拟信号、传感器数据等大量的半结构化和非结构化信息。第三，数据产生及处理速度快（Velocity）。在数据处理速度方面，有一个著名的"1 秒定律"，即要在秒级时间范围内给出分析结果，超出这个时间，数据就失去了价值，大数据是一种以实时数据处理、实时结果导向为特征的解决方案。第四，价值密度低（Value）。大数据的体量很大，所蕴含的价值总量也巨大，但是平均到单条信息的应用价值相对较低，在非结构化数据中这个特性尤其明显。业界还有学者把大数据的基本特征从 4V 扩展到了 11V，包括真实性（Veracity）、有效性（Validity）、灵活性（Vitality）、可视化（Visualization）等，在此不赘述。

大数据分析技术经过多年的发展，已经形成了一套分析建模的基本思路。CRISP-DM②认为在大数据分析中存在一个大数据分析挖掘生命周期，大体分为六个阶段（见图 1）：一是商业理解，通常是指理解业务的实际类型、业务上的实际问题并且尝试尽可能多地了解数据挖掘的业务目标；二是数据理解，是指深入了解可用于挖掘的数据，此过程包括初始数据的收集，初始数据的描述以及数据质量的验证；三是数据准备，通常包含合并数据集和记录、选择数据子集样本、汇总记录、导出新的属性、排序数据以便建模、删除或替换空白值或缺失值，数据准备阶段涵盖了从原始粗糙数据中构建最终数据集的全部工作，通常需要花费大量的时间，据估算，

---

① 引自《2014 年中国金融大数据应用白皮书》。
② 跨行业数据挖掘标准流程，是一种业界普遍认可的用于指导大数据分析挖掘工作的方法。

实际的数据准备工作通常占50%～70%的项目时间和工作量；四是建立模型，建模时通常会执行多次迭代，选择合适的模型算法，运行多个可能的模型，然后再对这些参数进行微调以便对模型进行优化，最终选择出一个最佳的模型；五是模型评估，需要对项目结果是否达到业务成功标准进行评估，此步骤的前提是对声明的业务目标有清晰的了解，因此在前期的商业理解越发显得重要；六是结果部署，将前期选择出来的最佳模型应用到实际业务中去。

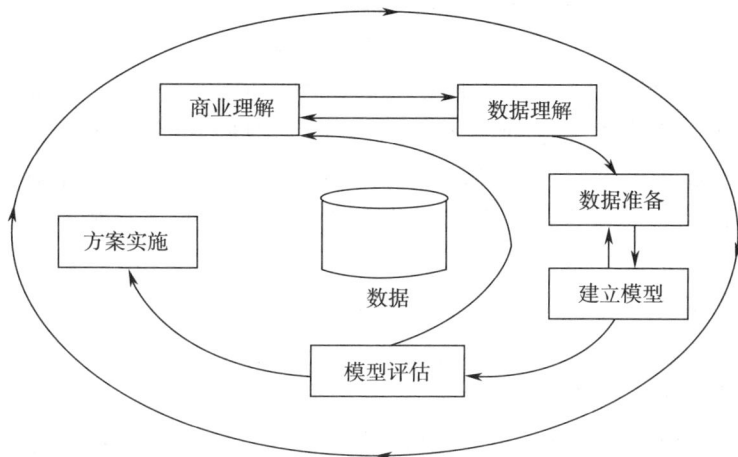

图1 CRISP－DM 跨行业数据挖掘标准流程

（二）大数据思维方式在零售行业应用日益广泛

英国维克托·迈尔·舍恩伯格在《大数据时代》一书中提出了大数据思维框架：一是关注全数据样本而不是采样的思维方式；二是关注效率而不是精确度的思维方式，最能代表这个转变的，就是Hadoop[①]的流行；三是关注相关关系而不是因果关系的思维方式。在大数据时代，大数据正通过揭示事物相关性、预测未来趋势引发商业变革。例如，美国折扣零售商塔吉特（Target）能够在完全不和客户接触的前提下而仅仅通过其购物习惯的改变发现其是否怀孕，方法是经过一系列分析最终找出了20多种关联物，通过这些关联物可以给顾客进行"怀孕趋势"评分，从而比较准确地

---

① Hadoop 是由 Apache 基金会所开发的开源式分布系统的基础架构，其输出结果没有关系型数据库输出结果那么精确，但非常善于处理超大量的数据，信用卡公司 VISA 使用 Hadoop 后，能够将处理两年内730亿单交易所需的时间，从一个月缩减至13分钟。

预测预产期，在客户的每个阶段寄送相应的优惠券以促进销售。类似的典型应用案例还包括沃尔玛超市啤酒和尿布的组合销售，以及亚马逊的个性化推荐系统等等。此外，大数据还可通过分析事物的相近性从而进行聚类，典型应用如在社交网络分析中经常用到的聚类技术等。

（三）银行零售业务发展遭遇瓶颈，传统营销方式难以为继

近年来，随着互联网金融和电子商务的崛起，商业银行零售业务面临的同业竞争压力逐渐增大，同时要应对来自互联网金融和非金融机构的冲击，商业银行传统的零售业务面临着巨大的转型压力。

1. 客户信息碎片化不利于客户管理与营销服务

在现有银行体系下，个人储蓄存款、理财业务、信用卡、消费贷款以及小企业融资等零售业务分属于不同的部门管理，导致客户信息碎片化严重，不能形成完整、立体、动态的客户画像，客户洞察深度有限，无法对客户进行有效分类与管理，多年积累下来的客户数据无法整合形成联动效应，客户信息资源没有充分利用。

2. 营销服务与管理仍显粗放，效率有待提升

银行零售客户规模庞大，金融产品消费偏好较为分散，很多网点仍采用漫天撒网式的粗放式营销，营销成本高，转化率相对较低，营销没有形成系统化管理，在营销方案设计上，没有考虑客户、产品以及渠道的最优匹配，容易造成重复营销和过度营销，导致客户体验不佳，银行营销资源浪费；在营销手法上，常以"销售"为中心，推介产品唯考核论，缺乏对客户需求的洞察，没有真正做到以客户为中心的产品推荐；在营销过程中，碎片化严重，人工干预多，营销效率低下；在营销经验上，一些银行员工缺乏专业能力和沟通技巧，难以对客户需求进行全面了解和精确把握；在营销评估上，缺乏对营销过程的完整记录和全面管理，无法对营销进行效果评估。

3. 销售贡献主要来源于实体网点，渠道竞争力不强

当前客户离柜、离店、离行趋势愈发明显，线下业务量持续下降。而银行的零售业务主要依赖物理网点等传统渠道，人力资源被大量的结算现金业务占据，客户经理数量不足且专业水平参差不齐，优质客户得不到更优质的服务。对于银行新渠道新产品提供的金融服务存在后续服务跟进不到位的情况，不能有效了解客户对产品的满意度，很多产品推介成功后却并没有得到客户的广泛使用。

4. 营销产品定价机制灵活性不足，产品缺乏核心竞争力

在部分商业银行已实现对不同地区、不同客户进行弹性灵活定价的背

景下，大部分商业银行仍没有做到细分市场，细分客户，区别对待，没有根据客户和当前的市场竞争情况而适当调整产品价格和服务，产品价格全行"一刀切"的情况大量存在，容易在同业竞争中处于被动局面。零售产品创新不足，市场竞争力不强。纵观市场上零售银行产品种类繁多且同质化严重，品牌观念尚未形成，创新意识薄弱，优势产品不突出，大多产品缺乏核心竞争力。很多产品在设计阶段缺乏充分的市场调研，没有抓住客户心理，未能全面细致地研究分析目标客户的潜在需求，缺乏对用户体验细节的关注和改进。

（四）互联网金融发展迅猛，银行零售业绩面临挑战

随着互联网金融的迅速发展，移动支付和互联网支付增势迅猛，在用户投资理财、融资贷款、结算支付领域的市场份额迅速扩大，银行零售业务遭遇全面挑战。

在用户投资领域，以基金为例，各大基金公司纷纷自建电商平台，代销机构互联网化水平不断提升，用户通过互联网和移动互联网渠道认购、申购基金的销售规模持续提升，2015 年，互联网基金销售规模达 7.8 万亿元，约占基金总销售额的 1/4。

在用户融资领域，以蚂蚁小贷为例，已相继开发出阿里信用贷款、网商贷、淘宝（天猫）信用贷以及订单贷款等小贷产品。截至 2015 年 6 月末，已累计为 170 万家小微企业提供超过 4500 亿元融资服务。不良率远低于银行水平。

在线上支付领域，以 2015 年为例，中国第三方互联网支付市场交易规模达 11.87 万亿元，同比增长 46.9%。全部在线支付市场中第三方互联网支付占比近 90%，而银行支付仅占 10% 的份额。截至 2015 年末，最大赢家支付宝注册用户数量超过 8 亿，实名用户超过 3 亿，活跃用户超过 2.7亿，交易笔数占银行卡消费笔数近 80%。受此影响，银行线下收单市场增长放缓，市场份额逐渐下降，如图 2 所示。

（五）大数据时代下客户营销及服务方式转变趋势

1960 年，杰罗姆·麦卡锡提出了著名的"4Ps"市场营销策略概念，随着市场结构的不断发展，互联网化时代下，4Ps 理论受到挑战，1990 年，美国学者罗伯特·劳朋特教授基于传统营销 4Ps 理论，提出了新的 4Cs 营销理论。将 4Ps 以产品为核心的营销理论转变为以客户需求为中心的营销理论。1999 年，美国的莱斯特·伟门提出了精准营销的概念。2004 年，Zabin 和 Brebach 提出了精准营销的 4R 法则，大数据的蓬勃发展为精准营

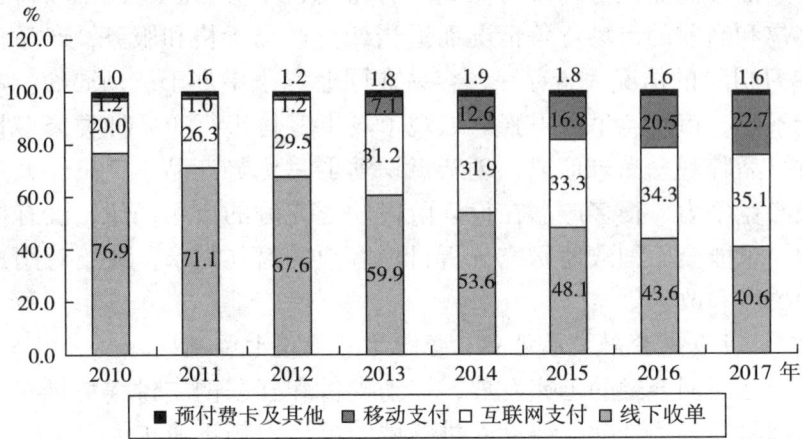

图2　我国第三方支付发展趋势

销提供了良好的基础和条件，精准营销将逐步发展成为现代企业营销的新
态势（见图3）。

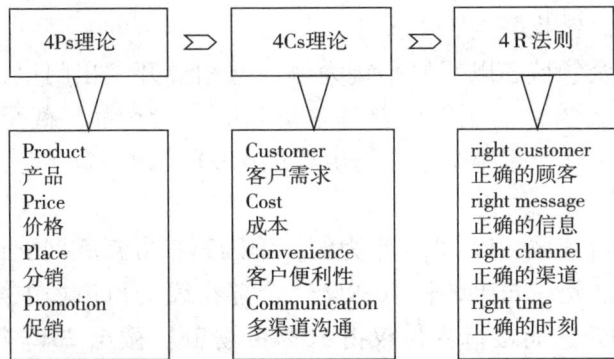

图3　客户营销理论转变趋势

大数据时代背景下，商业银行零售业务的营销理念得到了加速发展，
营销被赋予了新的时代特征，也不断向银行零售业务提出了新的需求。

1. 全量客户群拓展

转变银行"二八定律"传统的经营理念，互联网金融的成功之处在于
除了抓住20%的高价值客户之外，对中低价值客户也进行挖掘、发展和维
护，因为80%的低价值客户创造出来的价值总和同样不可小觑。对于银行
而言，既要服务好中高端客户，更要运用大数据的理念，依托强大科技能
力服务好大众基础客户，更加关注"长尾"客户，通过提供差异化的综合

金融服务进行全量客户的经营。

2. 全生命周期需求挖掘

随着居民财富的不断增长以及投资渠道日益多样化，个人客户金融需求也呈现出明显的多元化趋势，不仅如此，客户对银行在生活领域提供增值服务的要求也越来越高。尤其是中高端客户的投资意识不断增强，对于财产安全、资产保值增值、家庭信托计划、投资理财、遗产处置等方面有全方位的金融需求，这部分高端客户群的金融服务通常需要专业的银行私人财富顾问进行长期贴身式、定制化的金融服务，要围绕客户全生命周期的金融需求，帮助客户管理财富及资产，提供专属性的多元服务。

3. 全渠道立体化服务

银行零售渠道的发展经历了三个阶段，分别是单渠道阶段、多渠道阶段和全渠道阶段。单渠道主要依靠物理网点销售，随着 IT 技术、互联网和电子商务的发展，银行零售由单一的物理网点形式拓展至自助银行、电话银行和网上银行的多渠道阶段，2013 年前后，随着移动互联网金融和社交网络的发展，客户消费方式日趋虚拟化和社交化，银行业务离柜化现象突出，据统计，2015 年我国银行业离柜交易达 1085.74 亿笔，离柜交易金额同比增长 31.52%。全行业平均离柜率已达 77.76%，同比提高 9.88%。不断拓展银行业务渠道，延伸服务触角以满足不同客户差异化需求的营销模式成为留住客户的关键，商业银行开启全渠道服务模式阶段。

4. 全天候不间断响应

近年来，随着经济金融运行效率的不断提高，客户对金融服务便捷性的要求较过去显著提升，并对金融服务便利性需求的内涵也出现了新的变化。客户希望能够打破时间和空间的限制，以随时、随地、随心地享受银行的服务。

5. 全方位个性化需求满足

随着消费者主权时代的到来，企业营销理念和策略发生了深刻的变化，客户的个性化需求受到前所未有的关注，客户满意度和忠诚度成为企业追求的目标，消费者已经成为企业产品设计、研发、销售、服务，甚至变为企业营销战略的"决定者"。企业传统的经营模式转变为"顾客主导为中心"的全新经营模式。

6. 全流程客户体验提升

互联网技术的巨大突破，彻底改变了消费者的消费方式，消费的品牌依赖度逐渐弱化，消费者已经习惯利用移动终端主动搜索所需信息，并参考其他用户评价来决定自己的购买行为，并乐于在各自的社交网络平台公开分享自己的购物体验和使用心得。他们是信息的主动搜索者和分享者，也是企业的产品和服务的免费传播者。海尔张瑞敏说过："企业以创造用户全流程最佳体验为宗旨。"因此，好的客户体验不仅仅可以增加目标客户的黏性，同时也是对银行产品与品牌的宣传。

二、大数据在商业银行营销领域应用经验借鉴

2013年以后，大数据市场应用飞速发展，2014年市场规模已达8.0亿元人民币，预计2018年市场规模可达276.6亿元人民币水平（见图4）。根据IDC预测[①]，至2019年银行将以26%的CAGR（复合年均增长率）成为大数据技术与服务市场增速最快的行业。在大数据时代，商业银行通过对海量数据进行挖掘和整理，对目标客户进行研究和分析，丰富客户全景视图，预测其行为轨迹，洞察其金融需求，从而进行产品、服务、营销方案的设计、完善和管理。大数据分析从每一个经营环节中挖掘信息的价值，从而进入全新的科学分析和决策时代，在这种情况之下，大数据的应用能力成为决定银行发展能力的关键因素。

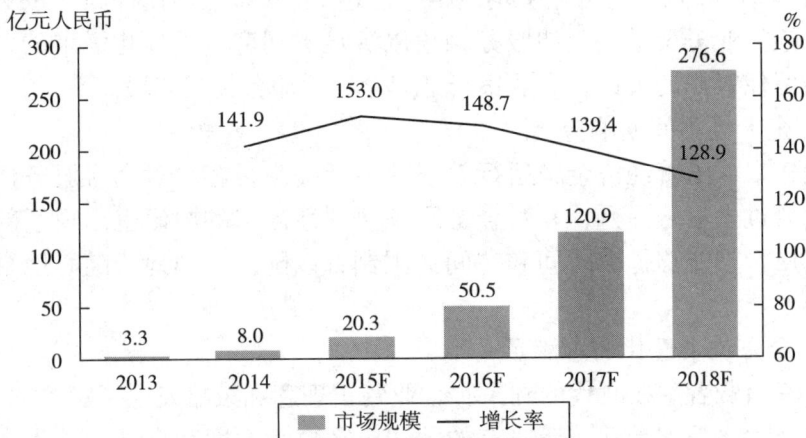

资料来源：易观智库，中国大数据营销服务市场专题研究报告2015。

图4　中国大数据营销服务市场规模预测

---

① 引自2015年11月9日IDC发布的研究报告《2015—2019全球大数据技术与服务市场预测》。

（一）大数据在零售行业营销中的应用分析

目前，大数据已被广泛应用到政府公共管理、零售业、医疗服务、制造业等领域，笔者整理了部分有代表性的大数据在营销流程各环节的应用示例，如表 1 所示。

表 1　　　　　　　大数据在零售行业营销中的应用示例

应用场景	应用方	应用介绍
平台建设	阿里金融	致力于建成数据交换平台，目前能够提供下列分析服务：一是客户数据：包括商品浏览、收藏及交易信息、消费者用户特征、市场行业研究等；二是卖家行情：包括每个卖家在行业中的地位、经营情况等；三是淘宝指数：用以研究市场趋势、客户细分等；四是数据云服务，提供数据分析开发平台，供合作方使用。
	民生银行	紧紧围绕民生银行数据的"标准化、云端化、智能化、移动化"的价值目标，积极布局阿拉丁移动云平台，基础架构按照"云架构"来搭建，由 IaaS、PaaS、SaaS 三个层面构成。阿拉丁平台由数据、指标和工具三个组成部分，该平台所依托的数据仓库整合了民生银行 100 多个交易源系统，能够提供民生银行近十年来的业务数据，以及外部辅助数据。平台自主研发了"蒲公英"、"啄木鸟"、"猫头鹰"三大独具特色的数据产品，覆盖公司业务客户关系管理、风险预警及贷后管理、经营机构业务规模分析等领域。
目标客户信息获取	平安万里通	2012 年起，平安万里通积极打造开放式的积分平台，积分兑换实现从内循环到各大商圈通兑的转变，与 300 多家线上主流电商、12 家企业 50 万家线下门店合作实行积分通兑，还可以进行日常生活缴费，在积分营销过程中，积分实际上既代表了消费流又是信息流与数据流，平安万里通正是通过沉淀大量客户数据，来分析客户消费习惯、消费偏好等，为精准营销打下了良好的基础，同时增强了商户和用户之间的互动与黏性。
	海尔集团	对客户进行信息化管理，建立了覆盖全国的用户信息档案。有两个层面运营用户数据，底层是海尔 SCRM 数据平台，存储 8 类数据资产，核心是 1.2 亿用户数据，数据可以细化到小区的户型、各地方自来水压值以及用户家庭规模等数据。上层会员平台，是海尔梦享＋会员俱乐部，活跃会员超过 1500 万。目前海尔 SCRM 已连接 1.2 亿线下实名数据，18 亿线上匿名数据。生成 360 度用户画像的标签体系，包含 7 个层级、143 个维度、5236 个节点，现在的数据标签超过 11 亿。

续表

应用场景	应用方	应用介绍
客户分析与需求洞察	Netflix	客户需求洞察。《纸牌屋》出品方兼播放平台 Netflix 根据数据库中储备的 3000 万名付费用户选择、400 万条评论、300 万次主题搜索等数据，分析出数千万观众的喜好，以此来决定剧集的制作内容、演出团队、制作团队以及播放平台等，使得《纸牌屋》一经播出即受到国内外热捧。
	ZestCash	客户细分与识别。客户群体主要瞄准了信用记录不好或者没有信用卡历史的人。使用 MapReduce 进行大数据分析，考察贷款人的数千个信息线索，例如以一个无法进行某次还款的客户是否主动解释其原因、客户在 ZestCash 网站上停留的时间作为信用评价的考量因素
营销执行策略	梅西百货	1. 实时定价机制。根据需求和库存的情况，该公司基于 SAS 的系统对多达 7300 万种货品进行实时调价。2. 十二项全渠道策略，率先支持 Apple Pay 支付；线上当日购买，线下当日取货；进行线下店铺销售端的技术创新；发布 iOS 和安卓版的购物 APP；开发梅西图像搜索，推荐与消费者上传图片类似的商品；通过梅西手机钱包介绍优惠信息；通过 RFID 应用和扩展提高库存盘点准确度；通过 Shopkick 逛街应用提供基于位置的促销信息；智能试衣间提供产品推荐和搭配信息；网站推出数字版时尚购物目录与图片、视频产品介绍；梅西桌面混搭帮提供家居摆设建议。
	某快餐业	灵活产品推荐。某快餐业公司通过视频分析等候队列的长度，然后自动变化电子菜单显示的内容。如果队列较长，则显示可以快速供给的食物；如果队列较短，则显示那些利润较高但准备时间相对较长的食品。

（二）大数据在营销领域应用案例启示

1. 案例一[①]：农业银行某分行针对某年"春天行动"的考核指标，计划启动个金重点基金产品营销活动，历时 1 个月，成功为银行某产品找到合适客群。

首先，进行营销模型构建。结合业务调研以及某年同类基金产品销售

---

① 王皓瑜、邓江、杜佳楠、汪德华、龙曦侃：《基于大数据分析的精准营销服务平台研究》，载《中国金融》，2014（8）。

数据分析，得出以下六个影响客户购买行为权重最大的指标，如表2所示。

表2　　　农行"春天行动"营销活动影响客户购买行为权重分析

元数据	解释	权重
网银持有标识	有网银的客户购买基金产品的概率较大	高
股票基金持有标识	持有股票型基金的客户购买基金的概率很大	高
信用评级	评级差的客户不建议作为营销对象	高
年龄	显示中青年购买基金产品概率较大	较高
学历	学历在本科以上，购买基金概率越大	中
个人风险偏好	风险偏好在中等以上的客户购买产品概率较大	中

　　根据以上分析结果确定了此次营销活动针对年龄在25～35岁之间，学历本科以上，签约网银且风险偏好中等以上的客户展开。同时根据以上信息对客户进行加权评分筛选出本行得分排名前200名的客户进行一对一的重点营销。营销策略执行两周后，系统对该营销活动效果进行了分析，通过数据获知年龄在25～30岁的客户对基金的购买意愿不强，30～35岁的客户购买意愿比较强烈，同时对于成功购买案例进行分析，发现男性客户购买基金产品意愿比较强烈。于是对活动后两周营销计划进行调整：一是调整模型增加了年龄段在30～35岁的营销权重；二是增加了客户性别元数据到营销模型，提高男性的营销权重；三是对符合条件但是多次推送广告（3次或以上）无点击的客户，停止渠道对该系列产品的自动推送以免引起客户反感；对于查看过广告信息但未产生购买行为的客户，进行短信或电话的一对一营销推介。通过对营销活动的后评价及时对营销活动和模型进行了动态调整，显著提升了整体营销效果。

　　2. 案例二[①]：在近几年大众化啤酒销量整体下降的形势下，青岛啤酒定位于小众化啤酒开发，确立了以顾客为中心的营销生产导向，从产品的口味等入手开发出新型的产品，同时采用大数据营销模式，建立起以企业主导的B2C网络精准营销，使得青岛啤酒销量快速逆势增长，如表3所示。

---

　　① 孙洪池、林正杰：《基于大数据的B2C网络精准营销应用研究——以中国零售商品型企业为例》，载《全国商情》，2016（12）。

表3   **青岛啤酒 B2C 网络精准营销解析**

人力资源	成立创新营销事业部（内部称蓝军）	负责在市场开发、新产品研发、渠道发展模式上实现创新，运用大数据实现精准营销
市场定位	以顾客为中心，开拓小众化个性化需求的啤酒市场	向"高、精、特、新"转型，形成"小瓶化、多频次、多品种"的生产模式，产品由传统3个发展到现在的152个品种
数据来源	在微信建立"青岛啤酒官方商城"与消费者互动	通过游戏与消费者互动，成为购物、娱乐、游戏、社交一体化平台
价格策略	融合消费者的心理需求价格定位	符合消费者对于新产品的价值的定位
营销实施	注重价值宣传，综合运用 CRM 客户关系管理、数据库进行营销	向特定的用户推送企业新型的产品，实施精准营销
销售渠道	B2C 网络精准营销模式	与京东、天猫、易购、一号店等电商平台合作，消费者下单24小时内喝到刚刚下线的原浆啤酒

三、大数据时代工商银行建立客户精准营销体系构想

如前文所述，各商业银行及其他零售行业已纷纷将大数据提到企业战略层面，通过自主研发或者与第三方合作部署大数据平台建设，提升大数据在存储、挖掘、分析、应用方面的能力，在未来的银行业竞争中，大数据的应用将成为决定银行经营业绩的关键。工商银行从2000年开始建立数据仓库以来，拥有了庞大的历史数据资产和先进的数据处理技术，在大数据应用方面具有扎实基础和先天优势，随着互联网金融的不断深入发展，客户获取金融服务的方式不断改变，大零售业务需要进一步深化"以客户为中心"的思想，抓住大数据时代给银行精准化营销带来的诸多创新机会，借助创新的技术和先进工具，配备专业化资源以构建精准营销闭环体系。

（一）建设 DMP 数据管理平台

这是进行数据挖掘和客户分析的基础，银行尽可能多地通过内外部采集客户在各个渠道产生的可能与银行业务相关的数据。根据大数据体量巨大、类型丰富、实时产生和价值密度低等特点，商业银行需要建立起大规模、非结构化、分布式与流计算的大数据仓库，实现从交易型数据管理拓展到社会化数据管理，从结构化数据管理拓展到非结构化数据管理。在这一环节，银行要进行大量基础性建设。

1. 客户信息挖掘

商业银行拥有大量的客户数据，但值得注意的是，这些数据几乎都是

客户的历史数据而非实时数据，换句话说，如果仅仅依据这些数据挖掘了解的客户，永远是"昨天的样子"，而不是"当下的样子"或"未来的样子"，而即使对于这些数据，其价值也还远未完全发挥。据了解，2012—2017 年数据规模 5 年将增长 7 倍，因此要深入挖掘银行内部信息，同时打破传统数据边界，注重加强与社交网络、电商企业等平台的交流与合作。丰富客户数据获取来源，以期获得更加完整、清晰、多维度的客户信息。

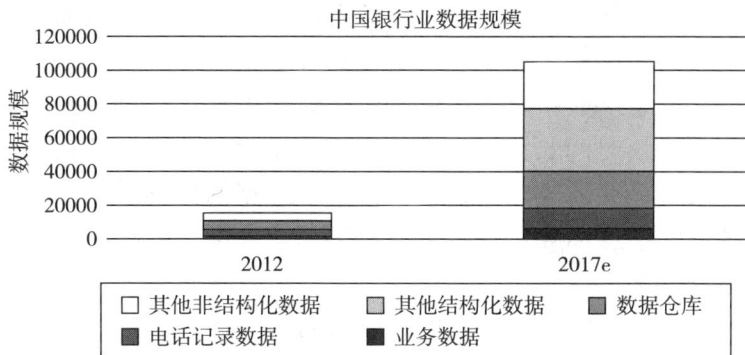

图 5　中国银行业数据规模预测

一是在客户与我行建立业务往来的时机，尽量准确完善地填写客户的基本资料，但事实上客户往往不愿意填写或者故意虚假填写，一方面是因为注重自身信息的隐私性，而对填写信息保持天然的警觉和敏感；另一方面，认为填写信息麻烦，浪费时间而不愿意填写。这就需要在引导客户采集信息时采取一定的技巧，并且先向客户声明银行对客户信息的采集仅供内部使用，保存时会对客户信息采取加密机制，防范客户信息泄露风险。同时，采取一些激励机制，例如信息完整度达到一定比例的客户给予一定的银行优惠服务等。

二是加强与客户的互动联系，例如充分利用融 e 联、融 e 行、网上银行等渠道，利用填写调查问卷、做活动等与客户互动的方式完善客户的信息、收集客户对于我行产品和服务的评价与建议，并对参与的客户给予一定的积分奖励，充分利用融 e 购电商平台，积累客户的消费行为数据，日常缴费数据等。

三是充分利用网络爬虫技术在各大社交媒体、论坛网站追踪客户对于金融产品和金融消费的观点及诉求，为我行改进产品和提升服务、挖转他行优质客户和提高我行客户忠诚度提供信息支持。此外，一些平台提供了基于自身所采集数据的大数据分析工具对外开放，如百度基于大众搜索数据推出的百度指数，淘宝基于其用户搜索和购物数据推出的淘宝指数等。

四是充分加强与电商平台、P2P平台等第三方平台或者其他各大商户的合作，充分利用社会保障数据库、政府统计数据库等政府信息平台，获取客户征信数据、纳税信息、司法信息等，以获取客户更多消费、社交和生活信息。

2. 数据清洗整理

一是完善数据标准体系。商业银行大数据的来源空间分布广、将柜面终端、自助设备、网银、手机银行、电商平台、APP、社交网络等移动终端进行整合，打通线上和线下渠道，由于数据采集渠道的多源性，数据类型复杂繁多，持续时间长，从而导致采用的标准不一、表述的方式不同，以及数据语义解释混乱等现象，它们都给大数据的处理带来很多困难。因此要建立统一的信息标准，整合银行各部门、各渠道数据形成统一的、完整的客户信息视图。

二是统一客户评价体系。要把各部门的相关数据和标准体系筹整合起来，综合反映客户在各产品、业务领域的贡献度，进一步丰富完善客户星级体系内容，以此作为对客户进行分层分类服务、科学确定各项服务定价与价值回馈的依据和基础。

三是加强数据质量治理。数据质量是决定营销模型准确性的关键，完善的数据治理可以确保商业银行数据的可用性、完整性以及一致性。目前银行存储的数据存在缺失值、数据异常和更新滞后等问题，要下大力度解决，进一步推动数据治理体系架构和相关制度的建立，商业银行的数据治理方式主要包括定期的数据质量评估和闭环的数据质量管理模式，从管理上和技术上治理数据源头。

3. 数据挖掘与分析技术应用

我们要面对大数据的各种技术挑战，例如，传统的数据处理致力于对结构化数据的分析与整合，随着社交网络的兴起，银行内部掌握的客户电话录音、网点视频影像，来自外部社交网站、微博、论坛的各种客户信息都将成为商业银行新的数据来源。目前来看，对网络日志、视频和语音等半结构化数据和非结构化数据应用尚浅，暂时没有有效手段加以利用，无法满足决策的时效性要求。对数据实时交易分析的能力普遍比较弱，但这些占据95%以上总量的半结构化或非结构化数据对于客户特征提取、客户消费偏好分析、客户行为预测有重要意义。因此我们要研究并提高数据的挖掘处理能力，包括大数据的去冗降噪技术、智能语音交互技术、文字识别技术、人脸识别技术、图像分析技术以及机器学习、神经网络技术等等。

（二）客户信息体系的建立

建立客户标签库、数据库、事件库，形成三库相对独立又相互统一、相辅相成的信息存储和提取机制。标签通常是指人为提炼的高度精炼的特征标识，一般以简短的文字表述，具有高度概括性和明显特征性。数据库主要存储客户现期及历史的交易信息等，一般以结构化数据形式存储，具有高度精确性。事件库主要指围绕用户发生的可能影响客户金融消费的重要事件，如客户家庭重要事项变更，客户所在行业、所辖区域发生的重要事件，客户历史营销参与情况及成效等等，内容表述相对翔实具体。标签库、数据库、事件库用不同的方式表述客户的信息，三库相辅相成，共同勾画客户360度立体画像及成长轨迹。

1. 数据标签化

将海量用户信息转化为标签的过程，根据数据标签化中大数据分析技术参与程度的不同，将标签大致分为四类。一般来讲，随着人工干预程度的增加，标签的精确性会随之降低，标签的不稳定性会随之增加。

（1）添加基本属性标签。例如籍贯、出生日期、性别、职业、学历、婚姻、收入、房产等信息。这类标签在获取客户信息的同时基本就可以确定，不再需要额外的数据处理与分析，大部分标签特征是相对稳定、常态的，例如籍贯、性别、出生日期等，只要信息来源真实，标签特征轻易不变。

（2）通过基础信息提炼标签。通过客户基本信息推断出客户的一些特征，比如说根据职业和工作单位等信息推断出年收入，根据房产数量和位置等信息推断出客户资产情况等。

（3）通过用户行为推测标签。例如用户出行时偏好入住五星级豪华酒店，那么可能会被贴上高收入、高管等标签。这就是根据用户的一些行为特征推测添加的标签。

（4）通过数据建模输出标签。随着数据爆发式的增长，很多有价值的信息、规律和客户的金融需求是隐含于海量的、有噪声的、看似杂乱无章的数据之中，这时候就需要通过建立模型分析以挖掘数据间关系，发现事物间或行为间的相关关系，提炼出规律特征以预测未来的趋势。例如通过建模进行客户流失预测模型等得出客户流失概率，将客户划分为高流失倾向用户、中流失倾向用户、低流失倾向用户、忠诚客户等标签。

2. 标签管理

随着大数据挖掘与分析技术的发展，客户标签体系的建设将日趋精细

化，每个客户都拥有多个维度标签，例如淘宝单个用户的标签已超过 2000
个，其中性别标签多达 18 个。并且大部分标签不是一成不变的，大多数标
签都有一定的生命周期，要随时根据客户基本信息的变化而不断更正、更
新标签内容，确保客户标签内容的准确性、时效性和高质量。此外，应当
做好客户标签的基础管理工作，建立标签创建、编辑、修改、整合、审批、
发布、评估等管理流程，实现标签管理的体系化。

（三）建立客户分析模型

数据挖掘的核心就是预测，预测消费者的未来行为轨迹以及金融需求，
或者对已持有银行产品和服务进一步的建议或更新升级的需求。客户分析
模型正是通过对客户信息的深度运用，利用专业的分析平台或模型实验室
构建面向特定客群特定场景的分析主题，来达到预测的目的。例如，高价
值客户流失预警分析、代发客群留存率提升分析、资金净流出客户的资金
流向分析、特定产品响应率分析、客户关系网络分析等等。通过科学合理
的客户分析模型，全面深入的客户洞察，明晰客户的金融行为的变化，分
析客户的金融偏好，预测客户的金融需求，适时高效地进行客户需求与银
行服务的匹配与对接。值得注意的是，要摆脱割裂地分析客户行为的阶段，
数据需要与特定的场景结合才能发挥效应。将客户行为与特定的时间、地
点、生活场景及客户的社会关系背景联系起来，综合运用客户的标签库、
数据库、事件库形成关于客户的完整画像。

（四）制定营销策略与方案

基于目标客户群金融消费特征，结合营销目标，根据营销资源、市场
环境等因素，制定相应的营销策略与方案。在传统的数据库模式下，商业
银行也大力推行精准营销，但由于种种原因的制约，营销效果没有达到最
大化。在大数据时代，商业银行对市场与客户的理解要走向场景化、适时
化、准确化，能够真正实现营销管理的精准化、智能化、自动化。大数据
时代，一个好的营销方案可以聚焦到某个目标客户群，甚至精准地根据每
一位消费者不同的兴趣与偏好为他们提供专属性的市场营销组合方案，包
括针对性的产品组合方案、产品价格方案、渠道设计方案、一对一的沟通
促销方案等。

（五）评估营销效果，加强营销管理

现阶段的大数据营销分析仍处于起步阶段，营销过程中要加强对策略
执行的追踪和管理，营销活动结束后，及时评估营销效果，生成相应的自
动化营销业绩报表系统。对活动过程中反馈的各种数据进行综合分析，必

要时设立对照组以验证大数据营销方案的优越性和价值，核算大数据营销成本，对营销活动的执行、渠道、产品和广告的有效性进行评估，对营销前后数据分析以确认是否达到预期目标。通过不断地对前期营销模型参数进行调整修正进行策略优化，不断达到精准营销最优化的目的，形成自动化的营销闭环，如图6所示。

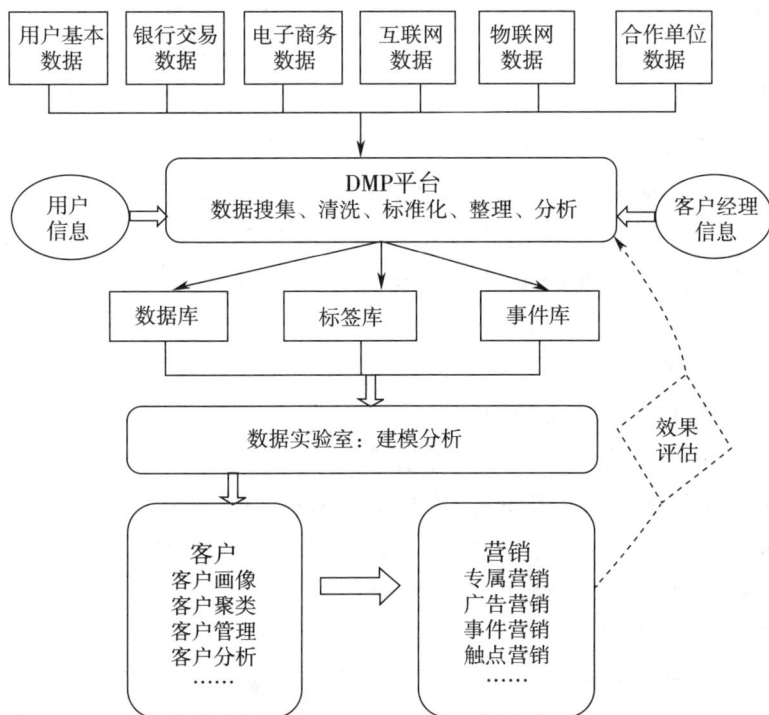

图6 大数据精准营销闭环体系

四、大数据体系下工商银行营销策略研究

营销作为零售银行获客、活客和粘客的重要抓手，是决定银行零售业务发展的关键要素。大数据时代背景下，服务模式日趋个性化和定制化，营销模式日趋精准化和场景化，营销管理日趋系统化和流程化，营销执行日趋实时化和智能化。充分将大数据分析与银行零售业务营销工作有机结合，使得营销更加融入消费者的生活场景中去，更加契合消费者的金融需求。

（一）挖掘营销机遇。通过大数据分析发现新客户、新市场、新规律，挖掘以往被忽略的营销机遇。

1. 社群聚类营销

运用大数据的聚类功能进行客户的精细化分类，对具有相同标签属性的客户群进行批量营销，例如健身达人群、数码发烧群、成熟高端投资群、积极投资理财群等，根据其群体特征，进行相关的营销。例如有学者通过在新浪微博的明星势力榜里选取 TFBOYS 组合和王凯两位明星在 2016 年 3 月进行关键词的微博话题人群画像，得到明星粉丝人群画像①：TFBOYS 粉丝群主要集中在广东、重庆和北京，粉丝人群中女性占绝大部分，年龄分布主要集中在 12～24 岁，星座比例分布较为均匀。王凯粉丝群主要集中在北京、江苏、上海和广东，粉丝人群中女性占绝大部分，年龄分布主要集中在 19～34 岁，喜欢王凯的粉丝中星座分布魔蝎座和狮子座最多。据此，相应的一级分行可以进一步分析粉丝群特点并有针对性地制定营销方案，进行精准营销。

2. 消费惯性营销

基于优质客户历史消费行为，深入分析客户的消费周期、消费渠道、消费内容等周期性规律，从而进行精准营销。在客户的日常生活中，有很多消费是有明显周期性可循的，尤其是在有一些特殊爱好及特长的客户身上，如健身、养生、出游、日常消费等，将目标客户的标签特征与这些生活场景联系起来，有利于我行批量精准营销。

3. 需求预测营销

例如，对于 24～30 岁的青年，处于刚完成学业步入职场的阶段，接下来的购房、装修、购车、结婚、生子的消费轨迹相对较为清晰，通过对其工作时间、经济能力、家庭关系、籍贯与住所地的信息的分析，可以提炼出有贷款及分期付款消费需求的潜力优质客户，先人一步地进行营销，成功转化率将有所提高。

4. 互动触点营销

利用每一次与客户接触的机会，如客户登录网银，手机银行或者我行其他 APP，向客服电话咨询业务，或进入网点向大堂经理咨询产品服务情况等。根据客户接触银行各类渠道的特点，客户特征、接触历史、浏览或者咨询信息内容、最新行为轨迹等，适时推荐最能满足客户需求的产品与

---

① 曾鸿、吴苏倪：《基于微博的大数据用户画像与精准营销》，载《现代经济信息》，成都信息工程大学统计学院。

金融服务，让客户感觉"知我所知"甚至是"替我所想"。例如，当客户登录我行手机银行进行浏览时，根据客户表现出的指定行为后即自动实时触发预先定义的营销推送信息，并通过分析用户画像数据、用户行为和偏好数据，结合个性化推荐算法实现根据用户不同的兴趣和需求推荐不同的商品或者产品，以提高营销精准性和转化率，实现营销效果最大化。

5. 事件触发营销

基于流数据平台，依托客户行为事件和位置信息设置业务触发规则，实时通过融 e 联、短信等渠道为客户推送营销信息和服务信息，使客户享受及时的智能化营销服务。事件式营销以了解客户是否有需求和意愿为前提，洞悉客户消费偏好，明确营销目标群体，有针对性地开展精准营销。例如，通过客户的 GPS 定位，结合平时对客户浏览和关注的行为捕捉，排除数据噪点，向客户推荐周边合作商户的打折信息，根据时间点等多维因素组合，向客户推荐附近餐厅的刷卡打折和附近停车免费信息等。

6. 跨界合作营销

跨界营销区别于传统单独作战的营销模式，寻求不同行业之间的跨界合作，实现跨行业的合作共赢。进入到移动互联网时代和互联网金融流行之后，跨界的合作模式普及开来，各银行机构也纷纷"跳出银行做银行"，通过开展异业联盟方式进行跨界营销，例如，平安银行私人银行以高尔夫为切入点，逐级搭建一个高端商务休闲的人际关系平台，在为客户提供高尔夫服务的同时，针对目标客户群的不同层次需求，为会员量身定制不同的专属金融产品，在推广产品的同时，定期邀请银行内部以及外部企业、协会、商学院等举办专场比赛，将金融服务与高尔夫服务有机地结合起来，在为客户提供增值服务的同时，也为银行和合作方创造了价值，从而使得跨界合作的品牌都能够得到最大化的营销。

（二）创新营销方式。除了传统的清单筛选式营销，或借助媒体、移动终端等平台进行资讯推送，利用业务数据模型进行促发式营销，大数据、云计算以及互联网、自媒体的发展都为银行的营销提供了更为广阔的创新空间。

1. 大数据时代新型广告营销

广告宣传一直以来都是营销的重要组成部分，在大数据时代，广告宣传不再仅仅是录影棚里制式的广告词和剪辑好的宣传片，更多的是通过多种方式多种渠道融入消费者的日常生活中，更加场景化、生活化、实时化。

（1）通过融 e 联打造社交平台。随着消费者主权时代的到来，银行与客户之间的沟通交流愈加重要。SCRM[①]就强调消费者的参与和双边互动，通过融 e 联打造一个广泛参与的社交平台，让更多的用户以银行产品和服务的关注者、建议者甚至创造者的身份存在，通过该交流平台，银行与客户之间能够加强互动，对我行产品和服务进行宣传推介，对客户进行兴趣挖掘和信息管理。通过建立平台社区让客户之间充分交流，让用户更加拥有归属感、趣味感和成就感；从平台互动的内容中，可以挖掘出客户信息与消费需求，帮助银行进行目标用户信息完善、管理、广告推送与精准营销。

（2）充分利用外部网络营销。一是通过精准广告投放、SEO[②] 营销等，提高银行品牌知名度，吸引客户进行访问。很多客户在消费前习惯通过搜索引擎进行相关产品的了解，以辅助购买决策，很多零售商则不失时机地进行 SEO 营销，商业银行在这一方面的应用要明显少于其他零售企业，应予以加强。二是社交媒体营销。社交媒体不断影响着现代人的生活，通过微博、微信、论坛等社交媒体交流观点抑或分享自己的状态，每天都会产生大量的数据，基于这样的数据就能采集客户身份数据、客户偏好、金融诉求甚至市场动态等重要信息，为营销提供无限的机会，同时银行也要通过网络予以相应的回应，适时进行宣传和营销。

（3）利用明星效应营销。很多人气明星拥有庞大的粉丝群体，且热衷公益事业，可以作为我行的营销切入点，拓展粉丝经济。例如，很多明星微博粉丝数量都在 8000 万人以上，据此，我们可以结合明星艺人的特点和意愿设计专属金融产品，同时加载公益捐助功能，由艺人通过其个人社交平台、宣讲活动进行宣传推介，我行再通过分析明星粉丝群特点，定期有针对性地辅以消费满额赠送，演出门票优惠等特定的促销活动，这样就利用了明星艺人的影响力来推介我行的金融产品，同时践行了明星艺人和我行的社会责任，树立了正面社会形象。

（4）植入科技含量的互动式广告营销。人工智能的发展催生了一系列互动式广告的诞生，如视频互动广告、人脸互动广告、场景互动广告，通过互动，使得银行能更加了解客户的需求，同时给予客户一种前卫、新潮、

---

① SOCIAL CRM，社会化客户关系管理。

② Search Engine Optimization 即搜索引擎优化，是指通过站内优化以及站外优化，使网站满足搜索引擎收录排名需求，从而吸引用户进入网站的营销方式。

科技含量十足的体验，适合追求时尚的中青年一族。

2. 传统网点渠道精准营销

网点是银行最基础最传统的阵地，大数据时代，客户进入大厅后，通过客户刷卡取号、甚至通过人脸识别技术可以马上识别客户身份，然后后台筛选出该客户的金融消费习惯和在本行的资产状况，直接推送到营业网点大厅的客服人员手中，客服人员在对客户有一定了解的基础上，主动和客户沟通并提供服务，可以节省营销时间成本，有效提高客户满意度并提高客户营销成功率。这种做法已经逐渐成为事实，网点的去高柜化和网点营销化已经成为网点转型的主流理念，未来大数据技术的发展将会使客户的识别更加精准和智能，利用大数据促进网点精准营销空间还很大。

3. 大数据系统自动智能营销

在大数据平台上，通过对市场的定位与客户群的分类选取，分析其消费特征，预测其消费需求，进行一系列的建模验证后，由系统自动触发的营销行为，当然，这种营销行为还需要通过短信、电话或者人工等方式辅助加以完成。

4. 专业营销团队专属营销

通过客户经理或营销团队进行持续性跟踪营销，可综合运用短信、电话、上门拜访等方式，与传统营销不同的是，该类营销强调的是一对一专属性，且目标客户定位于私人银行客户、优质高端客户等。营销时注重实时分析每个客户的特征，形成关于单一客户的清晰的全面的完整画像，一户一策，为客户提供个性化甚至定制化的产品和服务，达到最优的客户体验。

（三）注重营销管理。通过加强营销的系统化管理，完善各项配套流程机制与服务，不断提升营销的精准性与实效性。

1. 建立营销方案竞价及管理机制

银行优质客户往往是各个业务条线争相营销的对象，一个客户往往触发多个营销行为的发生，过于频繁的信息推送会让客户感觉到过度打扰，这就需要对全渠道下所有营销活动进行统一管理和优先级排序，包括建立对接触频次、免打扰规则、容量控制规则、活动优先级、产品最适化等规则的设定，采用优化算法和内在竞争机制选取最适合的营销方案执行命令，既提高客户体验，同时保证银行营销效果最优化和利益最大化。

2. 建立客户经理最优匹配机制

银行现有的客户经理管户原则上一般是按照目标客户辖属银行机构进

行划分，这样的分配虽然有利于现有机制体系下的管理和考核，但并不一定能达到营销效果的最优化，设想在初次与目标客户接触或者挖转他行优质客户的情况下，如果能够安排与目标客户具有共同语言志趣相投的客户经理进行营销，可能将会更快速地建立客户与客户经理之间的信任和亲密关系，有助于提高营销效果的转化率。建议建立客户经理档案库，进行标签化管理，内容包括客户经理的籍贯、年龄、家庭住址、单位地址、性格、爱好、特长、亲密家属的单位、职业、子女就读学校等等，相对于客户而言，本行客户经理信息采集成本低、信息内容准确而丰富，然后通过一系列算法优选出与目标客户最为"匹配"的客户经理进行营销。

3. 注重专业的营销团队建设

目前国内多数零售银行基层专业营销人才普遍缺失，很多地区客服经理老龄化严重，营销以个人经验为主导，很多营销手段还靠拉关系，一人管多户，顾此失彼，营销唯任务论，营销工作经常虎头蛇尾、半途而废，客户长期维护工作不到位。此外，客户经理一旦跳槽，将使我行客户资源受到损失，按此模式开展营销业务暴露出诸多弊端，传统营销方式难以胜任大零售业务的发展需求，应注重营销人才的培养，打造专业化精英化的营销团队。

五、结 语

（一）大数据应用需要有计划分阶段逐步实施

大数据应用不是一蹴而就的，零售银行营销转型是一个复杂的系统工程，需要结合银行自身条件和业务目标，科学规划、合理布局、分阶段有步骤地实施。首先是营销转型战略规划，进行基础性工作建设，在数据层面完善客户数据库，搭建客户标签库和事件库，随着大数据和云计算水平的发展，逐步打造更为丰富的完善的营销生态圈，建立数字营销一体化体系。

（二）注重银行产品和服务的不断完善升级

银行产品和服务的不断完善升级也是影响营销成效的关键因素。例如，对于一个通过社交网站信息分析挖掘出来的行外潜力客户，当其在一家商场附近活动时，收到我行营销短信，刷工行信用卡可以参与某优惠活动，客户对此很感兴趣，但却因为不是我行客户并不拥有我行信用卡，如果我行能够提供通过手机移动终端实时便捷地办理掌上虚拟信用卡的服务，那么营销成功的可能性将会大大提高，否则，客户一旦离开了这个场景，再来我行申办信用卡并返回商场购物的几率则大大降低，那么，即使再精准的营销活动也会因为配套产品或者服务的不完善，不能有效转化为生产力。

（三）大数据应用需加强人才队伍建设

大数据应用是一门交叉学科，在商业银行的应用要求从业人员具备跨学科的专业知识储备，目前，商业银行内部管理架构仍以条线划分为主，技术条线从业人员具备软件系统研发、信息系统运行维护能力，但往往不具备产品业务知识，不熟悉客户需求和业务处理流程；业务条线从业人员熟悉业务知识、客户需求和业务流程，但往往不具备数据挖掘和数据架构能力。技术条线与业务条线工作的割裂导致业务需求与系统开发不能高效精准的对接，商业银行跨学科、跨领域的复合型大数据人才严重短缺。建议积极实施大数据人才战略，重点推进专业化复合型的大数据分析团队建设。

（四）大数据应用需防范法律及道德风险

当前，我国针对大数据应用的相关法律制度相对缺失，一方面，现行法律对于数据资产的安全性保护不足。随着大数据的发展和逐渐应用，数据因其蕴含的巨大价值或成为企业的重要资产，但其产权属性在法律中尚未明确。我行在与外部机构合作在数据获取、开发、使用中需防范法律风险。另一方面，现行法律尚未实现用户隐私保护和用户数据开发利用之间的平衡，从道德风险来看，用户隐私保护意识逐渐增强，数据应用中挖掘利用的用户数据有可能会触及用户以及舆论对隐私保护的敏感神经，极易引发公关危机。在现有条件下，如何既充分挖掘用户数据价值，又合理规避对用户隐私的侵犯威胁，也是我们需要思考和重视的问题。

参考文献

［1］［英］维克托·迈尔·舍恩伯格、肯尼思·库克耶著，盛杨燕、周涛译：《大数据时代》，浙江人民出版社，2013。

［2］车品觉：《决战大数据：驾驭未来商业的利器》，浙江人民出版社，2014。

［3］北京银联信信息咨询中心：《大数据技术应用于零售银行转型与创新研究》，www. unbank. info。

［4］支宝才、开云、王汇川：《大数据驱动零售银行精益化营销》，载《银行家》，2016（5）。

［5］陆岷峰、虞鹏飞：《大数据推动商业银行零售业务转型升级》，载

《银行家》，2015（3）。

［6］陆岷峰、虞鹏飞：《商业银行零售业务转型升级研究——基于大数据分析与挖掘》，载《西部金融》，2015（3）。

［7］易观智库：《中国大数据营销服务市场专题研究报告2015》，wenku. Baidu. com.

［8］曾鸿、吴苏倪：《基于微博的大数据用户画像与精准营销》，载《现代经济信息》，2016（24）。

［9］孙洪池、林正杰：《基于大数据的B2C网络精准营销应用研究——以中国零售商品型企业为例》，载《全国商情》，2016（12）。

［10］王皓瑜、邓江、杜佳楠、汪德华、龙曦侃：《基于大数据分析的精准营销服务平台研究》，载《中国金融电脑》，2014（8）。

［11］胡敏：《民生银行的大数据攻略——"阿拉丁"大数据分析云平台建设实践》，载《中国金融电脑》，2014（6）。

［12］数据派：《海尔大数据交互营销》，中国大数据产业观察网www. cbdio. com，2015.11.

［13］信怀义：《商业银行大数据应用任重道远》，载《中国金融电脑》，2015（8）。

［14］陈鹏、李博：《从国际经验看我国零售银行转型》，载《银行家》，2015（7）。

［15］孙慧敏、霍妍妍：《浅析大数据时代的精准营销》，载《中国商论》，2016（Z1）。

［16］宋丹、黄旭：《基于大数据视角的商业银行零售业务转型研究》，载《海南金融》，2016（2）。

［17］2014年中国金融大数据应用白皮书，载《国际融资》，2014（11）。

资产管理公司的"大资管"业务模式及发展策略[①]

——以中国长城资产管理股份有限公司为例

中国长城资产管理股份有限公司 谭人友

一、"大资管"的涵义

"资产管理"（以下简称资管），是指资产管理人接受客户委托，经营运作客户资产，通过提供投资管理服务为客户创造价值，为自己创造收益的"双赢"的业务模式。从金融法律关系来看，其本质上是一种信托关系，资产管理人作为积极的金融中介通过提供增值服务来参与。从运营目标来看，资产管理的目的是选择不同类别资产、按不同比例构成具有不同"风险—收益"特征的金融产品，再配置给具有不同收益需求和风险偏好的个人和机构投资者。

"大资管"不是对"资管"的简单相加，而是对目前我国资产管理行业环境的一种泛指，是指监管层推进的一系列市场化改革措施，不断拓展资产管理业务外延，形成相互交叉、跨界竞争、创新合作、混业经营的发展新阶段。其实际上是指银行、证券、保险、基金、信托、期货等各类资管机构之间的制度性（准入）壁垒被打破形成的混业经营。在国际主流资本市场上，比如金融业发达的英国、美国就没有"大资管"这一说法。这是因为它们的金融发展水平和开放程度高，制度性壁垒较低，专业化经营是其主流运营模式。可见，"大资管"本质上是从监管和制度视角的一个定义。为便于描述，本文将其记为"正常大资管"[②]。

"资产公司大资管"是在"正常大资管"的基础上拓展而成的，其以

---

① 不同于现有研究，本文尝试从业务特征出发，从投资实践的视角来研究资产管理的"大资管"业务模式。

② 本文采用"正常"与"不良"相对，以便于区别和表述。

不良资产类别为主要标的，利用"全牌照"赋予的"制度性优势"打造"大资管"业务模式。比如，中国长城资产以不良资产管理为基础，其他资管业务围绕其提供协同服务。为便于区分和描述将其记为"长城大资管"。

二、"资产公司大资管"的八大特征：一个比较的视角

在上游资金供给充足却需求不足，下游优质资管产品需求旺盛却供给不足的"资产荒"背景下，贯通"大资管"产业链的核心在于处在混业经营状态的中游环节即资产管理机构。因此，"大资管"作为新型混业经营模式，不是将原来"资管"的简单加总，而是延长了"资管"产业链，增加了"资管"的厚度，具有更多独特性。接下来通过比较"正常大资管"和"资产公司大资管"来深入分析"资产公司大资管"的产业链特征。

（一）金融业态多，"主次"地位分明，整体较为薄弱

"正常大资管"产业链涵盖银行、信托、保险、证券、共同基金（包括子公司）、私募、期货、互联网金融等诸多传统和新型金融业态的资管业务部门。由于是制度放宽造就"大资管"，因此它们在产业链上的业务地位是"平行"关系，而不是"主次"关系。比如"光大系"的银行、信托、保险、券商、基金等平台虽各有强弱，但均以各自主业为基础发展壮大，不存在地位上明确的"主次"或"从属"关系。

四大资产公司都是拥有主流金融全牌照的金控集团（见表1），其"大资管"可理解为是在"正常大资管"的基础上加上不良资产管理主业，故覆盖的金融业态更多，彼此之间的关系也发生了变化。比如"长城大资管"是以不良资产为核心业务，其他业务作为辅助工具围绕其展开业务，因而具有明确的"主次"或者说"从属"关系。目前四大资产公司的平台子公司都主要是作为通道来支持不良资产主业，产生协同效应。但放在各平台公司所处的金融子行业来看，资产公司的平台公司都比较弱，除租赁公司处于行业中游水平外，其他平台业务几乎都处于行业下游水平。在四大资产公司中，"长城大资管"上的各个金融业态几乎都弱于同业。这说明中国长城资产具有发展"大资管"的牌照条件，但基础比较薄弱，没有实现有效整合，目前难以充分发挥产业链集聚效应。

表1　　　　　　　　　　　四大资产公司的业务牌照比较

业务 ＼ 资产公司	华融	信达	东方	长城
不良资产	√	√	√	√
银行	√	√	√	√
保险	×	√	√	√
证券	√	√	√	√
期货	√	√	×	×
信托	√	√	√	√
租赁	√	√	√	√
基金管理	√	√	√	√
投资	√	√	√	√
咨询	×	×	×	√
房地产	√	√	×	√
信用评级	×	×	√	×
小额贷款	×	×	√	√
海外子公司	√	√	√	√

注："√"表示已经拥有该牌照，"×"表示没有该金融牌照。

（二）不良资产规模领先，正常资产规模滞后，资产结构不均衡

"正常大资管"领域资产规模庞大且呈明显的逐年上升态势。截至2015年末①，"正常大资管"行业总规模高达93万亿元，近三年平均增速约51%。与此同时，据银监会统计，截至2015年底，商业银行业不良贷款余额升至1.27万亿元，不良贷款率高达1.67%，已连续第10个季度环比上升，预计未来3~5年，不良资产规模的增速将保持20%左右的增长率。同时，据有关机构预测，随着信托、城商行、股份制银行、小贷公司及P2P等不良贷款的加速暴露，未来3~5年，约55%的不良资产来自商业银行，约17%的不良资产来自信托公司，约25%的比例来自小贷公司及P2P网贷等机构②。显然，正常资产和不良资产的规模都呈持续高速增长态势，且前者远大于后者。

一般来说，"资产公司大资管"是在"正常大资管"的基础上加上不

①　数据引自中国光大银行与波士顿咨询公司（BCG）联合发布的《中国资产管理市场2015》。
②　统计及预测数据由中国长城资产相关部门提供。

良资产规模。但如前文所述，资产公司的平台公司都较弱，总体处于行业下游。整理四大资产公司相关数据发现①，截至 2015 年 12 月 31 日，华融集团不良资产经营业务年末资产总额达到人民币 3701.3 亿元，第三方受托管理资产（银行理财、证券、信托及私募基金）规模为人民币 4271.9 亿元。信达集团不良资产经营业务年末资产总额达到人民币 3928.6 亿元，资产管理业务（证券资管、信托、公募基金及私募基金）规模 3736 亿元。东方集团不良资产业务分为以处置、增值为目标的传统类不良资产业务（数据未披露）和以重组、救助为目标的创新类不良资产业务（业务规模余额为 1444 亿元），资产管理规模（基础资产、证券公司财富管理、信托资产及股权投资、境外资产证券化业务）2614.4 亿元。长城集团不良资产经营业务年末资产总额达到人民币 987 亿元（母公司加上宁夏业务部），资产管理业务余额（证券、信托、私募基金、银行理财等）1289 亿元。显然，四大资产公司的先天优势赋予其不良资产行业领先地位，但其正常资产管理业务开展较晚，处于行业落后地位，资管产业链没有有效贯通，资产结构失衡，没有形成合力。

（三）资管业务"非主流"，产品类别单调，财富管理功能薄弱

"正常大资管"产业链涵盖股票、债券、货币、期权、金融期货、商品期货等多种资产类别；进而衍生出满足各类金融机构不同需求的金融产品，比如银行理财、保险资管、信托、共同基金、证券资管等产品。一般来说，资产公司的多金融牌照赋予其融合多种资产，设计多种金融产品的机会。而且不良资产作为一种复合型资产，往往是股权、债权和物权相互交织的混合型资产，与之相关的资管产品更为复杂。

但现实中，资产公司的资管业务不属于资本市场上的"主流"业务。信达资产的资管业务主要包括杠杆投资和受托管理（包括金融机构、发改委等不良资产托管、清算、处置等）两类。东方资产第三方资产管理业务覆盖范围主要是增量项目杠杆投资，存量资产盘活业务开展的较少且规模不大。长城资产管理产品主要包括标准资产证券化（主要是信贷资产证券化）和非标资管产品（存量资产出表、增量配资项目与专项资管业务）。华融资产第三方资产管理业务是根据其实际业务需求分散在资产经营部、投资投行部等业务部门，其资管业务主要包括标准资产证券化和杠杆投资。

---

① 四大资产公司的数据均来自各公司年报。各资产公司的业务分类或统计口径不完全一致，但大同小异，即使存在一定误差，也不会对最终结果产生根本性影响。

而且四大资产公司设计的不良资产证券化的产品极少，"真正"的财富管理功能不足。相比之下，商业银行不良资产证券化虽时隔八年后重启但进行得如火如荼，2016 年 5 月至今，中国银行、招商银行、中国农业银行发起的不良资产证券化产品总金额达到 40.67 亿元。监管部门接下来还将进一步扩大不良资产证券化试点机构范围。这说明资产公司的不良资产主业优势还未在"大资管"中充分发挥出来。

此外，在运作模式上，资产公司乃至大多数主流金融机构都大量采用"含优先、夹层、劣后分层结构"的资管计划，实际上是一种"兜底"设计。部分基于正常资产的资管产品，几乎都主要集中在传统类资产。比如信达的公募基金分为股票型、债券型和混合型，主要投资于权益类资产和固定收益类资产。东方旗下的东兴证券作为资产公司中发展较好的券商，产品设计能力相对较强，对外公开的财富管理产品包括股票型、量化对冲型、债券型、货币型、短期理财型、场外固定收益、基金的基金（FOF）、管理人的管理人（MOM）等多种形态，以及各类私募性质的投融资金融产品等，但其最终标的也主要集中在传统类资产上。

（四）参与客户单一，高净值客户缺乏，客户结构失衡

资产管理的目标是构建具有不同"风险—收益"特征的金融产品，再配置给具有不同收益需求和风险偏好的个人和机构投资者。"大资管"将不同资管机构融合在一起，几乎各种规模的机构投资者、金融中介机构，不同净值财富规模的个人客户，均可进入"大资管产业链"不同环节获得资产管理服务。一般来说，"资产公司大资管"的客户群是在"正常大资管"的基础上加入不良资产业务的参与者。但如前所述，资产公司的不良资产标准化产品极少，不良资产的复杂性更导致普通投资者难以正确认识其投资价值，抑制了投资需求。而正常资产的资管产品设计能力薄弱且与所处金融子行业的主流机构相差甚远。因此，资产公司比如长城资产，资管业务的客户类型不够丰富，机构客户不足，高净值客户缺乏。

（五）研究能力薄弱，第三方资金使用能力不足，经营模式不够轻

"正常大资管"作为积极的金融中介，以智力资本（研究与投资）作为轻资产，运作第三方资本，通过研究发现价值，通过投资创造价值，实现资产的持续增值和利益互享。资产公司的不良资产业务属于资本消耗型业务，引入第三方资本才能够在实现可持续健康经营的同时分散投资风险。但如第（二）部分所示，资产公司的第三方资管业务规模较小。这与资产公司总部及下属各资管平台公司的投资和研究能力总体较弱紧密相关。在

各金融子行业中，证券公司的研究能力最强，基金公司的投资能力最强。以此来看，资产公司旗下的证券公司中，东兴证券是唯一上市的券商，资产规模最大，实质性业务开展最全，研究能力较强，多次进入新财富榜单；其次是华融证券，近年来加大投入，最近刚引入前央行资深研究员担任首席经济学家，有效提升了研究实力。信达证券研发中心成立于2007年，其研究员也曾数次进入新财富榜单。长城国瑞证券成立时间较晚，发展相对滞后。从集团层面来看，中国长城资产目前没有专门研究国际国内宏观经济和大类资产配置的专职研究团队，没有从集团层面来统筹不良资产和正常资产的配置，对于第三方资本的投资运作没有采用资产配置的思维，大大降低了资金使用效率，限制了大资金的使用能力。

（六）风险聚集和放大效应突出，风险分散机制缺乏，委托代理风险严重

"正常大资管"的混业经营模式导致在资金端、产品端、资产端等存在诸多交集，呈现出高杠杆、跨行业、高聚集、强传染的风险特征，风险传导机制呈现出跨产品、跨市场、跨行业的链式传导特征，防控难度大。

华宝证券发布的《2016年中国金融产品年度报告》指出，相互交叉持有模糊了金融产品之间的界限，金融产品市场呈现出风险和收益同时放大的特征（见图1）。在此情形下，很容易"牵一发而动全身"，当某类产品出现问题时，可能对所有产品都产生负面冲击，进而演变成系统性风险。或者出现系统性风险比如宏观经济出现问题时，所有产品都会同时恶化，甚至出现全面崩溃。

如前所述，"资产公司大资管"链条上的正常资产业务不够发达，承受上述风险有限。但资产公司都希望以不良资产为主业，利用其他资产产生协同效应，可能导致各种资金来源、金融工具、金融业务本质上聚焦同一标的，乃至造成风险的集聚和放大。运作模式上，资产公司几乎都是采用"含优先、夹层、劣后分层结构"的资管计划模式，导致风险无法分散而锁定在公司内部。只有利用不良资产和正常资产的"风险—收益"特征差异，整合起来进行大类资产配置才可能规避集团层面的资产风险。

"大资管"的突出特征是引入第三方资本，这意味着资产管理方与投资方分离开来，类似于所有权和管理权相分离，这也存在更严重的委托代理风险（包括事前的逆向选择风险和事后的道德风险）。在"大资管"的混业经营模式下，委托代理风险将会更加严重。

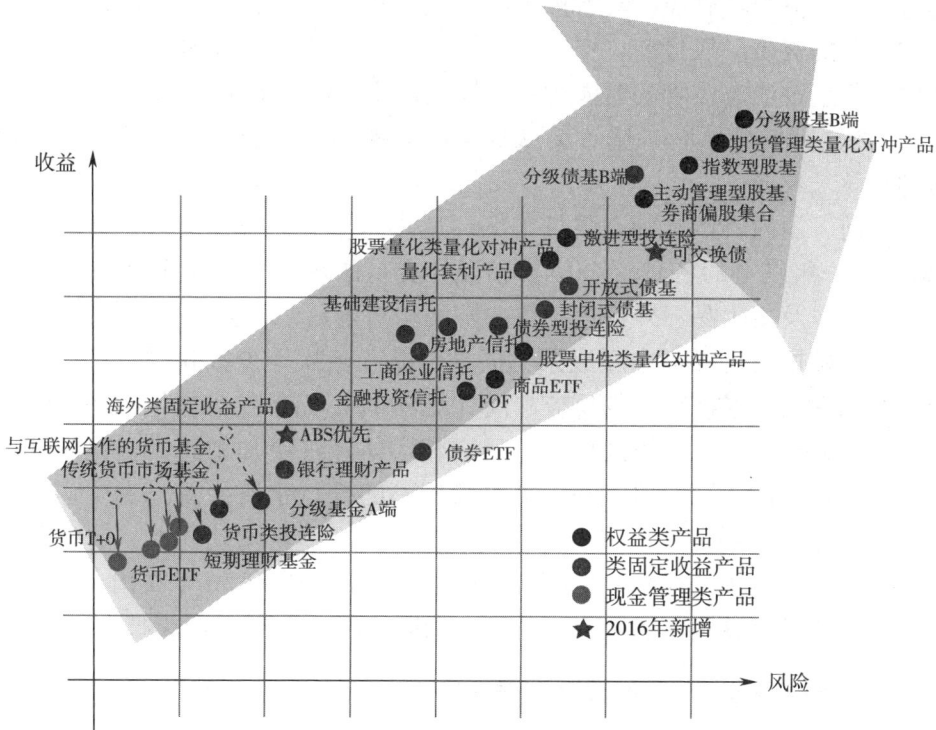

图中标注（按位置）：

收益（纵轴）　风险（横轴）

- 分级股基B端
- 期货管理类量化对冲产品
- 指数型股基
- 分级债基B端
- 主动管理型股基、券商偏股集合
- 股票量化类量化对冲产品
- 激进型投连险
- 可交换债
- 量化套利产品
- 开放式债基
- 基础建设信托
- 封闭式债基
- 债券型投连险
- 房地产信托
- 工商企业信托
- 股票中性类量化对冲产品
- 海外类固定收益产品
- 金融投资信托
- 商品ETF
- FOF
- 与互联网合作的货币基金
- ★ABS优先
- 传统货币市场基金
- 银行理财产品
- 债券ETF
- 分级基金A端
- 货币T+0
- 货币类投连险
- 货币ETF
- 短期理财基金

图例：
- ● 权益类产品
- ● 类固定收益产品
- ● 现金管理类产品
- ★ 2016年新增

资料来源：华宝证券研究创新部。

图1　2016年金融产品矩阵

（七）金融平台多元化，监管政策差异化，有助于规避监管不确定性

"正常大资管"产业链上不同金融业态对政策调控的反应强度不同。2008年至今，监管层出台了一系列政策，在不同时期对创业资本、证券资管、信托资管、共同基金、银行理财、互联网金融、保险万能险、量化交易等，采取了不同程度、不同标准的监管调控手段，使其业绩表现存在明显的周期性差异。

"资产公司大资管"受监管政策的时差性和差异化的影响更为明显，能够更好地规避监管政策的不确定性。换言之，在各种监管政策调控下，资产公司的资管业务均可通过旗下不同金融牌照的资管资质进行运作，因为监管部门不会同时对所有金融牌照进行严厉调控，否则可能加剧市场的非理性波动，反而造成市场恐慌。具体而言，一是银监会成立非银部监管资产公司，实现了资产公司与商业银行的差异化监管，故资产公司的不良资产主业的逆周期特征将会得到加强。二是资产公司作为金控集团，同时拥有多个主流金融牌照，具有顺周期运营功能，更具备在各种调控政策下顺利运营的资质。故目前，资产公司健全"大资管"产业链能够利用监管部门对各金融业态监管的时差性和差异化，规避监管的不确定性。

（八）对宏观经济环境的反应呈现趋同性，不良资产和正常资产之间的对冲效果较弱

目前，国内资产类别有限且市场环境参差不齐。总体而言，资本市场（即期限一年以上的各种资金借贷和证券交易的场所）相对较为发达，而货币市场以及衍生品、外汇市场等的发展相对落后。因此，"正常大资管"产品的基础标的主要集中在股票、债券、银行存款等少数几类资产，不同资管产品对宏观经济环境的反应趋同（见图1）。而且作为虚拟经济的组合体，"大资管"对宏观经济形势的反应较实体经济更加敏感，变化幅度更大。"长城大资管"采用以并购重组为核心的投行手段处置不良资产，最终退出渠道也主要是资本市场，与股票市场存在一定的趋同性，这就需要对冲并购标的的市场风险。但随着银监会2号、38号和56号文出台，资产公司强势回归不良资产主业，上述反应趋同性将会得到有效减弱。

三、"资产公司大资管"的实践内涵：一个"穿透"的视角

"穿透"原则要求"透过现象看本质"，从资产端和资金端穿透资管产品，识别底层资产的风险属性和产品最终风险收益承担者。"资产公司大资管"的产业链特征内生于资管业务，借助"穿透"原则的基本理念穿透"八大特征"，可以识别资产公司资管业务的实践内涵，即资管业务发展的影响因素与实施框架。

（一）金融业态多，"主次"地位分明，整体较为薄弱。这意味着要穿透业态，落实到子公司的功能定位与集团平台搭建，落实到资管业务的战略布局。

Markides（1995）提出经典的"最优多元化水平"理论，认为任何企业均存在一个多元化经营的最优边界，只有达到最优边界时，多元化的边际收益和边际成本相等，企业经营绩效才达到最优①。资产公司作为以不良资产为主业的金控集团，旗下拥有多个子公司即多种金融业态。在既定集团资源约束下，需要思考如何进行资管牌照的"集约化管理"。集约化

---

① Markides C C., Diversification, Refocusing, and Economic Performance［M］, Cambridge：The MIT Press, 1995.

管理是现代企业集团提高效率与效益的基本取向。"集"是指集合人力、物力、财力、智力、管理等生产要素进行集团层面的统筹规划、统一配置;"约"是指在统筹规划、统一配置生产要素的过程中,以节俭、整合、协同、高效为价值取向,优化管理、有效运营、提高效率、降低成本,使企业发挥内在优势、集中核心力量,打造可持续的竞争优势。因此,一是要围绕不良资产主业,根据业务匹配度寻找合适的子公司平台构建完备的资管业务链条。二是要有效实施分类经营和差异化发展战略,充分发挥子公司的辅助性功能。三是要构建高效简洁的组织构架,实现简约化管理和高效运营,提升运营效率,集中优势资源,打造和维护核心竞争力。

(二)不良资产规模领先,正常资产规模滞后,资产结构不均衡。这意味着要穿透资产,落实到不良和正常资产两者的关系定位,落实到不良资产和正常资产的统筹规划。

不良资产主业在主流观念下属于另类资产,而正常资产才属于主流的资产类别,且不良资产市场规模远小于正常资产市场规模。资产公司在不良资产市场占比处于行业前列,而在正常资产市场处于落后地位。采用以并购重组为主的投资投行手段运作不良资产时,属于资本消耗型业务,难以发挥杠杆效应,抑制了不良资产规模的扩张。在不良资产为主业的前提下发展正常资产需要明确两者关系定位,才能实现资产结构的均衡发展。穿透理解该特征,需要思考以下问题:一是明晰不良资产主业与正常资产之间的内在逻辑关联,即利用正常资产对冲不良资产风险,锁定并购重组业务收益。二是完善正常资产管理业务经营模式,利用资管牌照优势为不良资产主业提供对口服务,实现业务层面的协同支持。三是加快、加大不良资产收购处置,保持行业份额支撑主业地位;同时加快发展正常资产管理业务,并引入第三方资本发展第三方财富管理业务,快速提升总资产规模,提升行业影响力。

(三)资管业务"非主流",产品类别单调,财富管理功能薄弱。这意味着要穿透产品、穿透财富管理模式,直至底层资产的"风险—收益"特征、产品设计能力与资产配置框架构建。

大类资产配置是资产管理(财富管理)的核心。国内目前的大类资产配置框架都不涉及不良资产。资产公司目前较少有应用大类资产配置技术研制对外公开发售的正常资管产品。研制根植于不良资产的新型资管产品能够丰富资产公司的资管产品条线,加强财富管理功能。穿透理解该特征,需要思考以下问题:一是构建适合资产管理公司的融合不良资产的大类资产配置框架。二是研发基于不良资产（乃至融合正常资产）的（混合型）资管产品，拓展不良资产在财富管理中的重要作用。三是利用资产配置框架统筹不良资产和正常资产的均衡发展。

（四）参与客户单一，高净值客户缺乏，客户结构失衡。这意味着要穿透客户，落实到客户挖掘和客户管理。

国际主流的不良资产管理机构主要有四类客户。一是机构投资者，比如养老基金、主权基金、基金的基金（FOFs）等；二是高净值客户，包括公司创始人、CEO 高管、家族信托等；三是产业集团，比如协助大型产业集团剥离不良资产，实施战略性并购重组，贯通产业链，拓展产业生态圈；四是问题企业客户，比如阿波罗资本在全球选择"优质"的问题企业进行投资救助，助其重焕新生。资产公司资管业务的客户类型不够丰富，机构客户不足，高净值客户相对较少，具有"战略价值"且能开展实质性业务合作的客户尚需深入拓展。穿透理解该特征，需要思考以下问题：一是建立主动型客户管理理念，比如加强客户主动挖掘，向机构客户和高净值客户等宣扬不良资产（资管产品）特性，树立其对不良资产的正确认识。二是创新客户分类体系，按照与客户合作程度或未来合作前景、经济效益等进行客户分类，修正单一的客户属性分类标准（如政府、商业银行、非银行金融机构等）。三是建立集团层面的独立的客户集中管理部门，采用客户分类管理模式，制定差异化的客户营销战略，增强与客户的战略互动，强化客户黏性，提升客户忠诚度。

（五）研究能力薄弱，第三方资金使用能力不足，经营模式不够轻。这意味着要穿透研究，穿透第三方资金和经营模式，落实到培育研究能力，优化第三方资金来源，改变资管业务条线的运营模式。

资产管理的核心是投研能力，卓越的投研能力才能撬动优质的第三方资本进入，才能有效管理、实现资本增值，促进表内外资本的合理搭配和良性循环，实现资管业务的轻资本运营。穿透理解该特征，需要思考以下问题：一是完善研究机构设置、研究人才配备和构建集团的研究框架体系。二是建立第三方资金选择标准，明确进入模式，实现表内资本和表外资本来源的合理搭配、统筹配置，实现不良资产和正常资产的合理布局。

（六）风险聚集和放大效应突出，风险分散机制缺乏，委托代理风险严重。这意味着要穿透市场、穿透行业、穿透产品、穿透资产，直至最终的"风险—收益"特征，落实到风险管理理念、风险监测手段和风险管控策略。

混业经营模式导致在资金端、产品端、资产端等存在诸多交集，呈现出高杠杆、跨行业、高聚集、强传染的风险特征，并跨产品、跨市场、跨行业链式传导放大。资产公司以不良资产管理业务为核心，其他资管业务协同发展，导致资金、金融工具、金融业务聚焦同一标的，聚集和放大了风险。资管业务的委托代理本质也滋生了逆向选择和道德风险隐患①。穿透理解该特征，需要思考以下问题：一是完善风险内控制度，建立多维度的风险监控体系，强化逆向选择和道德风险的监控惩处措施。二是完善研究体系框架设计，构建大类资产配置框架，提升不良资产资管产品设计能力。

（七）金融平台多元化，监管政策差异化，有助于规避监管不确定性。这意味着穿透政策、穿透业态，落实到经济政策与产业政策框架构建（分析解读），子公司平台搭建，业务布局以及动态选择不良资产主业的协同平台。

监管部门会根据国际国内宏观经济形势、金融市场和资本市场状况，对不同金融机构进行调控，比如2015年股灾后，券商的融资融券业务就受到严格限制。在分业监管的监管体制下，调控效果将更加明显。资产公司作为以不良资产为核心、拥有多元化金融平台的金融控股集团，其不良资产主业和正常资产管理业务对政策的响应效果不同，多元化金融平台对监管政策的影响也不同。同时，在经济新常态下，供给侧改革和大众创新成为主导思想，国务院及各部委制定了相关的产业政策引导产业发展，创造了新的产业周期。穿透理解该特征，需要思考以下问题：一是选择具有"监管互补性"的子公司构建完善的资管业务链条，形成完备的监管政策不确定性的对冲链条。二是搭建政策研究和解读团队，及时分析监管部门可能采取的措施，实时解读监管政策对各金融业态即平台公司的影响效果差异，及时调整业务布局，规避政策限制，为不良资产主业提供业务支撑和协同平台。三是深入解读产业政策，研究制定政策性资产配置策略，挖掘行业投资机遇。

---

① 逆向选择是指由于交易双方信息不对称和市场价格下降产生的劣质品驱逐优质品，进而出现市场交易产品平均质量下降的现象。道德风险并不等同于道德败坏。道德风险是指从事经济活动的人在最大限度地增进自身效用的同时做出不利于他人的行动，即当签约一方不完全承担风险后果时所采取的自身效用最大化的自私行为。

（八）对宏观经济环境的反应呈现趋同性，不良资产和正常资产的对冲效果弱化。这意味着要穿透产品，穿透不良资产，穿透正常资产，直至"风险—收益"特征差异，落实到宏观经济分析框架构建，正常资产功能的战略定位，基于资产配置的风险对冲策略的建立。

在经济全球化背景下，各国的经济、金融乃至地缘政治影响联系紧密、相互联动。全球宏观经济分析是投资的基础。即使是所谓的"纯技术"的统计套利策略，也需要先通过宏观经济分析对标的进行初步研判和筛选。不同宏观经济环境下，资管产品的风险收益应该不同，但混业经营下，各种资管产品的界限逐渐模糊，交叉性投资频繁，而国内标的资产有限，最终导致各种资管产品呈现出风险和收益同时放大的特征。不良资产作为一种另类资产，与正常资产的内在属性明显不同，分析思路差异显著，只能从宏观层面寻求统一的逻辑框架。换言之，穿透宏观经济环境变化对它们的影响差异，直至最终的不良资产和正常资产的"风险—收益"特征差异，为大类资产配置的资产标的选择奠定基础。与此同时，国际经济形势瞬息万变，英国脱欧、美国加息等一系列不确定因素，加剧国际国内金融市场动荡。全球主要经济体包括美国、欧洲、英国以及中国等在应对这些潜在威胁时，改变了政策的内生性特征，加剧了各国政策的突发性、不稳定性和联动性。穿透理解该特征，需要思考以下问题：一是构建基于产业（包括金融和实体经济）的宏观经济及产业分析框架。二是建立融合不良资产与正常资产的宏观策略投资与大类资产配置框架。三是全球宏观经济政策实时解读，搭建政策分析框架，形成基于〔（国际）金融、经济和产业〕政策的资产配置策略框架。

（九）总结："资产公司大资管"的实践内涵。

在产业链框架下，"资产公司大资管"的实践内涵可归结为融合"政策、研究、投资、风控"的四位一体的分析、投资及运营框架。

1. 利用金融全牌照的制度政策差异对冲监管政策的不确定性，提供完备的资产管理业务链条实施平台。

一是提供不良资产主业的协同运作平台。资产公司被禁止借助银行理财、信托资管等通道进行变相融资和类信贷业务，但可通过与银行、券商等合作过手型业务，与其他银行或券商的理财产品对接。故借助多元化金融平台子公司做资管业务能够弥补资产公司经营范围的局限，即时顺应监管政策的变动。

二是提供资管产品的研发平台。资产公司旗下各金融平台都是主流的金融业态，比如券商研究实力最强、共同基金的投资水平和产品设计能力最强、PE股权基金的资本运作能力最强。可将不良资产运营经验与各平台公司研发平台结合，建立综合性资管产品研发平台，按需定制设计出各类不良资产、正常资产乃至两者混合型（mixed）资管产品，提供（第三方）财富管理业务。

三是提供资管产品的销售平台。资产公司旗下各金融平台具有较强的营销能力，比如券商利用各地的营业部、银行利用各地的分支行、保险利用保险客户资源等可建立强大的营销网络，挖掘高净值客户，实施精准营销策略。

2. 利用不良资产与正常资产的"风险—收益"特征差异及其驱动因素，构建一个以不良资产为核心、正常资产为辅助的大类资产配置（管理）框架和政策资产配置框架。

一是从投资视角实现集团层面的运营、管理与布局。从资产配置的视角看，资产公司的业务涉及不良资产和正常资产，其中正常资产又可分为股票、债券、大宗商品、房地产、VC与PE等大类资产。赋予既定不良资产占比以维持不良资产的主业地位，在此约束条件下决定实现风险调整后收益最大化的资产类别及其比例，并根据经济环境、公司战略等进行动态调整，最终从资产配置的视角实现集团层面的持续运营、业务管理与不良资产和正常资产的协同布局。

二是建立适合当前宏观经济现实和商业模式的基于（全球）价值链对冲的资产配置框架。全球经济动荡，以美元为中心的国际货币体系受到冲击，负利率致使传统模型无法有效定价，全球大类资产的相关性在过去几个月达到历史高点，传统的大类资产配置框架效果较差。同时，不良资产并购重组都落实到具体产业。因此，具有立足具体行业、具有微观基础的（全球）价值链对冲策略框架符合经济现实。价值链可分为产业链（非金融行业）、金融链、技术链（新兴技术）[1]。价值链对冲可分为两个层面：各条"链"之间的对冲和各条"链"内的对冲。当前经济环境下，使用产业链对冲、技术链对冲最合适。产业链对冲的投资标的间相关性稳定、逻辑简单清晰。即价差稳定性依赖产业链关联，变动方向源自产业周期共振变频，产业周期变动源自宏观和政策因子。

三是提供政策资产配置的策略框架。全球经济金融形势风云变幻，地

---

[1]　这涉及产业划分问题。此处不再详述。

缘政治问题频繁，国际货币体系受到冲击等重大问题对金融市场造成冲击，造成资产价格频繁波动分化，并通过全球金融市场联动传导至世界各地。与此同时，中国经济进入新常态，供给侧改革下"三去一降一补"的旧产业周期和"大众创业，万众创新"战略下的新产业周期轮动共振，激发了新的行业投资机遇。构建政策资产配置框架，解读全球经济金融政策和国家产业政策，识别其背后的博弈均衡思想，预判其对资产价格的影响，动态优化资产组合。

3. 引入基于资产配置的主动式风险管理理念，实现不良资产主业的风险（对冲）管理和并购重组业务的收益锁定。

一是资产公司的综合金融服务要作为工具辅助不良资产收购处置主业，弱化了各业务平台的风险分散效果，反而可能导致风险的内生性聚集。对此，可融合不良资产与正常资产的"风险—收益"特征差异，运用大类资产配置技术，使用其他资产类别对冲不良资产的内生性风险。

二是资产公司采用并购重组模式运作"优质"的问题企业，使其转变为"优质"的正常企业并重新上市①。企业上市后会面临资本市场波动产生的"市值管理"问题，那么可以采用价值链对冲技术实现风险对冲，锁定并购重组的投资收益。

四、"资产公司大资管"的发展策略建议：以中国长城资产为例

穿透"资产公司大资管"的"八大特征"，识别其资管业务的实践内涵，实质上揭示了资产公司完善"大资管"业务模式亟须解决的问题。接下来将在行业共性的基础上，针对中国长城资产展开深入分析，提出若干策略建议。在具体分析中，会将关联紧密的相关部分整合在一起，增强策略建议的逻辑性和可操作性。

（一）优化资管产业链布局，集约化管理金融牌照。

"大资管"时代下，牌照价值缩水，制度红利逐步消失，将各项业务整合为一条互动协作的产业链才能够充分创造价值。资产公司的不良资产管理主业与多元化金融平台不是简单的"相关"关系，而是深度"嵌入"的"相互依附"关系。优化"大资管"产业链布局才能充分利用资管业务互补性激发范围经济，利用监管层对不同资管产品的调控差异对冲监管政

---

① "优质"问题企业主要是指：一是宏观经济造成流动性收缩而导致的优质企业成为不良资产；二是经济结构和产业结构调整下，特定行业不景气、产能过剩，致使优质企业成为不良资产。

策风险。因此，要在多元化业务中选择重点发展的功能平台，集约化管理金融牌照，形成主次分明、错落有致的业务格局，以最小投入覆盖主流资管业务，并保留足够的创新空间。

"大资管"是由监管层推进的一系列市场化改革措施推动形成，两者存在良性的互动博弈。一方面，不同资管模式的出现往往是为了规避某些特定监管法规条款；另一方面，监管政策会因金融实践创新而不断修正完善。由表2内容可知：

第一，投资范围方面，信托、证券、银行理财、基金子公司、私募、证券直投基金等准入范围宽、方式灵活，几乎覆盖所有重要资产类别。保险、公募、期货资管主要以标准化证券产品为主。私募投资范围更广，但与证券直投基金的投资范围重叠度较高。

第二，投资门槛方面，信托、证券、保险资管等均为私募产品，门槛高，均为100万元，银行理财享有公募资管待遇，投资起点为5万元，门槛较低；公募基金产品最低。

第三，投资者人数限制方面，集合信托300万元以下投资者最多不超过50人，而证券公司、保险公司以及基金公司是不超过200人，银行理财、期货资管计划等无特定人数限制。

第四，产品流动性方面，信托计划、银行理财一般要持有到期，流动性较低，公募基金、期货资管、证券集合资管计划都可以定期申购赎回，流动性较高。证券直投基金和私募股权基金往往具有较长锁定期，流动性最差。

第五，监管要求方面，信托计划、公募基金、银行理财一般需要事前报备或者审批，其他资管产品一般都是事后报备，同时信托计划、证券集合资管计划、银行保本理财等均需要占用一定资本金，而基金资管、保险资管计划无资本金监管要求。监管规则以及模式的差异使得各资管机构及产品市场竞争存在不一致性，而且容易形成监管套利。

第六，不同资管产品存在相互交叉持有关系。除保险资管限制较严外，银行理财、基金子公司、证券、信托等均可交叉持有。交叉持有资管产品的目的多是为规避监管规定（如突破投资范围限制）或满足内部会计核算要求（如满足资本与损失计提要求）。

表2　　　　　　　　　　　　各类资管模式比较分析表

类别\特征	信托	证券资管	证券直投基金	基金子公司	保险资管	银行理财	公募基金	私募基金	期货资管
投资范围	各类资产，可运用债权、股权、物权及其他可行方式运用信托资金	证券期货交易所投资品种、银行间市场交易品种，共同基金、理财、信托，融资融券，境外金融产品	股权、债权，VC，并购、夹层基金产品；债券，公募基金，银行理财，资管产品	存款、股票、债券、公募基金、ABS、商品期货，股权、债权及其他财产权利	存款、股票、债券、公募基金、ABS、央票、各类保险资管计划，各种"非标"资产	固收类金融产品，银行信贷资产，发放信托贷款，公开或非公开市场交易的资产组合，金融衍生品或结构性产品	股票、债券，证监会规定的其他证券及其衍生品（如股指期货、国债期货、黄金合约等）	股票、股权、债权、期货、期权、基金份额及投资合同约定的其他投资标的	期货、期权及其他金融衍生品，股票、债券、公募基金、证券资管、央行票据、ABS及其他投资品种
业务经验	丰富	一般	一般	一般	一般	非常丰富	一般	一般	略差
项目资源	较多	多	多	少	一般	多	少	少	少
客户资源	较多	多	多	多	多	多	多	一般	一般
资金价格	高	较低	一般	较高	较低	低	较高	较高	—
投资风险	隐形承担	不承担	不承担	不承担	不承担	分类别承担	不承担	不承担	不承担
期限	1年以上	可灵活设置	可灵活设置	可灵活设置	可灵活设置	往往半年以下	可灵活设置	至少3年以上	可灵活设置
交叉投资	√	√	√	×	√	√	√	√	√
产品流动性	流动性低	可申购赎回	流动性低	具有交易所转让平台	可申购赎回	期限较短，需持有到期	T+1赎回，流动性高	流动性较低	定期赎回，流动性较好
投资门槛	100万元	100万元	1000万元	100万元	100万元	5万元	0.01元	100万元	100万元
人数限制	50	200	200	200	200	无	200	200	无

资料来源：监管部门相关政策法规、网络公开资料。

"大资管"目前正处于政策完善和业务范围拓展之中，综合来看，银行、证券、保险、信托四个金融牌照即可打通"大资管产业链"，实现资管业务链条的全覆盖，因此可考虑将上述四大子公司作为重点发展对象。

一是从政府监管的经验表明，对于主流的金融业态，政府是不会同时对它们都进行严格的控制的，总会留有发展空间，那么这有利于利用监管层对不同资管产品的调控差异来对冲监管政策风险。这样就能提供不同的渠道、资金来支撑不良资产主业，同时自身也可以利用机会发展壮大。此外，监管差异使得各资管机构及产品竞争存在不一致性，容易形成监管套利。

二是从投资范围来看，它们的投资方式灵活，投资范围涵盖标准和非标产品，几乎覆盖所有重要资产类别，即使未来金融衍生品和外汇市场放开也能够完全覆盖，因而能够充分满足不良资产和并购重组手段的各方面需求。

三是从投资人数和投资门槛来看，不同规模的机构客户和拥有不同净值的个体客户均可进入；未来不良资产证券化后也会有足够的客户需求。

四是从产品流动性来看，它们的流动性水平相互承接，可以在合适的时机，探讨不同产品的转换机制。

五是从相互交叉持有来看，除保险外，银行、证券、信托均可相互交叉持有，能够有效规避监管规定（如突破投资范围限制）或内部会计核算限制（如资本与损失计提要求），实现期限、流动性的合理转换。

六是项目和客户来源广泛、类别多样，储备了丰富的潜在客户，具备相互转换的可能性，与公司的金融全价值链产品序列相匹配。

（二）稳步引入金控文化，优化集团业务平台体系。

金控文化可理解为是将金融控股集团的优质特征融合提炼为一种企业经营理念，渗透到企业组织构架、战略定位、人力资本管理、风险管理、业务模式等多个运营维度所形成的一套框架体系，其最终目的是协助资产公司搭建合理的金控构架并持续、健康和稳定的运营。金控文化是金融行业混业经营下构建"大资管"产业链的主流模式；其优势明显，比如业务协同机会多，集团规模扩张快，客户黏性高，信息共享度深，盈利来源多元化，风险抵御能力强，业务创新空间大等。经验表明，台湾金控集团相对单一金融机构会享有估值溢价，估值水平会高于传统单一业务金融机构。

资产公司与银行系、保险系等金融控股集团的"大资管"产业链明显不同。银行、保险系旗下的资管业务在产业链上的业务地位则是"平行"

关系，故现实中其旗下各平台公司"分散"发展，各自壮大。而资产公司以不良资产管理为主业，其他资产管理为辅助，存在"主次"关系。旗下各平台公司较为薄弱，若仍采用各自为政、分散发展的模式，很可能造成子公司缺乏发展资本而继续薄弱，对不良资产主业支撑不足。而且子公司过于分散会延长业务条线，增加管理成本。

中国长城资产旗下拥有银行、证券、保险（寿险）、信托、金融租赁、私募基金、置业、投资、咨询等主流金融牌照。显然不能武断地将银行、证券、保险、信托之外的金融牌照直接排除，但可以通过搭建金控集团构架，借助行业并购整合实现集团平台搭建，构建"银、证、保、信"四大业务平台体系，实现资管业务的战略布局与集团协同效应。

一是构建商业银行业务平台体系。依托内源动力做大商业银行业务的同时，积极并购境内外商业银行，快速壮大银行平台。吸收合并金融租赁公司作为子公司（即集团的孙公司），搭建资金流和业务流的顺畅通道。

二是构建证券业务平台体系。自我发展与外生性发展相结合，通过行业并购快速做大证券平台。吸收投资公司作为孙公司或将其与证券公司的投行部结合，壮大投资投行业务。同时吸收咨询业务作为子公司（即集团的孙公司）。最终实现证券业务的全产业链布局，强化母子公司之间的协同战略。

三是构建保险业务平台体系。加快寿险业务的内生性发展，并通过并购壮大寿险业务，完善产品体系。同时积极并购一家财险公司，完善保险业务的全产业链布局。

四是构建信托业务平台体系。信托的投资范围是"各类资产，可运用债权、股权、物权及其他可行方式运用信托资金"；而不良资产正是不良"债权、股权、物权"相互交织。因此信托与资产公司具有极好的契合性。在大力发展信托的同时，可吸收私募业务作为子公司（即集团的孙公司），因为两者的非公开性特征极为吻合。此外，置业也可以吸收进入作为子公司（即集团的孙公司）。

（三）拓宽资产覆盖范围，构建资管产品体系。

《2015中国高净值人群寿险市场白皮书》显示，高净值人群的财富管理需求日益多样化，开始关注投资的"平衡性"，不再局限于股票、债券等传统类资产，对对冲基金、PE、VC等另类资产兴趣浓厚。《2015中国私人财富报告》显示，高净值人群境外投资目的开始从"分散风险"向"收益多元化"转变。资产公司要依托不良资产作为优质的另类资产标的，同时拓展资产配置的全球化，实现产品类别的多元化和资产配置服务的专业化。

一是资产配置的全球化。积极布局全球资产配置，在全球范围内选择优质资产类别，增加低关联度资产的配置，降低整体投资组合的风险，改善组合风险收益结构。为高净值客户提供系统的全球资产配置解决方案，分享和传递最新理论与实践信息，分散风险、扩展收益，实现财富的保值增值与永续传承。结合中国长城资产当前实力来看，海外资产配置可考虑从基金中的基金（Fund of Funds，FOFs）做起，通过与国际基金接触，积累投资经验，挖掘投研人才，了解国际市场，为未来自主开展境外投资建立基础。

二是资管产品的多样化。基于"不良资产＋金融创新＋客户个性化需求"的基本理念，研发设计根植于不良资产的多样化资管产品，为客户提供具有不同梯度流动性、收益性、安全性的金融产品，满足高净值客户和机构投资者的风险偏好和资产配置需求。

三是资产配置服务的专业化。多元化金融平台意味着要跨不同市场领域，资产配置服务的专业化至关重要。中国长城资产要筛选整理、分析整合海量金融信息，挖掘和提供客户的个性化需求，从专业产品销售者转向专业的金融服务供给者，建立以综合金融服务和全面财富管理为核心，涵盖从目标识别、策略制定、组合构建、动态管理、风险监控到事后推演评估的财富管理服务流程。

（四）回归微观基础，构建适合资产公司的大类资产配置框架。

大类资产配置是根据投资者偏好，按照资产的"风险—收益"特征进行的组合式投资。大类资产配置可简略分为战略资产配置、政策资产配置和战术资产交易三类。战略资产配置的经典框架是美林投资钟，其以1973—2003年为宏观背景。当前全球经济动荡，尤其是以美元为中心的国际货币体系受到冲击，全球央行肆意放水和实施负利率货币政策，致使传统定价模型失效，全球市场被严重扭曲，全球大类资产的相关性在过去几个月达到历史高点，传统的大类资产配置框架效果较差。此时，回到企业和产业基本面，构建具有微观基础的对冲策略最为适合。这也与中国长城资产的不良资产并购重组以实体产业为主相契合。因此，需要建立适合当前宏观经济现实和商业模式的基于（全球）价值链对冲的资产配置框架。

价值链可分为产业链（非金融的实体行业）、金融链、技术链（创新技术）①。价值链对冲可分为两个层面：一是各条"链"之间的对冲；二是各条"链"内的对冲。中国长城资产处于金融业，拥有金融全牌照，金融链内对冲的效果受限（不过，如前所述，金融链可对冲监管政策的不确定性）。而且各种金融产品之间的界限逐渐模糊，交叉性金融产品越来越多，金融产品市场呈现出风险和收益同时放大的特征。考虑到经济和货币、实体经济和虚拟经济是天然的"对冲"关系。况且不良资产的最终标的主要是实体企业，因此使用产业链对冲、技术链对冲最合适。产业链对冲的投资标的间相关性稳定、逻辑简单清晰。即价差稳定性依赖产业链关联，变动方向源自产业周期共振变频，产业周期变动源自宏观和政策因子。技术的外生性和稳定性也保证了技术链对冲的相关性较为稳定。

（五）创新风控理念，健全风险监管体系。

采用"含优先、夹层、劣后分层结构"的资管计划是目前主流的资管模式，虽在结构上区分了优先、劣后，但最终风险高度相关，都在同一篮子里，没有实现实质性的风险隔离。此外，资产公司既承受正常资产的风险，又承接了不良资产风险以及围绕不良资产主业造成的产业链环节聚集风险，导致承受多层级金融风险。此外，各类参与主体还承受着系统性风险、合规风险、交易对手风险、市场风险、流动性风险等。

一是创新风控理念，将被动式监管转变为主动式监管。改变风险管控单一化，重视规章制度建设，改变过于关注项目审核和操作层面的微观风险，但对于市场风险、金融风险和宏观经济风险等关注不够的不足。引入基于资产配置的主动式风险管理理念，利用大类资产配置方法进行风险对冲，平滑经济波动，锁定项目收益。混业经营下的产品创新层出不穷，风控人员出现风险误判本身就是一种风险，因此风控人员要加强自我学习能力，建立学习型的风控管理机制。

二是加强集团风险管控能力建设。扩大风险监测范围，实现业务范围、管理机构、管理对象全覆盖，健全压力测试和重大危机管理机制，持续优化风险管理流程和内控机制。建立行业分析和业务风险分析预警机制。结合集团介入的行业，加强宏观政策、经济形势以及行业发展的研究和预测分析力度，适时提示宏观经济、行业风险和微观经营风险，为集团业务发展提供支持。

三是加强以风险计量为主要内容的风险管理基础设施建设。积极开展

---

① 这涉及产业划分问题。此处不再详述。

风险管理工具、模型的开发和应用，提升风险管理精细化水平。加快推进风险管理信息系统建设，建立风险的实时监控与及时反馈机制。

（六）优化人力资本配置，创新人才引进模式。

资产管理的本质是研究，研究的本质是学术①，学术依靠专业的研究人员。中国长城资产目前从事具体业务实践的人才较多，从事研究的专职人员较为缺乏，尤其缺乏从事全球宏观与资产配置的研究人员。未来要坚持研究人才的内部培养和外部招聘相结合的思路，健全资管业务的人力资本基础，逐步建立适合中国长城资产的全球宏观与资产配置理论分析框架。

一是建立研究人员的内部选聘与培养机制。内部选聘与培养的优势是员工熟悉公司实际情况，能够快速进入研究角色，有效针对公司资管业务的强项与软肋，提供针对性的研究服务。具体而言，可选聘具有宏观研究和资产配置（学术或工作）背景的员工，通过内部培训强化公司资管业务（包括财富管理）的战略定位和目标诉求，指引研究方向；同时开展学界和业界的外部培训（如依托股改引战进行国际培训，或与专业机构建立研究团队建设的战略合作），掌握全球宏观和资产配置研究的前沿领域与实践方法。

二是创新人才引进模式。任何企业都处于一个特定的产业生态中，企业成长体现在经营边界的横向（宽度）和纵向（厚度）的拓展上。比如，并购证券、银行、信托属于横向扩张，拓展投行业务、投资（股权、并购重组等）、资产管理、互联网金融等属于纵向成长。在"大资管"模式下，不同方向的扩张，意味着跨越传统企业边界，进入不同价值链循环、共振，不同价值链的核心能力与价值创造"奇点"不同，最终映射在不同的人才池上。因此，跨越价值链的成长必须要有跨越价值链的人力资本组合，要有全新的价值链招聘理念，助力公司实现价值链升级乃至跃迁。

价值链招聘不意味着要覆盖一条价值链对应的所有人力资本环节，而是要针对价值链核心能力环节的人力资本配备缺失点，在价值链人才池中找到人力资本"奇点"。因此，价值链招聘是弥补企业价值链竞争中的关键能力短板，是一种嵌入式人才引进策略。比如在招聘中要对公司涉及的各价值链及相应人才池有深入了解。比如与其他资产公司在什么范围内竞

---

① 所有资产配置模型与宏观经济研究模型的原型都是发表在国际顶级学术期刊的经典论文（如Campbell 等，2003）。Campbell J Y, Chanb Y L, Viceira M. A multivariate model of strategic asset allocation [J]. Journal of Financial Economics, 2003, 67 (1): 41 - 80。

争？与其他金融机构（如银行、券商、保险等）在什么范围内竞争？价值链共振点的人才需求特征？人才竞争的核心要素是什么（薪酬、晋升机制、个人成就感）？每个链条上公司的最优人才池（即人才供给源）在哪里？如何通过各种战略渠道挖掘并实现人才池的定位精准？未来要深化市场化招聘机制，引入战略级猎头招聘焦点员工；与高校建立链接和长期互动关系，实施人才的定制式培养招聘机制，等等。

（七）创新客户管理模式，建立专职营销团队。

资产公司的"大资管"业务涵盖不良资产和正常资产，金融全牌照赋予其能力为各种规模的机构投资者、金融中介机构，不同净值财富规模的个人客户，提供具有不同"风险—收益"特征的资产管理（财富管理）服务。随着中国长城资产未来业务规模逐渐增大，产品逐渐丰富和多元化，客户管理与营销模式亟须创新。

一是充分利用总部的"总对总"优势，办事处的区位与资源优势，平台子公司（如商业银行分支行、券商营业部等）的网点优势等搭建覆盖各层级、各区域的客户开发和维护网络，广泛挖掘项目资源和客户资源，强化客户关系管理。

二是建立集团层面的客户服务中心，统筹管理集团客户，创新客户分类体系，按照客户的资产管理（财富管理）需求进行客户分类与管理，提供个性化和定制式的资管服务，实施差异化营销战略。

三是建立专职客户营销团队，专门负责集团的客户营销与客户管理工作，依托办事处、平台公司充分发挥交叉销售协同效应。强化主动型客户营销理念，比如不良资产的复杂性导致普通投资者难以正确认识其投资价值，压抑了投资需求，故要加强向客户主动宣扬不良资产（资管产品）特性，阐释不良资产作为另类资产对优化传统投资组合、分散投资风险的重要意义。此外，摆脱"研究员的工作销售化，销售工作公关化"的乱象，引入专业化销售理念，"大资管"时代下的销售工作不是简单地传递信息，而是研究资源的整合、信息的有效筛选过滤，形成投资组合建议。同时销售人员还要有销售资源的整合能力，不仅可为企业销售产品、创造佣金，还能"推销"研究员（如券商研究员）、打响知名度，更能带来其他资源价值。

赢在自贸区——股份制商业银行 自贸区发展策略与研究

恒丰银行 李诚志 苏 榕 张 雯

前言

我国分别在 2013 年、2014 年、2016 年分三批批准设立了 11 家自贸区，使全国形成"1 + 3 + 7"的自贸区格局。其中，上海自贸区参照国际贸易和金融创新高标准建设而成，主要是推动长江经济带的发展；广东自贸区致力于深化粤港澳合作；天津自贸区服务于京津冀地区发展；福建自贸区以推动两岸互助合作为着力点。自贸区建设是为了服务于"一带一路"这个大国家战略，是国家新一轮改革的重要载体，是我国"金融创新改革的试验田"，对我国经济环境和市场生态都会产生深刻的影响。

为深入贯彻国家发展战略，紧抓自贸区金融改革带来的发展红利和创新机遇，本报告对各自贸区金融政策进行了详细的剖析，旨在为股份制商业银行拓展自贸区业务，打造差异化竞争优势，探索新的经营模式和风险管理模式，为实现赢在自贸区的发展目标提供策略化建议，以达到供各股份制商业银行决策参考的目的。

本报告由恒丰银行青岛分行课题研究组深入调研后编写，组员秉承"知行合一，学以致用"之风，致力于围绕股份制商业银行发展策略，进行金融领域的政策创新与经济热点探究。课题组本着紧跟国家金融政策导向，及时捕捉自贸区金融创新的区域、产品、市场、技术等进行策略研究，从宏观到微观为股份制商业银行自贸区业务经营发展提供决策参考。最后，本文由于时间仓促，加之自贸区金融政策、监管条例、市场信息不断更新，造成可供借鉴的资料和数据有限，同时由于研究人员水平有限，本文观点建议如有不妥之处，请予以指正。

2016 年是"十三五"规划建设的开局之年，而"十三五"规划提出，要"提高自由贸易试验区建设质量，在更大范围推广复制"。我国于 2013 年 9 月经国务院核准设立了中国（上海）自由贸易试验区。2014 年 12 月又核准建立了中国（广东）自由贸易区、中国（天津）自由贸易区和中国（福建）自由贸易区。2016 年 8 月，国家又成立了第三批自由贸易区，包括辽宁、浙江、河南、湖北、重庆、四川、陕西 7 家自由贸易区，自由贸易区建设进入了试点探索的新航程。自贸区的建立使金融国际化成为金融行业发展趋势，同时自贸区的发展将服务和推动"一带一路"战略的实施。

近几年是股份制商业银行从上而下的改革年，面对国内外复杂的经济局势，股份制商业银行应整合有效资源，积极开拓自贸区业务。

一、自贸区设立的背景

（一）国际贸易新规则的需求

近年来，美欧日等发达国家力图通过形成新的国际贸易和服务规则如跨太平洋伙伴关系协议（Trans – Pacific Partnership，TPP）等，来替代世界贸易组织的位置。新的国际贸易规则的形成势必将重构国际贸易和国际投资的版图，逐渐成为世界经济新的规则。而像我国在内的发展中或新兴经济体却不在新规则的贸易谈判中，为了防止贸易边缘化，针对我国的可行对策就是在国内局部发达地区，设立自贸试验区，面向全球开放，作为对接国际贸易的前沿和窗口，进一步探索市场、监管、创新政策等金融体制改革，提高国际化水平，逐步消除贸易市场壁垒，以顺应国际贸易新规则。

（二）人民币"走出去"的需求

我国已成为经济总量世界第二、外汇储备世界第一的贸易国，进出口贸易规模已近 5 万亿美元，未来 5 年的进口将超过 10 万亿美元，意味着我国的贸易规模有足够的能力支撑人民币走向国际并逐步扩大国际市场份额。2015 年 11 月 30 日我国成功加入国际货币基金组织（IMF）特别提款权（SDR）的货币篮子，人民币成为继美元、欧元之后世界第三大国际货币，提高了我国企业的国际化和竞争力水平。

自贸区尚未成立之时，进入的外币资金直接与内地的资产市场相连，获取人民币资产需要通过 QFII 管道或借道贸易途径才可获取。在自贸区成立之后，就可以通过建立金融资产缓冲区和资金蓄水池的方式，打通人民币的全球出入循环路径，并在加强风险监控的条件下不断完善资本账户，不但可以通过多向投资互相渗透，全方位调节国际金融资源的优化配置，也可以借此提高人民币在国际上的影响，加速实现人民币国际化。

（三）"一带一路"战略的需求

自贸区建设与"一带一路"的国家战略联系紧密，二者互为"一体两面，相互配套"的关系，并将协同构造我国对外开放的新格局，前者主要以降低国际贸易准入门槛、提升我国贸易市场的便利化水平、加快区域内经济一体化为主线，而后者则侧重以国家基础设施建设、促进沿线国家经济体的互联互通为主要内容。"一带一路"会促使中国大规模资本输出，而自贸区可以搭建相关的输出资本服务体系，营造良好的营商环境，积极打造成国内企业"走出去"的平台。

二、自贸区建设基本情况

（一）第一批自贸区

中国（上海）自由贸易试验区，（以下简称上海自贸区），是中国境内第一个自由贸易区。

2013 年 9 月 29 日，上海自贸区正式挂牌建立。上海自贸区涵盖外高桥、外高桥物流园、洋山港和浦东机场等 4 个特殊监管保税区域，总面积约 28.78 平方公里，是"四区三港"的建设格局。2014 年 12 月 28 日，国务院批准上海自贸区增加金桥出口加工、张江高科技园区和陆家嘴金融贸易区三个区域，总面积扩展到 120.72 平方公里（见表 1）。

表 1 　　　　　　　　　　上海自贸区基本情况

总定位	以制度创新为核心，在更高起点、更广领域、更大空间深化改革开放。
区域概况	共计 120.72 平方公里，包括原试验片区 28.78 平方公里（包括外高桥保税区 10 平方公里、外高桥保税物流园区 1.03 平方公里、浦东机场综合保税区 3.59 平方公里、洋山保税港区 14.16 平方公里）、陆家嘴金融片区 34.26 平方公里、金桥开发片区 20.48 平方公里、张江高科技片区 37.2 平方公里。
功能定位	原试验区：自贸实验区创新的孵化器，经验推广的发源地。
	陆家嘴金融片区：国际金融＋国际航运＋国际贸易，是上海国际金融中心的核心区域，上海国际航运中心的高端服务区，上海国际贸易中心的现代商贸集聚区。
	金桥开发片区：先进制造业＋生产性服务业＋战略性新兴产业＋生态工业，打造成上海的先进制造核心功能区，生产性服务业集聚区、战略性新兴产业先行区和生态工业示范区。
	张江高科技片区：贯彻落实创新型国家战略的核心基地。

续表

优势产业	原试验区：信息服务、物流、国际贸易、金融、航运服务。
	陆家嘴金融片区：金融业、国际航运、现代商贸服务业
	金桥开发片区：高端制造业、生产性服务业、新兴产业、生态工业。
	张江高科技片区：电子技术、生物医药、软件业。
试点任务	形成推动政府职能转变的措施机制。
	推动贸易投资便利化、自由化、短清单。
	推动金融创新，更高层次扩大服务业开放。
	推动海关监管改革、税制改革。

（二）第二批自贸区

2014年12月28日，第十二届全国人大会议审议通过了在广东、天津、福建设立自贸试验区的相关决议，同时决议在上海、广东、天津、福建四个自贸区内共同使用同一张负面清单。

1. 中国（广东）自由贸易试验区

中国（广东）自由贸易试验区，（以下简称广东自贸区），其优势一是广东作为我国改革开放最早、程度最高、规模最大的省份，具有雄厚的经济基础；二是在区域位置上广东省毗邻香港、澳门特别行政区，对外开放的地理优势明显。

广东自贸区区域范围涵盖南沙、前海蛇口、珠海横琴新区等三大片区，总面积达到116.2平方公里（见表2）。

表2　　　　　　　　　　广东自贸区基本情况

总定位	粤港澳深度示范合作区。
	21世纪海上丝绸之路关键枢纽。
	全国新一轮改革开放先行区。
区域概况	共计116.2平方公里，包括广州南沙新区片区约60平方公里、深圳前海蛇口片区约28.2平方公里、珠海横琴新区片区约28平方公里。
功能定位	广州南沙新区片区：国际高端生产性服务业＋综合服务枢纽。
	深圳前海蛇口片区：金融业对外开放的示范窗口＋世界服务贸易业的重要基地＋国际性的枢纽港口，对接香港地区。
	珠海横琴新区片区：文化教育业开放先导区＋国际商务服务业的商业区＋旅游休闲基地，对接澳门地区。

续表

优势产业	广州南沙新区片区：物流航运业、特色化金融业、国际化商贸业、高端制造业。
	深圳前海蛇口片区：国际金融业、现代物流业、信息科技业等高端服务业。
	珠海横琴新区片区：休闲旅游健康业、金融商务服务业、文化科技业、高新技术业。
试点任务	建设优质营商环境。
	推进粤港澳深度合作。
	辐射珠三角、东西两翼和山区发展。

2. 中国（天津）自由贸易试验区

中国（天津）自由贸易试验区，（以下简称天津自贸区），是目前我国大陆北方的第一个自由贸易园区。天津市地理位置显著，处于环渤海经济带的中心。天津市滨海新区为国家综合配套改革试验区，是"中国经济第三增长极"。

天津自贸区范围包括天津港东疆、机场和滨海新区三个片区，面积总计约119.9平方公里。天津作为北方的首个自贸区，将充分挂钩京津冀战略协同发展（见表3）。

表3 天津自贸区基本情况

总定位	京津冀协同发展的对外开放平台
	全国改革开放"先行区"和制度创新"试验田"
	面向国际的高水平自贸区
区域概况	共计约119.9平方公里，包括天津港东疆片区约30平方公里、天津机场片区约43.1平方公里、滨海新区中心商务片区约46.8平方公里
功能定位	天津港东疆片区：物流＋航运＋仓储、航运港口业、物流业、商务贸易业、金融服务业、旅游休闲业，是北方国际航运中心和物流中心的核心功能区
	天津机场片区：先进制造业＋总部经济＋金融服务＋综合配套，是天津先进制造业企业和科技研发转化机构的重要集聚区
	滨海新区中心商务片区：国际金融业＋国际贸易业＋商务服务业＋文化创意业，是天津金融改革创新集聚区和滨海新区城市核心区
优势产业	天津港东疆片区：租赁业（融资租赁业）、航运业、保税交易业、旅游业、国际贸易结算、高端物流业、航运金融业、文化创意业八大主导产业
	天津机场片区：航空航天业、装备制造业、电子信息业三大先进制造产业
	滨海新区中心商务片区：国际金融业、现代服务业
试点任务	推动京津冀区域发展
	推动"一带一路"建设
	担当自贸试验区
	推进高质量自动协议发展

3. 中国（福建）自由贸易试验区

中国（福建）自由贸易试验区，（以下简称福建自贸区），其优势是独到的对台优势。通过在福建省建立自贸区，推进改革创新，搭建良好的商业环境，对增强经济发展的软实力，实现政府管理经济方式的转变以及推动福建的长远发展具有深远意义。

福建自贸区范围面积共计约 118.04 平方公里，包含平潭、厦门和福州三个片区。在福建自贸区内，平潭从位置上距台湾最近，岛屿面积也相对较大，其发展目标是探寻互助互利的两岸合作模式（见表4）。

表4　　　　　　　　　　　　福建自贸区基本情况

总定位	改革创新试验田
	两岸经济合作的示范区
	21世纪海上丝绸之路沿线经济体开放合作的新高地
区域概况	共计约118.04平方公里，包括平潭片区约43平方公里、厦门片区约43.78平方公里、福州片区约31.26平方公里
功能定位	平潭片区：文化业+休闲旅游业，距台湾最近，对接台湾相关产业，重点建设两岸共同的家园和国际旅游岛
	厦门片区：国际物流业+金融服务业，对接台湾港口，重点建设两岸的新兴产业和现代服务业的合作示范区、东南国际航运枢纽、两岸区域性金融中心和贸易中心
	福州片区：高新技术+海洋业，对接产业转移，重点打造先进制造业基地、21世纪海上丝绸之路沿线地区交流合作重要载体、两岸贸易服务与金融创新合作示范区
优势产业	平潭片区：航运港口业、休闲旅游业、高新技术业、文化创意业
	厦门片区：物流业、国际贸易业、商贸流通业、会展业
	福州片区：电子信息业、新材料和新能源开发、海洋业
试点任务	探索自贸试验区建设的新模式
	承接台湾高端产业转移，推动电子商务深度合作
	推动区内贸易、金融和航运的自由化

（三）第三批自贸区

2016年8月31日，国务院决议设立包括辽宁、浙江、河南、湖北、重庆、四川、陕西在内的7个自贸试验区。

新建设的7个自贸试验区，代表着我国自贸区建设进程进入了探索试点的新航程（见表5）。

表5 第三批自贸区省份及主要任务

第三批自贸区	主要任务
辽宁	侧重落实中央对"加快市场取向体制机制改革、推动结构调整"的要求，加快"辽满欧"、"辽蒙欧"等综合交通运输的大通道建设
浙江	侧重落实中央关于"探索建设舟山自由贸易港区"的要求，打造推动"一带一路"战略的经贸合作先行区、"网上丝绸之路"试验区、贸易物流枢纽区
河南	侧重落实中央关于"加快建设贯通南北、连接东西的现代立体交通体系和现代物流体系"的要求，推动中原腹地区域走向改革开放前沿，并努力将郑州建设成中西部地区重要的内陆口岸城市
湖北	侧重落实中央关于"中部地区有序承接产业转移、建设一批战略性新兴产业和高技术产业基地"的要求，推动"武汉—东盟"、"武汉—日韩"航运通道建设，提升汉新欧班列国际运输功能，加强国际经贸投资合作
重庆	侧重落实中央关于"加大西部地区门户城市开放力度"的要求，充分带动西部大开发战略的深入实施，并将重庆建设成长江经济带西部区域的中心枢纽
四川	侧重落实中央关于"加大西部地区门户城市开放力度及建设内陆开放战略支撑带"的要求，并将四川建设成"一带一路"战略实施的重要交通枢纽和经济腹地
陕西	侧重落实中央关于"更好发挥'一带一路'建设对西部大开发的带动作用、加大西部地区门户城市的开放力度"的要求，将着力建设丝绸之路经济带的重要支点，形成我国向西开放的重要交通枢纽

三、自贸区在金融创新政策上的要点及差异分析

自贸区的金融创新是自贸区创新改革最重要的部分，自上海自贸区成立伊始，再到广州、天津、福建自贸区的建立之初，四个自贸区都首先发布了符合各自贸区战略定位的金融改革方案，进一步制定了金融创新的总体框架，而金融政策的创新程度决定了金融创新的深度与广度，并进而带动各个自贸区金融制度、产品、金融机构以及金融市场的全方位创新。从各个自贸区金融政策的发布来看，我国金融创新改革最终目标是深化和推进综合金融改革和服务业开放程度，旨在使我国金融市场和体系加快走向国际化。

（一）自贸区金融政策改革方案归纳

表6 自贸区金融开放政策要点

自贸区金融开放政策	定位	主要内容
自贸区金改1.0版	自贸区金改的路线图	①企业与个人：资本项目开放的推进；②账户："一线放开、二线管住"，包括本外币自由贸易账户的设立、利率市场化、资本项目可兑换等金融体制改革；③多样化的风险对冲，完善市场化定价监督机制。

续表

自贸区金融 开放政策	定位	主要内容
自贸区 金改2.0版	金融 "自由行"	①FT账户，先从人民币业务服务开始；②同名账户间按既定渠道"有限渗入"；③分账核算体系构造"电子围网"。
自贸区 金改3.0版	进入资本项目 的完全可兑换	①借贷双方自主确定融资利率；②将放开个人资本账户可兑换；③有效防范风险是金改底线；④可境外融资政策利好区内银行券商。

根据表6所示，自贸区金融开放政策1.0版到3.0版发布，结合上海自贸区金改"51条"和粤、津、闽自贸区总体方案来看，上海自贸区将面向全国，广东自贸区主要面向港澳地区，天津自贸区主要针对东北亚地区，福建自贸区将主要面向台湾地区，四大自贸区金融改革政策总体可以归纳为以下五个方面：

第一，推进人民币资本项目可兑换的先行先试，逐渐提高资本项下各项目的可兑换程度。

第二，促进人民币的跨境使用，将贸易、金融、实业三者的投资并重，促进人民币国际化进程。

第三，推动金融服务业开放的步伐，对内推进民营资本进驻，对外加快引入外资金融机构。

第四，加快金融体系的国际化建设，鼓励企业充分利用境内外的资源和市场，加快跨境融资的自由化。

第五，建设适应自贸区发展的金融监管机制，在四大自贸区建立符合区域发展的宏观审慎管理体系、金融监管协调机制和风险监测评估机制。

（二）自贸区总体方案的对比

1. 四大自贸区位置布局（见图1）

图1　四大自贸区位置分布图

2. 四大自贸区定位

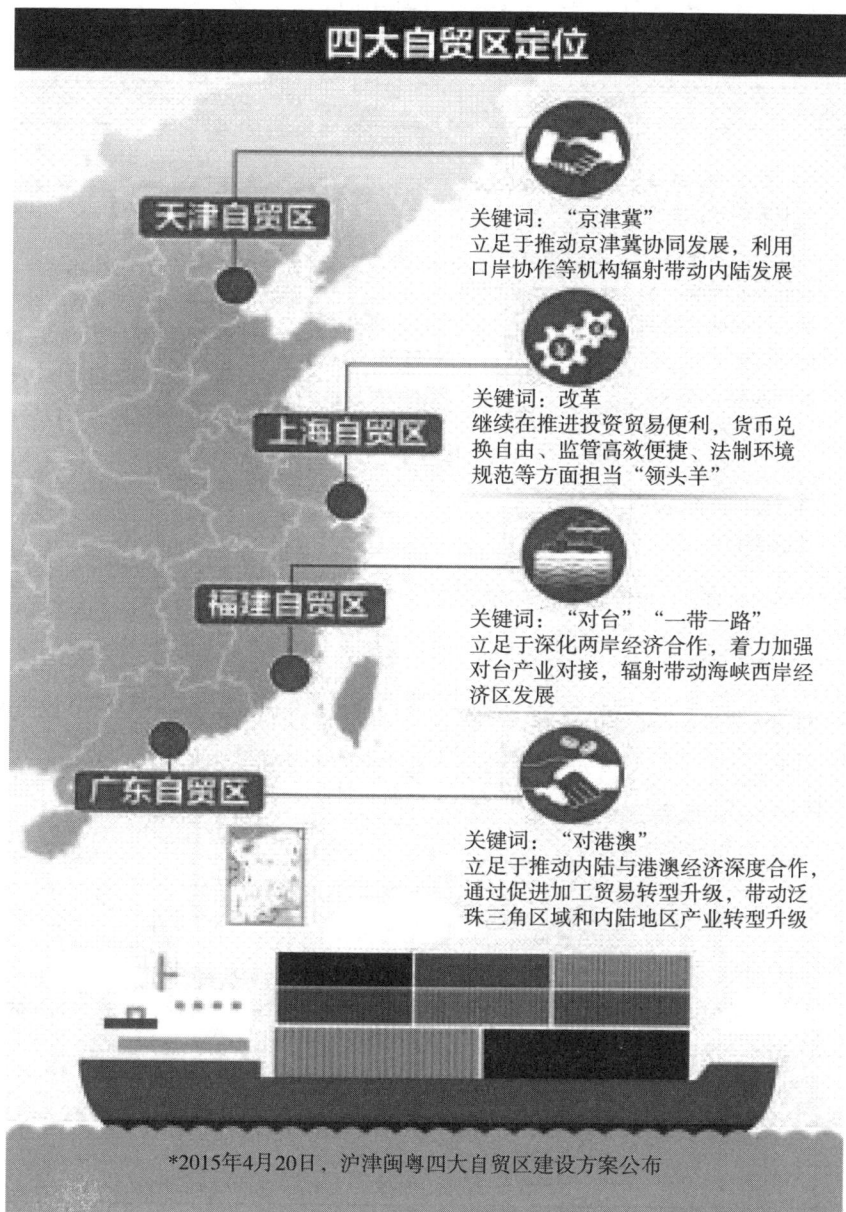

四大自贸区定位

天津自贸区
关键词："京津冀"
立足于推动京津冀协同发展，利用
口岸协作等机构辐射带动内陆发展

上海自贸区
关键词：改革
继续在推进投资贸易便利、货币兑
换自由、监管高效便捷、法制环境
规范等方面担当"领头羊"

福建自贸区
关键词："对台""一带一路"
立足于深化两岸经济合作，着力加强
对台产业对接，辐射带动海峡西岸经
济区发展

广东自贸区
关键词："对港澳"
立足于推动内陆与港澳经济深度合作，
通过促进加工贸易转型升级，带动泛
珠三角区域和内陆地区产业转型升级

*2015年4月20日，沪津闽粤四大自贸区建设方案公布

图 2　四大自贸区定位发展图

3. 四大自贸区方案比较（见表7）

表7　　　　　　　　　　　　　　　　　四大自贸区方案比较

内容	相同点	不同点			
		上海	广东	天津	福建
指导思想	按照党中央、国务院决策部署，紧紧围绕国家战略，进一步解放思想，坚持先行先试，把制度创新作为核心任务，做好可复制、可推广经验总结推广，更好地发挥示范引领、服务全国的积极作用	①率先建立符合国际化、市场化、法治化要求的投资和贸易规则体系；②推动"一带一路"建设和长江经济带发展	促进内地与港澳经济深度合作	①发挥市场在资源配置中的决定性作用，探索转变政府职能的新途径②打造京津冀协同发展对外开放的新引擎	①为深化两岸经济合作探索新模式②为加强与21世纪海上丝绸之路沿线国家和地区的交流合作拓展新途径
战略定位	全国改革创新的先行地	面向全球，打造国际金融中心	将自贸区建设成为粤港澳深度合作示范区、21世纪海上丝绸之路重要枢纽	努力成为京津冀协同发展高水平对外开放平台	将自贸区建设成为深化两岸经济合作的示范区
发展目标	在特定的时间内成为国际一流的自由贸易区	力争建设成为开放程度最高的投资贸易便利、货币兑换自由、监管高效便捷、法制环境规范的自由贸易园区	经过3~5年的改革，实现粤港澳深度合作，形成国际合作新优势	经过3~5年的改革，在京津冀协同发展中发挥示范作用	经过3~5年的改革，增强闽台的经济关联度

（三）自贸区创新金融政策的对比

表8   **四大自贸区金融创新政策对比**

相同点	不同点			
	上海	广东	天津	福建
四个自贸区均提出在金融方面改革创新，主要创新资本项目下的可兑换。①	《进一步深化改革开放方案》没有明确上海自贸区金融改革的具体措施，金融改革"新51条"主要包括人民币"走出去"、金融开放、金融市场建设和金融监管等五方面内容。	重点是：①人民币业务的跨境使用、港澳贸易合作便利化；②金融风险防控体系的建设。	①投资准入上，负面清单②外的项目可直接到银行进行登记，资本金按意愿结汇③，允许在自贸区设立外商独资银行和中外合资银行，扩大外资进入银行业；②融资方面，推动人民币业务创新发展，帮助企业到海外进行借款和融资，降低企业的运作成本，鼓励金融机构多服务于中小企业；③推进租赁业政策创新，形成与国际接轨的租赁业发展环境。	以"推动两岸金融合作先行先试"作为核心，在扩大金融开放的同时，给予台湾地区企业更多的优惠：①在自贸区为台湾地区金融机构开放绿色通道；②不再限制中台资合资基金管理公司持股的比例；③为两岸金融业务纠纷提供多元化的解决渠道。

（四）自贸区主要金融政策措施的比较

1. 企业跨境融资

从目前上海、广东、天津和福建四大自贸区的发展来看，企业跨境融资依旧是金融领域的重中之重（见表10）。

---

① 按照国际收支口径，通常将一国货币可兑换的程度分为经常项目可兑换、资本项目可兑换和完全可兑换。资本项目可兑换，是指一种货币不仅可以在国际收支经常性往来中，将本国货币自由兑换成其他货币，而且可以在资本项目上进行自由兑换。

② "负面清单管理模式"是指政府规定哪些经济领域不开放，除了清单上的禁区，其他行业、领域和经济活动都许可。凡是与外资的国民待遇、最惠国待遇不符的管理措施，或业绩要求、高管要求等方面的管理措施均以清单方式列明。这是负面清单管理模式在外商投资领域的运用。

③ 资本金按意愿结汇主要指外商企业可以先结汇，结完的人民币等需要支付时才进行付款。

表9   四大自贸区企业跨境融资政策对比

	上海	广东	天津	福建
企业跨境融资	1. 自贸区内机构可按要求从境外融入本外币资金。 2. 支持区内企业的境外母公司或子公司在境内发行人民币债券，募集资金依据需求在境内外使用。	1. 推进自贸区与港澳地区开展双向人民币融资。 2. 符合条件的区内机构在宏观审慎管理①要求下允许从境外融入资金（含本外币）。	1. 支持租赁业从境外融资，放宽自贸区内企业在境外发行本外币债券的许可和规模范围限制。 2. 表达"建立健全外债宏观审慎管理制度"的意愿。	1. 允许台湾地区的银行机构向区内企业或项目发放跨境人民币贷款等。 2. 探析跨境融资与资金流动相关规则，鼓励机构进行境外融资。

2. 同业跨境拆借及合作

"同业拆借"是各金融机构互相进行临时、短期性调剂头寸的行为（见表10）。

表10   四大自贸区同业跨境拆借及合作政策对比

	上海	广东	天津	福建
同业跨境拆借及合作	1. 币种和期限调整，不占用区外银行机构现有外债额度。 2. 银行金融机构区内外债额度如下： 1）新设银行（如华瑞银行）为一级资本的5倍（仅有上海华瑞银行一家）； 2）上海试验区FTU为其境内法人机构一级资本的5%。	1. 在宏观审慎管理框架下，支持自贸区内金融机构与港澳地区金融同业机构开展跨境人民币借款业务，应用于与国家宏观调控相符合的领域。 2. 支持自贸区内金融机构与港澳地区金融同业机构合作开展人民币项下跨境担保业务。	1. 自贸区内的银行金融机构可按要求向境外同业机构进行跨境拆出短期人民币资金。	1. 区内的台湾地区金融机构可向母行（公司）借用中长期外债实行外债指标单列，并按余额管理。 2. 允许自贸区内银行、企业从境外借入本外币资金，企业引入的外币资金可以结汇使用。

---

① 宏观审慎管理（a system of prudent macro management）是与微观审慎监管相对应的一个概念，是对微观审慎监管的升华。微观审慎监管更关注个体金融机构的安全与稳定，宏观审慎管理则更关注整个金融系统的稳定。

3. 企业境外放款

上海自贸区已把企业境外放款的限额上调至 50%，比之前提高了 20%，并将境外直接投资债权登记汇入境外外汇放款登记管理。同时取消境外融资租赁债权审批，允许境内融资租赁业务收取外币租赁租金。

当前全国做法是按照有关要求，放款人的境外放款余额不允许超过所有者权益的 30%，并不得超过借款人已经办妥的登记手续中中方协议投资金额。另外几个自贸区的要求尚未明确境外放款，只有天津自贸区简要概述为"进一步提高对外放款的比例"。

4. 海外人民币或外币债券发行

国务院最新的关于取消非行政许可审批事项中，已经明确指出取消境内企业海外发行外债和人民币债券的额度审批，但四大自贸区都明确表示区内企业海外发行外债或人民币并回流使用的相关意愿，外币和人民币债券回流限制仍然是一大障碍，结合发改委 2016 年 9 月有关中长期外债的新规，各大自贸区也只能在回流和额度上争取更多优惠（见表 11）。

表 11　　　　四大自贸区海外外币或人民币债券发行政策对比

	上海	广东	天津	福建
海外人民币或外币债券发行	全面开放区内企业本外币境外发行本外币债券，允许企业自主从境外融入资金，融资的上限为净资产的 2 倍，企业外债资金实行自主意愿结汇。	放宽区内企业在境外发行人民币和外币债券的审批和规模范围限制，所取得的资金按照需要可调回区内使用。		允许区内符合规定的金融机构和企业在境外发行外币和人民币债券并回流使用。

5. 自由贸易（FT）账户体系

目前自由贸易（FT）账户体系只在上海自贸区真正得到建立并趋于成熟，从 2014 年底开始已经陆续有部分银行成功通过央行上海总部的验收，截至 2016 年 6 月已经有 30 多家银行通过验收，通过自由贸易（FT）账户体系相对有效地将自贸区内的创新业务或改革试验带来的风险和区外进行隔离（见表 12）。

表 12 　　　　　　　　　　　四大自贸区分账核算相关政策对比

	上海	广东	天津	福建
分账核算	首先建立自由贸易（FT）账户体系，截至 2016 年 8 月，通过自由贸易（FT）账户的跨境本外币结算总额超过 2 万亿元。	探析通过开立自由贸易（FT）账户和其他风险可控的方式，开展跨境投融资的创新业务。	支持通过自由贸易（FT）账户或其他风险可控的方式，促进跨境投融资便利化和资本项目可兑换的先行先试，目前尚未启动。	仅提及建立与自贸区相适应的自由贸易（FT）账户体系，完善人民币涉外账户管理模式。

四、自贸区金融运行情况

（一）上海自贸区

2016 年上海银监局数据显示，上海自贸区金融业稳健发展，区内金融创新活跃，进一步推进制度创新，加快了国际金融中心的建设。自贸区跨境业务、自由贸易（FT）账户开立等增长势头猛进。截至 2016 年 7 月末，区内银行业机构达到 464 家，其中法人级机构数量约 164 家，占比达到 69%，分行级机构占比 63%，区内机构存占比为 77%，贷款占比为 76%。这其中包括 4 家中资商业银行具有办理离岸业务的资格，累计办理离岸业务账户数 5606 个，总资产约 28.54 亿美元，本年累计国际结算量达到 120.32 亿美元。自由贸易（FT）账户，使企业区内、区外、境外三个市场的链接，实现境内外账户之间的自由划转。企业通过自由贸易（FT）账户获得的融资金额累计折合人民币 5681 亿元，人民币平均利率约 4.12%，融资成本也大幅降低。跨境类表外业务、同业类业务等诸多业务也在有序推进。

（二）广东自贸区

2016 年广东银监局发布的数据显示，广东自贸区银行业运行良好。截至 2016 年 3 月末，广东南沙、横琴片区设立法人机构、分行、支行分别为 5 家、22 家和 25 家，同时设立 1 家外资银行代表处。在引入核准外资银行时稳步推进港澳银行业管理模式，澳门一家银行的横琴分行筹建已获银监局初审同意，它的成立将在全国实现"三个第一"，为该模式的全国推广开创了先例样本，提供了先进的推广、复制经验。目前，南沙、横琴片区企业得到区内银行机构授信高达千亿余元，贷款超过 400 亿元，带动相关业务投资 2000 多亿元，进一步推进了区内重点项目建设。

（三）天津自贸区

2016 年天津银监局公布的数据显示，天津自贸区金融业实现较快增长。截至 2016 年 11 月末，区内着重推动金融服务业发展，目前已集聚金融机构约千余家，涵盖银行、证券、保险等各类金融企业，管理资产超过 2 万亿元，金融业对区内贡献度超过 90%。区内开立本外币结算账户累计约 3 万个，跨境业务办理达到 752 亿美元，占天津整个区域的 24%。跨境人民币外债的签约总额、资金池业务结算资金量均超过 200 亿元，发放境外人民币贷款也突破 100 亿元。

（四）福建自贸区

2016 年福建银监局公布的数据显示，福建自贸区金融业稳健发展。截至 2016 年上半年，区内银行机构 63 家，其中分行级机构 14 家，各类业务中心 9 家。2016 年上半年，银行业机构为区内五家企业融入本币 5 亿元、美元 429.25 万元，融资成本较国内低 2.5%，资金池业务资金结算额约 9 亿元。2016 年 1~3 月，区内企业与台湾地区办理跨境人民币业务结算约 27.91 亿元。从合作对手的分布可以看出福建对台区位优势显现，占比 13.39%，已稳居福建第二大境外人民币结算地，发挥了良好的示范带动作用，为福建经济发展提供了新的引擎。

五、股份制商业银行拓展自贸区业务的必要性

自贸区的建设是顺应全球市场发展的国家战略，是先行先试、深化改革、主动对外开放的重大举措。作为股份制商业银行，尤其是尚未在国外建立分支机构的股份制商业银行，更应以此为契机，加速布局各自贸区，建设分支机构，抓住自贸区金融政策开放优势和创新机会，拓展业务合作，建立特色化、专业化服务模式，同时试水国际金融市场，加强与境外金融机构的合作，吸收国际成功经验，加快海内外业务布局，其必要性主要表现在以下几个方面：

（一）拓展自贸区业务为银行带来新的客户资源

自贸区是先行先试的国家创新区，充分释放金融政策利好信号，成为改革开放若干年来我国新的践行地，为贸易融资活动提供了巨大的方便。众多国内外企业迅速决策纷纷想搭上政策班车，进驻自贸区建立新的机构，争抢区内建设的"领头羊"。迫切地进驻开展业务需求也滋生了众多的金融服务要求，股份制商业银行应紧抓企业这些资金需求，利用账户和结算等最基本业务结合自贸区特色慢慢延展，进一步扩大银行的服务广度，将持续涌入的自贸区企业转变为银行源源不断的客户资源，不断壮大股份制商业银行的业务实力。

（二）拓展自贸区业务为银行提供壮大资产规模的新途径

自贸区内的基础设施建设需要强大的资金注入，国家和地方财政资金是远远不够的，银行信贷正好填补了自贸区建设资金缺口，这就为银行扩大优质资产规模、优化资产结构提供了新的贷款投放通道。

（三）拓展自贸区业务为银行提供更宽广的业务创新环境

国务院等政府监管部门针对自贸区分别出台了各项支持金融创新改革政策，这在一定程度上大大促进了金融业的创新发展，同时也促使我行清晰地看到我们要快速改变以往传统金融服务模式和陈旧的操作方式，这些政策的落地为股份制商业银行指明了强化金融创新的方向，也加快了股份制商业银行加强产品创新进程，尽快实现产品的落地。

（四）拓展自贸区业务为银行打通境内外两个市场，加快与国际市场接轨的步伐

自贸区承担着打通境内外双市场的重要试验任务，是最为特殊的监管区域。对于股份制商业银行来说，既可以低成本引进境外资金，降低区内企业融资成本，更好地支持区内实体经济建设，又可以将银行自身特色化业务和全方位服务推向国际，通过区内境外企业的合作检验，使银行更加适应国际规则的要求，引进先进外国同业的经验。同时，还丰富了股份制商业银行资金的国际来源渠道，进一步降低了银行的负债成本，也加快了人民币业务进一步实现国际化。

六、股份制商业银行拓展自贸区业务的优劣势分析

（一）优势

1. 组织架构优势

股份制商业银行近几年正在进行一系列自上而下的金融改革，各大股份制商业银行不断改进，建立了更加灵活的业务审批机制，相比较国有银行，股份制商业银行基本为一级法人机构，组织结构趋向于扁平化，机构更加精简，决策层级较少，因此决策效率更高，对国家战略和市场反应也更加迅速。大多数股份制商业银行已经立足自贸区，迅速部署了以市场原则为导向、以客户价值链为中心、以数据为核心资产、跨境跨界相聚合的自贸区业务发展目标，股份制商业银行灵活的机构设置，进一步为自贸区

企业提供一揽子金融服务方案，全方位满足自贸区企业需求。

2. 全国性银行牌照优势

自贸区集聚了众多银行同业机构，包括我国国有银行、股份制商业银行和自贸区当地银行，股份制商业银行虽不及国有银行资金规模，但拥有其他中小银行、城商行所不具有的政策、资源、市场扩张的牌照便利，更能符合自贸区银行入驻门槛，同时也更易获得政府的大力支持。股份制商业银行在跨境业务资格如 QFII 托管行、离岸业务试点等方面也有望获得更多政策扶持。

3. 金融创新优势

结合"互联网+"时代特征，股份制商业银行积极发展互联网金融业务，搭建互联网创新平台，推出各项金融创新产品，集成线上支付、线下收单、代收、代付等功能；推进数字银行建设，构建云数据中心，积极推进各项创新项目落地。股份制商业银行在打造数字化大数据金融服务平台上一直步履不停，一系列的科技金融创新可以看出股份制商业银行金融创新的动力更大、力度更强，致力于提供安全、高效、便捷的金融服务。

(二) 劣势

1. 国际市场经验不足

股份制商业银行资产布局基本集中布局在国内，境外资产还无法与我国国有银行相比，更无法与西方跨国银行相提并论，外汇贷款资产占本外币总资产的比例较小，股份制商业银行持有的外汇资产主要源于境内居民及核心企业客户的外汇存款，众多的金融业务都需要中国银行等代理银行办理，这种资产布局无法满足自贸区企业的发展，同时已经滞后于世界经济开放的步伐。

2. 贸易金融类产品亟需丰富

自贸区集中了大量的贸易类、物流仓储类公司，而股份制商业银行相应的贸易金融类产品缺乏，产品同质化现象突出，大部分是直接将产品通过"拿来主义"从境外或同业加以模仿引入，以吸纳性的产品为主，由股份制商业银行自己研发、具有银行特色的创新产品少，前瞻性不强，也无法成为银行的差异化产品，反而容易加剧同业竞争，尤其是集中于低层次的价格竞争。

3. 跨境贸易金融业务流程有待完善

大多数股份制商业银行网点基层员工对于跨境类贸易融资业务相关政策、审批、操作流程不够熟悉，操作经验各异，加之培训机制不够完善，加大了跨境贸易业务开展的金融风险；同时随着信息化程度不断增强，国有银行加快了业务流程改造和系统的更新升级的步伐，自贸区金融同行业竞争激烈，而股份制商业银行在自贸区操作流程和系统处理方面还需不断完善；自贸区作为中国金融改革开放的前沿，跨境离岸类银行金融业务集中，对全面提升基层员工的业务素质提出更高的要求，因此加强贸易金融业务知识的全员培训和自贸区专属人才的引进，进一步完善跨境贸易金融业务流程，这是股份制商业银行发展自贸区业务刻不容缓的事情。

七、针对股份制商业银行拓展自贸区业务的措施建议

（一）定战略

为加速股份制商业银行拓展自贸区业务，实现跨越式发展的战略目标，股份制商业银行应紧抓自贸区金融政策机遇，建议把拓展自贸区业务列入各银行总体发展战略中。

（二）定战术

1. 如何打造股份制商业银行自贸区分行

打造自贸区分行承载着为商业银行探索服务多元化、利润多样化发展之路的使命。各大股份制商业银行应该建立布局自贸区的战略目标，以"创新金融、科技金融、服务全行、先行先试"的自贸区业务发展定位，把"打造特色自贸区分支行，全面服务自贸区企业"纳入战略目标的具体实施中，立足本土，面向全球，自上而下制定自贸区发展规划。

（1）自贸区分行设立的区域策略

表13　　　　　　　　　四大自贸区区位布局异同点对比

	相同点	不同点			
		上海	广东	天津	福建
区位布局	四个自贸区的实施范围相差无几，约120平方公里。	120.72平方公里	116.2平方公里	119.9平方公里	118.04平方公里
		无功能划分，各个片区共同深化改革，加强与上海国际经济、金融、贸易、航运中心建设的联动机制。	区域布局划分：①广州南沙片区：生产性服务业；②深圳前海蛇口片区：战略性新兴服务业；③珠海横琴新区片区：文化教育和商务旅游。	区域布局划分：①天津港片区：现代服务业；②机场片区：高端制造生产性服务业；③滨海新区中心商务片区：金融创新。	区域布局划分：①平潭片区：两岸共同家园和国际旅游岛；②厦门片区：两岸新兴产业和现代服务业；③福州片区：制造业以及国家和地区的交流平台。

续表

相同点	不同点			
	上海	广东	天津	福建
区位布局		海关监管划分：①特殊监管区域：货物贸易便利化制度创新；②非特殊监管区域：体制机制创新，发展现代服务业和高端制造业。	海关监管划分：①特殊监管区域：货物贸易便利化为主的制度创新；②非特殊监管区域：投资制度改革。	海关监管划分：①特殊监管区域：货物贸易便利化制度创新；②非特殊监管区域：投资体制改革，发展现代服务业和高端制造业。

根据表13，我们已经清晰地看到四大自贸区的区位布局，股份制商业银行应该按照四大自贸区的重点产业布局划分，结合前文各自贸区详细功能定位，按照各大银行的区域策略，进一步拓展各省市自贸区领域。以恒丰银行为例，截至2016年末，恒丰银行有18家一级分行，二级分行26家，分支机构数量达到306家。其中已经在自贸区城市设置分行的包括上海分行、西安分行、郑州分行、成都分行、重庆分行、福州分行和武汉分行，已经推进筹建工作并在2017年有望获批的自贸区分行有天津、广州和深圳。还未设置分行的自贸区城市包括大连、舟山、珠海和厦门。自贸区分支机构设置的顺序，应该从易到难，从恒丰银行总行资源多的地区到总行资源少的地区，根据分行的分布位置，自贸区周边分行分布越密集的地方，资源越容易整合，银行品牌效应越强，自贸区业务越容易开展，所以恒丰银行在剩余自贸区分行设置的顺序为厦门、舟山、珠海、大连。其他股份制商业银行也应以恒丰银行建立自贸区分行的事例结合自身具体情况开展自贸区分支机构的建设。

古人云"兵马未动，粮草先行"，根据各大股份制商业银行的战略部署，开设自贸区分行只是时间问题，但开设自贸区分行需要大量的人力物力和时间成本，为了能够与各大同业机构抢占自贸区金融市场，股份制商业银行可以利用自贸区周边分行的管理资源和客户资源，通过自贸区周边分行先把一部分自贸区业务做起来，待自贸区分行成立正式运营后，自贸区周边分行再按照属地原则把业务移交，这样可以最大限度地保障股份制商业银行在自贸区金融市场的占有率。

（2）自贸区分行的机构模式设置

大多数国内银行在考虑自贸区机构模式时都选择在区内设立一、二级分行，国外银行机构则倾向于在区内选用设立支行的模式，这是因为支行模式具有"速度快、成本低"的优势。各大股份制商业银行应综合分析银行实际业务开展情况，并在符合监管机构的政策要求下，全面考察考量设立分支机构产生的效应，但无论是采取分行还是支行模式，都应直属总行管辖才能将各类优惠政策在经营中落地为自贸区独有的业务类型，在未设立分行的地区可以参考进行一级分行设置，直属总行管辖；在已设立分行的地区可以参考与区内分支机构"共享资源、合同办公"的协同管理方式，通过合力共同办公，调动一切人力物力资源优势，提升业务推动和内部管理效率，从上到下协同发展，积极贯彻和利用区内各项金融政策，加速拓展国内外市场。

本文立足于四大自贸区在战略定位与金融政策方面的差异，以恒丰银行为例，结合其实际区域与经营策略，针对四大自贸区具体机构设置建议如下列示，各大股份制商业银行应根据自身区域经营策略和发展方向，作出符合自身特色的分支机构设置。

上海自贸区设立三年多以来，各类金融同业机构争先进驻，金融创新业务随着各项政策的落地也在不断涌现，鉴于恒丰银行已于2015年12月30日正式建立了其第13家一级分行——上海分行，上海分行也始终将自贸区业务纳入创新发展的战略重点积极推进，并于2016年5月进行了监管机构部门关于开展分账核算业务的系统验收，这意味着恒丰银行可以正式发展自贸区内相关（FT）分账业务，并取得了可喜可贺的突破。因此，建议在上海自贸区建立依托上海分行的自贸区二级分行或自贸区支行，形成"总分分"或"总分支"管辖模式，整合资源、合署办公，继续推动其跨境业务突破。

与上海自贸区拥有异曲同工之特点的是福建自贸区，恒丰银行早在2010年已进军福建市场，并成立了一级分行——福州分行。处于"21世纪海上丝绸之路核心区"的恒丰银行福州分行借助其自身优势，积极加入到新一轮的金融业发展热潮中，并于今年1月成功设立了福建自贸区福州片区支行，成为当地2016年在福建自贸区开设的首家金融机构，重点围绕自贸区对台业务、海洋业务、跨境融资业务等，为推进人民币国际化、利率市场化、自贸区经济建设以及为两岸金融创新合作不断的添砖加瓦。基于此建议恒丰银行吸收成功经验，快速布局厦门、平潭片区自贸区市场。厦门对台优势明显，台商投资热度高，两岸产业优势突出，在金融服务方面也最好，竞争优势突出；平潭地区偏向于文化旅游休闲产业的发展，因此建议在福建自贸区厦门片区成立直属恒丰银行总行的一级分行，在平潭片区效仿福州片区成立自贸区支行，做好恒丰银行在福建自贸区的机构布局，加强两岸金融机构的合作，充当其业务创新、制度创新、文化创新的重要试验田。

相对于上海自贸区和福建自贸区，恒丰银行目前尚未在天津和广东设立分支机构，也未全力开发当地市场，虽然恒丰银行布局天津和广东稍晚，但其紧抓国家"一带一路"建设战略、京津冀协作发展战略和粤港澳经济深入合作机遇，全力推进其在天津和广东自贸区的机构布局建设，目前已推进两地自贸区银行审批工作，并在2017年有望获批，正全面开启恒丰银行"金融自贸区时代"。根据前文的分析建议，恒丰银行可直接在天津自贸区和广东自贸区建立直属总行直管的一级分行，充分发挥一级分行设置的信息优势、资源优势、人才和科技供给优势，迅速抢占自贸区市场，以自贸区业务拓展开发为平台，进而逐步涉足整个天津、广东的业务开展，逐渐完成其在两市的分支机构布局。

需要指出的是，由于广东自贸区和天津自贸区在区位地理面积等多方面的不同，隶属于广东自贸区的深圳前海片区，拥有"中国金融业对外开放试验示范窗口"和"跨境人民币业务创新试验区"的特殊定位，负责推进深港合作、"一带一路"、自贸试验区三大战略，这就表明前海多条创新政策均与香港金融业直接相关，具有独特的政策优势和改革开放战略优势，这对于各大股份制商业银行提供了加强与港澳企业、金融机构合作，提升国际声誉和国际竞争力，进一步加快股份制商业银行在港澳机构布局的直通平台的机遇。因此，包括恒丰银行在内的股份制商业银行在筹备天津自贸区分行和广东自贸区一级分行的同时，也要根据深圳前海对外开放的特殊战略位置，同时启动深圳前海自贸区一级分行的筹建工作，一方面，总行可以进行资源配置的共同倾斜，整合创新业务产品；另一方面，可以节约时间成本，紧跟自贸区建设进程，加快银行的布局发展，进一步拓展国际化机构建设，为境内外客户提供优质、便捷、高效的综合金融服务。

待自贸区大布局基本完成后，恒丰银行可以在天津自贸区的各片区和广东自贸区的横琴片区建立支行机构模式，隶属于天津自贸区分行和广东自贸区分行管辖，根据不同的片区定位，推进自贸区金融创新建设，服务其区域战略发展策略。

（3）自贸区分行的牌照申请

股份制商业银行在加紧布局自贸区分行的进程中，需要根据国家银行业监督管理部门的监管要求，同时要兼具自贸区管理方案，着重全力打造在岸、离岸、自贸业务"三位一体"全牌照银行，全面帮助自贸区企业有效利用"区内、区外、境外"三个市场，实现自贸区与全球市场的联动。目前，股份制商业银行拓展自贸区业务主要应先取得银行业务全面牌照、具有自贸区特色的自由贸易账户（FTA）业务许可牌照和在政策利好形势下取得试点离岸金融许可牌照。

（4）自贸区分行的政策补助

建立自贸区分行符合国家推进金融改革"先行先试"的战略目标，同时也展现出国家加强贸易便利，加大对外开放，参与国际竞争，提高竞争力的改革决心。各自贸区纷纷出台相关内部扶持政策、细则办法和规定，明确指出"支持发展金融业。鼓励金融机构总部、金融机构总部一二级分支机构、金融机构核心业务部、商业保理、融资租赁、财务公司、汽车金融公司、消费金融公司、互联网金融企业、要素交易平台、基金及资产管理公司等各类持牌金融机构入区发展。"对于新迁入的金融机构根据认定标准给予一次性的资金补助、财政支持和用房补贴。

2. 如何运用不同金融政策打造股份制商业银行自贸区分行

（1）自贸区分行的组织架构设置

各大股份制商业银行早已经开始为加紧布局自贸区分支机构提前进行了内部组织架构布局，为打通自贸区业务拓展之路而夯实基础、牢固根基、凝聚力量，目前绝大多数股份制商业银行已经基于自贸区业务设立了各类贸易投融资部，建议股份制商业银行各部门立足自贸业务发展，统揽跨境贸易业务，成立跨境相关业务推动中心（见图3）。

股份制商业银行也可以在机构设置上学习已在自贸区设立分行的优秀同业的先进经验，例如前文提及的浦发银行，股份制商业银行可以成立自贸区项目推进领导小组，小组下设办公室，同时成立业务实施推进小组，共同推进自贸区业务，落实目标客户和市场营销工作。依托自贸区周边分行，并在周边分行内设立自贸区业务协调管理部，与自贸区分行同级运行，在管理资源、人力资源和客户资源等方面优势互补，也方便人才资源调用、招募、培训等交流合作，同时便于自贸区业务开展。

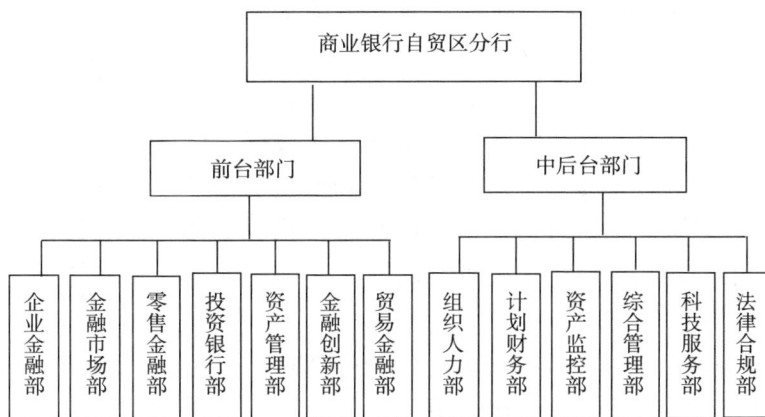

图3　商业银行分行基本组织架构设置

（2）自贸区分行业务定位

我国政府对自贸区内金融政策做出了重要的变革，自贸区的金融改革创新，是依托自贸试验区这一载体，"在风险可控前提下，对人民币资本项目可兑换、金融市场利率市场化、人民币跨境使用等方面创造条件进行先行先试"，实施有序组织试点。自贸区分行在拓展自贸区客户及业务时应不仅仅限于传统类的清结算业务、现金类业务、账户管理类业务、国际贸易类业务、贷款融资类业务，还应涵盖针对区内各行各业客户和国际客户开展相关差异化服务，尤其是要根据各自贸区优势及发展重点研发相契合的特色金融产品，为区内机构提供全方位的资管投行类业务、离岸贸易金融服务、同业市场业务等。

（3）自贸区分行业务产品

在金融创新、科技创新的大环境下，自贸区分行可以根据总行设定的自贸区产品先行先试，根据不同自贸区自身特点，制定不同的产品推广策略。

①贸易金融：股份制商业银行应建立更宽广的企业跨境金融服务平台。股份制商业银行可以充分借鉴及利用三个市场资源，加强与同业的合作，加强资金流通，有效突破境内融资与资金规模瓶颈，为企业提供低成本、高效率、规避汇率风险的清结算资金管理、融资管理、财富管理与增值管理等方面的全方位综合金融服务，进而为区内外企业搭建联动发展的跨境金融服务平台。

②跨境人民币业务：推进人民币国际化的主要渠道。股份制商业银行可以在不久的将来，针对海外人民币资金跨境融资业务、跨境电子商务结

算业务、"直接投资"项下跨境结算业务方面简化服务，另外，个人跨境投资、人民币熊猫债发行等业务领域创新和发展的空间广阔，跨境人民币业务作为人民币国际化主渠道的作用将进一步强化。

③大宗商品融资综合服务：股份制商业银行可以通过质押期货交易所标准仓单，为贸易商提供短期贸易融资和期货保值业务组合产品；还可以针对以能源交易中心为纽带的大宗商品客户目标群体，为其提供包含资金清结算、账户管理、资金存托管、理财等在内的银行金融一体化综合服务方案。

④供应链金融：帮助自贸区释放经济增长活力。一系列支持自贸区贸易政策措施的出台，必将加快自贸区跨国公司或财务中心的集聚，这将充分带动以跨国企业为核心的上下游供应链中小企业和服务业的聚集，形成大量依托供应链条企业的应收、应付融资需求。股份制商业银行发展供应链金融可以通过对供应链条物流、信息流、资金流的有效匹配与控制，充分应用应收、应付类的银行金融融资产品，降低企业资金运作成本，进而有效释放自贸区经济的增长活力。

⑤融资租赁产业金融：自贸区对区内融资租赁公司发布了诸多利好趋势，股份制商业银行可以凭借各类跨境金融创新业务诸如人民币境外贷款、经常项下收付和资金池等业务，对融资租赁公司提供金融服务支持，为有需要优化升级的企业引入固定资产，利用行内外汇储备，使其变为企业投资资产，进一步促进国家经济发展。各大股份制商业银行同时可以在融资租赁保理业务的基础上整合创新跨境类产品，进一步优化其跨境联动模式，通过进行金融产品的组合进一步服务实体企业，减少企业的融资成本。

⑥现金管理：通过为企业客户搭建有效科学的账户管理体系来提供的一体化收付款、资金流动性管理和投融资金融服务，可以有效提升集团企业的资金运营管理效率。现金管理不同于传统的银行贸易金融服务，但关系却日趋紧密。国际一流银行如汇丰、渣打等已将二者高度整合，成功建立用于服务跨国公司进行贸易活动的国际交易银行业务；在国内，大型企业境内总部利用人民币资金池开展的境外放款业务也已经纳入人民银行的跨境人民币统计核算中，成为跨境人民币业务的一分子。自贸区已经进一步放宽了银行金融机构关于为企业客户建立本外币资金池的政策限制，集团企业对于现金管理的需求会越来越急切，因此股份制商业银行现金管理服务将面临更大的发展空间。

3. 如何让科技金融与股份制商业银行自贸区分行的业务密切结合

自贸区的金融创新其目的是在资本项目可控的前提下使得金融服务好实体经济，而这就需要金融与科技的结合来推动。股份制商业银行应深入领会自贸区"先行先试"带来的创新业务发展机遇，进行资源的优势调配，全力搭建跨越区内外、国内外的综合化立体化金融大平台。结合自贸区分行横跨区内、区外、境外三个市场的国际化特征，股份制商业银行应加强风险风范，并以此为根基加强推进科技金融各项建设，打造产品、业务和跨境类金融大平台，致力于打造资金流与信息流高度结合的大数据金融清算平台，践行科技金融理念，做平台的平台，银行的银行。

（1）产品研发平台

建议股份制商业银行积极运用自贸区金融政策，集中科技力量打造具有"自身特色"的产品研发平台，研发专属自贸区的特色产品，充分利用自贸区分账核算单元"准境外"的优势，加强推进本外币现金结算、支付等产品的研发，不断满足大型国内外企业的金融服务需求；加快产品创新，优化推出各类贸易投融资类业务产品、供应链融资类产品，进一步推出人民币海外贷款、海外并购贷款、外保内贷等跨越全球的贸易融资产品和服务，不断满足企业海外发展服务需求，勇于探索自贸区服务综合化、利润多元化的新金融模式，积极为银行打造一条差异化、特色化的快速成长之路。

（2）业务创新平台

股份制商业银行可以立足自贸区创新政策引领，建议打造特色化业务创新综合化平台，以促进自贸区发展为前提，建立从收集信息、业务设计、业务立项报告、业务完善、业务核议、业务发布的全方位一体化业务推动等各项机制，在金融改革的最前沿推动银行创新驱动、转型提升，构建特色服务之路和专业化服务大平台。

（3）跨境金融平台

第一，进行跨境资产管理渠道探析，建议加快搭建跨境资产管理综合平台。充分利用分账结算账户的结算优势和特点，加强产品创新，实现区内与境内外优质资产的联接，进一步加快资产的有效流动，为区内企业客户全球的资产和资金运转创造有利的平台，促进区内企业发展。

第二，加快跨境结算和业务产品的优化组合，建议打造跨境融资交易综合平台。通过建设更加专业的现金管理机制，为大型企业和集团提供外汇资金收付、资金池等业务，为企业管理全球资源和资金提供便利。同时，加强科技手段的高效充分运用，利用 FT 账户结算与国际市场接轨的特点，提供跨境结算与境内外市场衍生品交易组合管理服务。

除此之外，推动投融资一体化，建立跨境资本运作平台。利用目前互联网金融快速发展的优势，结合自贸区内各项贸易金融政策便利，创建自贸账户大平台，参与直投并购类等资本市场业务，为区内大型企业及集团的大型直投并购业务提供国际化综合金融服务。

恒丰银行青岛分行于 2015 年末建立的特色化支付创新平台（见图4），该特色业务平台以账户为基础，通过数字证书安全管理、转账、电子签名、鉴权等功能，整合行内转账、大小额支付系统、超级网银、网关、银联全渠道等各类支付渠道，实现全国范围内 7×24 小时对个人、对公客户的收款、付款、转账功能，为客户提供批量付款、资金归集、委托收款等服务。目前，银行清结算服务从传统柜面、网银、手机界面延伸至客户 APP 和应用系统的内嵌服务，为客户提供高效、快捷和优惠的清结算服务。互联网支付、移动支付的 7×24 无差别性、无地域限制性正迅速改变人们的支付习惯，最终将形成全方位立体化专业服务平台，各大商业银行应该抓住机遇，迅速抢占市场，不被快速发展的互联网时代淘汰。

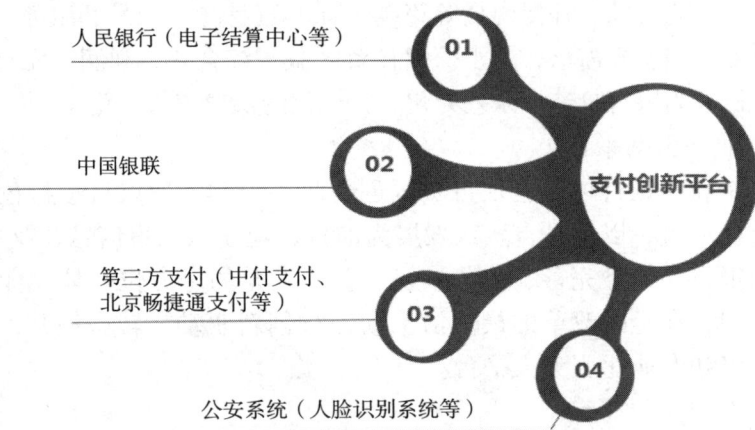

图4 恒丰银行青岛分行支付创新平台对接渠道方

（三）定保障

1. 建立自贸区业务协同推进机制

为了更好地统揽自贸区业务发展，建议股份制商业银行总行成立专属自贸区工作领导小组，各自贸区分支机构成立筹备组，妥善建立好沟通和反馈机制，及时了解自贸区分支机构在业务、客户推进等方面的问题，并全力迅速给出解决方案，增强整个组织构架的跨区域经营能力与战略协同能力，稳扎稳打，步步为营，主动完善产品、管理、科技、人员、文化等全方位的支撑体系，通过明确授权、制度规范、确立职责，推进各自贸区筹备工作的成熟进程，使其尽快投入到正式运营的工作中。

2. 搭建联动营销平台

对于尚未在海外开立分支机构的商业银行，建议股份制商业银行总行利用各自贸区分行资源与境内各分行进行业务合作，在联动营销大数据平台上整合信息资源，实现信息共享。从当前自贸区发展来看大部分同业机构集中服务于区内企业、居民、金融同业机构等，然而放眼于未来发展看，各大银行可以加强客户营销，拓展区域，做好区内、区外及境外企业的协同联动营销，建立相关营销机制和平台，为银行的快速布局发展奠定基础。

3. 搭建跨境业务平台

为了及时加入互联网金融浪潮中，不被市场所淘汰，实现股份制商业银行跨境业务突破，同时为了满足企业"走出去"的跨境金融服务需求，股份制商业银行总行可以建立自贸区科技信息系统，提高自贸区系统项目开发效率，建立"自贸区绿色通道"，从人力、物力、资源配置上给予更多的倾斜。建议股份制商业银行总行尽快安排科技系统的项目立项、系统开发、系统测试和系统发布的一站式工作体制，优化提升现有业务系统，完善网上银行、操作系统功能，打造跨境贸易业务金融大平台，将跨境贸易类业务一并优化整合，同时加入银行、保险、期货、信托、证券、资产管理等资源，贴合区内企业需求，做出"银行特色"，使商业银行的综合金融服务进一步向国际化延伸。

4. 设计自贸区业务产品体系

自贸区经济环境多样复杂，太过单一的银行产品根本无法在自贸区立足，也无法满足客户需求，因此建议要加强跨境贸易类业务相关产品的优化组合研发。从目前自贸区内业务发展可以看出，跨境投融资类、投行等产品都是自贸区内企业业务的重点需求，股份制商业银行应审时度势，加强相关产品的研发。第一，可以结合自贸区市场需求，加强热点业务的优化组合；第二，可以加强与同业金融的业务合作，共同推进自贸区金融业发展；第三，可以加强与多元化保险、证券金融机构的合作，拓展发展领域。

5. 建立自贸区风险管控机制

自贸区建设给银行业带来众多利好机遇的同时，也加大了银行风险管理的难度。建议股份制商业银行注重风险防范，建立健全相关管控体系。

首先，需完善风险管理方法，形成有效的健全的全面风险管理体系；其次，需建立"事前事中事后"风险处理机制，充分完善目前前中后风险管理体系，重点防范重点领域业务风险；最后，建议应重点做好利率、汇率等风险的监控工作，有效防范各种风险敞口。股份制商业银行需加快建立并完善自贸区风险内控模式，不断增强银行的风险预防处置力度，建立专属于银行自身发展的"自贸风险管理机制"。

6. 加强自贸区金融同业合作

2016 年以来，人民币汇率市场、利率市场变化多端，跨境业务也面临新的监管局面，自贸业务凭借各类金融政策的优势迎来了发展良机。随着市场化进程的不断加快，自贸区内银行业尤其是跨境的同业合作已远远超越竞争。国内外同业间应加强联系沟通，股份制商业银行可以借此良机多举办自贸区金融研讨峰会，邀请国内外同业机构进行交流合作，共同探寻自贸区跨境同业合作新模式，形成"优势互补，合作共赢"的良好发展的新局面。

7. 打造自贸业务专属团队

自贸区银行业发展需要大量优秀人才。随着我国金融改革力度的加大和对外开放程度的提高，所有银行同业都将面对国际经济市场，参与国际竞争。各大股份制商业银行迫切需要培养和引进高素质人才，尤其是要为推动自贸区内分支机构的发展专设一支高精尖人才队伍。建议股份制商业银行从当下开始从海内外进行招募和培养，建设专业化高素质团队，提高银行国际化竞争力。与此同时，建议股份制商业银行注重具有多语种能力的优秀人才储备，为随时进驻各国市场做好坚实的人才基础和储备。加强现有人才的培训提升，通过金融业合作交流培训等途径，提升员工素质。引进和培养专业化复合型人才，建立起股份制商业银行在自贸区内外、境外的建设桥梁，更好地推动银行业健康、稳定、持续发展。

结论

本报告立足我国四大自贸区，通过对四大自贸区相关金融政策与金融环境的深入调研，同时借鉴国内外专家学者的研究精华，利用宏观与微观、定性与定量系统科学的分析方法，为股份制商业银行在各自贸区打造具有"各自特色"的分支机构、建立具有"特色模式"的跨境及离岸金融业务机构提供应对措施和分析建议，争取早日使股份制商业银行取得符合自身发展的区域发展战略突破，加速股份制商业银行金融改革的步伐。

参考文献

［1］中国（广东）自由贸易试验区建设实施方案．国发〔2015〕18号文．

［2］中国（天津）自由贸易试验区建设实施方案．国发〔2015〕19号文．

［3］中国（福建）自由贸易试验区建设实施方案．国发〔2015〕20号文．

［4］进一步深化中国（上海）自由贸易试验区改革开放方案．国发〔2015〕21号文．

［5］陈道富：《上海自贸区的金融探索》，载《中国发展观察》，2013（11）。

［6］乐美龙，高金敏：《基于SWOT分析的上海自由贸易区发展研究》，载《特区经济》，2014（2）。

［7］黄礼建，岳进：《上海自贸区金融改革与商业银行应对策略分析》，载《新金融》，2014（3）。

［8］薛洪言：《跨境人民币业务需要自贸区和国内金融改革双向推动》，载《国际金融》，2014（6）。

［9］殷林森：《中国（上海）自由贸易试验区人民币跨境业务提速资本账户开放的思考》，载《科学发展》，2014。

［10］侯远亮：《基于经济发展视角的中国（上海）自由贸易试验区问题分析》载《新农村建设》，2014（5）。

［11］王睿：《金融支持天津自贸区的发展研究》，载《经贸广场》，2015（7）。

［12］李文增，杨小渊，李拉：《与天津自贸区建立和发展运行相适应的金融业发展研究》，载《城市经济》，2015（6）。

［13］戴国强：《商业银行经营管理》，载《高等出版社》，2011。

［14］冯毅：《商业银行跨境人民币结算及其创新策略》，载《改革》，2011（8）。

［15］丁剑平：《自贸区离岸金融业务亟需的"两个参考"》，载《国际金融》，2014（3）。

［16］王志寅：《人民币国际化背景下商业银行的创新发展策略》，上海交通大学硕士学位论文，2013。

［17］林江，欧阳坚：《CEPA 补充协议五、六、七对深化粤港经贸合作的影响》，载《粤港澳区域合作与发展报告（2010—2011）》，北京社会科学出版社，2011。

［18］中国（上海）自由贸易试验区网站．http：//www．china－shftz．gov．cn。

［19］中国（广东）自由贸易试验区网站．http：//china－gdftz．gov．cn。

［20］中国（天津）自由贸易试验区网站．http：//www．china－tjftz．gov．cn。

［21］中国（福建）自由贸易试验区网站．http：//china－fjftz．gov．cn。

商业银行"大托管"发展路径研究

中国农业银行 马曙光 任 航 张薄洋

一、商业银行托管发展概述

(一) 历史回顾

1. 国外起源

托管起源于英国,发展壮大于美国。1924 年,美国哈佛大学的 200 名教授出资 5 万美元,在波士顿成立了"马萨诸塞投资信托基金",该基金由专门的管理人负责资产运作,并允许投资人按照基金净值自由申购赎回,具备了现代开放式基金的特征。基金业在发展初期很不规范,基金管理人既设立和管理基金,又负责基金资产的保管和财务核算监督。由于缺乏有效的制约和监督,资产管理人往往沉溺于高风险投资,甚至产生了滥用投资者赋予其投资职能的行为。为了整治证券市场的乱象,1940 年,美国颁布了《投资公司法》,明确规定:委托资产都要由某一托管机构保管并对资产管理机构的投资操作进行监督,由此正式引进了托管机制。托管制度的引入,极大地保障了投资者的利益,对规范管理人的投资行为起到显著的推动作用。

伴随着全球资本市场的发展,目前国际上形成了依托商业银行、服务资本市场、相对独立的资产托管行业,涌现出了道富、纽约梅隆银行等知名托管银行。2015 年 6 月末,全球前 15 大托管机构托管规模达 141 万亿美元[①],在国际金融体系中发挥着不可或缺的独特作用。

2. 国内发展

1997 年 11 月 14 日,国务院批准并颁布了《证券投资基金管理暂行办法》,明确规定证券投资基金必须由有托管资格的商业银行托管,标志着

---

① 中国贸易金融网。

我国规范的托管制度的建立。1998 年，工商银行、农业银行、中国银行、建设银行和交通银行成为国内首批从事基金托管业务的商业银行。基金托管机制逐渐得到了监管机构和市场的认可，证券业、信托业、保险业等也纷纷借鉴，在其资产管理产品中引入了托管机制，托管行业得到快速发展。根据中国银行业协会统计，截至 2015 年末，国内银行业托管资产规模 87.7万亿元，全年实现托管费收入 448.86 亿元。

（二）发展现状

1. 商业银行托管服务的基本内容

目前我国商业银行在开展资产托管业务过程中主要提供以下基本服务：

（1）安全保管托管资产。托管银行依据相关法律法规和结算系统业务规则，为委托资产开立证券账户和现金账户，履行保管职责。

（2）资金清算。托管银行作为托管资产的保管人，严格按照资产管理人的投资指令、资金划拨指令等办理资金清算活动。

（3）投资监督。托管银行按照相关法律法规规定及合同约定，对资产组合的投资范围、投资比例、投资禁止行为等进行监控，及时告知委托人和投资管理人。

（4）会计核算与定期报告。托管银行对托管资产的投资经营结果进行会计确认、记录、报告及审核，向管理人和监管部门提供托管资产的投资运作情况等定期报告。

2. 市场环境与行业结构

（1）行业规模和收入保持较快增长

截至 2015 年末，中国银行业资产托管存量规模达 87.7 万亿元，较2014 年末的 54.1 万亿元增长 62.11%，较 2008 年末的 4.1 万亿元增长了20 余倍[①]（见图 1）。

2015 年，中国银行业资产托管费收入 448.86 亿元，比 2014 年的370.52 亿元增长 21.14%（见图 2）。近年来，托管对商业银行利润的贡献在加大，业务价值得到持续显现。

[①]　2009 年 3 月 12 日，中国银行业协会托管业务专业委员会成立，首届托管专业委员会由国内 14家托管银行组成。由此，才建立起国内托管行业信息交流平台，定期统计分析托管行业数据及业务发展情况。本研究的行业数据资料均来源于中国银行业协会。

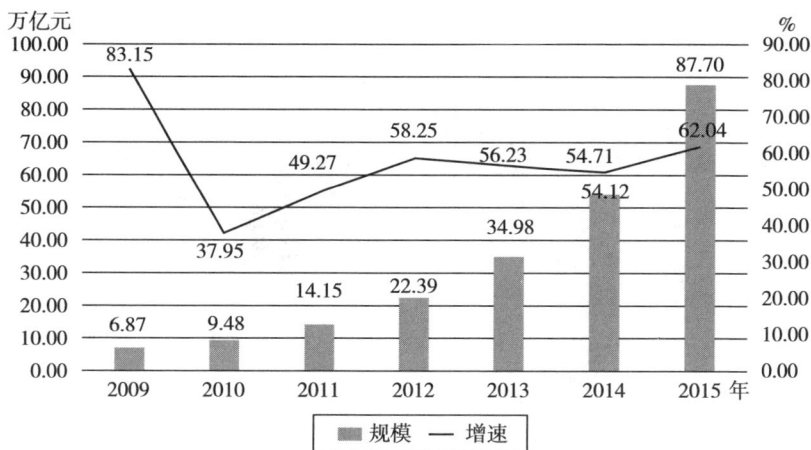

图1　2009—2015年国内银行业托管规模变化趋势

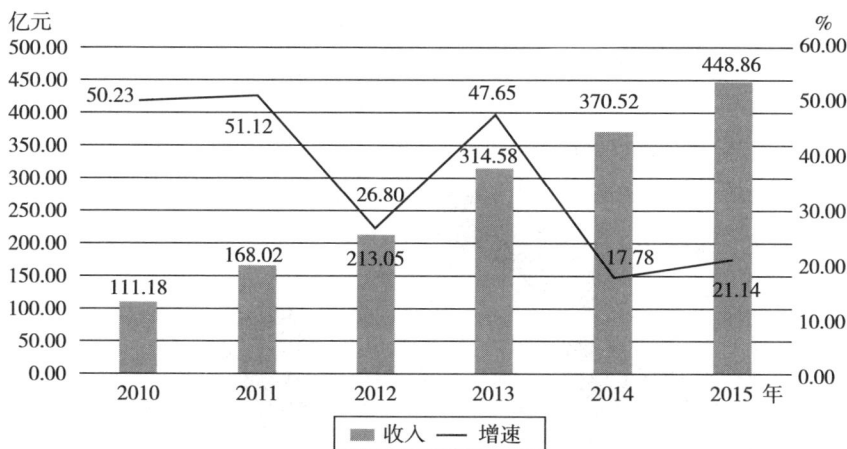

图2　2010—2015年国内银行业托管收入变化趋势

（2）业务种类逐步扩大，产品结构不断调整

随着托管业务的发展，托管资产范围逐步扩大，目前市场上托管产品主要包括：证券投资基金、基金公司客户资产管理托管、保险资金托管、证券公司客户资产管理托管、银行理财托管、信托财产保管、股权投资基金、养老金托管、企业年金托管、跨境产品托管（QDII、QFII产品）及其他资产托管（托管资产规模和收入构成见图3和图4）。

（3）市场主体多样化，行业竞争日趋激烈

一是市场主体增多，工商银行、农业银行、中国银行、建设银行、交

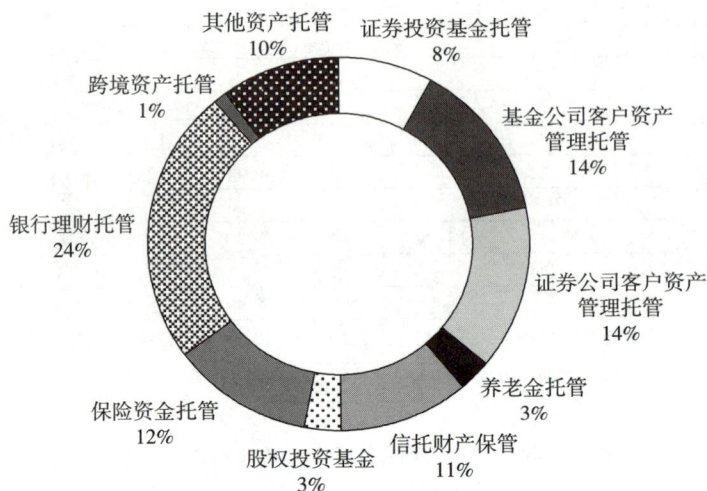

图3 国内银行业托管规模结构（2016 年上半年末）

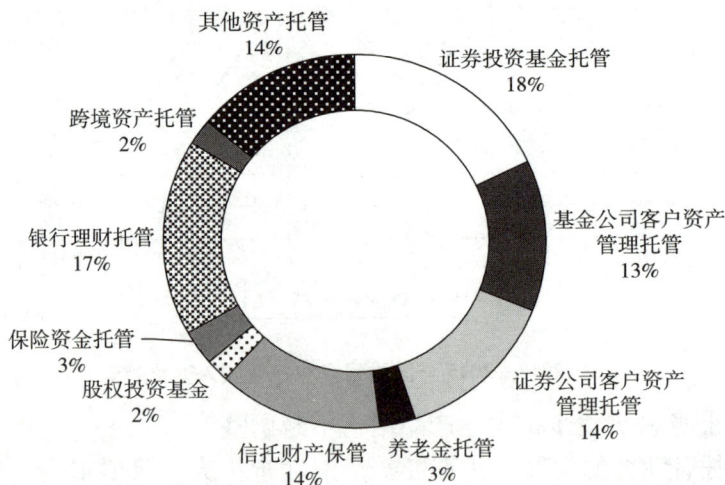

图4 国内银行业托管收入结构（2016 年上半年末）

通银行等大行市场份额不断下降。目前已有 26 家银行纳入托管行业统计口径。除商业银行外，各证券公司以及中国证券登记结算有限责任公司的加入使得托管市场主体更加丰富，早期以传统国有银行为主的市场格局被逐步打破。

二是各家托管机构争相降低费率，市场竞争趋于白热化。根据中国银行业协会的统计，2013年、2014年和2015年全行业托管费收入分别上涨47.65%、17.79%和21.14%，明显低于56.23%、54.71%和62.04%的行业规模增速。各托管机构为做大规模而降低费率，导致价格竞争日趋激烈。

（4）综合贡献不断提升，市场地位愈加凸显

托管业务不仅为商业银行带来直接业务收入，也带来稳定的资金沉淀，并促进结算、产品销售等多项业务的开展，更具有推动资本市场健康运行、促进国内银行战略转型的重要价值。存托比，即托管资产占金融机构存款总量的比重，是反映托管在金融市场地位的重要指标。近年来存托比呈现逐年上升的态势，表明托管业务在金融市场中的地位和贡献在持续提升（见图5）。

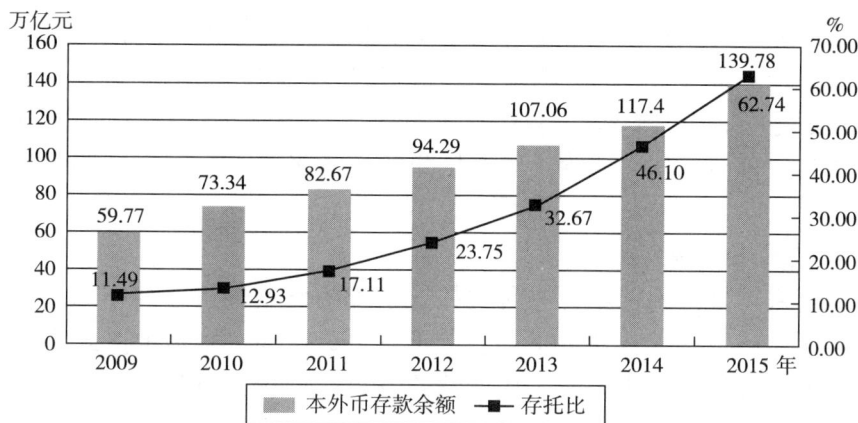

图5 2009—2015年国内存托比变化趋势

（三）同业探索

作为商业银行的优质中间业务，托管日益受到市场的重视，各家托管机构对于推动该项业务发展做出了诸多尝试与探索。

1. 体制机制探索

工商银行资产托管部通过实施以利润为中心的考核激励机制，力求解决托管经营责、权、利不够清晰的问题，激发了托管业务的创新能力和创利动力。民生银行整合资源、搭建平台，以交叉销售为手段，以产业链和

资金链为依托，推进托管和行内有关业务条线的深度合作。

2. 市场营销探索

中信银行提出"跳出托管做托管，搭建平台促托管"的托管营销思路，抓住互联网基金发展的机遇和时间窗口，创新了三大平台业务模式——"电商平台"、"银行券商平台"、"集团平台"。交通银行以项目资产推荐、同业授信、银行资管合作等为重点，与基金管理公司、大型保险公司及地方保险公司等加强托管合作。

3. 服务创新探索

国外同业方面，领先托管银行以服务链条引领组织架构建设，建立起一套以托管服务为核心的"投资者服务"体系，从而为客户提供综合性金融服务。例如，加拿大皇家银行将旗下业务整合为"投资者服务和资金服务"、"资本市场"、"个人＆商业银行"、"财富管理"、"保险"五大板块，而资产托管成为"投资者服务和资金服务"板块最重要的业务。

4. 营运体系探索

从国际上看，知名托管银行大多采取集中营运模式，后台设立独立的操作中心，并持续补充业务人员。如道富银行分时区在全球集中设立4个托管营运中心，分层级进行营运服务分工，本部营运中心侧重客户服务、疑问解答、营运治理与监管，其在杭州的托管服务中心侧重具体营运后台操作。

5. 技术系统探索

工商银行是国内首家自主研发托管系统的商业银行，其托管系统平台可以全面支持全球托管业务下多会计准则、跨市场、多估值方式和多报表营运。该行近年还完成了新一代托管业务核心系统的设计工作，其采用主流的分布式计算技术对系统架构进行重构，大幅提升了业务处理效率。

二、"大托管"：应对挑战的必然选择

（一）商业银行迫切需要加快经营转型步伐

新常态下，我国经济发展仍处于可以大有作为的重要战略期，也面临诸多矛盾叠加、风险隐患增多的严峻挑战。商业银行需要准确把握战略机遇期内涵的深刻变化，加速自身的转型升级，更加有效地应对各种风险和挑战。而转型升级的一个关键环节，就是要寻找新的功能定位和盈利增长点。银行将不仅仅是投融资转换的信用中介，而是成为资源的整合者、风险的匹配者和财富的管理者，要以全新的服务理念，积极拓宽金融服务的

视野，更加注重满足客户价值组合、风险控制信息咨询等更高层次的金融需求。具体来看，商业银行要从以资金融通功能为核心的"融资中介"向以专业化方式提供支付、信息、监控和风险管理等多种金融服务的"服务中介"转型；银行业务重心从传统的资产负债表"表内业务"向"表外业务"倾斜；收入构成也从传统的利差收入为主向以服务费收入为主的方向演变；服务渠道从银行渠道为主向银行与证券、保险、信托、基金等非银行金融机构深度合作、协同服务转变，产品也相应从单一的银行业务拓展至多市场、多层次、多组合的"一揽子"综合金融解决方案。同时，商业银行还要实现从"高资本占用"向"低资本占用"的转变，打造低资本消耗型银行。借鉴国际先进经验，大力发展资本占用较少、风险较为分散、盈利水平较高的业务，提高资本回报水平。

（二）托管是商业银行的战略性新兴业务

1. 托管在经营转型中的重要作用

一是稳存增存的重要抓手。目前金融业态发生显著变化，"储蓄存款理财化、财政资金基金化、社保资金投资化"，存在明显的去存款化趋向，动摇了银行业传统的负债业务基础。对公存款的"压舱石"——财政资金和社保资金，逐渐将不再以对公存款的形式存在。就存款抓存款的传统工作方法，已经不适应新的形势要求。借助托管通道，存款能以各种托管产品的形式，通过托管账户又重新回流至商业银行。与一般存款相比，托管存款还具有三个显著特点：一是多数以活期存款方式存在，资金成本低；二是资金量大，且稳定性较高；三是作为托管资产的组成部分，还能收取中间业务收入。

二是联系客户的重要纽带。托管涉及面极其广泛，覆盖基金、信托、证券、保险、银行等众多机构。这些机构，都是商业银行的优质客户和潜力客户。通过积极发展托管，提供专业化的托管服务，实现与存贷款、理财、投行、渠道销售等主体业务的联结，可全面满足法人客户及个人客户的投资理财、多渠道融资、资金交易和综合经营等多方位金融服务需求，成为巩固客户合作的有效抓手。

三是增加收入的重要来源。托管给银行带来的中间业务收入，不仅体现为直接的、可持续的托管费收入，还会带来结算、融资、投行、理财、银行卡等多项衍生收入。而且，托管不占用信贷规模，不消耗资本，形成的收入为纯粹的"绿色中间业务收入"。同时，托管业务还为商业银行贡献了大量低成本资金，带来了可观的沉淀资金收益。

四是业务创新的重要途径。资本市场的每一次创新，往往都需要托管产品创新及时跟进，否则就会丧失市场机会。创新是银行业可持续发展的根本动力。通过托管深度对接资本市场和资产管理行业，商业银行可以为各类资产管理机构提供理财、投行、投资顾问等综合金融服务，从而增强业务创新能力，全面提升服务功能。

五是国际化经营的重要通道。经济全球化背景下，托管服务的范围正逐渐由单一市场向多市场、由一国范围向全球范围转变，服务对象由传统的境内机构投资者向不同类型的跨境投资主体转变。通过托管，既有助于提高交易及投资效率，保障各类跨境投资者的财富安全，也推动了我国商业银行加快全球化发展步伐。

2. 托管将长期处于黄金发展期

一是资本市场蓬勃发展为托管创造了良好的经营环境。多层次资本市场建设步伐加快，互联网金融异军突起，资产管理行业进入竞争、创新、融合发展的新阶段。此外，居民收入及财富持续增长，高净值客户群体不断扩大，投资者的资产管理需求不断提升，多元化的投资渠道及产品层出不穷，托管迎来了广阔的市场空间。根据《2015年中国资产管理市场报告》的统计，截至2015年年底，我国各类资管机构管理资产的总规模是93万亿元，过去三年的复合增长率达到51%。相应地，2015年年底，我国商业银行托管总规模达到87.7万亿元，过去三年的复合增长率达到58%，这两者在规模增长，以及增长率方面都高度吻合。预计在整个"十三五"时期或者更长的一个时期，随着国内居民财富的增加，资产管理规模和托管规模都还将持续增长。

二是商业银行深化经营转型为托管带来了历史性机遇。商业银行继续依靠信贷、融资、成本、利差等策略驱动增长，动力和空间会越来越窄。只有走内涵集约式增长的道路，并牢牢把握经济转型、社会转轨带来的新需求，积极挖掘新的业务增长点，才能实现可持续发展。托管属于轻资本业务，几乎不占用风险资本，受信用风险和市场风险影响较小，可以降低商业银行对高资本消耗业务的依赖，是向"低资本消耗，可持续增长"转型的重要通道，成为银行转型发展的重要切入点。并且，托管还具有综合拉动功能、客户锁定功能、精细管理功能和风险控制功能，有利于稳定收入、稳定存款、稳定客户，业务协同效应显著，是各种优质业务资源的聚集平台，跨行业、跨市场的综合化经营特征也赋予其更多的创新和发展动因。因此，托管也必将越来越受关注和重视，成为商业银行大力推进经营转型的必由之选。

三是养老金融体制改革为托管开辟了新的发展方向。我国养老保障体制改革正在不断深化。改革的整体方向是对基本养老保险资金提高统筹管理层次，进行市场化管理以保值增值。对补充养老保险扩大投资范围和覆盖人群，并提供税收优惠，增强补充养老保险的吸引力。近期，一是启动了基本养老保险市场化运作；二是国家机关和事业单位建立职业年金制度，形成与城镇职工相同的"基本＋补充"二元养老保险结构；三是进一步突出全国社保基金理事会的作用，基本养老保险将集中委托全国社保基金理事会管理。这三项重大决策在实施中，都需要引入养老金投资管理和托管机构。总之，养老保障体制改革催生了规模巨大的养老金融市场，也必将推动金融机构资产托管、受托管理、账户管理、投资管理等新型养老金融业务加快发展。

（三）商业银行托管当前面临的主要问题

一是商业银行对发展托管的重要性认识仍有待提高。托管是整个资产管理链条的一个重要环节，不能脱离商业银行的资源独立存在，应该依托商业银行整体资源为托管引来源头活水，充分释放托管的发展潜能。但是目前不少商业银行对托管业务的重视程度不够，营销的积极性和主动性不强。托管与资产、负债和中间业务共同发展的综合经营理念还没有得到有效体现。

二是托管产业链一体化经营能力不足。与托管相关的商业银行上、中、下游产业链整合不够，业务发展的一体化能力欠缺。托管联动性、依托性、综合性很强的经营特点还未充分发挥，银行内部与其联动营销相关部门的角色不清，职责不明，协作不紧，对托管的牵引和带动不力，联动效果不够理想。相对而言，前端业务营销对托管的制约因素多，发展带动少；服务要求多，利益分配少。同时，目前商业银行考核机制大多仍以部门为主，交叉捆绑考核、资源配置政策还不够完善。现有托管绩效考核指标对相关前台部门缺乏"一盘棋式"的硬性约束，不利于推进托管联动营销。

三是托管服务能力有待提升。当前国内托管银行的服务主要局限于资金清算、会计核算和资产估值等基础性服务，增值性、综合化、高附加值服务缺乏。托管产品同构化、服务同质化与客户需求多样化、个性化的矛盾比较突出。与日益繁杂、活跃的客户需求相比，托管银行的科技支撑相对薄弱，系统直通化处理水平较低，大量的人力成本投向日常营运操作，制约了服务水平的提升。总体看，托管银行在及时响应客户需求，主动挖掘客户价值，全面满足客户综合金融服务需求方面，还有较大的提升空间。

四是托管对于商业银行的综合价值贡献尚未得到全面反映。托管经营直接面向资本市场和"大资管"行业，托管业务的创新型、复杂性和外延性不断提升，对商业银行的综合价值贡献也在不断凸显。但是因为目前商业银行托管经营的综合绩效考核体系和财务核算体系尚不健全，难以及时、准确、全面地反映托管经营成果，还不能对托管经营活动的收入、成本及损益进行真实准确的计量、统计和反映，托管的综合价值贡献在一定程度上被稀释和低估。托管带来的日均存款、衍生业务收入和潜在价值贡献，在目前的绩效考核体系下难以得到必要的衡量和体现。

针对目前存在的问题，商业银行必须抓住我国多层次金融市场体系建设带来的机遇，从经营理念、体制机制、发展模式、管理能力等方面不断加快托管创新步伐，构建能发挥自身优势的"大托管"业务模式、服务功能和产品体系，推动托管经营焕发出新活力。

三、"大托管"的总体框架与运行特征

商业银行面临大资管、大投行、大财富管理的历史机遇，托管也进入资源整合、模式创新的发展阶段。商业银行发展"大托管"具有广阔的市场空间和发展前景。

（一）"大托管"：概念引入及总体框架

金融市场快速发展，为商业银行综合化经营开辟了新的路径。随着金融市场体系的日益完善，多层次资本市场和外汇、期货、贵金属市场以及各类新型市场稳步发展，给商业银行带来了融资、清算、托管等方面的大量服务需求。金融创新的空间进一步打开，商业银行可以更多地依托资本市场和相关机构开展业务，以更加多元化的服务方式，提供流动性创造、风险管理和收益提升等不同类型的产品，更好地满足客户多样化的金融需求。"大托管"，就是以商业银行顶层设计为统揽，以提升托管的盈利能力和综合价值贡献为目标，依托相关各方的紧密协作和利益共享，发挥托管连接资本市场的桥梁纽带作用以及打造多元化服务平台的协同效应，加大金融产品、服务、功能的整合集成力度，构建的涵盖市场营销、业务功能、客户服务、科技支撑、风险管理等多个要素的，基于综合金融的开放型集约化全价值链托管经营体系。通过发展"大托管"，商业银行加强对客户的价值挖掘，积极利用各种资源，不断强化业务创新，寻找托管的最佳嵌入机会，从而把托管打造成服务经营转型的对接平台、创新平台、服务平

台、信息平台和资源整合平台（见图6）。

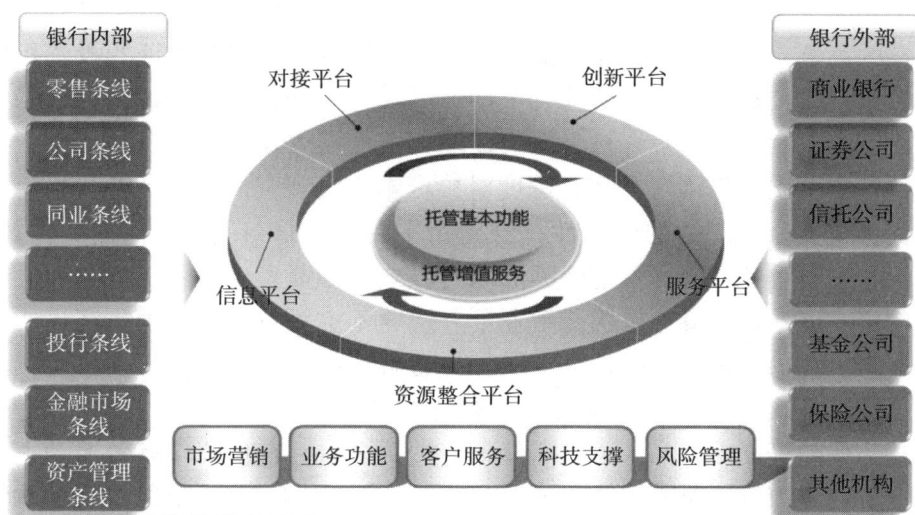

图6 "大托管"：基于综合金融的开放型集约化全价值链托管经营体系

（二）开放、包容、共享的"大托管"营销平台

托管是连接商业银行内部投资理财、代理推介、项目推荐等业务条线的纽带和对接外部投资、融资双方的桥梁。"大托管"在银行内部推进"商业银行＋托管银行"、"托管＋综合金融服务"模式，在外部整合资源，搭建银基、银证、银保、银信等多个合作平台，发挥横跨多个市场的独特优势，衔接不同主体之间的金融需求，从而不断拓宽银行的盈利来源。

一是"大托管"营销平台具有开放性。凭借适应直接融资资本市场和财富管理市场需要的内在发展动力，托管已从传统的证券投资基金市场快速渗透覆盖到多个资产管理领域，并逐渐向社会保障、财政、实体经济等非金融领域延伸，成为商业银行与基金、证券、保险、信托等行业合作的有效平台，以及连接货币、资本和实业三个领域的重要纽带。商业银行可以通过资源互换等方式与各类资产管理机构建立持续的合作关系，从多个方面与资产管理机构开展合作，为托管产品的结构设计、融资、投资运作等各个环节提供牵线搭桥、咨询建议等综合性服务，挖掘托管的业务机会。因此，商业银行可以发挥托管"信息汇聚中心、资源整合中心、产品设计中心"的综合服务优势，整合投资、融资双方需求，将托管服务从投资链条的后端向投资链条的各个环节渗透，建立起互补共生的开放式行业生态系统。

二是"大托管"营销平台具有包容性。托管的竞争从原来单纯的业务竞争转向基于平台综合服务体系的竞争，从单点竞争转向整个资产管理产业链的竞争，也从最初单纯的证券保管业务演变为专门各类证券投资机构提供系列化投资配套服务的综合金融业务。对于托管银行来说，可以结合自身资源禀赋，充分整合自身在负债端、资产端方面的业务资源优势，发挥托管的"引渠筑堤"作用，深度对接资本市场和资产管理行业，构建能够提供各类金融产品的包容性托管营销平台。托管与基金、券商、信托、保险、理财等各类资产管理产品的结合方式在不断发生变化。依托商业银行的资产证券化、资管机构通道业务、产业基金等业务，为满足客户的投融资需求提供完整的产品体系，增加托管合作的可能性。依托投融资交易流程的链条式营销模式，深入挖掘券商上下游相关的地方商业银行理财、信托、保险等资管产品，通过高效整合资源平台，在投资端有效撬动大量以地方商业银行理财或同业资金为主的行外资金，在融资端通过票据资产、信贷资产的合理对接，同时推动投行、同业条线的业务开展。依托稠密的托管账户体系，托管银行可以将客户资产经营、财富投资的资产和资金回流到银行体系并加以固化，扩大银行客户管理的资产规模和无贷存款。

三是"大托管"营销平台具有共享性。托管同商业银行其他相关业务条线具有很强的互补关系，也是一家先进银行应该向客户提供重要配套服务。客户所需要的金融服务通常不是单一的，而是多样的、综合的。就托管银行而言，客户不仅需要的是托管服务，还需要结算、现金管理、融资、项目推介、代销等多方面的金融服务，客户也经常表现为银行内部各金融服务单位共同的客户。银行在与客户的互动中需要增强为客户提供多样化金融服务的能力。按照"大托管"共享发展的思路，将与托管相关的各个业务环节有机组织起来，构建托管和有关公司与投行、资产管理、金融市场板块的紧密互动和良性循环，按照"信贷支撑非信贷、表内联动表外、资金带动服务"的思路，将单一的托管业务转向为客户提供综合解决方案延伸。注重从战略层面统筹业务联动发展，将托管与存贷款、理财、投行、零售等业务联结，在主体业务营销时积极推介托管产品。将托管机制充分嵌入新型融资、资产管理等业务领域，满足客户投资理财、多渠道融资和资金交易等多方面需求。

（三）增值化、多元化、新型化的"大托管"业务功能

"大托管"的业务功能不仅限于资产安全保管、核算估值、清算交收等传统的基础性功能，而是要为客户提供由托管及相关的增值性服务组成

的系列化服务功能，具体包括现金管理、证券借贷、金融大数据分析、资管行政服务等。

现金管理。托管银行为提高委托人沉淀资金收益，经与委托人协商，针对所托管投资组合累积的沉淀资金，为其提供投资管理服务。当客户账户要投资时，托管人可以给予透支额度，并按照约定的利率收取利息。

证券借贷。托管人利用自己服务证券市场的优势，作为借出证券方和借入证券方的代理人，同时也作为证券的名义持有人，为借贷双方提供的证券融通服务。根据借出证券的客户的授权，托管人有权代表托管客户，向借券人借出证券，并通过担保、抵押等措施，确保借券人能按期归还证券。在此过程中，托管人也就获得了相应的证券价差收入和手续费收入。

金融大数据分析。互联网金融带来的大数据理念和技术为托管带来了新的用武之地。托管利用自身掌握的海量数据资源和横跨多个金融市场的优势，可以为资产管理机构和银行内部的相关部门提供绩效评估、风险管理、投资咨询、报告定制等金融大数据分析服务，通过持续深入的数据挖掘来实现数据价值的最大化。

资管行政服务。托管银行接受资产管理人委托，为资产管理人提供销售、销售支付、份额登记、估值核算、投资顾问、信息技术系统等业务的服务。资管行政服务有利于资产管理人更加专注于提升投资能力和产品创新，降低其运营成本。

其他增值功能。依托综合化和集团化经营优势，托管银行还可以为客户提供包括公司行动信息、政策咨询、资讯服务、应税事务、资产评估、业务撮合等多项增值类功能。一些托管产品不仅要求托管银行提供账户监管、资金清算等基本服务，更需要借助托管平台，整合银行内部资源，为客户提供政策咨询、资格申报、项目推荐、投贷联动、融资支持、财务顾问等跟进服务。

随着托管业务功能的创新，盈利模式也将得到优化。托管银行围绕客户投资活动的全过程展开服务，建立以托管为基础，各种附加服务为补充的丰富产品线，业务功能涵盖客户整个投资过程。基础托管功能是"敲门砖"，而高附加值的增值功能成为银行新的重要盈利来源，这也将改变托管银行目前主要依靠"价格战"竞争的模式。为平衡成本和收入，托管行业也将由同质化服务下的单一收费模式转变为根据业务功能差异化收费的模式，托管服务价值与成本之间的关系将更为明晰。

（四）精细化、集约化、专业化的"大托管"服务能力

一是服务价值更加凸显。托管银行提供的"大托管"服务以托管为基础，全方位覆盖客户的资产管理活动。"大托管"之"大"，不仅在服务领域的广度，还要体现在业务纵深方面的价值挖掘，紧紧围绕客户的财富管理和资产配置需求，为客户创造更多的价值。因此，能否为客户提供全领域的"一站式"金融服务与一体化解决方案，也就成为托管银行未来的竞争焦点。托管银行通过对托管及相关产品、服务的全面梳理，整合建立起一套以托管服务为核心的"投资者服务"体系，提供综合性、增值性金融服务。

二是客户服务更加精细化、差异化、个性化。强化客户关系管理，建立客户分层经营模式，实现服务方式由大众化向个性化、精准化的转变。针对不同客户的不同需求及其对银行的利润贡献度，打造差异化的制度流程、服务模式、产品体系和价格标准，特别是对高端优质客户提供更加完善、周到和高效的服务，建立全方位、全天候、全视角的综合金融服务体系。另外，服务的空间范围也实现有效扩展。在跨境投资需求的驱动下，托管提供服务的对象和范围逐步拓展至全球市场，可以为不同类型的跨境投资资本提供托管服务，更好地满足投资者需求。

三是专业化服务能力得到进一步提升。"大托管"业务范围交叉融合，各类资管产品融通灵活、创新层出不穷，托管及相关服务的关联性、交叉性和外延性显著增强，这就要求必须具备更强的专业化服务能力。因此，需要组建跨部门、跨层级的专业服务团队，着眼于改善客户体验，建立优化流程、提高效率、提升服务的良性互动体系，及时响应和满足客户需求。同时，还需创新以客户为中心的组织流程，形成客户部门、产品部门、营运部门相互支持的矩阵式组织架构，增强战略协同、资源共享与服务联动。

四是托管的服务定位更加主动。客户的多元化与其需求的多样化，要求托管银行不断创新服务品种，而随着增值服务能力的提高，托管在整个投资交易中的功能，将从成交后台处理这一较低层次的服务角色向交易中乃至交易前端的层次转变，从而真正成为资产管理业务的主要参与者之一。

（五）智能化、信息化、网络化的"大托管"科技支撑

一是科技系统成为"大托管"发展的生命线。随着"大资管"深入推进，资管机构、资管产品、标的市场、交收规则的创新不断涌现，急剧膨胀的业务量、海量交互的交易数据以及限时结算要求，对托管科技系统提出了新的挑战。同时，"大托管"新兴功能的实现也主要依赖于科技系统的提升和优化，科技和托管的融合更加紧密，对托管服务的创新驱动能力

更加有力。为承接更大资产规模以及更多产品和业务类型，满足更复杂的业务需求，托管银行需要加速打造"大托管"科技平台，建设能实现客户信息交互、托管业务处理、内部关联支撑、外围增值服务等各类功能的托管信息科技系统集群。

二是"大托管"科技系统实现互联互通。托管银行需要领会并运用以开放、互动、零距离、场景为王、体验至上等为主要特征的互联网思维，充分利用互联网技术对现有托管产品和服务进行整合改造升级，打造线上线下一体化、互补协同、双轮驱动的无缝式、全渠道服务体系，建立基于移动互联的互动式、场景化、特色化服务平台。同时，还需进一步畅通银行内部各托管业务系统、托管机构之间系统、托管机构与外部数据和信息服务的连接，形成内外部、服务与被服务机构间的系统连接和数据信息共享，实现高透明、低成本的信息交互。通过托管科技系统与客户服务平台的整合，实现托管指令电子化、业务流程直通化、账户查询实时化，增强托管客户服务的网络化和移动式体验。

三是"大托管"科技系统提供大数据云服务。托管银行拥有庞大的账户网络和海量交易数据资源。通过大数据分析和挖掘功能，托管银行对全面的、连续性、动态变化的托管业务数据进行整合、分析和运用，提炼其业务流程中的交易行为和客户需求，构建完善的大数据管理分析模块。同时，"大托管"科技平台有效整合银行内部数据资源、合作开发外部数据资源，推动大数据技术在客户分析、需求挖掘、服务体验、精准营销、精细管理、风险控制等方面的广泛深入应用，将"大托管"带入大数据云时代。

（六）跨市场、跨部门、跨产品的"大托管"风险特征

"大托管"服务的机构在增多，职责边界在扩展，风险来源更加广泛并且与业务的融合程度进一步加深。托管银行需要遵循"了解客户、理解市场、全员参与、抓住关键"的风险理念，切实把握"大托管"风险管理新的特点和趋势，创新风险管理的手段和方法，实现成长、效率和风险的平衡。

一是操作风险来源更加广泛。金融市场的快速发展以及各类创新金融产品、工具不断涌现，促使托管的服务范围和内容也随之扩大和丰富。在此过程中，托管业务系统架构以及内外部对接日趋复杂，业务内容逐渐丰富，加大了托管银行自身的操作风险。

二是法律合规风险的重要性凸显。托管和证券、基金、保险、信托等资产管理行业的联系都很紧密，具有显著的综合化经营特点。快速扩张的

资产管理市场产生的相关风险积聚、监管政策变化及创新增值需求等也成为托管银行面临的严峻考验。在这种情况下，就可能面临多头监管或监管真空的情形，无形中也就放大了这项业务的法律合规风险。例如，伴随着金融市场的对外开放，跨境托管因为涉及不同的交易市场、不同的监管体系、不同的法律制度，其面临的法律合规风险将会更加突出。托管银行需要加强对新政策、新业务、新产品、新规则的持续深入研究，及时防范业务发展风险。

三是声誉风险的管控压力加大。"大托管"背景下，创新业务模式不断涌现，托管虽然较少牵涉信用风险、利率风险、市场风险等资产投资类风险，但在一定程度上加大了托管银行的声誉风险。因此，需要对托管产品的募集合规性及运作模式进行审慎考察，以防托管产品自身投资运作风险损害托管银行声誉。

四、发展我行"大托管"的实施建议

在当前的市场环境和经营形势下，发展"大托管"已经成为托管业务创新升级，实现与资本市场相关业务协同发展，从而促进全行经营战略转型的关键环节之一。针对目前托管业务发展情况，可以从以下几方面入手推进我行"大托管"发展进程。

（一）贯彻落实总行党委工作部署，实施"大托管"优先发展战略

今年总行党委提出，在利率市场化和融资脱媒加快、监管标准提高的新形势下，必须牢固树立争做全面金融服务商和大力发展轻资本型业务的理念。巩固提高和调整优化传统业务，同时大力发展包括托管业务在内的新兴业务，加快推动盈利方式转型。

我行托管业务要实现跨越式发展，必须强化托管业务的资源配置与协同响应水平，提升综合服务能力。一是理念先行。明确提出"大托管"优先发展战略，统一思想，以新的理念通盘谋划托管业务发展，充分发挥其在服务全行经营转型中的战略性作用。二是战略引导。在我行业务发展战略顶层设计中对"大托管"优先发展路径作出安排。综合化经营是我行经营转型的发展方向，在此过程中形成对"大托管"的强大支撑，以及托管、证券、保险、信托等业务间的互补互动。三是资源保障。要树立创新发展理念，加大对托管的支持力度，不断改善和优化托管业务发展环境，在财务、绩效、用工、人才发展、科技资源等方面加强对"大托管"发展的配套支持，为业务发展注入强劲动力。

（二）优化托管业务组织体系，探索适应"大托管"的经营管理模式

随着托管业务的发展，行业竞争日趋激烈。组织体系优化和发展机制创新逐渐成为托管行业获取发展动力，推动业务转型升级的重要途径之一。我们需要探索更加适应业态综合化特点的"大托管"组织体系和经营管理模式。

一是营管合一，做强本级，做优分行。总行托管业务部建立客户名单营销机制，实行经营绩效与薪酬挂钩的激励机制；同时以资本市场为导向升级服务功能，提高营运效率，增强核心竞争力，实现可持续发展。分行结合区域特点和市场状况，贯彻落实总行托管业务发展战略，承担本行托管业务经营。总行通过业务授权、制度建设、计划考核、营销支持等手段促进分行托管经营能力不断提升。

二是建立市场导向的组织架构。按照业务流程和转型创新需要优化组织架构。整合前台，适应大资管发展特点，变按产品为按客户名单设置前台处室，引入竞争机制。做强中台，集中原分散的产品研发职能，适应客户产品交叉、多元化发展趋势，提高产品设计和技术系统管理的全面性和及时性。集约后台，为改变目前托管营运布局分散局面，增强创新型服务营运能力，总行营运服务升级，负责总行营销的所有托管产品以及分行尚不具备营运条件的托管产品的营运工作。具备营运能力的分行，做好本行营销的托管业务的营运工作。

三是构建适应托管"营管合一"要求的配套机制。优化托管业务的考核体系，将沉淀资金、客户衍生收入等纳入合并计量的托管业务收益，全面反映托管业务的综合价值贡献；建立与业务增长幅度相适应的，与考核目标相挂钩的资源配置机制；依托全行科技开发管理体系，充分发挥科技系统对托管业务升级发展的前瞻性、基础性与保障性作用。

（三）打造"大托管"资本市场全功能服务商，拓宽托管业务盈利空间

"大托管"要求我们打破固有思维限制，从更开阔的角度审视和打造托管服务。商业银行"大托管"应是资本市场全功能服务商。我们应该深入挖掘客户需求，利用自身优势，大力拓展高附加值增值投资者服务，使服务功能覆盖整个交易流程，也为托管业务开辟新的盈利空间。我行应该结合政策、市场条件逐步推出大数据分析、资管行政服务、现金管理、证券借贷等高附加值综合性增值服务功能。

大数据分析服务是能够发挥托管银行数据汇聚中心作用的一项服务创新。托管业务开展的各个环节积累了托管资产日常交易、资产配置和资金

流动等大量数据，我们可以从风险管理与绩效评估服务入手，不断完善指标模型体系，扩大服务对象范围，提高服务的个性化水平。未来我们还可以进一步挖掘数据价值，创新数据使用手段，开发更多的数据运用渠道，使该项服务成为体现"大托管"专业水平的新利润来源。资管行政服务是资产管理行业发展到一定阶段的必然产物，是资产管理人专业化经营的现实需要。托管银行在技术系统、专业团队、运营经验等方面具有较强的优势。目前对私募基金的行政服务已有同业实践经验。现金管理服务有助于体现托管行差异化服务水平，提升业务竞争力。现阶段我们应该着手业务可行性研究，明确业务流程和相关配套措施。同时调动内外部资源研究产品服务方案，例如，向客户推荐现有产品、为客户定制专属对接产品、批量化的现金管理服务等。证券借贷服务是国际托管银行的重要服务功能之一，国际托管银行利用其丰富的客户资源，全球的市场经验，强大的技术系统，高效的担保品管理能力等广泛开展该项服务。目前我国对托管银行提供证券借贷服务的相关政策还不明朗，我们可以结合自身情况进行业务研究、系统开发等前期准备工作，同时积极推动证监会、银监会允许商业银行进行该项服务的试点，发展"大托管"新的核心业务功能。其他增值服务方面，我们还可以通过建立相关机制，尝试利用托管业务信息、客户优势，为客户提供项目咨询、产品设计、注册登记、金融咨询、信息平台、撮合交易等相关服务，全方位锁定客户需求，提高客户的整体贡献度。

（四）以客户为中心，建立和完善"大托管"联合营销机制

托管业务拥有广阔的服务领域，客户群体遍及公司、机构、个人，客户对托管银行的需求也是全方位的。发展"大托管"，必须改变部门分割的传统思维和各自面对客户的营销方式，建立"大托管"联合营销机制才能形成"大托管"相关板块的良性互动和共同发展。

一是制定联合营销制度，明确部门职责。由托管业务部牵头制定托管业务联合营销管理办法，将托管业务内化为总行前台业务部门向客户营销的基本业务。

二是搭建"大托管"联合营销平台，完善联合营销流程。建立"大托管"客户、项目共享平台，相关业务部门共同维护、信息共享，及时掌握客户及项目动态、跟踪进程。行内前台部门面向客户营销时，主动挖掘和引导客户潜在托管需求，实现托管业务的配套营销。建立"大托管"相关部门客户及产品经理联席会议制度，交流政策动态，研究重点客户业务需求及营销方案，使托管业务逐步渗透至相关业务合作中，实现行内资源整

合利用，提高营销力度。

三是建立"大托管"业绩捆绑考核和利益分配机制。根据与托管业务关联度设置相关部门的托管业务捆绑考核系数，形成常态化的联合营销激励机制。按照"谁营销、谁受益"的原则，依据在托管业务营销中的贡献，进行收益分成。

（五）建立集数据采集、处理、分析、推送为一体的直通式业务系统，打造"大托管"科技平台

发展"大托管"，实现托管服务功能创新，我们应该提高系统的开放性、贯通性、自动化、适应性，站在科技平台的高度对托管业务系统进行完善和优化。一是调整现有系统架构，打破系统处理模块分割的局面，建立适合托管数据特点、契合业务处理流程、整合业务模块功能、提高模块间数据共享的新型托管系统架构。二是结合外部监管要求及内部业务运作流程，进一步提高系统处理直通化率，减少人工干预，提高系统运行效率。三是体现科技平台对托管业务全流程的支持，为托管业务内部控制和风险管理提供必要的系统手段。四是提高托管系统的开放性，满足客户对所托管产品随时查询、跟踪进程、全面掌握的诉求，也便于营销及产品管理人员跟踪和了解托管产品运行情况。同时在现有客户端查询基础上，开发电脑端、手机端等多样化、全方位的客户访问渠道，优化客户服务体验。

（六）建立全流程、广覆盖、动态跟踪的"大托管"风险管理体系

健全的风险管理体系是"大托管"健康发展的保证。在托管业务转型升级工作中，我们应该切实防范新型托管业务风险，解决好新型托管业务跨市场、跨部门、跨产品的风险管理问题，构建覆盖"大托管"全流程的动态风险管理体系。

一是从入口端着手，对客户、产品准入进行全面风险分析和评估，使业务营销、产品创新与风险管理有机结合。二是定期对业务流程和管理架构进行评估，完善托管业务制度体系，在业务运作的关键环节嵌入有效控制措施并监督控制措施的完整执行。三是建立内外部检查互相促进的长效机制。组织业务自查、专项检查，充分利用外部机构的审计检查，全方位动态评估托管业务风险。四是建立"托管业务风险准备金"制度，制定风险准备金使用办法。每年按照一定比例从托管收入中计提风险准备金，累积到相应金额可暂停计提。发生风险事件后，首先从风险准备金中支付赔偿，以弥补损失，保障业务平稳发展。

第四篇
金融创新篇

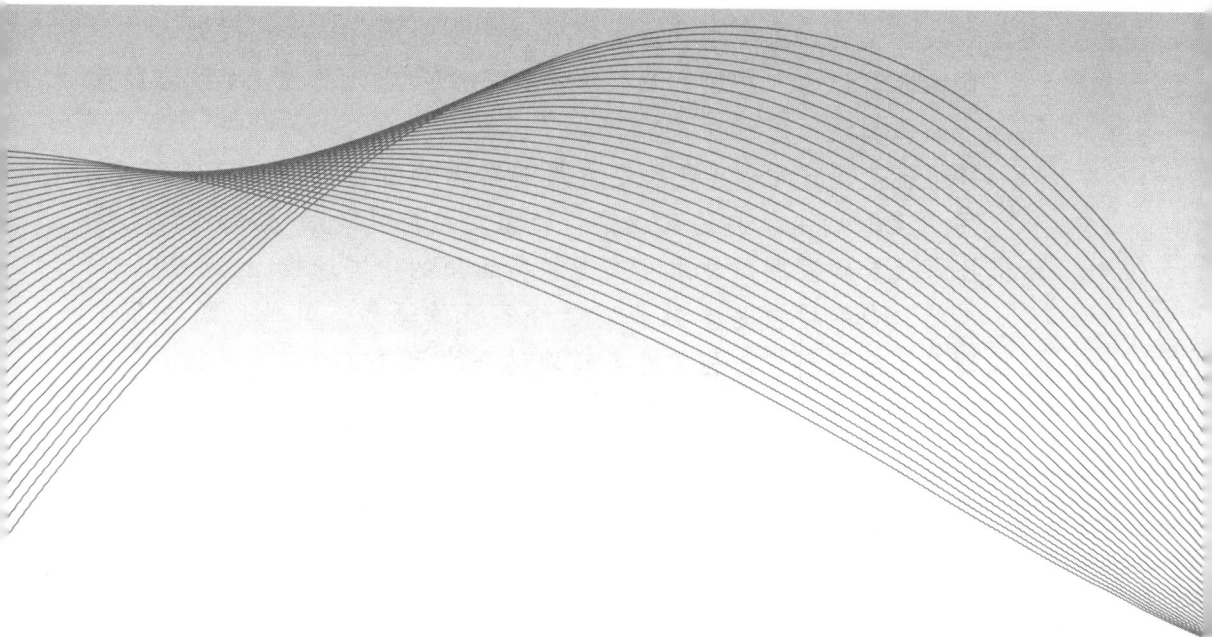

本篇导读

中国金融四十人论坛高级研究员　管涛

金融创新是促进金融业发展的动力源泉。以下五篇获奖作品，各有侧重地展示了中国银行业从业者对于金融创新的思考。

交易银行业务是针对交易开展的银行服务，是银行回归实质和本源的重要手段。《交易银行发展与业务模式创新研究》就解决国内交易银行业务发展的痛点问题提出了针对性的意见和建议。

扩大消费是中国经济发展转型的主攻方向。《共享生态下商业银行消费金融创新策略研究》就采用"云＋端＋智能"的架构构建消费金融共享生态，实现消费金融经营模式创新进行了有益探索。

直销银行作为一种新的银行服务模式受到广泛关注。《我国直销银行子公司制改革路径探索》提出了三种实现方式。

科技就是生产力。《区块链发展趋势与商业银行应对策略研究》和《用"互联网＋"打造商业银行转型发展新引擎》，分别探讨了区块链技术及其他互联网技术在商业银行运用的中国场景。

当然，金融科技是金融业发展绕不开的话题，其他三篇作品实际也涉及了金融科技与相关业务模块结合的问题。

交易银行发展与业务模式创新研究

中国建设银行深圳市分行　李忠东　黄瑞升　颜培杰　李建平

当前，国内不少银行提出了交易银行发展战略，但在 2008 年国际金融危机之前，国内外大型银行更青睐于投资银行业务的高收益，交易银行并未受到重视。在国际金融危机爆发的 2008 年，全球投资银行业务收入被拦腰斩断，而同期全球交易银行收入却从 3040 亿美元上升到 3570 亿美元，逆势增长超过 17%。国际金融危机结束时，以现金管理和贸易金融为核心的全球交易银行服务已成为国际一流银行企业银行服务的基本平台。交易银行以其长期稳定的盈利能力、低风险经营的突出特点以及高效的客户黏滞特性，备受国际商业银行的重视和推崇，汇丰银行、花旗银行、富国银行和渣打银行等更是强化了交易银行产品创新，扩大市场份额。

国内银行业充分认识到交易银行的重要性，不少银行开始积极探索和实践。2013 年以来，交通银行、浦发银行和民生银行等相继提出发展交易银行。尤其是 2015 年以来，招商银行、中信银行、平安银行和广发银行等多家银行将轻资产化转型列为转型发展战略并实质性推动，交易银行一直是其中重头，以现金管理、国际结算、贸易融资和供应链金融为核心的交易银行服务成为大型银行企业服务的基本平台。

一、交易银行及其业务模式

交易银行主要是指银行围绕企业的日常业务需求，结合信息系统为企业提供收支付、结算、投融资和风险管理等综合金融服务，其最大特点是低风险、低资本占用、收益稳定。也就是说，银行围绕企业的物流、商流、资金流和信息流为企业提供账户管理、支付结算、现金流动性管理和供应链金融等综合性金融服务。更形象地来讲，交易银行服务于客户资产负债表的上半部分，涵盖账户及收付款管理、流动性现金管理、供应链金融、信托及证券服务、现金增值、电子商务和专业化咨询等领域。

（一）交易银行及其业务实质

1. 交易银行内涵

交易银行起源于20世纪70年代，由德意志银行首先提出，并迅速被花旗银行、汇丰银行吸纳，成为银行重要的经营策略。当时，国际贸易刚刚兴起，企业对跨境收支、商贸服务和外汇结算等要求日益旺盛。以德意志银行为代表的银行发现并迅速抓住这一先机，借国际化程度较高的优势和对国际通讯技术、各国法律和海关规定的通晓，突破国境和地域限制，开展跨境结算服务。

由于在全球范围提供贸易结算服务，所以最早将这一服务命名为"全球交易银行（服务）"。随着时间推移，全球交易银行（服务）的"全球"、"贸易"和"结算"等特征逐渐被弱化，针对企业日常"海量"交易提供一揽子金融服务，即对企业日常经营中发生的商品、资金和资本等的流动提供立体化金融服务，逐渐形成业务核心，全球交易银行（服务）因而转变为"针对交易开展银行服务"，但不论是国际贸易结算的银行服务，还是为日常交易业务提供的银行服务，都体现出国际领先银行紧跟最新商业模式、开展银行转型发展的理念。经过五十多年市场实践，交易银行已形成围绕企业日常交易业务需求，提供交叉销售、多元化经营和"一站式"金融服务的银行业务逻辑。

综合国内外关于交易银行的定义和概念，本文认为交易银行的主营业务范围包括现金管理、贸易融资、支付结算、供应链金融和资产托管等。支付结算业务是连接各类账户的桥梁，是机构客户账户服务的基本内容；供应链融资、贸易金融和各类传统贷款在内的各项融资业务是银行掌握各类交易信息后为客户提供的基本融资服务。其创新之处在于，公司金融部门从更高层面对原有相对割裂的业务进行重新整合，从而获得综合性解决方案。交易银行的营销重心在于客户而非产品，核心是以信息流、资金流和物流为基础的账户之间的价值转移。

2. 交易银行业务实质

交易银行是银行以客户的财资管理愿景为服务目标，服务于客户交易，协助客户整合其上下游资源，最终实现资金运作效益和效率提升的综合化金融服务的统称。当前企业间协作方式的生态圈化，使企业间的交易关系扁平化、交易行为数据化。在此背景下，"1即N、N即1"的客户理念和"数据质押"的风险管理理念将成为银行开展交易银行的核心理念。

交易银行的实质是"交易"，其核心不是"全球"，也不是简单地覆盖

"贸易"类业务，而是围绕各类"交易"行为，以账户管理为核心，以掌握信息流、资金流和物流为基础，设计并通过不同形式的产品或产品组合为客户提供匹配性服务，辅以技术手段提升产品服务的获得性及客户体验感，以此建立起来的业务模式统称为交易银行。

（二）交易银行业务模式

交易银行业务模式应基于系统优化原理的组合创新并着力于服务渠道的技术创新，采用客群体系化、圈链化经营策略，以境内外一体化的贸易融资和结算为核心，服务全球客户及其所在供应链和产业链的上下游企业和其他相关者。

虚拟平台模式。在传统部门制银行的基础上，进行横向整合，弱化部门边界。在总对总营销、项目制管理和产品梳理与整合的基础上，针对选定的战略、核心企业开展交易银行营销和项目深度合作，建立虚拟的综合服务平台，为企业提供全面的服务。

在线服务模式。金融企业可利用新型的信息技术不断提升本行对重要客户的业务信息化处理水平，通过直接对接、整合、改造、升级企业 ERP、财务管理系统、产销管理平台、采购管理平台、生产管理平台、人力资源管理平台，实现银行业务系统与客户核心管理系统的深入连接，帮助客户实现不同账户之间的无缝金融服务。

交易生态圈模式。利用先进的互联网和移动互联网技术，实现账户和交易信息的管理，其业务形态包含互联网生态圈建设和利用大数据构建分析型先进技术银行两个方向。互联网生态圈将企业、个人和银行之间利用互联网技术，实现交易生态系统相对封闭，账户和信息获取真实简易，直接有效地解决了金融业务中的信息平衡和风险控制的问题，同时还将支付、财务管理、服务管理、物流管理、金融服务、客户管理等服务的集合成为线上高效的整合服务方案。

二、国内外交易银行发展概况

国内的商业银行体系与国外有较大区别，完全用国外商业银行关于交易银行及其商业模式来定义国内交易银行显然不合适，必须提出本土化的发展模式。

（一）国内交易银行发展状况

目前，现金管理的理念已深入人心，国有大型企业已基本实现不同程度的资金集中管理，部分中资跨国企业在现金管理基础上通过财务公司、内部银行等对集团流动资本进行统筹管理，向企业司库的方向逐步发展。国内银行纷纷布局交易银行，主要原因是企业端需求呈现，但在供给侧改革下，银行端转型促使发展交易银行成为趋势。

由于国有股份制大银行体量较大，资产规模、业务覆盖和品牌影响接近，四大行主要战略定位为"综合化"。工商银行主张全面发展，境内业务"稳、转、新"，境外运营全面加速；中国银行进一步强调多元化平台的发展变革，积极向国际一流金融集团靠拢；建设银行战略主张发挥长处，高度重视将"一带一路"、"长江经济带"、"京津冀协同"和"走出去"战略与其传统领域融资相结合；农业银行主要围绕农业领域，以深耕国内市场为主。

四大行虽未单独发布交易银行战略，但对于交易银行涉及的业务，四大行目前均有相应独立的职能部门，如贸易金融部、现金管理部、支付结算部等。这些部门在业务上有交叉，涉及人员机构庞杂，且自总行至分行有不同管理路径，人员职责分工也较细，因而进行直接合并和改造困难较大。对于交易银行提倡的"深嵌企业交易"的经营行为，各大行因客户数量多，以人工和现有技术难以全覆盖，暂时也仅局限于向总分行级大中型客户或跨国大型企业客户提供。

互联网技术和商业模式变更使"交易"发生颠覆性改变，各大行均有响应。工商银行于2015年发布"e–ICBC"互联网金融品牌，以电商、通讯和直销银行三大平台和支付、融资和投资理财三大产品线，直接回应互联网各巨头；建设银行于2012年推出"善融"商务平台，开启了互联网商业金融模式；中国银行将互联网金融、技术和商业模式革新提到了全行战略层面，陆续推出了一系列APP和平台。综合来看，各大行重视程度和业务发展模式更多立足于融资、结算等银行传统功能，本质性的变革"还在路上"。

相对于四大国有银行，股份制银行交易银行发展非常迅速。自2012年起，包括招商银行、中信银行在内的多家国内银行开始探索向交易型银行转型，但多数银行的转型发展并不是一帆风顺。传统银行仍需全面建立"交易"思维，并积极拥抱互联网。2012年，广发银行整合供应链金融、跨境金融、现金管理等对公金融产品序列，打造中资银行首个环球交易服务架构。同年，中信银行筹划交易银行，中信银行定义交易银行主要围绕企业的采购销售等外部交易行为和企业内部交易行为所提供的一揽子金融服务，业务范围包括国内支付结算、现金管理、国际贸易融资和结算、供应链金融、托管业务等，可全面覆盖企业在交易过程中的结算与融资需求。

2013年，交通银行提出"由资产持有型银行向交易型银行转变，从做存量向做流量转变"的转型思路。同年，浦发银行完成了业务与架构的优化整合，在总行成立一级部门"贸易与现金管理部"，并明确提出交易型银行概念。2015年1月，招商银行合并原现金管理部和贸易金融部，组建交易银行部，成为国内首家成立交易银行部的银行。2015年11月，中信银行发布交易银行品牌"交易+"，建设性地满足企业交易中跨界经营、转型升级的需求。此外，多家银行先后提出"向交易型银行转型"。交易银行在国内属于新兴事物。与国际近二十年来交易银行大发展相比，国内交易银行处于起步摸索阶段，交易银行内涵及业务外延尚未形成清晰边界，各银行对交易银行运营模式的理解也各不相同。

在国内，作为交易银行的主要内容，供应链金融、贸易融资、国际结算和现金管理业务已普遍在大中型商业银行开展，但交易银行产品分散在公司金融部、支付结算部、现金管理部、贸易金融部、金融市场部、资产托管部、电子银行部、资产管理部、国际业务部等不同部门，银行对公业务碎片化服务的状态较为常见。在银监会推动下，尽管过去国内银行一直在努力发展交易银行等中间业务，降低对存贷利差业务的依赖性，但成绩并不明显。国内交易银行与国际领先银行相比，至少有十年差距。因此，做好交易银行的核心在于切实采取"以客户为中心"，解决客户端发起的金融需求。

（二）国外交易银行业务发展

交易银行起源于20世纪70年代的欧美地区，在国际化程度较高的商业银行中首先成型，如花旗银行、德意志银行、美银美林和摩根大通等，交易银行已成为其重要的战略业务模块和利润来源渠道，并将全球供应链贸易融资和跨境流动性管理业务作为目前的重要业务。德意志银行的环球金融交易业务部将企业现金管理服务划分为定制化和标准化，以能够提供完整的金融服务的多语言电子化银行平台作为服务的标准化基础，并将该系统实时对接供应链核心企业的财务管理系统，提高支付结算和基于供应链上企业的融资效率，企业可在此基础上根据自身需要进一步选择定制服务和操作。

花旗银行的交易银行主要涉及企业资金和交易解决方案以及证券和基金业务等，其中资金和解决方案为世界范围的企业、金融机构和公共部门提供全面的现金管理、交易融资和服务，证券和基金业务的主要服务机构投资者，为金融中介机构提供托管和清算服务，为大型跨国企业和政府提供存款、代理和信托等服务。花旗银行"E-trade"也有类似强大的国际化电子平台，并在组织方式上采用垂直管理以求突破以地区划分板块的束缚，其构建的资金池平台可支持部分外币自动化境外放款。

美银美林全球交易银行内部同样实行垂直管理，产品团队和销售团队在总行层面直接划分相应职能；将客户大体以全球商业银行和政府机构两大部分划分，根据不同客户交易特点进行产品设计研发，分别提供相应专业服务。摩根大通的交易银行归属于财务与证券服务部，是整个银行集团的一级层次业务单元，主要服务大型跨国公司和金融机构，涵盖贸易金融、投资和证券服务三条业务线。摩根大通银行的"一站式对公金融服务方案"不仅服务常规公司客户，还包括银行或非银行金融机构客户，实现公司客户和机构客户的互动以便更好地利用多样化金融工具解决客户需求。

三、国内外交易银行发展经验

（一）国外交易银行模式与组织架构

交易银行产品、服务类型众多，业务流程横跨银行前中后台。要促进交易银行的发展，必然需要适合的业务模式和组织架构。在实践中，不同银行的做法有所不同，主要有以下两种模式。

1. 模式一：交易银行有独立损益表

交易银行拥有相对独立的自主经营权，对部门内的资源拥有相对独立的支配权，并建立完整的会计报表体系，作为银行独立的利润中心部门。采用这种模式的国外银行有摩根大通、苏格兰皇家银行和德意志银行等。该模式有两种形式：

交易银行处于集团组织结构中的一级层次业务单元。摩根大通的交易银行是以财务与证券服务命名，主要服务于大型跨国公司及金融机构，涵盖贸易金融、现金管理、投资及证券服务三条业务线，独立损益表。摩根大通拥有绝对对公客户资源，率先提出"一站式对公金融服务方案"，以此作为商业银行对公业务的突破方向，其特色是向金融机构客户的延伸，所针对的客户群体不仅包括公司客户，还包括银行及非银行同业机构等客户，从而在以资本市场为核心的金融环境中重新定义银行对公业务。

交易银行在集团级层次业务单元公司机构业务单元之下。与投资银行、信贷业务等并列的一个独立单元，典型代表是花旗银行、德意志银行等。德意志银行组织结构是将业务具体划分成公司业务与投资银行、个人业务与资产管理两个部分。公司与投资银行部下设两个二级部门即交易银行、公司银行与证券是信贷及投资银行业务部门。交易银行根据业务不同分为三个板块，即公司贸易融资及现金管理、结构贸易融资及现金管理、证券服务。

2. 模式二：交易银行无独立损益表

交易银行只是银行集团层次一级公司客户、业务板块下的一个业务单元。如汇丰银行组织架构划分为个人金融服务、商业银行、公司投行与市场、私人银行四大部门，交易银行隶属于公司投行与市场板块，后者作为独立部门，包括贸易服务、支付与现金管理、证券服务三个业务条线。该业务部门更注重与客户的长期关系，更多制定需求强烈的产品和针对特定客户的解决方案，使业务发展更加全球化，将交易银行与融资、信贷、投资组合在一个业务部门，可更好地满足大公司和机构的综合需求。

在实际运行中，一家银行的模式可能是以上一种或几种模式的组合，这取决于银行的业务方向、专业能力和业务基础等因素。无论是何种模式，对于银行而言，其交易银行都会表现为三个层次：首先，交易银行是一个产品体系，它是集合了供应链金融、现金管理、资产管理和托管、贸易融资、保理、票据、理财等多个产品的集合体；其次，交易银行是一种依托交易行为的金融服务，它以客户交易需求为出发点，从客户交易中发现业务机会，并针对性地为客户交易全程提供所需的金融服务；最后，交易银行是一种经营模式，纵向贯穿客户的上下游供应链，横向延伸至企业管理的各个方面，并基于各种交易资源及交易数据达成产品的交叉销售。

（二）国内交易银行组织架构

1. 广发银行交易银行组织架构

广发银行于2012年5月成立环球交易服务部，在国内首家将贸易融资部、资产托管部和现金管理部合并为财资管理部。广发银行搭建了集合现金管理、贸易融资和在线供应链金融为主体的交易银行金融方案和组织架构。通过资金归集、跨行账户管理、多级账簿、票据池、银企直联、POS分账等关键产品的组合运用，为企业提供包含支付结算、信息服务、集团关系管理在内的全方位财资管理服务。

在贸易融资方面推出银行保单、出口保理福费廷、风险参与、在线保理、银关通、租赁公司借款保函、出口信保融资等创新型贸易融资产品，增加出口押汇池融资、退税贷款池融资等业务新模式，依据客户特性定制集交易结算、融资、避险、增值为一体的综合解决方案。广发银行还将企业网银、银企直联和现金管理等系统平台融入环球交易服务部系统。环球交易服务部在丰富贸易融资业务产品链的同时，又降低了贸易融资环节的信贷审批风险，而且现金管理和贸易融资融合模式还可以带来成本较低的负债资金。

2. 招商银行交易银行组织架构

招商银行于 2015 年初将原现金管理部与贸易金融部合并，成立交易银行部，现招商银行的交易银行涵盖供应链金融、结算与现金管理、跨境金融、贸易融资和互联网金融五大业务板块。招商银行将实现业务协同与融合，有以下整合模式：一是以"泛供应链"的思路推动供应链金融与现金管理融合；二是构建基于互联网的企业资产证券化经营平台，推进互联网金融与供应链金融、贸易金融的融合；三是把握创新型结算业务以及互联网化、移动化、远程化的发展趋势，加速本外币、境内外结算业务与电子银行渠道融合；四是打造全新的全球现金管理平台，统筹整合招商银行跨境金融海外联动平台的服务资源，建立以"全球一户通"为形象的服务体系。

（三）国内外交易银行发展经验

通过以上对国内外商业银行交易银行业务发展模式进行研究和分析，有以下成功经验值得借鉴。

以现金管理为核心进行组织架构整合。现金管理是交易银行的核心。在发展交易银行的过程中，必须把现金管理业务确立为基础性、战略性业务，这将有利于商业银行在利率市场化和金融脱媒背景下实现业务转型，从而转变对公业务发展方式。

通过供应链金融构建对公业务新模式。供应链金融是商业银行向中小企业业务转型，实现客户下沉的重要途径。不仅带动了商业银行应收账款保理、供应链企业担保抵押信贷等供应链融资业务的发展，同时也为围绕供应链核心企业的现金管理业务提供了巨大的发展空间。中信银行正是凭借对公客户资源优势，将其积极打造成为供应链金融的先行者。

基于渠道互动创新对公业务综合金融服务。由于交易银行理念的提出早于中资银行，外资银行"一站式"对公金融综合服务能力的建设进程也先于中资银行。拥有绝对对公客户资源的摩根大通，在金融脱媒的大趋势下率先提出"一站式对公金融服务方案"，以此作为商业银行对公业务突围的方向。摩根大通对公金融服务方案的重要特色之一是制定了针对大型客户的资金管理与投资银行，针对中型和新兴产业客户的投资银行与贸易融资等业务相互融合的服务战略。

摩根大通"一站式对公金融服务方案"的另一个重要特色是向金融机构客户的延伸。该方案所针对的客户群体不仅包括公司客户，还包括银行或非银行机构客户，从而在以资本市场为核心的新金融环境中重新定义银行对公业务。机构客户是商业银行重要的客户群体，银行对公业务的主要功能之一就是服务金融机构客户、参与资本市场需求，且摩根大通通过对对公综合服务能力的打造，能够有效实现公司客户和机构客户的联动，进而很好地利用资本市场的多样化金融工具服务公司客户的全面战略需求。摩根大通在交易银行理念下，实现了资金管理、结算托管、投资银行和资本市场业务的联动与融合，通过打造"一站式"对公金融服务能力，抵御脱媒威胁、降低系统风险，并不断增加中间业务收入。

四、交易银行发展选择与建议

交易银行在国外已发展多年，取得了很好的效果，有很多经验值得借鉴，同时在国内推广、发展和建设过程中，也出现了一系列问题和困难亟须解决。

（一）交易银行将成为商业银行转型发展突破点

商业银行要回归实质和本源。经济增长放缓、利率市场化、金融脱媒加剧、信贷需求萎缩等因素，导致商业银行要回归实质和本源，交易银行就成为银行转型的必然选择。一方面，从银行转型升级的战略角度来看，交易银行是典型的轻资产、轻资本业务，能有效降低业务风险、提高收益，成为银行转型的突破点。另一方面，在经济新常态下，传统银行业务正在经受经济增长放缓、利率市场化、"互联网＋"等多重挑战，交易银行也开始成为银行转型的突破点。

有助于提高银行利润空间。随着利率市场化的推进，银行获取存款成本上升，利差缩窄，导致银行效益降低，交易银行无疑提高了银行的利润空间和业务基础。交易银行主要聚焦的弱周期、大流量、高频度、轻资产和公私联动特色的重点客户并不需要太多融资，也不依赖于融资，更多需要金融服务。通过交易银行增加了客户黏性，将公司客户里一批有结算性需求的存款，形成稳定、持续性和低成本的结算资金，这对于整个银行来讲，提升了利润空间和业务基础。

（二）交易银行发展面临困难及解决

1. 传统银行部门职能需重新整合

由于历史原因，国内银行基本是按照行政区域来划分机构设置，总分行制的组织架构下，不在总行授权经营范围内的业务，从分支行主办部门到总行管理部门需要层层审批，业务办理流程过长，不但消耗时间和精力，还有可能因此造成优质客户的流失。在实际工作中，部门之间分工不明确，职能严重交叉，内部各为其责，资源难以共享，无法提高营销成功率。

从组织架构的顶层设计层面看，不同部门之间互相孤立，营销方式、预算和绩效考核机制都不同。很多银行难以做到削弱现有部门职能进行拆分合并。从产品层面看，由于交易银行业务面广、产品丰富，这些服务和产品原本分布在多个部门管理，由于组织机构的分割，在产品营销、客户推介和利润分成等方面各部门为了自己内部绩效考核及部门利益考虑，难以达到没有壁垒的合作。企图将交易银行的运作寄希望于部门间的自觉友好协作较为困难。

大型银行目前的现状是，由于业务细分使各部门横向关联不多，而各部门规模大小不同，且一些部门如贸易金融部、金融机构部等已内含多个业务迥异的团队，每位员工从事的工作较为固定，对其他部门业务，甚至部门内的其他业务熟悉度不高。因此，如果仅仅是合并新设交易银行部，难达到有机整合的目的，层级和归属的表面化改变对于业务发展的实质性帮助较小。

2. 管理考核体系应更为重视

绩效考核是企业对员工工作成果的了解和工作进度的把控。对于员工来说，这个考核体系起到决定晋升、奖惩、调配等调动员工的工作积极性的重要作用。合理的考核体系才能够对员工的工作成绩给予组织上的肯定，为各项人事管理提供了一个客观、公平的标准，并依据使员工获得职业满足感，实现自我价值。

现阶段大部分商业银行的考核体系仍然以日均存款量和基础客户量为主，辅以其他产品销售指标完成情况。如此的考核体系与交易银行轻资产、重中收、深入客户内部着力挖掘企业潜在需求、从纵向上做深做透一家企业提供更深化服务的宗旨有所不符。如果不重新设计专属交易银行的绩效考核方式将严重打击员工的业务积极性，使交易银行开展效果大打折扣。

3. 专业化服务水平有待提高

商业银行公司业务客户经理通常负责深入了解企业、双边沟通信息，向企业营销宣传合适的银行产品和服务，协助企业办理银行业务，负责企业客户的日常银行事务管理等，是企业与银行之间沟通的桥梁。交易银行涵盖的业务范围广，职能部门跨越多，为了更好地为客户提供"一站式"

的快捷、专业服务，需要客户经理不仅精通之前所在部门的业务，对于交易银行跨条线的新兴业务也必须熟悉掌握，还要能够做到业务之间熟练的交叉应用，才能为客户精准匹配产品。

目前银行业的人才选拔的专业化标准还远低于券商和部分资产管理公司。无论对公或零售业务的客户经理选拔仍然是以有客户有资源、能带来存款为重，仍然欠缺既掌握证券、资产管理、基金等知识，又懂得银行具体业务流程和收益配比的复合型人才，导致部分附加值高的业务难以在实际操作中展开。

4. 传统风险管控体系急需改进

交易银行授信业务的核心是围绕供应链上下游客户的贸易融资需求展开的。业务之间具有联动效应，商业银行传统独立静止的风险管理体系可能会无法识别新的业务风险，公司业务风险管理体系需要作出相应改变。传统风险管理内容包括信用风险管理、市场风险管理、操作风险管理、流动性风险管理等。开展交易银行后大量的支付结算、贸易融资等业务的交易数据信息将急速增长，其中隐含的虚假交易风险会持续上升，经济结构转型升级，存在过剩产能的行业受国家政策限制的系统性风险也在不断增大。

如果商业银行不能有效利用交易大数据重新设计新型、联动的风险管理体系，则商业银行不但难以获取应得的业务收入，而且还将在原来的基础上加大自身面临的风险。为交易银行匹配相应的风险管理管控措施，构建专属交易银行的风险管理体系是商业银行开展交易银行的必备条件。

5. 先进的技术支持必须保证

互联网信息技术是交易银行开展的基础，也是银行业与时俱进、创新产品服务必不可少的技术支持。交易银行涵盖产品众多，银行必须要有强大的业务流程整合能力和 IT 平台快速设计对接的技术支撑，才能实现在支付结算端、账户管理端、资金运营端、风险控制端等端口的衔接整合，将银行内部前中后台数据有效联接，使客户业务过程中获取的数据能够为各个部门快捷调取，用作识别客户风险、挖掘客户需求、创新产品设计，这是交易银行发展的必然需求。紧跟科技发展，争做高新技术的先行者。区块链技术作为金融科技的底层技术架构，将成为继互联网技术后的第五次浪潮的主要载体，人类也将从"互联网＋"步入"区块链＋"时代。

（三）交易银行发展选择与建议

1. 交易银行业务板块定位

银行可提供两种交易银行模式，一种是银行设计、提供标准化的交易银行平台，各种产品和服务实行菜单化管理，客户可根据自己需要选择。这种模式适用于中小企业、自身开发能力不强的企业，可帮助企业减轻开发压力、减少管理成本。大型国有大银行立足于自身的资源结构和优势，可采用第二种模式，这种模式更适合自身实力较强、已有成熟交易系统的大型企业和交易平台，即将银行服务和产品内嵌客户交易系统，在各个交易环节都可跳转接入交易银行系统。

商业银行应根据自身的战略发展需求和已形成的业务优势建设具有自身特色的交易银行，如所处地区是二、三线城市，客户群以中小企业为主，应着重发展贸易融资型交易银行；所处地区是一线城市，出口企业多，可发展环球交易银行主打国际业务；与当地政府合作密切的银行可着重打造以公共收费的平台业务为基础的现金管理型交易银行。成功的交易银行发展定位可避免同质化竞争，提高本行业务的市场占有率，找到与竞争对手不同的客户切入点以抢占优质客户，所以商业银行应结合一切相关因素，扬长避短的选择交易银行发展方向，以便更好地发挥优势。

2. 交易银行运营模式选择

业务审批层级多、业务流程过长、信息传递失真等情况是国内总分行制商业银行架构普遍存在的问题，也是部分大型银行办事效率低下的根本原因。由总行直接接洽分行对应部门的扁平化管理框架与交易银行运作模式更相匹配，也是国内银行组织架构改革的基本方向。交易银行的出现与银行将客户而非产品作为营销重心的趋势相一致，其精髓是将客户需求作为银行的一个集合服务对象，围绕这些需求主动组织和提供服务，而不是需要客户亲自研究银行各部门职能，围绕银行业务线寻求服务。这是交易银行组织结构、管理模式构建的核心。

在实际运营中，一家银行的模式可能是以上一种模式或几种模式的组合，这主要取决于银行的业务方向、专业能力和业务基础等客观因素。无论是何种模式，对银行而言，其所开展的交易银行都会表现在以下三个层次：一是交易银行是一个产品体系，它是集合了供应链金融、现金管理、资产管理和托管、贸易融资、保理、票据、理财等多个产品在内的集合体，以此来满足客户对产品的多元化需求；二是交易银行是一种依托交易行为的金融服务，它以客户的交易需求为出发点，从客户的交易中发现业务机会，并有针对性地为客户交易全程提供各种金融服务；三是交易银行是一种经营模式，纵向贯穿客户的上下游整条供应链，横向延伸至企业管理的各个方面，并基于各种交易资源及交易数据达成产品的交叉销售。

3. 精准客户定位以提供有个性化服务

不同行业、规模的客户对金融业务需求的层次和深度不同。中小企业更多的是基础业务需求，如支付结算、贸易融资；大企业和跨国企业则更多为流动性管理、资本流转、供应链整合、短期投资和外汇需求；政府机构主要是利用交易银行专业化的收费结算服务，在不付出大量成本和开发内部系统的条件下，优化公共收费服务。

首先要明确市场需求。通过大量市场调查深入分析和研究市场需求，形成差异化的交易银行营销战略。其次是划分客群层次。根据分行所在不同行政区域的地区发展态势、行业优势特点、客户的需求偏好、受政府鼓励发展的新兴行业金融需求等方面划分客户层次以提供有针对性的业务。最后要明确市场定位。银行通过对交易银行职能的定位，依托自身优势业务，确立在目标客户心中与众不同的交易银行品牌和形象。

4. 建立以数据驱动为核心的风控体系

为了应对公司业务转型期多变的经济环境及伴随交易银行模式建立带来的业务量增长中的潜在风险，建立基于交易大数据、跨业务条线的风险管理体系是商业银行风险管理未来发展的趋势。交易银行大多通过互联网平台、电子化流程办理，在为企业客户服务时应定时收集客户的交易笔数、结算量、交易对手稳定程度、销售回款速度等信息，为每个目标客户建立数据库，以便从客观事实深入了解客户行为特质，作为信用业务的参考和精准营销的突破点。

贷款前，通过分析其交易行为、经营效果、资产状况等，作为贷款时为客户定级、增信等的一项指标。防止因为抵押担保不足额、风险敞口较大等原因惜贷而流失优质客户。放贷后，通过对客户各类交易信息设置预警线，超过预警线的客户予以重点关注，及时了解客户情况，以便提前收回贷款，防止银行出现坏账损失。

5. 培养专业人才提高专业化服务水平

开展交易银行需要一批专业型复合人才的支持。不仅要深入了解并熟悉以前分散在多个部门的产品内容、业务流程和盈利模式，并能够熟练根据客户需求和所在银行优势将产品有序搭配，在为客户节约成本的同时也为银行创造利润。

首先商业银行的决策层要深入理解交易银行的本质内涵，包括交易银行经营方式、发展定位、同行业业务模式等，以便能够明确指导谨慎决策下属工作。其次是人力资源部门需要更加重视专业人才的吸纳和对内部员工的培训。有侧重地招聘部分跨行业的员工进行针对交易银行的培养，而不是仅仅重视有客户有存款的应聘人员；对内部全体员工开展每周一次的跨条线跨部门学习交流，贯彻交易银行服务理念和产品，以便行内各部门合作通畅。

6. 以创新思维贯穿交易银行全过程

首先，需要以超越和引领客户需求作为创新理念。长期以来，国内银行的创新多为跟随性和模仿性创新，产品简单组合多，自主性、原创性、引领式、颠覆式的创新不足，综合服务的供给能力和问题解决方案的定制能力不高。国内银行转型交易银行服务，需要重塑创新理念并站在较高起点上，不能停留在简单满足客户需要的阶段，应提高产品的创新供给能力和组合提供能力，超越甚至引领客户需求，创造出新的需求和新的客户群体。

其次，要以为客户创造价值作为经营目标。不能停留在一般性满足客户交易需求的层面，应通过技术能力和协作能力的提升，参与境内外物联网和客户全球供应链建设，将增值服务有机嵌入全球化的供应链、物联网和电子商务生态圈，注重提升服务的质量、增值性和可获得性，降低交易银行服务利益相关者的交易成本和交易风险。

7. 交易银行创新发展建议

针对国内银行业内部组织架构较分散、各层级对交易银行和现金管理的认识不统一、传统银行业务利润空间压缩、息差收窄的困难和现状，对国内银行发展和创新交易银行提出建议，这些建议突出了为企业提供供应链金融服务和流动性管理、尤其是发展现金管理和托管等交易银行的服务需求。

通过交易银行向企业提供端到端的资金管理服务。加强流动性管理，通过为交易银行服务掌握企业供应链账户，推动银行批发业务的转型。通过为企业供应链提供金融服务，增加客户粘性，拓展多种业务的交叉销售，确保并增加企业与银行的结算。以客户需求为中心，紧随其变化提供服务；尤其是增加资金沉淀，优化负债结构，发展现金管理和托管等。加强银行内部跨部门、跨产品服务线条和跨总分行和支行的协同能力，加快部门和信息平台整合。建立全新的以风险调整带来资本收益和经济利润的变化为标准的业务价值判断体系。

从本质上讲，交易银行是以企业客户的金融需求为核心，借助整合便捷的技术平台作为支撑，为客户提供综合化和个性化的金融服务方案，所以交易银行的发展和创新需要银行在现有经营理念、组织架构、市场发展策略、人才培养和信息技术等方面也要做出调整和创新，而在现阶段，技术和组织架构的调整和创新更为有效和重要。

五、互联网交易银行助推轻型化转型

通过交易银行拓展中间业务寻求轻型化转型，成为不少银行的选择。金融科技的推动和监管机构的开放包容，互联网交易银行应运而生，用完全数字化方式为个人和企业提供包括投融资、支付结算、风险管理等在内的交易服务。

（一）基于大数据的交易银行智能风控和智能客服

1. 应用人工智能技术实现交易银行风险动态监控

随着物联网等技术的进一步发展与普及，金融交易中的信息不对称问题将逐步化解，银行将逐步从风险自担的信用中介转型为数字化的金融信息中介。同时，随着互联网交易型银行生态体系的建设，线上化的金融交易将更加大量、高频、碎片化且不确定，银行需要探索运用人工智能和物联网等前瞻技术实现实时的动态量化风控和高度智能化的客户服务，以满足业务持续发展的需要。

基于大数据的人工智能技术可通过对风险的动态监测和自我学习，持续优化算法、不断迭代升级。而物联网技术能够帮助银行进一步提高智能风控模型的数据广度和数据深度，解决银行信息不对称的关键问题。

2. 应用人工智能技术提高交易银行客户服务效率

人工智能客服将通过声纹识别、自然语言理解等创新技术实现线上化业务办理的交互反馈机制，大幅提高银行现有客服的实时性和互动性，并大量替代人工客服，支撑未来互联网交易银行客户高频次、实时化的服务需求。目前，国内外部分银行已开始运用人工智能提高其客户服务效率。花旗集团从 2012 年起，开始运用 IBM 人工智能电脑"沃森"来完善客户服务，"沃森"以人类的认知方式推断和演绎问题的答案，提供客户需求分析、预测经济走势等服务，同时还能结合个人投资历史信息给出适合客户的投资计划。

（二）运用区块链技术实现去中心化交易银行

1. 区块链技术为实现去中心化交易银行提供了可能

在互联网交易银行的 3.0 阶段，银行的核心职能是对大量高频次、碎片化、不确定的互联网金融交易提供服务。大量高频的交易服务和数字货

币的发行流通，需要一个更加高效的去中心化的基础设施体系，即更快速安全地连接交易主体，达成交易并实现资产和资金的转移。而分布式账簿即区块链技术的底层运用，将为实现这一交易体系蓝图提供可能。互联网交易银行应重点关注该技术的发展，尽早探索区块链技术的应用。

作为比特币底层技术的区块链具备去中介化、去信任化等优势，能够提升交易安全性和时效性。不仅是数字货币的基础设施，也是实现点对点、端到端金融交易的重要支撑，许多金融机构已开始探索区块链技术的应用。

2. 区块链技术和智能合约提升交易银行效率

2012 年，美国 Ripple 公司的 Interledger 项目为银行客户提供统一的金融传输协议和技术支持，通过区块链技术帮助传统银行以更快的速度、更低的成本进行跨境清算和汇款，实现点对点对接。银行间跨境结算不再需要冗长的支付链条和支付中介，节省了高昂的手续费。事实上，国外市场中已涌现出许多类似的基于区块链技术提供转账服务的公司，如 Abra、BitSpark 和 Circle 等。

同时，许多国外银行已开始探索区块链技术的应用，如爱沙尼亚的 LHV 银行正通过 Cuber 平台，使用区块链技术在移动终端开发免费的点对点法币交易应用，将去中心化的模型集成整合到银行的客户服务中。而瑞士投资银行与高盛、摩根大通与其他 22 家银行联合投资，为私人账户开发标准化的架构。此外，巴克莱银行、花旗银行和桑坦德银行等银行业巨头都在尝试区块链技术，以期降低交易账簿的成本、提升交易效率与安全性。互联网交易银行可运用区块链技术和智能合约，大幅提升投融资交易的登记、结算等环节的效率，并通过与其他机构构建联盟链降低交易成本。

（三）通过高精度和智能防控技术实现交易银行安全升级

1. 应用生物识别技术强化风险防范

未来，互联网交易银行将完全线上化和虚拟化，安全和风险防范将成为重要课题。银行可通过更高精度的生物识别技术实现安全风险防范的升级。如为保障远程开户、移动支付、互联网投融资等线上业务的安全性，互联网交易银行可运用人脸识别、指纹识别等远程识别技术进行客户信息的多维认证，替代传统银行线下的人工认证。此外，随着科技发展，静脉、步态等人体体内特征或行为特征也有望应用于客户身份认证，实现互联网交易银行的安全升级。

2. 应用主动反欺诈技术实现交易安全

2015 年 10 月，招商银行信用卡中心与反欺诈服务提供商建立战略合作关系，为招商银行提供手机邮箱黑灰名单、P2P 申请信息等数据，并协助进行动态风险管控和反欺诈，解决银行黑名单信息不全、自建成本高的问题。同时招商银行信用卡中心的其他客户如银行、互联网金融平台等实时上传、扩充黑名单数据，形成反欺诈合作体系。

　　国内互联网欺诈形势日益严峻，欺诈风险已成为互联网交易银行和投资者资金安全的最大威胁。现有的银行反欺诈手段通常是被动的和事后的，侧重于欺诈事件的事后调查和处置，而对欺诈风险的事前防范和事中控制关注较少，导致反欺诈工作效果较差。未来互联网交易银行全线上化、全虚拟化的交易模式需要更加强大的反欺诈技术，因此需要通过主动交易审查、移动大数据、跨行业联防联控等多种方式甄别潜在高危客户及欺诈交易，实现问题交易事先预警、智能化自动防控的主动反欺诈。

共享生态下商业银行
消费金融创新策略研究

——基于"云+端+智能"的视角

上海浦东发展银行　李　麟

摘要：消费金融是当前零售银行发展的热点领域。然而，当前商业模式并没有从本质上解决信贷可得性差、借贷成本高、风险控制弱等困扰我国消费金融的三大难题。

在共享思维和 FinTech 背景下，本文提出了"云+端+智能"的消费金融共享生态构建方法。一方面，"云+端"的扁平化架构能够充分聚合消费金融产业链上的各种业态和场景，构成消费金融生态创新的发起点和系统基础，也体现了商业银行消费金融创新的广度。另一方面，未来人工智能的应用能够使商业银行基于大数据对客户进行自动分类，提供实时动态的个性化服务，拓展了消费金融服务的深度。

采用"云+端+智能"的架构构建消费金融共享生态，实现消费金融经营模式创新。首先，商业银行可以在此架构下与其他业态共享场景和客户数据，联合营销挖掘客户消费需求，实现金融与场景的有效结合。其次，商业银行可与资金源、征信、物流等多方业态共享平台，为客户整个消费过程提供综合化服务，便于即时、全方位的客户风险防控。最后，在共享生态下，商品的所有权可以淡化，通过使用权的转让实现对商品的共享，降低交易金额并促进商品流通，商业银行可通过便利化的支付和收款嫁接消费金融服务。

基于"云+端+智能"架构支撑的生态化经营模式，商业银行发展消费金融可以从四个方面进行盈利模式创新。一是从单一盈利转换为规模盈利；二是从基于商品所有权的定价转换为基于商品使用权的定价；三是从传统利差模式转换为贯穿于消费金融服务全流程的收费模式；四是打造消费金融共享生态资金链闭环，降低交易成本，疏通交易环节，提升交易效率。

基于消费金融共享生态的商业模式，耐用消费品和快速消费品存在差异化的金融产品设计思路。针对耐用消费品价格较高、流通不畅等特点，商业银行可基于使用权定价首先将商品低价出租给消费者，实现商品流通，之后介入配套服务实现盈利。针对快速消费品很少融资的特点，商业银行可以便捷化支付手段为核心，围绕客户日常琐碎购买，设计综合化金融服务方案，实现对客户生活的全方位介入。

关键词：共享生态　商业银行　消费金融　云 + 端 + 智能

伴随着经济形势的变化、国家政策的支持和客户需求的多样化趋势，各家银行将消费金融作为重点发展领域。但是，消费金融实践中仍围绕传统分期还款、基于利差盈利的商业模式而展开，同质化竞争严重且创新不足。更为重要的是，当前商业模式并没有从本质上解决信贷可得性差、借贷成本高、风险控制弱等困扰我国消费金融的三大难题。共享经济模式与消费金融属性高度契合，FinTech 的发展为构建消费金融共享生态提供了工具。基于"云 + 端 + 智能"，商业银行不仅可围绕"以客户为中心"理念提供消费金融服务，有效提高信贷可得性并降低借贷成本，而且可以将内外资源进行整合，构建消费金融共享生态，拓展信贷风险控制范围并提升风险防控能力，实现经营模式和盈利模式创新。

一、我国消费金融发展的三大难题

（一）消费金融服务的可得性较低

长期以来，商业银行由于资金有限，存在信贷配给现象，只有最具价值的客户才能享受到较为完善的银行服务。消费金融具有高频小额的特征，大量"长尾"客户因为信贷资源有限和风险较大等缘故，失去了享受消费金融服务的机会。在商业银行角度，这是聚焦优质客户的"撇脂效应"，而对于"长尾"客户，消费金融服务的可得性则被动降低。

近年来，受经济下行影响，商业银行对公业务面临较大挑战，而互联网金融则异军突起。一方面，消费金融得到大量金融机构的重视，通过降低门槛服务更多客户，金融机构重新审视大规模长尾客户中所蕴含的巨大价值；另一方面，服务门槛越低，对技术和系统的要求便越高，而技术的发展则为降低消费金融服务门槛提供了可能。

当前，很多金融机构仍然采用传统模式发展消费金融，这只能继续加剧优质客户竞争，摊薄所有金融机构利润。更为严重的是，有很多互联网金融机构并没有通过采用新技术降低信息非对称成本，而是给很多没有还款能力的大学生发放消费贷款。采用高利贷、裸条抵押、恶意催收等违法手段，走向另外一个极端，使得大学生过度消费甚至涉嫌犯罪，造成不良社会影响。

事实上，我国商业银行具有双重属性，一方面是以盈利为目标的商业企业，另一方面也是涉及国计民生的金融服务提供方，负有支持中国经济发展转型的历史使命。因此，商业银行在发展消费金融的伊始，就需要运用全新的方法论进行规划，在满足普惠金融客户金融可得性的同时实现可持续发展，方能获得更长远的进步。

（二）消费金融服务成本和客户消费贷款成本高企

长期以来，高企的融资成本加之自身较高的服务成本，导致商业银行服务实体经济的能力受到一定制约。消费金融也不例外，因为需要服务更多"长尾"客户，只能通过开发标准化产品降低服务成本，导致差异化竞争优势难以形成。因此，商业银行如不解决降低服务和融资成本的问题，发展消费金融就成为空中楼阁，更难以达到利用消费金融提质增效的目的。

一方面，客户融资成本高企。互联网金融浪潮下，全民理财热情高涨，原来存放在银行的活期存款转成了各种理财，带来当前负债成本的增加，导致商业银行不得不提高客户贷款利率。同时，由于单个客户风险难以把控，商业银行也不得不提高利率以覆盖可能的损失。

另一方面，商业银行金融服务成本仍然较高。当前我国的客户服务模式仍然是以人工为主、系统为辅，服务消费金融客户时对成本的敏感性明显大于大客户。事实上，尽管当前商业银行采用传统授信审批及后续服务的模式也能服务消费金融客户，但是消费金融客户具有高频小额特性，而单个客户的服务成本难以降低，导致单个消费金融客户带来的收益无法覆盖银行服务成本，失去获得银行服务的机会。

（三）消费金融风险防控能力有待提升

商业银行从对公业务拓展到零售业务，大力发展消费金融，首要解决的是风险和收益相匹配的问题，否则即使有服务普惠金融的意愿，也往往力不从心。对于消费金融客户而言，整体的风险与对公风险相差并不大，甚至可能因风险分散使得整体风险更低。但是，针对某个确定的个人客户，因缺乏抵押品且变动状态难以观测，其风险评估和后续风险监控难度远高于企业客户。

第一，个人客户风险的量化存在一定难度。企业客户有资产、收入和稳定的现金流，而个人客户的相关信息可能都没有完整记录，即使有记录也不完善。此外，个人客户流动性较大，年龄、职业、生活轨迹、社交圈子、家庭背景等都会影响其风险承受能力。所以，只有依靠大数据手段才能刻画个人风险，进而为消费金融的风险度量与贷款定价提供科学依据。

第二，个人客户缺乏抵押品。与企业客户能提供各类资产抵押不同，个人客户除了房产之外基本没有其他合适的抵押品，所以消费贷款基本都采用信用贷款模式。我国个人征信体系尚在建设中，商业银行只能通过控制给予客户的授信额度和提高贷款利率来控制信用风险，既可能带来逆向选择问题，也影响了消费贷款的可得性。

第三，个人信贷难以进行贷后管理。消费信贷一旦发放，商业银行就难以控制后续风险，只能根据客户到期还款情况来被动应对，具有盲目性。如果依然采用传统的电话咨询、上门核查等方式进行贷后管理，商业银行就只能盯住少数客户，而无法扩张贷款及客户规模。

第四，个人贷款不良资产难以处置。消费贷款属于信用贷款，如果变成不良资产，很难处置。一是逐个客户清收成本太高；二是难以打包转让，三是即使打包转让，价格也很低。为此，不良资产处置是商业银行发展消费贷款业务需要考虑的重要问题。

二、基于"云＋端＋智能"的消费金融共享生态构建

（一）FinTech 使得消费金融共享生态的构建成为可能

从 20 世纪 80 年代到 21 世纪，"Sharing Economy"的内涵在不断演变和扩展，由传统分享经济发展到共享经济。从制度经济学角度，共享经济可看作一种新型的产权交易制度安排；从信息经济学和交易成本理论的角度，技术为共享经济的发展提供了支撑，有助于实现帕累托最优。共享经济具有五大特征：一是占有权与使用权暂时性分离，重在使用权的共享或更深层次的风险分担；二是建立在互联网信息技术平台之上，交易或分享成本接近于零；三是强调以点对点方式进行交易，交易双方完全平等，自愿撮合与成交；四是个体在供需间发挥的主导权越来越大；五是具备互惠的经济价值。

经济决定金融，技术决定模式。金融创新总是与经济发展密切联系在一起，共享经济的思维模式必然渗透到金融领域，最新的 FinTech 技术促使传统金融向"共享金融"延伸。本研究认为，共享金融的本质是"金

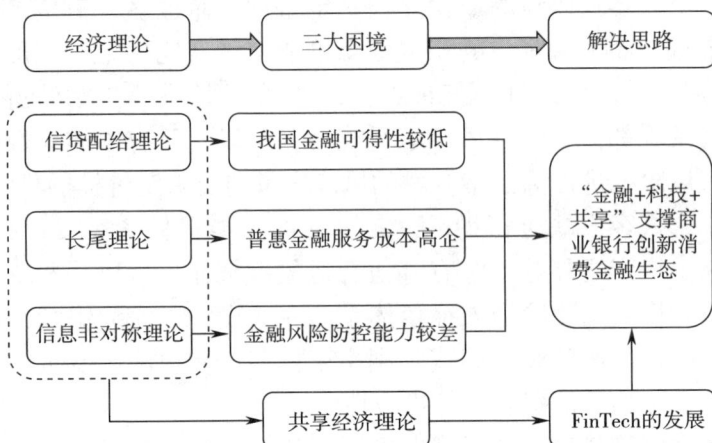

图1　共享经济是化解普惠金融困境的方法论

融 ＋科技 ＋共享"的融合，依托金融理论和共享思维，金融机构可借助科技手段更好地服务经济可持续发展与社会建设。基于在金融资源可获得性、降低交易成本、有效防范风险等方面的优势，共享金融可助力商业银行提供直接的投融资对接服务、建立以大数据为基础的风险控制模式、覆盖大量被商业银行忽略的客户等诸多业务实践。

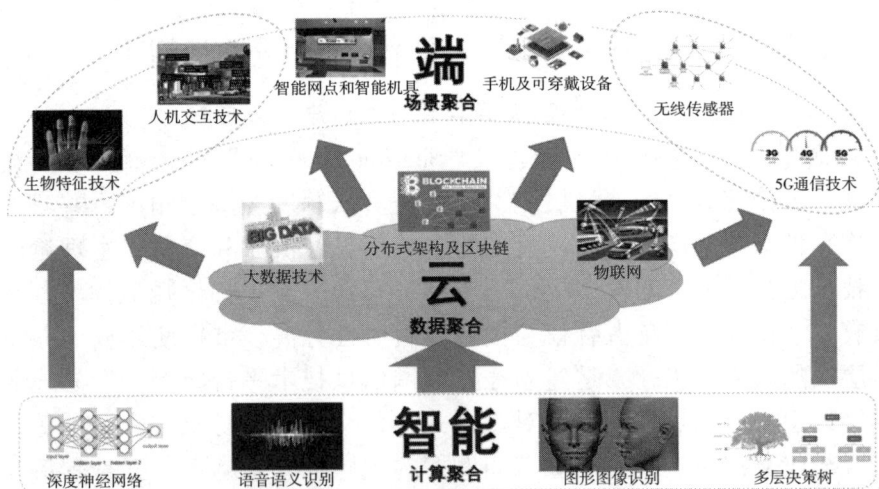

图2　FinTech 是消费金融共享模式构建的基础

FinTech 的应用将促进共享经济和共享金融的实现。首先，无线传感和客户端的发展使得客户接入端口的聚合成为可能。其次，移动通信技术、云计算等技术的发展使得共享数据的集中处理与分散存储成为可能。最后，计算能力和智能技术的发展使得系统为主的特征提取与自动学习成为可能。总之，这些新兴 FinTech 技术可以通过"云＋端＋智能"在消费金融的各个环节应用，从而实践共享经济思维，助推商业银行消费金融发展。

商业银行发展消费金融优势和不足兼具，优势是长期经营、客户基数大且黏性大、资金成本较低，不足则表现为缺乏消费场景和对客户体验的感知、缺乏开放的心态和机制。如果从共享经济的角度开展消费金融创新，商业银行一方面可以开放客户端接入限制，充分融入合作业态的场景，在终"端"共享客户；另一方面可以构建数据云平台，通过融合数据，共同挖掘客户潜在消费需求，服务消费金融，形成"云"的共享。此外，如果说"云＋端"代表共享的广度，"智能"则代表了共享的深度。面对大量"长尾"客户随时可能出现的分析压力，需要充分运用人工智能技术（AI）实现自动化，随时随地为消费者提供金融服务。

（二）"端"是共享生态下商业银行创新消费金融的发起点

消费金融是典型的客户端发起的服务，因此对客户的竞争获取是发展消费金融的主要任务。共享经济思维下，与客户距离最近的"端"成为创新消费金融服务的发起点。获取消费金融客户最重要的是场景，在场景中获得并服务客户是商业银行需要着重考虑的方向。通过与线上购物平台、线下商场、汽车销售等各业态共享客户资源，可以大大充实商业银行在消费金融领域的客户数量和数据信息。商业银行在客户"端"处所运用的 FinTech 技术要符合全面、快速、便捷和安全四个要求，给客户以最佳的体验。

一是通过接口的开放实现消费金融服务全覆盖。商业银行长期从事账户管理，缺乏消费金融应用场景，但却拥有客户黏性优势。通过开放客户端接入的 API 接口，可以吸引大量线上线下商户。尽管背后渠道各有不同，但客户可以通过客户端"一站式"接入享受所有服务。

二是通过移动互联网实现消费金融信贷的快速申请和审批。客户选择银行客户端获取消费金融服务的最基本需求是 7×24 小时的申请和审批放款，这对商业银行移动互联网应用提出更高要求。随着 4G、5G 技术的发展，以及客户端 APP 技术的升级，消费者通过移动客户端发起申请并获得审批的速度会大大加快，进一步提升消费金融服务效率。

三是通过手机、手环等新型可穿戴设备实现便捷支付。随着接入场景的增多，客户端发起消费金融需求的方式会越来越多样，对支付便捷性的要求也会越来越高，仅靠手机客户端已经难以满足客户需求。智能手环或智能眼镜等可穿戴设备的发展能够记录健康情况、行动轨迹，提供了更多采集数据和支付的终端介质，在不改变客户习惯的情况下实现便捷的支付服务。

四是通过生物特征技术实现身份的安全验证。效率和安全并行，在确保安全的情况下保证客户端接入的效率是一个重要问题。随着活体生物特征技术的发展，指纹识别、人脸识别等生物特征技术为快捷的身份验证提供了可能，在替代繁琐多重密码验证方式的同时提升了安全性。

（三）"云"是共享生态下商业银行创新消费金融的基础

从技术角度，共享主要指对数据的共享，然后通过数据分析和应用来创造新的商业模式。在共享思维下，商业银行需要采用"云"架构，提供数据存储与技术设施、平台和软件，便于消费金融相关业态的接入。中国银监会发布的《中国银行业信息科技"十三五"发展规划监管指导意见（征求意见稿）》提出，商业银行应积极开展云计算架构规划，制定云计算标准，联合建立行业云平台，主动实施架构转型。

一方面，混合云是商业银行数据"云"架构的发展方向。在共享经济的要求下，商业银行客户端需要不断接入新场景，APP快速开发和数据的存储需要有可靠的后台系统支持，这都促使后台系统向"云"架构转变，适应快速迭代开发的需要。但是，商业银行对金融安全性的要求有别于其他企业，直接接入公有云不太现实，从短时间来看，私有云仍然是建设重点。随着商业银行"端"共享的增加，大量场景和数据的接入促使私有云向公有云迁移。在此趋势下，集成私有云和公有云共同优势的混合云将成为商业银行数据"云"架构的发展方向，这种架构不仅可以增加数据的安全性和稳定性，而且可以满足共享经济分布式存储的要求。

另一方面，商业银行需要应用数据"云"创新消费金融。"云"是数据存储的手段而非目的，无论是采用集中式还是分布式IT架构，从数据存储到知识分析的过程才是关键。服务于消费金融创新的"云"，不仅可以为没有服务器的厂商或商户提供基础设施即服务（IaaS），而且可以为接入的消费金融相关业态提供平台即服务（PaaS）和软件即服务（SaaS）。更为重要的是，在商业银行数据"云"中，不仅有客户的金融数据，还包括宏观经济、客户行为、产品收益率、市场等大数据。在数据驱动模式下，消费者在线填表申请贷款能够得到快速自动审批，各消费金融业态探知客户需求倾向，主动推送消费金融服务的能力也将大大提升。所以，就此意义而言，商业银行通过消费金融"云"能够为消费者和相关业态提供各类金融服务，可称之为"金融即服务"（Finace as a Service，FaaS）。

（四）人工智能拓展商业银行消费金融创新的深度

共享经济模式下，客户数量和客户需求都会更多，通过人工记账的方式很难实现消费者的即时金融服务，因此，在"云"基础上应用人工智能成为商业银行创新消费金融的核心突破点，拓展了消费金融创新的深度。人工智能从20世纪80年代开始出现，近些年来发展出的深度学习技术成为人工智能应用于大数据分析的全新工具，使得7×24个小时不间断服务成为可能。

首先，人工智能能够实现消费者分类。消费者大数据来源于多个领域，除了商业银行的金融数据以外，还有共享生态中各业态提供的社交数据、行为数据、生活数据等，靠人力很难进行消费者分类。深度神经网络对客户分类有独特优势，经过多次深度学习训练后，人工智能能够实现对消费者特征的提取，进而进行分类，使得精准营销成为可能。

其次，人工智能可以实现对"长尾"客户的实时个性化服务。消费金融主要的目标客群是"长尾"客户，长期以来，"长尾"客户因为数量众多且利润微薄，商业银行一直难以提供差异化服务。人工智能可以有效提高"长尾"客户的服务效率，在"云"平台运用大数据进行决策具有规模效应，客户越多，能提取的客户特征就越多，给出差异化服务的可能性就越大。因此，只要后台系统负荷支持，人工智能就能够在"云"平台上为更多客户提供实时个性化服务。

最后，人工智能能够动态更新决策，随时间而增效。正如上文所言，人工智能需要大数据和学习过程，随着时间的推移和数据规模的增加，优势将愈发明显。随着共享平台接入业态和服务客户的增多，越来越多的数据成为人工智能训练学习的素材，可以塑造"智商"更高、稳健性更好的人工智能系统。此外，人工智能能够7×24个小时实时追踪市场、企业、客户变化，通过动态更新决策，迅速做出反应来适应最新的变化趋势。

综上可知，商业银行运用最新FinTech支撑的"云＋端＋智能"的共享架构，实现了架构体系扁平化，成为客户使用消费金融服务的基础与切入点。其中，"云＋端"拓展了共享生态的广度，而人工智能拓展了共享生态的深度。在这一技术架构下，商业银行已经具备了自动服务大规模"长尾"客户的能力，消费金融的边际服务成本变得更低，降低了客户享受金融服务的门槛，增加了服务的可得性。同时，还能聚合整个消费金融生态的数据，从而对消费金融服务的全流程进行监测，提高了交叉验证能力，促进了消费金融风险防控能力的改善。

除此之外，其他 FinTech 技术也能不同程度地促进消费金融创新。比如，应用物联网技术实现对消费品的实时监控，保证其真实性和安全性；应用区块链技术实现合作业态的信息共识和平等合作，保障共享生态中各业态的合作机制；应用人机交互技术中的 AR、VR 技术实现客户身临其境的消费体验等。总之，在新型消费金融中，FinTech 从后台逐渐前移，各种新技术应用成为金融生态的切入点，支撑共享经济下消费金融创新模式的实现。

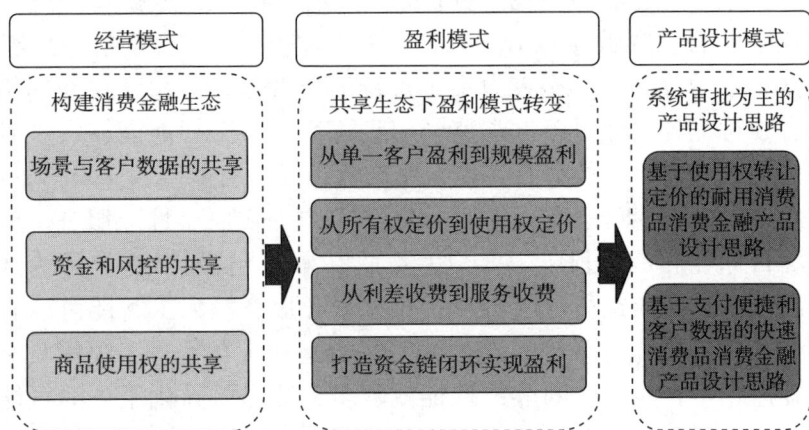

图3 商业银行在共享生态下创新消费金融商业模式

三、共享生态下的消费金融模式创新

传统消费金融大都是基于商品所有权的转让，金融机构审批授信额度，然后发放贷款收取利息的模式。这种模式存在三个问题：一是基于所有权转让的消费金融需要较大额度的授信，阻碍了很多消费金融行为的发生；二是消费金融是一次性授信，盈利主要是利息费用，丧失了持续经营客户的机会；三是金融机构独立完成消费金融授信、放款与收款，客户场景短缺且风险监控不够。基于此，商业银行需要运用全新 FinTech 技术创新当前的商业模式，助力实现消费金融的蓬勃发展。近些年来兴起的共享经济能有效克服上述三个问题，从经营和盈利角度重塑商业银行消费金融模式。

（一）构建生态，实现商业银行消费金融经营模式创新

作为最接近制造商和消费者的金融服务商，商业银行具有整个产业链聚合的先天优势。共享经济思维下，商业银行在保证金融安全的前提下，

充分开放接口与各相关业态在"端"与"云"展开合作，构造消费金融生态，主动向客户提供透明服务，实现信息共享，尽可能节省中间环节的交易成本，在消费金融经营模式创新方面取得突破。从经济意义而言，构建生态能共享资源，减少交易摩擦，内化交易成本，实现从客户到厂商、从银行到各合作业态的多方共赢。商业银行采用共享思维创新消费金融模式可从如下三个方面切入。

一是场景与客户的共享。尽管传统商业银行有很多客户，但仅局限于提供账户服务，在发展消费金融方面缺乏场景，只能被动地接受客户申请，具有局限性。商业银行可与线上商城、线下商铺或垂直领域电商等拥有生活场景的业态合作，共享场景和客户，并在此基础上开展消费金融服务。需要注意的是，共享并不是要商业银行放弃对客户的主导，反而对商业银行移动客户端的处理效率和支付能力提出了更高要求。商业银行需要考虑客户体验，重视"端"和"云"的建设，一方面融合手机 APP 与各类场景，通过主动或被动等方式发起消费金融服务申请，另一方面建设完善后台系统和数据架构，为前台快捷高效服务奠定基础。

二是资金源、风险控制等业态的共享。单凭商业银行难以完成全面服务消费金融客户的任务，需要资金源和风控等机构加入，围绕商业银行服务客户。一方面，通过与资产管理公司、信托和理财机构的合作，商业银行不仅可以降低消费金融服务成本，还可以为客户提供理财增值方案。另一方面，通过与数据公司、征信公司、保险公司和不良资产处置公司的合作，商业银行可以采用大数据手段更好地控制风险，实现对客户更有效的监控。

三是使用权的转让促使产业链各环节形成基于消费品共享的经营模式。对于一些耐用消费品而言，商品从生产、流通到消费者手中，一直伴随着所有权的转让。但是，运用共享思维，如果将消费品的所有权保留在生产商手中，而通过租赁的手段将使用权转让给消费者，可以降低消费者的一次性授信额度，使消费品流通的渠道变得更通畅。在此经营模式下，消费品的所有权被淡化，使用权被强化，伴随着消费者对商品的使用，以商业银行为核心的消费金融各业态将围绕商品提供各类金融服务，革新消费金融服务模式，为后续盈利和产品创设创造更多空间。

总之，线上和线下场景有渠道优势，资产管理公司能创造资金流动性，征信公司能提供大数据风险评估和监控，消费者和生产者基于商品使用权形成共享关系，各消费金融业态联合开发增量市场，可以拓展更为广阔的消费金融发展前景。由于我国消费增量市场足够大，合作将多于竞争，商业银行的客户黏性优势、商户的客群和大数据优势、创业型互联网企业的垂直领域优势，将极大地促进行业增量市场的发展。各消费金融业态围绕商业银行开展业务，明晰目标客群和市场定位，创新消费金融经营模式。

（二）共享生态下商业银行消费金融盈利模式创新

共享生态下，消费金融的交易结构发生变化。首先，消费环节发生了改变。FinTech 的快速发展增加了从生产商到消费者中间环节的信息透明度，中介机构依靠信息非对称赚取差价的盈利模式难以为继，利润区向消费端前移。其次，消费主体发生了改变。共享经济下，生产商和消费者的角色发生了改变，成为服务型生产商和生产型消费者。商品本身的所有权已经被淡化，制造商保持商品的所有权，将商品的使用权让渡给消费者，并提供后续服务；而消费者拿到商品后，也可以利用使用权作为生产工具。因此，商业银行消费金融的盈利模式也随之发生了转变。

首先，消费金融依靠消费客户规模盈利。FinTech 打通了消费交易的所有中间环节，整个消费金融交易结构中最重要的因素便成为消费者。在"云＋端＋智能"的共享结构下构建消费金融生态，各业态都围绕商业银行为客户提供服务，能够解决客户消费金融中的各种"痛点"，生态中各个主体的有机协同本身就具有全面服务能力。商业银行可以通过向客户让利、提供 C 端发起的定制服务、规划全面服务解决方案等方式形成竞争力，聚合生态中各企业特长，伴随客户消费过程，成为客户获取金融服务的主要渠道。针对提高生态竞争力扩大客户规模，一方面，商业银行主导的消费金融生态，链接消费客户与各业态，获得各业态的利润分成，规模越大，收入越多；另一方面，当客户规模达到一定程度时便触发消费金融产业的"核爆点"，商业银行所主导的生态成为市场上的垄断者，能够获得垄断利润。

其次，消费金融基于所有权的定价模式转变为基于使用权的定价模式。传统的基于所有权转让的消费模式中，因为产品价格较高，消费者往往需要抵押品或者非常高的信用才能获得购买产品的授信额度，从而使得很多消费者无法成为商业银行的服务对象。而基于使用权转让的模式，只需要对使用权进行定价，消费者所需要的授信额度将大大降低，贷款期限也可以延长。对于商业银行而言，基于使用权转让的盈利模式将大大拓宽客户范围，在赚取更多服务费用的同时有效促进社会消费总量的提升。

再次，共享生态下的消费金融以服务收费取代利差费用。当前很多消费金融业务仍然没有摆脱传统贷款模式，靠分期贷款的利差作为盈利来源。共享经济下，利差不再是主要盈利来源。随着产品出厂，相应产品就成为消费金融整体服务的载体，无论其使用权流转到哪个消费者手中，其后续所有附加和增值服务就已经成为以商业银行为核心的消费金融生态服务的内容。以汽车金融为例，当汽车使用权让渡给消费者之后，交通保险、汽车保养等各类服务都可以开展，如果这辆车进入滴滴、优步等租车平台，还会伴随收付款服务、转账服务等，这些后续服务都可以成为消费金融的盈利点，进而取代利差费用形成消费金融全流程盈利模式。

最后，消费金融生态打造资金链闭环获得盈利。商业银行通过为消费者提供资金，满足其融资需求。在共享经济下，生产型消费者兼具消费和生产双重属性，而消费金融成为消费者进行生产的资金来源，资金通过消费者支付给生产者后，又成为新的消费资金，这样就构成"消费者—商业银行—生产者—消费者"生态资金链闭环。因此，商业银行联合各业态形成消费金融生态，通过资金链闭环达到资金体内循环的效果，从而降低交易成本，获得收益。

总之，在共享经济模式下，消费金融的盈利模式从过去依赖利差的单点盈利，转变为依靠服务的多点盈利。更为重要的是，原来消费者需要向不同机构分散支付各类费用，在共享消费金融生态下，消费者只需要向商业银行集中式付费即可。比如跨境网购的国际快递转运费都可以涵盖在消费金融服务费中，消费者的付费模式变得更为简单且安全。此外，随着客户规模的扩大，消费金融生态的盈利也会呈现几何倍数增长。在这一盈利模式下，商业银行只需要设计消费金融生态中各参与机构的分润机制，从以往各自为政的竞争关系，转变为资金链闭环下的合作关系，确保整个消费金融生态中的各个主体都能获得利润。

（三）商业银行消费金融创新的产品设计思路

当前消费金融产品是基于线上或线下，人工或系统，贷款、现金或支付展开的组合创新。比如"线下场景发起＋人工为主审批＋贷款"是商业银行个人贷款的传统模式，而"线上场景发起＋系统为主审批＋现金"就是目前"微粒贷"产品模式等。近些年来，随着人工智能的发展，各家机构都在努力将人工为主的审批方式转变为系统为主的审批方式，提高效率，增强服务能力。

然而，共享模式下，商业银行消费金融产品还有更多的创新思路。基于共享生态的经营模式和盈利模式，还可以针对耐用消费品和快速消费品进行产品创新。

首先，针对耐用消费品的创新。

耐用消费品具有购买次数少，投入金额大，使用寿命长的特点。随着科技的发展，互联网电视、无人驾驶汽车等很多创新型耐用消费品相继出现，前期研发成本、生产次品率、后期维护成本和服务成本更为高昂。生产商为了盈利，不得不提高耐用品的售价，导致已经拥有耐用品的消费者新品购买和更新升级的动力不足，致使耐用消费品流通不畅。

商业银行可从耐用消费品使用权转让入手，逐步提高后期交叉销售、二次贷款和保险等其他金融服务的占比。遵循"先低风险产品再高风险产品、从单一产品到多个产品"的原则。分阶段来看，在第一阶段，耐用消费品贷款客户有明确的消费意图，通过授信实现耐用品使用权转让，会成为消费金融业务的优质和忠诚客户。这一阶段的关键在于通过合作商家等第三方渠道，实现端到端的顺畅流程和快速审批。在第二阶段，进行交叉销售，B2B 业务模式进而转入 B2C 业务模式。通过搭建多维度数据平台，打通各数据通道并进行科学合理地模型分析，输出针对单一客户或客群适用的消费金融产品，如循环额度、现金贷。这一阶段的获客成本低，风险低，产品灵活。在第三阶段，进行二次贷款、打包销售保险等附加金融产品，主要针对还款保障进行设计。以汽车消费金融为例，消费者需要获得十几万元乃至几十万元的授信才能完成消费金融交易，而且需要两到三年偿还。但是，如果采用共享思维，以使用权的转让创新消费模式，类似租赁，消费者只需几万元的授信就能完成交易，而且授信可以与汽车使用期限相匹配，提高到五年以上。这种汽车使用权让渡的共享经济消费模式能促进汽车的流通，使得无车者用车、有车者更新变得更为便捷。

根据共享经济的盈利模式，耐用消费品消费金融业务应该通过提供服务获取收益。一方面，商业银行可以获得使用权让渡所产生的租赁服务费；另一方面，耐用品前期的定制化生产，后续维护、周边产品消费的服务，都可以成为商业银行的盈利点。比如房产消费后期的装修、家具、维护，汽车的后期维修、美化、保险等，这些生态中的业态都可以借助商业银行消费金融的端口接入，为客户提供服务，并与银行分成利润。更为重要的是，使用权的转让建立在耐用消费品实时监控的基础上，因此，商业银行运用5G和物联网技术对耐用消费品进行实时监控也将成为消费金融重要的盈利点。

其次，针对快速消费品的创新。

快速消费品大都是一些日用品、食品、生鲜水果等，消费者针对快速消费品的资金额度很小，但消费频率很大。在快速消费品的市场，资金短缺已经不是用户的主要痛点，琐碎且持续购买替代融资成为用户亟须解决的问题。因此，商业银行需要联合各生活场景提供商和购物机构，以及生鲜保险、快递物流等业态，为消费者提供"一站式"服务。通过数据"云"搜集客户日常生活和消费行为数据，运用人工智能对云数据进行处理，探求客户的消费习惯，进而可以定时推送信息甚至配送相应快速消费品。比如消费者的海淘，商业银行可以结合外汇兑换、海外物流转运等提供便捷支付，为客户节约时间和成本；再比如生鲜食品购买，商业银行可以按照客户习惯定时自动支付，为客户提供生鲜食品配送，让客户下班就能收到配送好的蔬菜和水果。这都需要各消费相关业态在商业银行支付业务下聚合，共同为客户提供便捷服务。

在盈利模式上，快速消费品消费金融业务难以在融资方面获取收益，商业银行需要集中力量发展支付能力。快速消费品琐碎的小额支付是其主要痛点，商业银行通过客户端和后台云处理，为客户提供快销品服务的同时完成便捷的支付服务。尽管后台运作原理越来越复杂，但客户应用却越来越简单。快捷支付服务可以让商业银行成为快速消费品的一站式服务商，通过为消费者开设日常资金主账户，获得大量的低息留存资金，并成为客户选择金融服务的首选。

我国直销银行子公司制改革路径探索

恒丰银行　董希淼①

摘要： 自 2013 年 9 月北京银行推出直销银行（Direct Bank）业务后，直销银行作为一种新的银行服务模式得到了社会的广泛关注。在经历前期的新奇和亢奋之后，我国直销银行存在的不足和问题也在逐渐显现，如客户定位与零售银行高度重叠、产品体系同质化程度高、组织架构独立性不足等。要真正解决上述问题，实现直销银行 2.0 版的转型升级，关键是要实施直销银行子公司制改革，设立直销银行子公司。在借鉴国际同业先进经验的基础上，考虑我国行业现状，本文对直销银行子公司的实现路径进行了探讨，如申请成立独立网络银行、联合发起设立直销银行、银行内部组建子公司等。在监管部门的大力支持下，2017 年 1 月 5 日，我国第一家具有独立法人资格的直销银行——中信百信银行股份有限公司正式获批，开创了直销银行子公司模式运作的先河。在直销银行子公司试点成熟后，监管部门应适时出台直销银行子公司管理办法，进一步明确母公司与全资或控股子银行之间的关系，并逐步实现直销银行子公司设立的常态化。

关键词： 直销银行　子公司制改革　实现路径

2013 年 9 月北京银行率先推出直销银行（Direct Bank）业务后，直销银行作为一种新的银行业务模式和服务模式受到关注。到目前为止，国内先后有 60 多家商业银行推出直销银行业务，机构类型涵盖大型商业银行、股份制商业银行及城市商业银行和农村商业银行。

---

① 作者系恒丰银行研究院执行院长、中国人民大学重阳金融研究院高级研究员、国家金融与发展实验室银行研究中心特聘研究员。

一、我国直销银行发展现状及存在的问题

国际主流直销银行兴起于 20 世纪 90 年代。彼时互联网大规模应用刚刚开始，直销银行借助信息科技和互联网技术推出简单、标准的产品和服务，深受欢迎。而随着互联网特别是移动互联网时代的到来，互联网金融作为新型金融业态在我国发展迅速，国内直销银行在这种背景下诞生，既面临着机遇更面临着挑战。

在经历前期的新奇和亢奋之后，我国直销银行发展过程中存在的不足与问题逐渐显现：从客户定位看，直销银行以零售客户为主要服务对象，目标客户群体与零售银行高度重叠，且难以低成本批量获取客户。巴曙松（2014）表示，直销银行需紧盯数字精英，而非蚕食传统网点的客户资源，可见直销银行客户定位普通存在与零售银行重叠的问题；从产品体系看，直销银行产品集中于存款、理财和支付，少数银行推出贷款产品，同质化程度高，与原有产品差异不大。董玉峰、路振家（2015）也指出我国直销银行产品存在同质化趋势；从组织架构看，直销银行尚未建立起独立灵活的业务管理体系，多数直销银行部门作为二级部门，依附于电子银行业务部门。黄昕（2015）曾指出，直销银行的非独立性在一定程度上限制了其业务的发展和创新。

除了所处发展阶段和监管环境不同之外，与国际先进直销银行相比，我国直销银行之所以面临种种困境，究其原因主要有：从发展战略看，我国直销银行尚无战略层面的顶层设计，仅从业务层面进行探索，部分银行仅作为网络金融业务的补充，缺乏统一规划和准确定位；从组织架构看，直销银行部门没有独立性，对内话语权缺失，难以调动资源并形成发展合力，对外难以形成经营特色进而凝聚核心竞争力；从企业文化看，直销银行追求简单、开放、灵活的文化，与传统银行严谨、稳健、保守的文化有一定冲突。总之，在一个以层级制管理为主的银行体系内，发展直销银行似乎勉为其难。

二、直销银行子公司制改革的必要性

尽管部分银行通过单设直销银行部门或者组建直销银行事业部等方式，努力缓解直销银行独立性不足、竞争力不强等问题。但要真正解决上述问题，实现直销银行 2.0 版转型升级，推动这一创新模式又快又好发展，关键在于：实施直销银行子公司制改革，设立直销银行子公司。子公司制改

革的核心思想是：通过对直销银行公司治理体系、业务管理体系、产品服务体系和风险控制体系的重建和创新，提高直销银行在银行集团内部的独立性和话语权，实现直销银行业务与银行传统业务的适度分离，从而使直销银行回归本质，独立经营，加快发展。

具体而言，直销银行子公司将可以发挥四个方面的作用：

（一）推动直销银行业务回归本质

从表面上看，直销银行的出现，使得金融消费者可直接在银行网站、APP 等平台进行账户开立，直接实现存款、理财、支付和信贷等金融需求。但互联网并不是直销银行的本质，1989 年诞生于英国的世界上第一家全功能直销银行 First Direct，最初依靠电话提供银行服务。直销银行，顾名思义是直接销售产品和服务的银行，其重要特征是直面客户、简单快捷，本质是通过轻型化经营直接向金融消费者提供最高让渡价值。然而，作为传统银行的一个部门，直销银行业务与网络金融业务难有本质区别，轻型灵活的精神无法体现。如部分直销银行成立之初，推出收益较高的理财产品，吸引了新客户也转移了老客户，在银行内部引发争议。而从战略高度重视直销银行业务，推动子公司制改革，直销银行子公司成为法人实体后可独立对经营管理作出决定，并作为母银行的一支"轻骑兵"与互联网金融同业平等竞争。

（二）搭建开放融合的跨行业平台

近年来，传统银行频频升级网上银行、手机银行、微信银行，但这种在传统银行牌照下的改良，仅能进行功能和业务上较为有限的创新。而通过设立直销银行子公司，将可以向不同的监管部门申请多种业务经营许可。其中重要的一点是，直销银行子公司将从产品和服务销售渠道，发展成为开放融合的跨界合作平台。通过跨界合作，广泛介入互联网原生场景和泛金融场景，有助于解决直销银行批量获客能力不足等问题。对母银行而言，将直销银行作为进军互联网金融的试验田，开展与客户使用场景结合更紧密的业务，有助于满足客户综合化需求，增强客户黏性。如波兰的 mBank，一方面，注重与非银金融机构合作，丰富线上平台的金融产品；另一方面，创造性地与电商、互联网公司合作，拓宽分销渠道。而搭建这样的跨界平台，作为一个部门的直销银行根本无法完成。

（三）探索创新业务风险隔离制度

建立有效的风险隔离制度，构筑牢固的金融"防火墙"，是降低金融业系统风险在不同机构之间蔓延的重要保障。过去，我们习惯于通过分业经营来实现这一目的。然而，研究表明，在以银行为主导的金融体系中，实施严格的分业经营困难很大。而通过在一个集团内部分设不同法人机构来隔离风险传染，则是比较现实和有效的途径。设立直销银行子公司，在直销银行与银行母公司之间实现管理隔离、业务隔离、声誉隔离、人员隔离、信息隔离，既有助于直销银行大胆试错、积极创新，也有助于银行业稳健经营，维护金融体系稳定。

一般商业银行风控体系层级多、链条长，与直销银行简单、直接的文化多有冲突。设立子公司之后，直销银行将可以形成具有互联网精神的风险管理文化，构建与自身业务特点相适应的风险控制体系，从而在风险可控的前提下对市场变化和客户需求直接作出快速响应。

（四）深化商业银行公司治理改革

公司治理是现代企业制度的核心，对稳健经营的商业银行而言，公司治理更具有重要作用。对直销银行本身而言，通过设立子公司，有助于深化内部体制机制改革，尤其是完善高管和员工激励约束机制，如实施员工持股计划，建立市场化薪酬体系，形成资本所有者和劳动者利益共同体，激发银行作为真正市场主体的生机和活力。设立子公司后，还可以引入多元化社会资本，实施混合所有制改革，改善银行股权结构，使国有资本和非国有资本能够在经营过程中实现优势互补，推动公司治理机制和架构优化。

商业银行的公司治理具有特殊性。如果混改之后，大量民营资本和海外资本进入银行体系，可能导致银行只重视股东利益而忽视客户利益，对于国家的金融安全和稳定也可能带来影响。而在直销银行这样具体业务领域实施混改，风险总体可控，是对银行业混合所有制改革的有益探索。

三、直销银行子公司制改革路径

从国际上看，优秀的直销银行都是自主经营的独立法人实体。其中有两种模式，分别以德国和美国最具代表性。德国的直销银行绝大部分是银行集团全资或控股的子公司，如德国信贷银行（DKB）、荷兰国际直销银行（ING‐Direct）、网通银行（Netbank）等。美国的直销银行一般是独立的法人银行，目前发展迅速的是 Ally Bank 等四大直销银行。从运营模式看，多数直销银行坚持纯网络模式，如 Security First Network Bank（SFNB），其成立之初，主要以服务网民为重点，业务模式和用户体验也更贴近互联网用户习惯，这种模式对年轻个人用户的吸引力较强；部分直销银行设置少量物理网点或自助服务点，作为线上服务的延伸和形象展示的平台，如德国信贷银行（DKB），在大力拓展网络服务的同时，还成立了物理网点专门办理个人业务，可有效与线下其他金融机构开展合作。

借鉴国际同业先进经验，考虑国内银行业现状，我国直销银行子公司制改革，可以有三种实现路径：

（一）申请成立独立网络银行

近年来，随着互联网企业纷纷进军金融业，银行牌照成为兵家必争之地。其中，不设物理网点、不发实体银行卡的网络银行成为重要的选择。首批试点的 5 家民营银行中，腾讯集团牵头发起的深圳前海微众银行、浙江蚂蚁金服集团牵头发起的浙江网商银行，均宣称坚持网络银行模式，不铺设物理网点，不发行实体银行卡，通过网络渠道直接向客户提供服务，这实际上是纯网络模式的直销银行。

2016 年下半年以来，国内迎来民营银行获批小高峰，又一批互联网银行出现，如四川新网银行、苏宁银行等。他们更多地由互联网企业实际控制，延续了大股东在互联网方面的优势和资源，互联网基因更为浓厚，为互联网企业在银行业务上的探索提供了路径选择。

（二）联合发起成立直销银行

自 2015 年 11 月到 2017 年 1 月，历时 1 年多时间，中信银行和百度公司共同发起成立的中信百信银行股份有限公司获得银监会批准筹建，开创了直销银行子公司运作的先河。根据批复，百信银行持有的将是有限牌照，不设立物理网点，开展直销银行业务。百信银行问世后，我国银行业增加了一种新的银行类型即直销银行，这将进一步推动形成多层次、广覆盖、差异化的银行机构体系，有效增加金融供给，更好服务实体经济和金融消费者。

对有着 4000 多家法人机构的我国银行业金融机构而言，百信银行的出现不只是多了一家机构。从组织变革角度看，百信银行迈出了我国商业银行业务板块牌照管理和子公司改革的重要一步。从业务创新角度看，百信银行为商业银行在金融科技浪潮下，走出一条务实创新发展之路进行了积极的探索。接下来，预计将会有更多直销银行子公司获批，直销银行子公司的设立或将呈现常态化趋势。

（三）银行内部组建子公司

部分直销银行业务发展较好的银行，可将相关业务进行分拆，以此为基础向监管部门申请成立直销银行子公司。这将是我国直销银行子公司的主流模式。为便于新公司组建，初期一般应以全资子公司为宜；发展成熟之后，可考虑引入战略合作伙伴，并转型为互联网金融跨界平台。

以中国光大银行为例，自 2015 年 8 月 18 日正式推出直销银行"阳光银行"以来，一直致力于将"阳光银行"打造为互联网领域经营与获客的主要平台。截至 2016 年末，"阳光银行"客户数突破 450 万户。为打造直销银行的特色化和竞争力，光大银行希望通过市场化机制，筹划成立直销银行子公司，进一步实现差异化竞争。目前，光大银行已向监管部门提出设立直销银行子公司的申请，希望以新机制给特色产品和模式带来新活力。据不完全统计，目前已有 20 多家银行正在申请独立法人的直销银行牌照。

如果政策允许，商业银行还可以考虑收购非银行金融企业或互联网企业，并在此基础上组建具有行业特色的直销银行。如美国排名第一的直销银行 Ally Bank，其前身便是成立于 1919 年通用汽车金融公司旗下的 GMAC Bank。在次贷危机中几近破产的 GMAC Bank，2009 年更名为 Ally Bank 后发展迅速。

近年来，随着我国金融体制改革不断深化，金融业正在加快进行各类业务创新和市场化改革。反映在组织架构上，证券公司、基金公司等非银行业金融机构，成立专门子公司进军资产管理业务，各类保险公司则成立电商子公司从事互联网保险业务。与此同时，商业银行综合化经营稳步推进，银行作为控股集团旗下已有保险公司、基金公司、信托公司等子公司，在子公司管理方面已经积累较多经验。在这种情况下，商业银行设立直销银行子公司条件已经成熟，实施路径也较为清晰。

应该说，我国银行业监管部门对推进子公司制改革态度积极。2015 年 5 月，中国银监会组织部分银行就直销银行子公司进行讨论。2016 年 1 月，全国银行业监管管理工作会议提出，指导条件成熟的银行对直销银行等业务板块进行牌照管理和子公司改革试点。随着百信银行的问世，我国直销银行业务将迎来新的发展契机，步入一个全新的发展阶段。在直销银行子公司试点正式实施后，建议监管部门及时总结试点经验，尽快出台直销银行子公司管理办法，明确银行母公司与全资或控股子银行之间的关系，并逐步实现直销银行子公司设立常态化。

参考文献

[1] 巴曙松：《从互联网金融模式看直销银行发展》，载《中国外汇》，2014（1）。

［2］董玉峰，路振家：《我国直销银行发展现状、存在问题及对策建议》，载《北方金融》，2015（2）。

［3］黄昕：《浅析我国直销银行发展存在的问题及建议》，载《财经界》，2015（4）。

［4］董希淼：《直销银行子公司制改革路径》，载《中国金融》，2016（9）。

［5］闫冰竹：《中国直销银行发展探析》，载《中国金融》，2014（2）。

［6］李杲：《我国直销银行运营模式探索》，载《新金融》，2014（7）。

区块链发展趋势与
商业银行应对策略研究

招商银行　程　华　杨云志

摘要：2015 年下半年以来，区块链技术迅速走红，其去中心化、去信任化的技术机制在全球市场上得到了广泛的关注和追捧。多国央行、交易所、国际投行及 IT 巨头纷纷涌入，针对区块链的投资和探索项目呈现爆发式增长，各种新闻事件层出不穷，区块链一时名声大噪，成为继互联网之后又一个在全球范围内被热烈追捧的对象。区块链技术在数字货币、金融资产交易、资金清算、智能协议、知识产权、物联网等领域存在着较大的应用潜力，面对一个宏大的概念，究竟是颠覆金融的神器，还是为炒作的噱头？如何认识和应对这一宏大的新兴技术对商业银行正视新兴科技发展、推进新兴技术发展战略具有重大意义。

目前已经有比较多的金融机构和 IT 企业积极投入区块链技术的探索研究和发展推动中。国际上金融、IT 巨头频频布局，在国内银行业也引起极大的关注和重视，国内多家银行已相继展开了对区块链技术的研究和应用探索，积极发掘区块链技术在商业银行的应用场景。本文通过分析区块链技术的特点和应用领域，对区块链技术发展趋势作出了总结和预测，在支付结算体系和模式、信用管理模式、金融机构后台运营效率、IT 系统技术架构、金融物联网、互联网金融平台等方面深入分析了区块链技术发展对金融行业影响的基础上，针对商业银行如何应对区块链这一先进技术提出了相关发展策略建议：（1）理性对待，积极关注。在重视区块链技术带来巨大影响的同时，理性看待其面临的挑战。（2）强化跟踪研究，探索应用场景。采用专业化、分类别的方式长期化跟进研究新兴技术，积极探索区块链应用场景。（3）积极加入相关组织，争取应用标准制定的话语权。积极强化金融同业交流及区块链行业应用交流，共同推进区块链技术的研究及发展，争取应用标准制定的话语权。（4）推进技术储备。推进一些小型的试验性应用项目，积极推进技术"练兵"，加强对区块链技术的较深层次的掌握，强化技术储备。(5) 强化新兴大数据技术应用，提升互联网数据分析能力。强化对实时分析、流式分析及互联网分布式数据流的分析和应用能力。以期能为商业银行对区块链这一宏大的新兴技术提供一个全面的认识，在技术应对和发展中能提供一些启示。

关键词： 区块链　发展趋势　应对策略

一、区块链技术的缘起

(一) 比特币发展一波三折

2008 年，中本聪（SatoshiNakamoto）[1] 在《比特币：一个点对点的电子现金系统》中首先提出"比特币"，勾画出比特币系统的基本设计框架。2009 年，中本聪为该系统建立了一个开放源代码项目，正式宣告了比特币的诞生。

与可依靠政府行政手段印刷更多官方货币提高供应量不同，比特币的供应量以一个事先确定的上限为准，并且有确定的每年增长比率。比特币以一个有规则的公开步调发行，目前每年约有 130 万新比特币产出，并随着时间的推移，产出量逐渐减少，2040 年将增长到 2100 万的总量并保持不变。

作为一种通过加密技术产生的虚拟货币，从 2009 年至今，比特币在全世界引起了极大的关注，并在多轮热炒中，从毫无价值的数字符号被炒至最高上千美元，又跌落至临近崩盘，可谓"大起大落"、"一波三折"。2013年是比特币的黄金时期，价格从年初的 12 美元飙升到 11 月 29 日的 1242美元。2013 年 12 月 5 日，我国政府开始禁止各种组织（非个人）使用比特币，只承认比特币的物品属性。自此比特币的价格一路下跌至 200 美元左右。今年开始，随着区块链技术的升温，比特币价格又开始逐渐上扬，目前基本维持在 400 美元左右。

(二) 区块链技术快速火爆

比特币的热潮逐渐消退，但研究者们发现比特币底层协议的区块链技术可以在更多领域应用，各类开源组织遂对该技术进行了提炼和完善，在

---

① 2016 年 5 月，澳大利亚企业家、电脑科学家克雷格·赖特（Craig Wright）声称自己是"比特币之父"中本聪，但一些媒体和公众对他的身份深表怀疑。至今中本聪的身份仍然还是个谜。

此基础上形成了独立的区块链技术。随后，区块链技术得到快速发展，逐渐成为技术和业务领域的热门话题。

区块链是一种处理增量数据记录的分布式数据库技术，通过去中心化的方式集体维护分布式可靠数据库的技术方案。该技术方案主要是将数据区块（Block）通过密码学方法相互关联，每个数据区块记录一定时间内的系统交易信息，通过数字签名验证信息的有效性，并使用"指针"链接到下一个数据区块形成一条主链（Chain）。简单地说，区块链技术可以理解为一种网络记账系统，共享、加密、不可篡改的技术特点，使其能够提供加密的记账业务，使人们得到准确的资金、财产或其他资产的账目记录。

区块链技术主要解决去中心化、交易追踪、分布式记账、保护隐私等问题，有以下几方面的特点：

（1）去中心化结构，纯数学方法建立信任关系。区块链技术的信任机制建立在数学（非对称密码学）原理基础上，借助开源算法，使系统运作规则公开透明。在这种模式下，各个节点之间进行数据交换时可以自动达成交易共识和自动信任，在保证信息安全的同时有效提升系统的运营效率和降低成本。

（2）数据信息不可篡改。配合"时间戳"等技术，区块链将系统成立以来的所有交易全部记录在数据区块中，所有的交易活动都可以被追踪和查询到，并且形成的数据记录不可篡改。这便于对交易活动进行追踪，可以有效解决交易验证和交易后续纠纷等问题。

（3）分布式记账与存储。由于区块链的记账和存储功能分配给了每一个参与的节点，因此区块链系统不会出现集中存储模式下的服务器崩溃等问题。分布式记账与存储使区块链系统在运转的过程中具有非常强大的容错能力，即使数据库中的一个或几个节点出错，也不会影响整个数据库的继续运转，更不会影响现有数据的存储与更新。同时，基于区块链技术建立起来的数据库是一个所有节点共同组成的超级大数据库，系统发生的所有交易活动（包括开户、登记、交易、支付、清算等）的信息，都可以存储在这个超级大数据库中，使业务模式具有极高的包容性。

（4）智能合约可灵活编程。区块链技术基于可编程原理内嵌了"脚本"的概念，这使得后续基于区块链技术的价值交换活动可变成一种灵活智能的可编程模式。例如，人们可以限定捐赠的款项仅用于购买急救设备，可以限定转账给大学生的某笔款项仅用于交学费。诸如此类的各种特定约束条件都可以灵活编程到区块链系统的脚本中，形成一个智能合约。基于可编程性的智能合约特点，保证了区块链技术在未来的发展能形成一种可持续进化的模式。

（5）透明信息背后的匿名保护。区块链的信任基础是通过纯数学方式背书而建立起来的。区块链技术利用公钥地址代替用户的身份信息，从而能够有效实现匿名性，使人们在互联网世界里实现信息透明共享的同时，不会暴露自己的真实身份信息。即，区块链上的数据都是公开透明的，但数据并没有绑定到个人，人们无法知晓交易背后的参与者是谁。透明交易背后的匿名性特点，极大地保护了参与者的个人隐私。

二、区块链技术主要应用领域及对金融业的影响

（一）区块链技术主要应用领域

经历多年的发展，区块链技术取得了长足的进步和提升，已逐步超越了数字货币领域，在众多领域展现出了独特的应用价值。区块链的应用国际上主要按照 1.0、2.0、3.0 三个层次来划分：区块链 1.0 时代，即数字货币时代，比特币是区块链技术的第一个应用，人们修改比特币程序后演变出了多种其他形式的数字货币；区块链 2.0 时代，将比特币技术抽象出来形成区块链技术，运用到金融领域的其他方面，如交易所、保险、基金、股权交易等；区块链 3.0 时代，指把区块链技术应用到除金融之外的其他更广泛的领域，如政府管理、健康、科技、文化、物联网等领域。

目前，区块链技术的应用项目除了比特币之外，其他方面的应用仍然处于探索和研发阶段（区块链的具体应用领域如图 1 所示）。

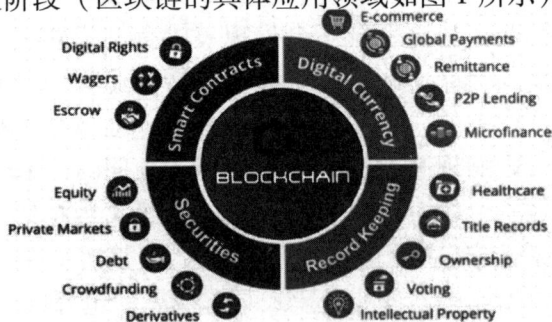

资料来源：Coindesk。

图 1　区块链主要应用

（二）区块链技术在金融领域的主要应用

在区块链的创新和应用探索中，金融是最主要的领域，现阶段主要

的区块链应用探索和实践，也都是围绕金融领域展开的。在金融领域中，区块链技术在数字货币、支付清算、智能合约、金融交易、物联网金融等多个方面存在广阔的应用前景。典型的应用包括比特币、莱特币等电子货币，更加安全公开的分布式记账系统、支付清算系统等。近期兴起的瑞波（Ripple）、以太坊（Ethereum）等二代区块链技术，将区块链推向了应用研发阶段。发达国家的清算所、存托所、交易所、投资银行、商业银行、经纪商等金融机构，纷纷开始在跨境支付、证券交易结算和证券发行等领域推进应用探索。区块链技术在金融领域的应用主要有以下方面：

1. 数字货币

比特币是目前区块链技术最广泛、最成功的运用。而在比特币基础上，又衍生出了大量其他种类的去中心化数字货币，统称为"竞争币"或"山寨币"。比较著名的竞争币有 IXCoin、莱特币、狗狗币、蝴蝶币、瑞波币等。其中，IXCoin 为第一款竞争币，通过更改比特币的一些参数，从而增加了货币的发行量；莱特币通过改善比特币技术的一些算法（主要改善了区块链"挖矿"工作量证明算法），将新数据区块产生的时间从比特币的10 分钟缩短为 2 分半钟。狗狗币（Dogecoin）是一种基于 Scrypt 算法的小额数字货币，是目前国际上用户数仅次于比特币的第二大虚拟数字货币。全世界前后产生过数千种数字货币，到现在还在运行的大概还有七百多种，其中超过一半的竞争币克隆自莱特币。

2. 支付清算

现阶段商业贸易的交易支付、清算都要借助银行体系。这种传统的通过银行方式进行的交易要经过开户行、对手行、清算组织、境外银行（代理行或本行境外分支机构）等多个组织及较为繁冗的处理流程。在此过程中每一个机构都有自己的账务系统，彼此之间需要建立代理关系；每笔交易需要在本银行记录，与交易对手进行清算和对账等，导致整个过程花费时间较长、使用成本较高。与传统支付体系相比，区块链支付可以为交易双方直接进行端到端支付，不涉及中间机构，在提高速度和降低成本方面能得到大幅的改善。尤其是跨境支付方面，如果基于区块链技术构建一套通用的分布式银行间金融交易系统，可为用户提供全球范围的跨境、任意币种的实时支付清算服务，跨境支付将会变得便捷和低廉。

在跨境支付领域，Ripple 支付体系已经开始了实验性应用，主要为加入联盟内的成员商业银行和其他金融机构提供基于区块链协议的外汇转账方案。目前，Ripple 为不同银行提供软件以接入 Ripple 网络，成员银行可以保持原有的记账方式，只要做较小的系统改动就可使用 Ripple 的"Interledger"协议。同时，银行间的支付交易信息通过加密算法进行隐藏，相互之间不会看到交易的详情，只有银行自身的记账系统可以追踪交易详情，保证了商业银行金融交易的私密性和安全性。

3. 数字票据

目前，国际区块链联盟 R3CEV 联合以太坊、微软共同研发了一套基于区块链技术的商业票据交易系统，包括高盛、摩根大通、瑞士联合银行、巴克莱银行等著名国际金融机构加入了试用，并对票据交易、票据签发、票据赎回等功能进行了公开测试。与现有电子票据体系的技术支撑架构完全不同，该种类数字票据可在具备目前电子票据的所有功能和优点的基础上，进一步融合区块链技术的优势，成为一种更安全、更智能、更便捷的票据形态。

数字票据主要具有以下核心优势：一是可实现票据价值传递的去中心化。在传统票据交易中，往往需要由票据交易中心进行交易信息的转发和管理；而借助区块链技术，则可实现点对点交易，有效去除票据交易中心角色。二是能够有效防范票据市场风险。区块链由于具有不可篡改的时间戳和全网公开的特性，一旦交易完成，将不会存在赖账现象，从而避免了纸票"一票多卖"、电票打款背书不同步的问题。三是系统的搭建、维护及数据存储可以大大降低成本。采用区块链技术框架不需要中心服务器，可以节省系统开发、接入及后期维护的成本，并且大大减少了系统中心化带来的运营风险和操作风险。

4. 银行征信管理

目前，商业银行信贷业务的开展，无论是针对企业还是个人，最基础的考虑因素都是借款主体本身所具备的金融信用。商业银行将每个借款主体的信用信息及还款情况上传至央行的征信中心，需要查询时，在客户授权的前提下，再从央行征信中心下载信息以供参考。这其中存在信息不完整、数据更新不及时、效率较低、使用成本高等问题。

在征信领域，区块链的优势在于可依靠程序算法自动记录信用相关信息，并存储在区块链网络的每一台计算机上，信息透明、不可篡改、使用成本低。商业银行可以用加密的形式存储并共享客户在本机构的信用信息，客户申请贷款时，贷款机构在获得授权后可通过直接调取区块链的相应信息数据直接完成征信，而不必再到央行申请征信信息查询。

5. 权益证明和交易所证券交易

在区块链系统中，交易信息具有不可篡改性和不可抵赖性。该属性可充分应用于对权益的所有者进行确权。对于需要永久性存储的交易记录，区块链是理想的解决方案，可适用于房产所有权、车辆所有权、股权交易等场景。其中，股权证明是目前尝试应用最多的领域：股权所有者凭借私钥，可证明对该股权的所有权，股权转让时通过区块链系统转让给下家，产权明晰，记录明确，整个过程也无须第三方的参与。

目前，欧美各大金融机构和交易所纷纷开展区块链技术在证券交易方面的应用研究，探索利用区块链技术提升交易和结算效率，以区块链为蓝本打造下一代金融资产交易平台。在所有交易所中，纳斯达克证券交易所表现最为激进。其目前已正式上线了 Linq 区块链私募证券交易平台，可以为使用者提供管理估值的仪表盘、权益变化时间轴示意图、投资者个人股权证明等功能，使发行公司和投资者能更好地跟踪和管理证券信息。此外，纽约交易所、澳洲交易所、韩国交易所也在积极推进区块链技术的探索与实践。

6. 保险管理

随着区块链技术的发展，未来关于个人的健康状况、发生事故记录等信息可能会上传至区块链中，使保险公司在客户投保时可以更加及时、准确地获得风险信息，从而降低核保成本、提升效率。区块链的共享透明特点降低了信息不对称，还可降低逆向选择风险；而其历史可追踪的特点，则有利于减少道德风险，进而降低保险的管理难度和管理成本。目前，英国的区块链初创公司 Edgelogic 正与 Aviva 保险公司进行合作，共同探索对珍贵宝石提供基于区块链技术的保险服务。

国内的阳光保险于 2016 年 3 月 8 日采用区块链技术作为底层技术架构，推出了"阳光贝"积分，使阳光保险成为国内第一家开展区块链技术应用的金融企业。"阳光贝"积分应用中，用户在享受普通积分功能的基础上，还可以通过"发红包"的形式将积分向朋友转赠，或与其他公司发行的区块链积分进行互换。

7. 金融审计

由于区块链技术能够保证所有数据的完整性、永久性和不可更改性，因而可以有效解决审计行业在交易取证、追踪、关联、回溯等方面的难点和痛点。德勤公司从 2014 年起成立了专门的团队对区块链技术在审计方面的应用进行研究，目前已与部分商业银行、企业合作，成功创建了区块链应用实验性解决方案。其开发的 Rubix 平台，允许客户基于区块链的基础设施创建各种审计应用。普华永道自 2016 年宣布大举进军区块链领域研究后，已经招募了 15 个技术专家探索和研究区块链技术，并与专门研发区块链应用的 Blockstream 、Eris 科技公司合作，寻求为全球企业提供区块链技术的公共服务。

此外，区块链技术在 P2P 借贷平台、去中心化的众筹平台等方面，也有巨大的应用潜力和应用场景，吸引了资金投入和应用探索。

（三）区块链技术对金融业的主要潜在影响

区块链技术很好地解决了网络去中心化和交易去信任化问题，在理论上可以全方位改善金融市场环境，为金融市场带来更快的速度、更短的结算周期、更低的费用以及降低交易对手风险和系统性风险。区块链技术的发展对金融行业的影响主要集中在支付结算体系、信用管理模式、IT 系统的技术架构、弱化互联网金融平台等方面。

1. 支付体系和架构首当其冲

（1）区块链技术可改变支付结算的底层基础设施和清算方式。目前，银行间的支付和清算依赖于支付清算中心的处理，需要经历发起支付、信息回馈、记账、交易对账、余额对账等一系列繁杂流程，因而完成整个流程所需时间较长、成本较高。如果通过央行建立区块链系统，或商业银行建立区块链联盟，商业银行就可以通过区块链技术进行点对点支付，从而绕开目前的支付中心。这种模式一方面可以使支付清算更加便捷，营运成本更低，且 7×24 小时不间断运作；另一方面，也可以改变目前的支付收单分成模式，有利于商业银行获取更多的支付信息，提升商业银行在支付中的话语权。

（2）清算组织的功能可能面临挑战。随着区块链支付技术的发展，商业银行未来将可能通过区块链技术直接进行点对点支付，清算组织的功能将会面临挑战。特别是在跨境支付清算方面，通过区块链技术可省去代理行环节，实现点对点的对接，从而大幅降低业务成本和提升支付效率。目前，市场上已涌现了 Ripple、Abra、Bitspark、Align 和 Circle 等多种支付清算类应用。其中 Ripple 系统发展最为成熟，是目前唯一实现商业化的区块链应用。

（3）可能出现新的大型区块链支付公司，改变现有的支付市场格局。大型的区块链支付公司可为各商业银行支付业务提供基础设施支持服务，从而与现有的清算组织形成直接竞争，可能改变现有的支付市场格局。高盛和 IDG 近期投资的初创公司 Circle 就是这方面的典型代表，并且已从纽

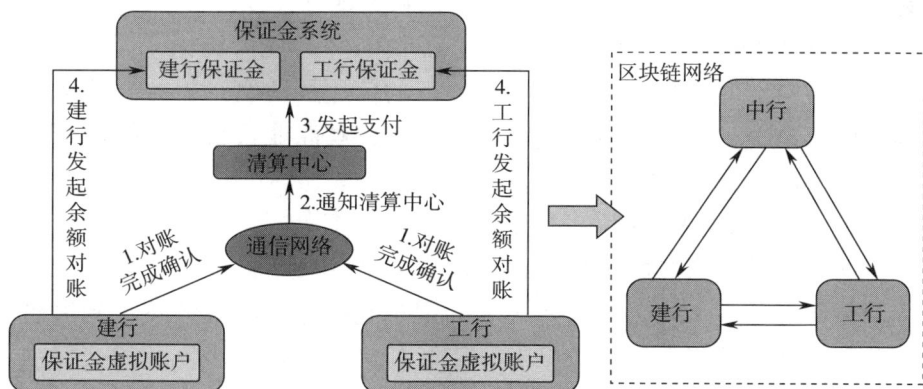

图2　支付体系改变

约州监管机构获得了第一张数字货币支付许可证（Bit License）。Circle 公司利用区块链技术为客户提供资金的免费即时支付，使其客户在任何地方都可通过网络获得高效率、低成本的支付服务支持。此外，PayPal、Visa 和 MasterCard 等国际支付巨头，也在积极参与区块链技术的探索，试图将区块链技术为己所用，改善原有的支付模式。

支付是银行业最主要的职能之一。而区块链技术对银行业的支付体系和支付职能重大的潜在影响意义深远。银行业一方面可以利用区块链技术获得更高的支付效率，并有效降低成本；另一方面，也需要对现有的体系和系统做出较大的调整，涉及的改变范围较广、层次较深。

2. 大幅改变信用风险管理模式

商业银行的征信模式目前主要是各银行与央行征信中心共享信用数据，通过央行征信中心集中统一管理信用数据，并向金融机构提供数据查询服务。随着区块链技术的发展，更多与征信相关的个人及企业的金融交易数据、商业交易数据等将可能直接部署在区块链上。商业银行可以直接通过区块链完成征信，可有效克服现有模式下信息不完整、数据更新不及时、费用较高的缺点。

同时，随着区块链技术在资产认证领域的发展，更多的资产信息和资产凭证将可能以区块链的形式来管理，形成社会认可的数字化资产。在这一模式下，商业银行的融资抵押品核验、押品管理、清收处置等需要做出相应调整。此外，区块链技术在物联网领域的应用，商品流转和产权转移、凭证转移等信息，也可以部署到区块链系统上，从而深入影响商业银行的贸易融资、供应链融资等业务的处理流程和处理方式。

区块链技术可促进征信体系由中心征信向网络征信转化，促进互联网由信息网络向价值网络发展，对商业银行的信用风险管理模式、业务处理流程、信息系统，都可能会造成较大的影响，对商业银行的数据应用能力和互联网应用能力也是极大的考验。

3. 较大程度地提升金融机构中后台运营效率

目前，金融机构中后台部门有大量人员从事交易的账目登记、结算等工作，甚至部分复杂的交易还需人工的记录和操作。区块链技术则为这类中后台部门提供了非常好的效率提升工具。例如，在许多复杂的交易项目中，往往涉及多个交易主体，交易的触发条件比较复杂，通过区块链的多重签名技术和智能合约技术，可以大大提升交易、记账等工作流的自动执行程度、提升各流程间的协同工作效率。

金融领域内现有的 IT 系统开发和运维成本非常高；而通过使用区块链架构体系，则可以有效缩短系统开发的周期，并大幅降低开发成本。在运维方面，基于区块链技术的分布式存储和分布式自维护的特点，部署在区块链技术体系上的 IT 系统可以有效降低运维成本。

4. 金融物联网可以更加智能

物联网无疑是金融业未来发展的重点应用领域。区块链对于物联网的最大意义在于，可以在大量的智能设备之间建立一个低成本的互相直接沟通的桥梁，同时又通过去中心化的共识机制提高系统的安全性和私密性。通过区块链技术，各种金融智能设备可以把金融信息同步到区块链上，区块链能起到统一信息管理的作用，可以极大地提升金融智能设备的协调性，使金融智能设备之间互联互通、高效协作。金融智能设备能够根据智能合约自动管理自己的处理流程，在保证信息安全性和隐私保护的同时，较好地实现各金融设备的自治性。从这个意义上说，区块链技术可以大大促进金融物联网的落地，使金融领域的物联网和区块链形成相互促进的发展势态。

5. 弱化互联网金融平台功能

就区块链技术而言，互联网金融企业很少公开谈及其应用和发展，倒是传统金融机构，如花旗、瑞银、摩根士丹利和各国央行经常会谈论区块链的应用。这主要是因为区块链技术对互联网金融的影响和冲击比对传统金融机构更大。

区块链技术的去信任化机制直接动摇了第三方支付的根基：第三方支付的资金监管角色可由区块链的智能合约技术自动代替。业内人士认为，区块链会使第三方支付逐步被边缘化。在 P2P 借贷和众筹方面，现有的 P2P 借贷和众筹机构主要起到平台化的功能，而区块链技术进行点对点处理，必然会弱化现有机构的平台功能。通过区块链技术可以使传统金融机构拥有更多互联网企业的优势。特别是像 R3CEV 联盟这样的机构，如果可以实现全球市场的实时结算和清算，那么区块链支付系统就会成为全球的支付宝，而且广度和深度也会远远超过支付宝。

三、区块链技术发展趋势展望

（一）国际巨头积极探索并多领域布局

随着区块链技术的发展，各发达国家的区块链创业公司大量涌现，探索项目在支付、金融交易、数据安全、物联网等众多领域被逐渐应用。

近两年来，美国硅谷的技术巨头和华尔街的金融大佬们，纷纷大幅增加对金融科技的投资力度，积极加入对区块链技术的探索研究和应用推进中。在商业银行基础设施服务领域，2015 年 9 月，美国创投公司 R3 联合包括高盛、摩根大通、汇丰银行在内的 42 家银行机构组成了区块链联盟，积极推进区块链技术及其应用研究，致力于建立金融服务领域的区块链行业标准、应用框架及应用实践的推进。在金融交易领域，2015 年 12 月 30 日，纳斯达克交易所在私募股权交易系统 Linq 区块链平台上，完成了第一笔股票发行记录。近期，新加坡资讯通讯发展管理局联合新加坡星展银行和渣打银行，共同推进了首个金融票据区块链应用系统的研发。目前该系统还在概念验证阶段，如果研发成功，可使贸易金融变得更加安全和简单。在支付清算领域，Visa 也于近期联合 Coinbase 推出了首张可以在美国使用的比特币借记卡。另外，IBM 、英特尔、微软公司、花旗银行、摩根大通、德意志交易所、伦敦证券交易所、三菱 UFJ 金融集团、日本软银公司、埃森哲等多家银行，也在积极联合区块链初创公司共同推进区块链技术的应用场景（见图 3）。

同时，自 2014 年下半年开始，越来越多的创业者与投资资本开始重视区块链技术。在 2015 年公开宣布的几轮大型融资项目中，约有 3.8 亿美元以上的投资流向了区块链行业的初创公司，2015 年的投资额已经超过 2014 年以前的累积投资总额。CoinDesk①的统计数据显示，2015 年，全球在区块链技术上的投资金额约为 10 亿美元，投资端对区块链技术的资金供给正

---

① 国际上最主要的数字货币专业新闻网站、调查网站，2016 年 1 月被 Digital 货币集团收购。

⟨⟩CBW BANK
- 位于堪萨斯州的韦尔小型社区银行（CBW）已和Ripple Labs建立了合作伙伴关系，以推出其实时支付系统—One Card
- 此技术和其竞争者区别在于其可以为实时结算提供便利，使得客户可以随时取回资金

BNY MELLON
- 纽银梅隆已在尝试比特币技术，着重用于提高金融交易的效率。把比特币的去中心化、点对点模型集成到银行的客户服务器系统
- 纽银梅隆还推出了一种供公司内部使用的员工酬劳系统BK Coins，这个BK Coins可用于兑换礼品卡，优惠券以及其他津贴

Westpac
- 澳新（ANZ）、西太平洋（Westpac）、澳大利亚联邦银行（CBA）正试验Ripples Labs的区块链分类账户系统
- 澳新银行和西太平洋银行正调研使用瑞波系统来跟踪支付，而澳联邦银行则把该系统用于其附属机构之间的支付结算
- 在试验中，西太平洋银行的工作人员已经完成了向两个国家进行小额国际支付的尝试
- 2015年6月底，西太平洋银行通过旗下的风投基金Reinventure投资了Coinbase

BARCLAYS
- 巴克莱加速器——一个为期3个月的导师计划，已经选出了三个区块链相关的初创公司Safello，Atlas Card和Blocktrace，这三家初创公司将加入到巴克莱银行的金融科技孵化器中
- 2015年6月，巴克莱银行与比特币交易所Safello达成协议，将探索区块链技术如何加强金融服务业
- 巴克莱在探索可以改变银行运作方式的技术上可谓乐此不疲。在2015年4月的SWIFT论坛上，巴克莱银行的首席数据官Usama Fayyad表达了对区块链技术的兴趣，他相信区块链技术最终将会与传统银行业基础设施结合在一起

⁂UBS
- 瑞士联合银行（UBS）正打算在伦敦设立一个技术实验室，以探索区块链在金融服务中的应用，尤其是对区块链技术如何使金融交易变得更高效这方面颇感兴趣

Goldman Sachs
- 高盛联手其他投资公司向Circle注资5000万美元。作为Circle的主要投资者，这一举动表明高盛认为区块链技术可能会改变现有的交易方式

ABN·AMRO Bank
- 荷兰银行（ABN Amro），荷兰安智银行（ING bank）和荷兰合作银行（Rabo bank）正调查区块链技术应用于它们现有银行支付系统的可能性
- 荷兰安智银行认为，区块链技术除了能够使银行的资金流动速度加快之外，还可以让银行24个小时全天候运营，具有较强的吸引力

citibank
- 银行业巨头花旗集团，已开发了3条区块链，并在上面测试运行了一种名为"花旗币"（Citicoin）的加密货币

资料来源：巴比特，申万宏源研究。

图3　各国大型金融机构纷纷展开区块链应用探索

逐步上升，且资金流入趋势越来越强烈。

（二）多国政府和央行态度积极

与比特币当年的境遇不同，区块链技术的开发得到了较多国家政府部门的支持和鼓励（见图4）。英国是最热衷于金融科技的国家，英国政府对金融科技企业大力扶持，尤其是对区块链初创企业，更是给予了前所未有的优惠政策，并向全球招募区块链技术人才。英国央行组建了区块链技术团队，并考虑发行电子货币，希望能够利用区块链技术发展的先机重新夺

回国际金融中心的地位。2016 年 1 月 3 日，区块链投资公司 Coinsilium 在伦敦 ISDX 交易所 IPO，成为世界上第一家成功上市的区块链技术公司。欧洲证券及市场管理局（European Securities and Markets Authority，ESMA）2015 年 12 月在巴黎举办的金融创新研讨会上表示，将密切关注区块链技术的发展，为监管框架调整做好准备，并将区块链和分布式账本作为专题议题进行了讨论。美国商品期货交易委员会（CFTC）曾表示，计划把比特币和其他数字货币作为商品进行监管，并于近期宣布将会在技术咨询委员会会议期间讨论区块链技术在衍生品市场的应用。2015 年 12 月，美国证券交易委员会（SEC）批准 Overstock 通过比特币区块链发行自己公司的股票。

中国央行对推行数字货币的态度也比较积极：2014 年，成立了专门的研究团队，并于 2015 年进一步加强了研究力量，对数字货币的发行框架、流动、技术等各方面主题进行研究。2016 年 1 月 20 日，人民银行在数字货币研讨会上表示，争取早日推出数字货币，明确表明了中国央行对数字货币的积极支持态度（见图 4）。

	国家	内容	日期
	中国	周小川：区块链技术是一项可选的技术，人民银行部署了重要力量研究探讨区块链应用技术	2016- 02-13
	英国	首席科学家向英国政府报告：政府应该实施分布式账本试验，以获取此技术在公共部门的可用性	2016-01-19
	美国	证券交易委员会已经证实了 Overstock 计划用区块链技术发行股票	2015-12-16
	日本	金融厅考虑立法把数字货币归入货币范畴	2016-02-23
	中国香港	财政司司长发表新一份财政预算案，表示政府会鼓励业界和相关机构，探讨将区块链 Blockchain 技术应用在金融业，期望减少可疑交易和降低交易成本	2016- 02-24
	韩国	证券交易所将应用区块链技术创建场外交易平台	2016- 02-13
	新加坡	总理表示："就如区块链技术，它目前被用于比特币，但是也能够应用在其他领域，比如实时全额结算，或者是金融交易确认。所以我们的银行和监管机构必须要能够跟上，能够赶上发展的脚步。"	2015-11-16

资料来源：根据互联网公开信息整理。

图 4　多国政府和央行态度积极

（三）区块链的局限性和面临的挑战

尽管区块链的发展前景广阔，但区块链技术仍然处于起步阶段，未来发展仍面临诸多挑战。

一是在技术方面仍然障碍重重，面临诸多难题。技术方面的障碍主要包括：（1）区块链膨胀问题。由于区块链技术使用分布式冗余存储方式，对存储空间的占用巨大，在实际应用中会产生存储空间膨胀的问题。

（2）灵活性较差。区块链一旦写入，不可更改，导致交易事后不可回退，需要预先设置追索机制和例外机制，所以造成灵活性较差。（3）处理大规模交易的抗压能力差。区块链的去中心化投票和确认机制，导致其交易处理的吞吐量非常低（大概在银行处理系统的万分之一），目前仍不适合处理大规模的并发交易。（4）交易时间延迟较长。由于区块链的去信任机制，每个区块需要工作量证明来确认，从而导致了交易的延迟（目前每次比特币交易大概需要 10 分钟左右的时间）。（5）智能合约的循环执行问题。与高频交易类似，智能合约有自我反馈循环的特点，会显著放大价格波动。

二是监管政策仍处于模糊状态。区块链是否能够得到长足发展，政府的监管与政策是重要的因素。一方面，区块链 1.0 的货币应用，改变了货币发行和管理机制，会对国家的货币体制造成冲击；其去中心化的经济运作方式，将会对现今的税收结构造成影响，政府可能需要改造税收的方式，甚至改革税收制度。而对于区块链 2.0 和 3.0 的应用，这种去中心化的服务会削弱政府管理的职能和影响力，使部分政府部门显得冗余，必然造成部分政府部门的反对。另一方面，区块链技术仍处于初步发展阶段，监管机构大多处于观望和研究状态。目前，各个国家监管的态度不一，既有英、美等发达国家的积极推动，也有许多国家态度不明朗及消极看淡，更多的国家则持谨慎观望的态度。

三是生态体系较为缺乏。区块链体系目前缺乏统一的技术标准，各种数字货币有近千种，有各自的技术方案，甚至以太坊、超级账本这样的大项目也都没有统一标准。此外，与区块链相关的安全性、去中心化存储、通讯、传输、协议管理、命名空间与地址管理、网络管理等，也都未形成较完善的方案和标准，很多项目在测试不同的原型，也缺少更多可靠的实践数据，整个生态体系还比较脆弱。

（四）区块链技术发展趋势展望与预测

区块链技术伴随比特币的产生而出现，通过区块链可以延续互联网去中心化和去中介化的趋势。这是互联网不变的命题，也是区块链技术不断发展的主要原因和总趋势。目前已经有很多金融机构和 IT 企业积极投入到区块链技术的探索研究和发展推动中，并呈现出以下几方面的趋势：

一是区块链技术可能会成为新一轮变革的引领者，近年会出现一定范围的应用。2015 年下半年以来，区块链技术迅速得到各行业的关注，各领域的应用探索快速展开。区块链技术作为互联网及数据管理的底层技术，其去中心化、去信任化及可编程化智能合约等特点，使其在较多领域体现出了具有变革商业模式及行业规则的巨大潜力。区块链技术目前存在的各种问题并非不能解决，区块链技术也不会因为这些问题和缺陷而停滞不前。随着技术的逐步成熟及各方重要力量的大力推进，新兴技术的发展会战胜现有的各种缺陷和桎梏，使区块链成为新一轮变革的引领者。基于 R3 联盟强大的实力及各金融、IT 巨头的大力推进，在 2016、2017 年，会出现一些与区块链相关的小型实际应用项目。

二是区块链技术仍处于初级发展阶段，距大规模应用还有一段距离。虽然发达国家近期对区块链技术的投入和应用探索发展迅速，但区块链技术目前仍然还处于比较初级的发展阶段（见图 5）。除比特币外，区块链技术目前尚未出现完全落地的应用性成果，比特币区块链的实际用途也相当有限。截至 2015 年末，比特币市值 64.5 亿美元，总流通量仅为 1502.8 万美元。

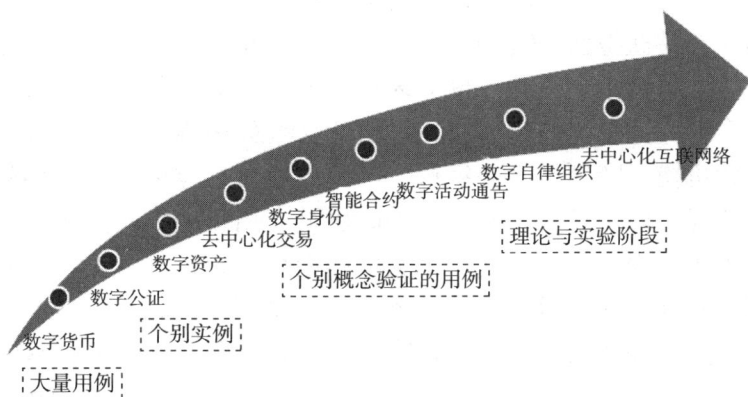

资料来源：德勤、中金公司研究部。

图 5　区块链应用还处于初级发展阶段

三是数字货币是未来的发展趋势，但发展进程相对缓慢。数字货币作为一种金融工具正在被越来越多的国家政府和央行认可。2015 年，数字货币在欧洲国家和地区的交易量超过了 10 亿欧元。中国政府对发展数字货币也持有非常积极的态度，央行已在多种场合公开表示将争取早日推出数字货币。结合全球范围的数字化发展浪潮，数字货币必然会成为未来货币发展的主要形式。

但是，新型数字货币的发行需要有配套的法律法规明确数字货币的法律地位、对现有货币体系的影响、数字货币的安全性、人们的接受程度、数字货币的价值及与现有货币的关系、数字货币的技术标准、信息系统的改造、数字货币反洗钱、与现有金融机构系统的对接等。发行新型数字货币对社会的影响不仅在货币层面，整个金融体系和社会管理层面都会受到其影响。保证新货币平稳运用和维护社会秩序稳定的问题，将远远高于技术问题。就算数字货币技术上已经非常成熟，管理部门也会谨慎对待。

基于区块链技术的特点和优势，以及各国央行对区块链技术的重视和积极研究，在未来的数字货币发行和管理中，基于区块链技术及其后续的发展优化技术体系，会成为最有可能采用的技术架构。

四是金融领域率先试点应用，互联网金融积极发力，商业银行谨慎观望。金融领域创新意愿较强，区块链技术在金融领域应用的较大潜力及对新兴技术掌握的渴求会推进金融机构率先展开一些小型的应用项目研发。预计2016—2017年会出现区块链在金融领域的一些实际性小型应用。

互联网金融企业、金融科技公司基于较强的技术能力和灵活的管理体制，能够较容易获得区块链相关的技术能力体系；同时，这类企业对系统应用的环境要求又不是很高，也为区块链系统的运用创造了比较有利的条件。因此，区块链系统的商业应用，预计会率先诞生于这类企业中。而对于大型金融机构，特别是商业银行，区块链项目的应用会较长期停留在实验探索和验证阶段。这一方面是由于区块链应用目前离实际的金融市场环境差距还很大，现阶段并不能产生实际的应用效果；另一方面，对于商业银行来说，稳健、安全运行永远是第一管理要务，因此尽管新的技术更快捷、便宜、安全和透明，但现有系统运行良好，且在多方面比目前的区块链技术更优越，加之要真正实施大型区块链应用需要再造IT流程、业务流程，需要投入大量的成本，不到万不得已，商业银行是不会轻易推进大规模改造的。大部分商业银行会较长时期谨慎观望。

五是非金融领域的试点应用相对较慢，但大范围应用会快于金融领域。区块链的应用探索大部分是针对金融领域的，非金融领域没有意愿快速地应用区块链技术。市场预计三四年后会逐渐推出一些非金融领域的小型应用。在一些政府事务及公共管理领域，使用者对项目成本和效益的要求不是特别高，自上而下地推动能力也比较强，在市场上有一定初始成效的项目，可以通过行政手段在相对较大的范围内推广应用。

四、商业银行对区块链技术发展的应对策略

基于区块链技术去中心化、去信任化、保护隐私、可追溯性等核心特性，未来区块链技术在金融领域存在较大的应用潜力和可能的应用场景。

国内多家银行已相继展开了对区块链技术的研究和应用探索，积极发掘区块链技术在商业银行的应用场景。针对区块链技术的快速发展，商业银行可在以下几个方面推进应对发展策略。

（一）理性对待，积极关注

区块链技术仍然处于比较初级的发展阶段，未来发展尚需众多实践。产业资本不会改变产业发展的规律，即使具备了种种优势，也并不意味着目前区块链技术能够快速改造金融业。现阶段，业界对区块链技术的追捧整体上处于炒作的高峰阶段（见图6），后续会归于平稳和理性。在重视区块链技术带来巨大影响的同时，商业银行也需要理性看待其面临的风险和挑战。

新兴技术的发展并不会以直线式均匀速度前进，有的会大大快于预期，也有的会慢于预期。区块链的技术体系与发展模式与云计算较为类似。云计算在金融领域的发展一直比较缓慢。从1997年业界提出云计算定义，到1999年LoudCloud实现第一个商业化IaaS平台、Salesforce推出Saas，宣布"软件终结"革命开始，经过十多年的发展，云计算在金融领域的应用仍然非常少，混合云的发展也还仍然处于行业发展的低谷期。

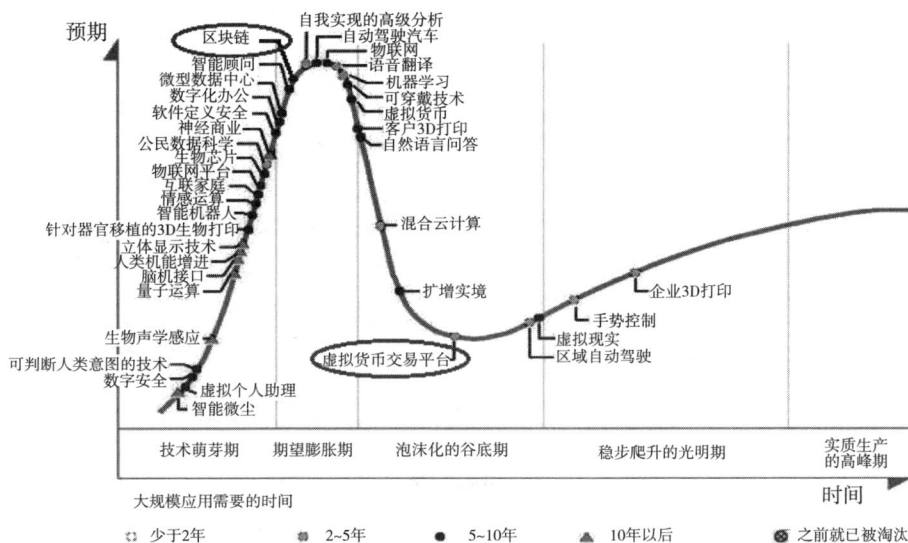

数据来源：Gartner及国内主要互联网企业、商业银行访谈结果。

图6　区块链发展整体上处于炒作高峰区

从发展的角度看，区块链技术目前仍然处于实验室论证阶段，区块链技术的理论并不成熟，技术标准推出和技术转换尚需很长时间的实践（见

图7）。技术供应商也需要较长时间向市场证明技术成熟度和应用稳定性，技术成熟后还有市场认可、监管认可的问题。每项新技术的出现都会对传统模式形成挑战，金融领域的大量应用会更加缓慢。

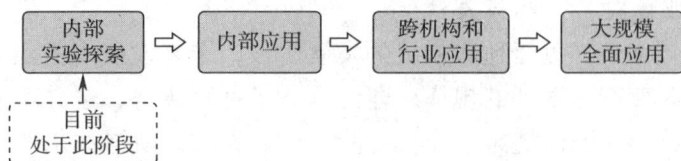

图7 区块链应用还处于内部实验探索阶段

针对以上特点，商业银行可先保持理性的应对策略，积极加以关注，待市场产生效益时再快速切入。

（二）强化跟踪研究，探索应用场景

区块链技术在金融领域的应用短期内仍会以实验探索为主。国际大型金融机构出于看好区块链技术的发展潜力，纷纷成立区块链实验室等机构来积极推进区块链技术的应用探索。对前沿科技的探索和研究，必须采用专业化、分类别、长期化的研究和跟进方式。针对区块链技术，商业银行现阶段以研究和探索为主，可成立专业化团队推进以下方面的研究和探索。

一是区块链技术发展趋势和最新动态。强化对区块链技术发展及应用探索中最新成果和最新动态的了解，深入对技术体系的探索，对国际、国内区块链技术探索发展中的重大发展事件、里程碑成果等进行跟踪，及时进行趋势发展归纳总结。

二是区块链技术标准和行业应用标准。任何技术的成熟和应用都必须以技术标准、行业标准的推出为基础。区块链技术发展目前还未成熟，技术体系呈现多样化，相应的技术标准和行业应用标准亟待推出。这也是制约区块链技术发展非常重要的因素。在区块链的研究中，商业银行需要推进对技术体系、技术标准和行业应用标准的深入研究，以在未来发展中及时为技术改造做好预判和预研。

三是应用场景及与业务的结合。任何技术的应用必须和实际业务场景相结合，在对区块链的研究中，商业银行可积极推进区块链技术在跨境支付、银行间结算、资产托管、信贷合约、票据交易、抵押品管理等领域的应用场景研究和主要解决思路研究。

四是监管机构的态度和政策。监管机构的态度和政策是影响行业应用发展最重要的因素。在区块链的研究中，商业银行必须积极跟进对监管政策和监管思路的研究，加强和监管部门的交流和沟通，研究如何在满足监管要求的前提下应用区块链技术。

（三）积极加入相关组织，争取应用标准制定的话语权

区块链技术在国内的相关研究刚刚起步，但区块链技术去中心化的特点决定了其发展离不开多家银行的积极合作。

国际上重要的区块链联盟组织主要有 R3CEV，目前已经有 40 多家金融机构加入其中，国际上最主要的商业银行都是其成员，中国平安也于近期加入。国内对于区块链技术的响应也比较积极，开始建立各类区块链联盟、全国性组织，如中国区块链研究联盟；北京、上海、深圳和杭州等地也成立了区域性的区块链组织，并组织政府、学术机构、金融机构、互联网公司举办相关活动。深圳区块链研究院由 Bitbank 公司于近期发起成立，初始成员正在召集中，已有多家金融机构表达了参与意愿。商业银行可积极加入类似的相关组织，特别是金融领域的官方及半官方组织，积极强化金融同业交流及区块链行业应用交流，推进区块链技术的研究及发展。强化同业交流一方面可以及时了解同业应用探索的最新动态和研究成果，另一方面，也有利于在以后区块链金融行业应用标准的制定中保持一定的话语权。

（四）推进技术储备

应对区块链的发展最重要的还是要能够实际掌握较深层次的开发和应用技术，这离不开对应用项目的实际开发和实践。国内领先企业，如腾讯、蚂蚁金融、深交所等，对区块链应用的探索主要集中在支付清算、基础技术框架、资产交易、票据交易等方面。在强化研究和交流的同时，商业银行可推进一些小型的试验性应用项目，积极推进技术"练兵"，强化技术储备，通过应用项目的实践，不断加强对区块链技术的较深层次的掌握。

（五）强化新兴大数据技术应用，提升互联网数据分析能力

目前主流大数据库的技术架构都是中心化的。在这个架构上对海量数据进行有效分析，通常需要先将来自前端业务系统的数据导入到一个集中的大型数据仓库，或者分布式存储集群，并且在导入基础上做一些简单的清洗和预处理工作。在做数据挖掘和数据分析时，有 80% 的时间及精力都花费在对有效数据的收集和数据清洗上。这种对数据集中式的管理不但会产生非常高昂的成本，而且也难以适应区块链模式下数据管理和应用技术

的发展方向。

区块链技术作为一种特定的分布式数据存储技术，通过网络中的多个节点共同参与数据的计算和记录，其去中心化的技术特点会使大数据技术应用的方向和重点发生极大的改变。区块链技术可以促进大数据分析技术向实时数据处理、流式数据分析及互联网数据分布式流式分析发展，而不是目前传统模式下，把数据统一集中到数据仓库进行离线分析（见图8）。

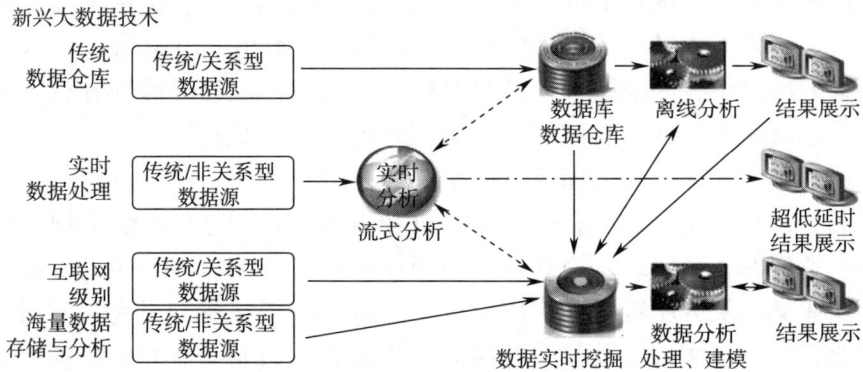

图8 大数据技术应用趋势

商业银行目前的大数据应用，大多数仍然以传统的数据仓库集中式分析、离线分析和应用为主，对实时分析、流式分析及互联网数据分布式流式分析的应用能力相对不足。后续的发展中，迫切需要提升这类新兴大数据分析技术的掌握能力和应用能力。

参考文献

［1］［美］梅兰妮·斯万：《区块链——新经济蓝图及导读》，新星出版社，2016。

［2］谢伟玉，王胜：《区块链技术：颠覆式创新》，申万宏源研究报告，2016–03–22。

［3］徐明星：《徐明星热谈区块链应用》，科学中国网，2016–03–23。

［4］何玫，毛军华：《泡沫启示录：区块链——从革新金融到构建自治社会》，中金公司研究报告，2016–01–29。

［5］何玫，毛军华：《区块链：改变金融业基础架构》，中金公司研究报告，2016–01–29。

［6］穆启国：《区块链技术解析和应用场景畅想》，川财证券研究报告，2016 – 01 – 29。

［7］袁煜明，蒋佳霖：《区块链与数字货币：原理、特征和构想》，兴业证券研究报告，2016 – 02 – 01。

五大发展理念与
商业银行转型发展路径研究

浙商银行　沈仁康　杜　权　杨　跃

摘要：党的十八届五中全会强调，必须要牢固树立并切实贯彻"创新、协调、绿色、开放、共享"的发展理念，为实现"十三五"的发展目标，破解发展难题，厚植发展优势。本文认为，五大发展理念高度概括了商业银行的转型方向，是商业银行必须一以贯之的战略引领，也是提升银行业自身发展质量和效益的实践依据。创新发展作为第一生产力，是银行转型最重要的动力源；协调发展可通过统筹经营能力，有效增强银行转型的持续性；绿色发展可通过提高经营质量和效益，持续提升银行转型价值；开放发展可通过拓展发展空间，有效扩大银行转型广度；共享发展可通过扩宽金融服务覆盖面，持续增强银行转型深度。商业银行应全面践行五大发展理念，在转型发展中持续提高服务实体经济的能力。

关键词：五大发展理念　商业银行　转型发展　金融服务

引言

2016 年是"十三五"全面深化改革的开局之年。在经济新常态下，商业银行的发展模式也处于变革之中。社会融资方式的转变，经济增速放缓导致信贷需求减弱，以及存贷款利差收窄、不良贷款压力上升等，都在挑战银行的传统盈利模式。面对经济金融新常态，银行业分化格局将会更加明显，粗放式扩张、过度依赖息差、经营高度同质化的传统模式，已难以适应行业的发展。尽快实现商业银行的转型升级，将以客户为中心的深层次创新发展作为驾驭经济金融新常态的重要引擎，以有效提升金融服务实体经济的效率，已经成为业内专家和学者的共识。党的十八届五中全会首次提出的"创新、协调、绿色、开放、共享"五大发展理念，是"十三五"乃至更长时期引领、指导、推动包括金融业在内的国民经济各个行业向更高层次转型发展的总体纲领，也是我国银行业转型升级、提升服务实体经济效率的根本指导思想。本文将立足五大发展理念，探讨新常态下商业银行转型发展的策略和路径。具体内容安排如下：第一部分，创新驱动发展，构建银行转型能力源泉；第二部分，协调发展提升银行统筹经营能力，增强银行转型持续性；第三部分，绿色发展提高银行经营质量和效益，提升银行转型价值；第四部分，开放发展拓展银行发展空间，增强银行转型广度；第五部分，共享发展扩宽金融服务覆盖面，增强银行转型深度；第六部分为结语。

一、创新驱动发展，构建银行转型能力源泉

"十三五"规划和中央经济工作会议都把创新列为五大发展理念之首，强调创新是引领发展的第一动力，实体经济的创新发展离不开金融的支持。对此学界已普遍形成共识，认为借助金融创新能够更好地推动实体经济的增长（吴敬琏，2006）。李媛媛等（2015）通过实证发现，金融创新能够作为一种生产要素作用于实体经济，在加快金融业发展的同时有效促进产业结构调整升级。在当前经济"新常态"的背景下，商业银行的发展环境正面临着深刻变化。产业结构调整、金融业改革深化以及互联网等新金融业态的快速崛起，对传统银行业形成了巨大的挑战。商业银行推进创新发展，既是外部市场环境变化的客观需要，也是银行业自身实现转型升级、切实发挥金融支柱功能的重要抓手。鉴于此，商业银行应在厘清创新本质的前提下，借助"互联网＋"手段，形成覆盖主要金融要素优化的全方位协同创新。

（一）加深对金融创新本质的认识

对转型期的商业银行而言，创新是竞争优势的重要来源。创新思维的本质，是改变固有的认知框架与基本假设，打破思维惯性与思维定势。这就要求银行必须形成创新引领发展的理念和能力，用创新思维去寻求差异化与可持续的发展道路。目前，金融系统稳定、金融创新和零道德风险所构成的新"不可能三角"，是我国金融发展需要面对的难题（陆磊和杨骏，2016）。对此，既需要监管当局从宏观层面构建全面的宏观金融管理体系，也需要金融创新主体在微观层面上更好地理解创新的本质。合理的金融创新的定位和目标，能够在一定程度上提高金融稳定性，有效推动创新内生动力的形成。这需要金融创新既要有利于提升服务实体经济的效率，也要

有利于降低金融风险以及保护投资者和债权人的合法权益。低层次、同质化模仿的"简单"创新，以及规避监管和隐匿风险的"取巧"创新，不可能成为银行转型发展的根本永久动力，也偏离了金融创新的本质。尚福林（2013）提出的"栅栏原则"，为银行创新提供了良好的政策土壤，既可保护银行创新的积极性，又能有效防范风险、提高创新效率。近年来，金融监管部门面对金融新常态，一方面通过规范各类创新业务"堵邪路"；另一方面通过推进资产证券化等方式"开正门"，为商业银行创新保驾护航（见表1）。

表1　　　　　　　　近年来监管层面有效推进银行业创新发展

事项	主要内容
金融改革创新试点	2015年12月，国务院部署金融改革创新试点，包括建设浙江台州小微企业金融服务改革创新试验区，开展吉林农村金融综合改革试验，推进广东、天津、福建自由贸易区金融创新试点工作。
投贷联动	2015年3月，国务院提出选择符合条件的银行业金融机构探索投贷联动；2016年4月，10家银行成为首批试点银行。
消费金融	2015年6月，消费金融公司的市场准入进一步放开；2016年3月，全国范围内开展消费金融公司试点，鼓励金融机构发展消费信贷金融产品。
资产证券化	2015年以来，信贷资产证券化试点规模不断扩大，制度建设不断完善；2016年的《政府工作报告》特别指出要探索基础设施等证券化；2016年5月，招商银行和中国银行正式启动不良资产证券化。

资料来源：浙商银行发展规划部整理。

（二）加快提升全方位协同创新能力

商业银行目前面对的客户金融需求日益多元，经营市场环境也日益复杂，银行的经营活动牵一发而动全身，会涉及前、中、后台等各个领域，因而单一维度的创新已无法适应和满足各种新战略、新业态、新模式提出的全新金融需求。不考虑配套机制的改变，单一的产品创新可能会陷入"头痛医头脚痛医脚"的简单被动应对，既不能形成高效的迭代创新效果，也无法形成举一反三、精准抓住客户痛点的持续创新动力（见表2）。

表 2　　　　　　　　近年来国内主要商业银行组织架构变革情况

变革模式	银行名称	启动时间	改革内容
总行层面部门调整	工商银行	2006 年	调整对公业务、财务资金和资金交易三个业务模块，新组建 10 个部门，撤销 7 个部门，调整机构业务部等 4 个部门的职能。
		2014 年	将总行部室减少至 26 个，利润中心增加至 11 个，总行机构分成营销管理、风险管理、综合管理和支持保障四大板块。
	农业银行	2014 年	将原来的"四部五中心"调整为"三部六中心"，撤并重组 5 个一级部、8 个二级部，增设 4 个一级部，包括互联网金融等新兴业务部门。
	中国银行	2014 年	撤销了五大总部，调整为 38 个一级部门，6 个直属机构。
	建设银行	2013 年	对目前完全垂直独立的风险管理体制进行适度调整，总行层面、分行层面主要负责人应对一定范围内的经营风险收益负主要责任。
	招商银行	2010 年	总行层面设立零售业务总部，下设 4 个一级部门。
		2013 年	总行层面设立公司金融、同业金融总部。
"条块结合"的类矩阵式架构	中信银行	2012 年	实行大总行模式，推行强大总行的矩阵结构，形成"总行—城市行—支行"的三级管理架构，通过机构扁平化减少管理层级。
		2013 年	新成立机构客户部、集团客户部、财富管理与私人银行部等部门，形成公司、零售、金融市场等前台三大业务板块结构。
	兴业银行	2011 年	启动企金条线改革：在保留总分行的块状结构基础上，突出企金业务的条线管理，形成矩阵式架构。
		2012 年	在总分行层面完成三大条线的业务架构调整，分别对应企业金融总部、零售银行总部、金融市场总部，并在每个条线下设立风险管理部。
事业部制改革	交通银行	2011 年	从组织架构、产品创新、集团一体化管理战略等方面推进二次改革。成立金融机构业务和投行两大一级部，代客理财独立成为资产管理部。
		2013 年	酝酿事业部制转型，拟多部门独立核算。计划将信用卡、金融市场、贵金属、票据中心等部门进行事业部制改革。
		2014 年	推出 5 个利润中心的事业部制改革，启动理财、投行等 5 个准事业部业务，探索推进集团式客户、省分行大客户、汽车供应链金融、便民金融服务中心（社区银行）、互联网金融等 5 个事业部业务。

续表

变革模式	银行名称	启动时间	改革内容
事业部制改革	民生银行	2007 年	推进事业部改革，从传统的"总行—分行—支行"三级经营三级管理模式变成一级经营一级管理模式。
		2013 年	事业部改革升级到 2.0 版，推动事业部逐步从传统的存贷款模式向专业化投行方向转型。
	平安银行	2013 年	启动事业部模式，将总行一级部门数由原来的 79 个精简至52 个。增加 5 个行业事业部，新建 9 个产品事业部，管理部门压缩至 38 个。
分拆成立子公司	浦发银行	2015 年	设立浦银资产管理有限公司。
	光大银行	2015 年	设立理财业务子公司。
	民生银行	2016 年	拟设立民生直销银行有限责任公司，已向监管部门提出申请。

资料来源：葛立新和杨跃《中小商业银行组织架构优化路径选择：同业经验比较及启示》，摘自《中国银行业发展研究优秀成果评选获奖作品选集2015》，中国金融出版社，2016。

从生产组织上看，服务化、平台化、定制化将成为包括金融行业在内的组织新模式，国内商业银行也正积极推进理念观念、体制机制、制度流程、业务产品及运营渠道等方面的创新，提升包括自身组织架构、业务模式、产品服务等在内的全方位协同创新能力。除了持续进行产品创新外，越来越多的商业银行开始重视对组织架构的优化，试图从机制层面形成协同创新能力，激发产品服务等业务领域创新的活力（见表2）。花旗银行、德意志银行、民生银行等国内外商业银行的发展经验充分表明，强化对商业银行组织体系的设计与优化，能有效提高组织架构的灵活性和协同性，推动管理扁平化、运营集中化和业务专业化，提升管理效率和风险对抗能力。只有拥有了协同创新能力，银行才能开展全系统、全流程、全过程的全员创新活动，打造"准入开放、产品包容、客户共享"的金融综合服务创新平台，并最终构建起包括各类业务和产品、覆盖业务流程各个环节的金融创新"生态圈"。

（三）推动"互联网＋"在银行创新发展过程中的运用

互联网技术是新常态下最具活力和潜力的增长源头。金融机构必须抓住这一契机，将"互联网＋金融"作为重要的创新载体。在互联网领域，互联网金融和金融互联网要相互融合已经成为业内共识，各家银行也已经做了非常多的有益探索（见表3）。这些探索实质上都是"互联网＋"对银行传统业务的创新甚至颠覆。

表 3	部分银行互联网金融创新产品	
创新类型	银行	典型产品
类余额宝产品	工商银行	天天益
	平安银行	平安盈
网络贷款	光大银行	融 e 贷
	工商银行	网贷通
电子商务	建设银行	善融商务
	交通银行	交博汇
类 P2P 产品	江苏银行	开鑫贷
	浙商银行	小微钱铺
直销银行	主要商业银行都已上线	

资料来源：浙商银行发展规划部整理。

无论是在负债端、资产端，还是为创新支付业务搭建流量平台，商业银行都已将互联网基因视为业务发展的天然属性。归纳现有的商业模式，商业银行可通过以下两种模式将互联网理念和银行创新高度结合起来，推进转型升级。一是以互联网思维模式审视银行各项业务发展，将互联网理念和技术渗透到经营管理的各个角落，利用互联网的理念、思维和技术持续重塑传统业务，不断形成新服务、新产品、新业务和新的运营模式。国内外经验表明，互联网金融发展较为领先的银行，往往能够用"互联网思维"作为引领，加快产品与业务模式的创新，同时以"互联网技术"作为手段提升对业务流程的创新能力，以"安全"作为发展前提探索互联网风险控制的创新模式，以"技术迭代"作为创新模式实现经营管理的互联网化创新。二是加大互联网技术对创新发展的驱动作用。即从战略的高度审视"互联网 +"的发展趋势，由传统的业务电子化、流程化向信息化与互联网化转变，由银行信息化向信息化银行转变，从业务流程再造方面将信息技术和银行业务有机融合，打造智慧银行。

二、协调发展提升银行统筹经营能力，增强银行转型的持续性

协调发展是经济学理论的主线。经济运行内部因素复杂，路径和政策选择也各不相同，而协调发展从本质上看，就是要通过发展方式与路径的选择，避免经济运行产生结构性矛盾，实现各方面建设的全面推进。对银行业金融机构而言，协调就是要在转型过程中把握好规模速度和质量效率的平衡，业务创新与风险管理的平衡，传统业务与新金融业务的平衡，以

及金融普惠与商业可持续性的平衡。商业银行协调发展的关键，是正确对待和用好转型发展中的三大抓手。

（一）基于与经济产业结构优化相匹配的转型发展

协调发展的前提是结构优化，因此金融转型要与支持产业结构优化调整相辅相成。供给侧结构性改革将是未来一段时期内我国重要的产业结构优化指导方向，会对商业银行监管体系重构、资产结构调整、资产质量寻底、经营范畴扩大等造成影响（见图1）。

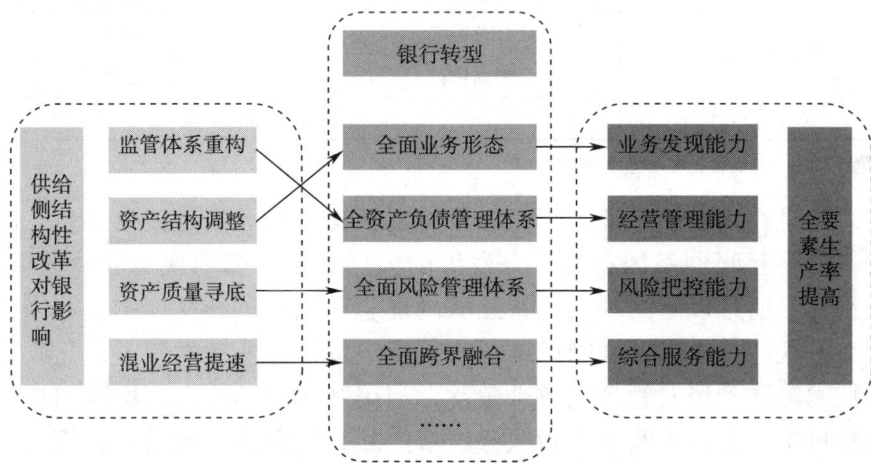

图1　供给侧结构性改革下商业银行转型路径及方向

在这种背景下，商业银行需要坚持推动产业和金融的紧密结合，加大对战略性新兴产业、现代服务业的支持力度，在助推经济结构转型升级的同时优化自身资产结构。同时，商业银行还需要制定差异化信贷政策，坚决落实去产能、去库存、去杠杆，通过债权人委员会帮助暂时经营困难而市场前景良好的企业渡过难关，盘活沉淀在"僵尸企业"和低效领域的信贷资源，实现市场出清。如此，银行才能提高全要素生产率，增强服务实体经济的效率（见图1）。

（二）基于我国区域协调发展的转型发展

"一带一路"、"京津冀协同发展"、"长江经济带"等国家战略布局，体现了区域协调发展的重要内容。银行业金融机构应紧跟国家战略，推动构建区域经济发展新格局，兼顾城乡差异、区域差异和要素差异，统筹推进协调发展，为我国区域经济增质提速注入更多的活力。"十三五"时期，商业银行的转型升级必须以三大区域发展战略作为支持国家区域协调发展的切入点，充分发挥金融对资源配置的导向作用（周月秋，2016）。从目前各家银行业务的发展动态看，围绕三大国家战略布局推进业务发展已成为共识（见表4）。

表4	四大国有银行积极推进"一带一路"等战略的实施
建设银行	举办首届丝绸之路经济带投资推介会，针对"一带一路"沿线国家累计储备的268个重大投资项目（投资金额共计4600多亿美元），配合制定信贷投向差别化政策，加快完善海外布局；成立京津冀协同发展委员会和办公室，协调京津冀地区分行联动与合作重大事项；布局武汉天河机场等重大基础设施项目，致力实现长江中游综合立体交通体系目标。
工商银行	截至2015年6月，在"一带一路"沿线18个国家已设立120余家分支机构，支持"一带一路"项目81个，融资总额116亿美元；专门制定了京津冀一体化区域信贷政策，总行成立了京津冀一体化领导小组，建立京津冀一体化重大项目储备库，已储备重点项目超过200个；倾力支持将"渝新欧"铁路建设等基础设施项目融入长江经济带战略。
中国银行	截至2015年6月，已在"一带一路"沿线16个国家设立了分支机构，跟进境外重大项目约300个，意向性授信支持约680亿美元，发行"一带一路"丝绸之路主体债券，向全球发布"一带一路"人民币汇率指数及系列子指数，打造"一带一路"金融大动脉；通过授信基础设施、生态环境建设，助力长江经济带。
农业银行	专门制定"一带一路"实施意见，明确将相关农业国际合作、基础设施互联互通、能源资源投资合作等作为重点支持领域；2015前三季度，涉及"一带一路"国家累计业务近30亿美元；制定《中国农业银行关于支持京津冀协同发展的信贷政策》，将京津冀交通一体化、生态环境建设、产业转移与整合升级作为三大支持重点；授信湖南高速公路等基础设施项目，融入长江经济带建设。

数据来源：浙商银行发展规划部整理。

（三）基于经济社会协调均衡发展的转型发展

发展经济是为了改善民生，因而"改善民生就是发展"的价值导向与社会主义经济发展的根本目的是内在统一的（程恩富，2016）。商业银行促进经济与社会协调发展，可从三个方面着手。一是提高"三农"金融服务工作的战略地位，推动金融强农、惠农、富农；二是将服务小微企业与推进金融机构改革创新相融合，特别是增强对科技型小微企业的多层次金融支持与服务力度，降低小微企业的融资成本，改善其融资环境；三是将关注民生与填补金融服务空白相结合，如加大养老、医疗健康等领域的金融支持力度。

三、绿色发展提高银行经营质量和效益，提升银行转型价值

绿色发展离不开绿色金融，绿色金融已成为现代金融转型发展的重要

方向之一。"十三五"时期，绿色金融将成为金融业发展的新亮点，构建绿色金融体系的步伐正在加快，相关制度正在逐步建立和完善。绿色债券、绿色信贷、绿色贷款贴息等创新金融手段的发展，将进一步解决绿色项目融资难、融资贵的问题，并通过促进投资结构的转变，引导资金流向更为环保、低碳的领域（马骏，2016）。发展绿色金融是商业银行在经济转型中抓住发展机遇的需要，是促进和实现自身可持续发展和实现自身资产结构调整升级的有效渠道，也是提升品牌价值和社会形象的重要方式。与发达国家的商业银行相比，中国银行业在绿色金融领域还处于初级发展阶段，部分银行发展绿色金融甚至还停留在"社会责任"的层面。从国际先进同业的实践经验看，这种观念是落后的。目前，部分国际先进同业已将绿色金融从被动管理环境和社会风险上升为从环境保护等可持续发展活动中发现商机，进而形成了较为成熟的绿色金融产品和服务体系，构建起了绿色盈利模式。中国银行业必须认识到，支持绿色发展是商业银行未来转变发展方式的必然选择。根据银监会 2015 年年报，银监会将引导银行业通过绿色信贷长效机制加大对产能过剩行业兼并重组、转型转产、技术改造的信贷支持力度，持续推进供给侧改革。从目前看，主要商业银行也在业务创新、资源投入、机制建设等方面提高了对绿色金融的重视程度，将之视作提高经营质量和效益的重要因素（见表5）。

表 5　　　　　　　　　　国内部分银行近期绿色金融实践

行名	近期绿色金融实践
农业银行	2015 年 10 月，在英国伦敦发行 9.95 亿美元等值的双币种绿色债券（其中人民币 6 亿元），并在伦敦交易所挂牌上市；2015 年 11 月，与法国东方汇理资产管理公司作为基金发起人，合作发起中法国际能源过渡绿色基金，基金首期主要投向中法两国绿色能源开发项目。
建设银行	2015 年，成立了由高管层担任主任、由总行 29 个部门组成的绿色信贷委员会，全面推进绿色经营、绿色管理的各项任务，制定了《中国建设银行绿色信贷实施方案》；2015 年末，绿色信贷项目及服务贷款余额达 7335.63 亿元，增速达 50.61%。
兴业银行	累计为 6000 余家企业提供绿色金融融资 8046 亿元，绿色金融融资余额达 3942 亿元。碳金融方面，与国内 7 个碳排放交易试点省市建立联系，与其中 6 家签署合作协议，并成为大部分地区的主要清算与服务银行；排污权金融方面，与国内 11 个排污权交易试点省市中的 10 个签署合作协议，并开展了排污权抵押贷款、交易资金存管清算、财政收费账户开户等业务合作。2016 年 1 月，发行 100 亿元绿色金融债。

续表

行名	近期绿色金融实践
浦发银行	2015 年末公司绿色信贷余额为 1717.85 亿元；2016 年 1 月和 3 月，分别发行了 200 亿元和 150 亿元的绿色金融债。
华夏银行	2015 年发起设立 100 亿元"碧水蓝天"产业投资基金，深化与世界银行等机构的绿色信贷项目合作；着力打造"绿助成长——美丽华夏"的绿色信贷品牌，大力推进世界银行、法国开发署、亚洲开发银行等外国政府绿色信贷转贷项目，截至 2015 年末，合计为 34 家企业的 49 个项目提供外国政府绿色信贷转贷款 24.23 亿元。
平安银行	成立绿色能源业务中心，在专营创新的基础上，推动全行新能源领域客户策略、整体产品方案设计，为客户提供专业化的综合金融服务。

资料来源：上市银行年报。

一是加大支持绿色产业力度能够优化商业银行对公客户结构。近年来，随着我国产业转型升级的加快，原本与其他经济部门相互交叉、相互渗透，呈碎片化分布于工业、建筑、交通、城市基础设施等各个行业的节能环保项目逐渐聚拢，形成了一批产业集中度较高、具备较大商业机会的绿色细分产业。这为商业银行转型发展提供了广阔的空间。商业银行业可通过建立完善的绿色信贷机制，增加绿色信贷有效供给，为清洁能源、新能源汽车等绿色产业及其上下游企业提供全方位金融服务。未来，绿色产业将是我国推进生态文明建设的重要抓手，其中会蕴涵大量的优质企业的金融需求，因此支持绿色产业应成为银行缓解"资产荒"，对接新兴产业的重要方向。截至 2015 年末，全国 21 家主要银行业金融机构绿色信贷余额达 7.01 万亿元，较年初增长 16.42%，占各项贷款余额的 9.68%。其中，兴业银行作为我国首家"赤道银行"，在绿色金融实践方面做了很多有益的尝试。特别是该行的节能减排全产业链的"8 + 1"融资模式和排放权金融服务，获得了较好的社会反响，可供中国银行业介入绿色产业学习、借鉴。

二是聚焦绿色消费领域能够巩固商业银行优质零售客户基础群。2015年，中国消费总额超过 30 万亿元人民币，对 GDP 增长的贡献率达到 66.4%，已成为拉动经济增长第一大动力。绿色消费要广为大众所接受和认可，需要商业银行提供更加优质的金融服务，推动全社会形成绿色消费自觉。商业银行可以进一步积极探索个人绿色贷款，为购买新能源汽车、太阳能设备等绿色产品的消费者提供优惠贷款利率。以新能源汽车为例，截至 2015 年末，纯电动汽车和插电式混合动力汽车累计产销量接近 45 万辆，已接近《节能与新能源汽车产业发展规划（2012—2020）》制定的 50

万辆的目标。如果按照规划 2020 年累计销售量 200 万辆的规模计算，中国
新能源汽车的潜在市场规模将居全球之首，因而蕴含着巨大的金融机会。
在当前国家鼓励消费金融发展的政策背景下，商业银行的介入既是对国家
绿色金融政策的响应，也是其转型过程中面临的发展机遇。

三是适度发行绿色债券能够提升商业银行资源投放能力。2013 年以
来，全球绿色债券发行规模出现了爆发式增长：2014 年，发行总额达到
366 亿美元；2015 年，进一步升至 410 亿美元，且继续保持快速上涨态势。
与此同时，我国绿色债券市场也得到长足发展，截至 2016 年 3 月末，绿色
债券市场的市值规模已达 2.45 万亿元。2015 年，央行发布《绿色债券支
持项目目录》，正式启动绿色金融债券业务，为国内银行业通过绿色债券
实践绿色发展理念提供了巨大的发展空间。绿色债券主要适合中长期、有
稳定现金流的绿色融资项目。其不仅可为企业开辟新的融资渠道，降低融
资成本，也能够丰富商业银行的业务模式，解决期限错配问题，提升商业
银行中长期资金投放能力。Dealogic 的数据显示，到目前为止，新兴市场
绿色债券发行量已达 100 亿美元，超过了其去年全年的发行量。其中，国
内的浦发银行发债融资 50 亿美元，兴业银行发债 15 亿美元，青岛银行发
债融资 6 亿美元，反映出中国银行业利用绿色债券市场推动转型发展的强
大意愿（见图 2）。

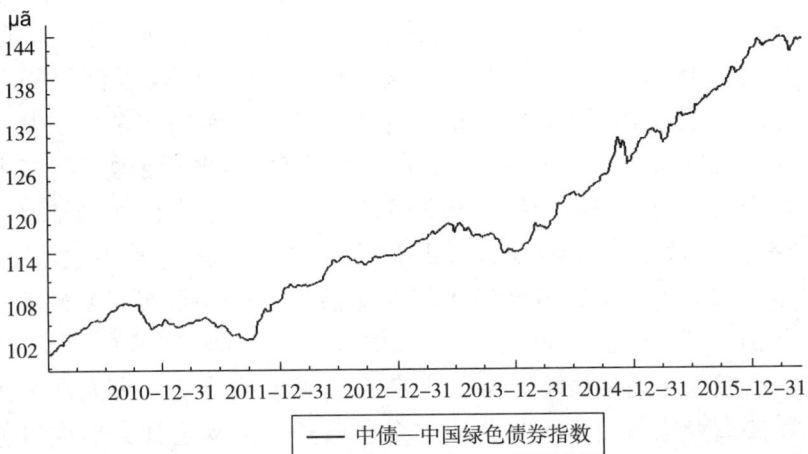

数据来源：Wind 资讯、中国债券信息网。

图 2　中国绿色债券指数走势

四、开放发展拓展银行发展空间，增强银行转型广度

开放是寻求发展的必由之路，我国金融业的发展也是在不断开放中实现的。历史经验表明，金融业的开放如果滞后于实体经济，会阻碍实体经济的发展。在这种逻辑下，"十三五"时期商业银行需要以开放的心态与时俱进，通过开放的经营理念和经营模式，适应开放的经营环境，抓住开放的经营机遇，满足开放的金融需求。

一方面，要抓住我国开放机遇，在"走出去"过程中发挥金融支撑作用。随着中国在国际舞台的重要性越来越突出，中资企业"走出去"的步伐明显加快，为商业银行提升国际化程度、调整业务结构并寻找新的利润增长点创造了良好的条件。20 世纪 90 年代，由于国内银行业发展水平相对较弱，各家银行主要采取"引进来"战略，以花旗银行等国际先进银行为战略投资者。经过多年发展，我国银行业无论是资产规模、网点布局、客户范围还是金融服务能力方面，都有了质的飞跃，以国有银行为代表的大型中资银行更是成为全球金融市场的重要参与者。特别是在国际金融危机后，欧美银行业普遍陷入困境，中资银行国际比较竞争力显著提高。在这种背景下，中国银行业理应进一步扩大双向开放，通过"走出去"提升国际话语权。如何选择适合自身特点和发展禀赋的"走出去"战略值得国内各家银行深入探讨，也是银行能否借助"走出去"成功实现转型的关键。而在"一带一路"等国家战略的框架下，商业银行可以更好地实现全球布局，充分利用全球资源发展跨境业务，优化自身的业务结构和客户结构。

另一方面，要充分利用自贸区金融改革的红利，做金融改革的排头兵。自 2013 年上海自贸区正式成立以来，天津、福建和广州自贸区作为第二批自贸区试点，成效已逐步显现。2015 年下半年以来，人民银行会同相关部委针对四个自由贸易试验区分别下发了四个文件，对推进自贸区金融开放创新以及金融支持自贸区建设提出了明确意见，对四个自贸区金融制度改革安排给予了更大的空间。在自贸区建设中，金融领域改革既是重点，也是难点，且对提高我国跨境金融服务水平、推进资本项目双向开放和实现人民币国际化意义重大。在金融改革试点领域，自贸区具有两大优势，一是自贸区扮演了资本项目放开试点先行区域的角色，未来将成为跨国资金流动的重要渠道和管控阀门；二是自贸区定位于推进国际金融中心的建设，未来自贸区金融生态将更为活跃，将是全国金融创新的重要发源地和"试验田"。目前，自贸区金融改革试点已在跨境结算、跨境投融资及外汇管理

政策改革方面取得了成果，部分相对成熟并具有普遍运用意义的业务模式已作为试点成果推广至全国。商业银行应把握这一历史机遇，提前布局，大力推进离岸金融业务和人民币跨境业务，创新供应链金融产品和大宗商品交易的金融服务。

五、共享发展扩宽金融服务覆盖面，增强银行转型深度

共享经济将是新常态下的重要经济特征之一，互联网金融时代也要求商业银行更加重视共享、合作在发展中的重要作用。商业银行转型升级是系统性、渐进性的变革，需要在这个过程中实现和客户、市场参与者以及内外部利益相关者的全方位协同共享，形成互惠互利的共赢局面。

一是要实现客户共享，通过普惠金融增加金融服务的覆盖面、可获得性和便利度，提高转型升级的产出效益。一方面，大力发展普惠金融是我国全面建成小康社会的必然要求，有利于促进金融业可持续均衡发展，推动大众创业、万众创新，助推经济发展方式转型升级，增进社会公平和社会和谐；另一方面，现阶段商业银行往往聚焦政府融资平台、房地产、国有企业以及传统经济板块，红海竞争激烈且风险不确定性正在加大。普惠金融作为业务蓝海，也是商业银行在经济金融新常态下实现自身转型升级的重要探索方向。近年来，我国普惠金融发展已经取得了显著成效，如银行业机构体系不断完善，相关金融产品和服务日益丰富，小微、民生消费等领域的金融服务力度不断加大等，但仍有很多问题有待解决。郭田勇（2015）通过全球金融包容性专题数据对国际主要国际普惠金融进行了横向比较。其研究显示，我国与国际相比存在较大差距，主要表现为金融科技化滞后、信贷可得性不高、农村地区与世界差距大等。2016 年，国务院印发《推进普惠金融发展规划（2016—2020）》，标志着普惠金融上升到国家战略。金融作为现代经济的核心，应在补"短板"、惠民生中发挥更大的作用。商业银行如何发展普惠金融实现客户共享，可以重点聚焦以下三点：第一，运用互联网和移动金融创新践行普惠金融，提升金融服务效率和效益；第二，创新小微金融产品和服务方式，有效缓解"融资难、融资贵"问题；第三，围绕城乡居民消费升级提供多元化金融服务，满足居民日益增长的金融需求。

二是实现同业共享，通过金融平台为客户提供综合化、全方位的个性金融服务，提升转型升级的广度。新常态下，客户金融服务需求多元化更加明显，单一金融机构无法仅靠自身业务满足客户的全部金融需求，需要

加强内外部合作，以适应互联网时代"分享型经济"的全新特征，实现共享共赢。在共享金融的趋势下，原有的机构性质、金融产品功能、金融市场定位等各种金融要素的边界会变得越来越模糊，这为商业银行推进金融市场参与者之间的共享合作提供了历史性的机遇（杨涛和姚余栋，2015）。商业银行要主动合作，根据自身的专业特长、风险偏好、市场定位等因素，科学选择合作对象。第一，广泛开展金融机构间合作，构建银行、证券、保险、基金等各类金融机构相互补充、相互配合的金融机构体系；第二，广泛开展传统金融机构和包括互联网金融企业在内的新金融机构间的合作，取其所长、补己之短，实现共赢；第三，深化与会计师事务所、管理咨询公司、律师事务所等中介机构合作，获取专业机构技术支持，提高科学决策的能力和水平。

三是实现利益相关者共享，通过共同发展实现发展成果的共建共享，提升转型升级的深度。第一，加强与股东共建共享，携手推进企业价值最大化。要提高股东对商业银行价值认同感，把握多层次资本市场蓬勃发展的契机，通过市值管理创造价值、经营价值、实现价值。第二，加强与各地、各级政府的共享，围绕当地经济金融建设工作大局，做好金融支持，在服务地方经济发展中赢得自身发展，实现与地方政府共赢发展。第三，加强与员工的共享，将员工作为实现转型发展的动力和价值创造的源泉，实现银行与员工的共同成长，共享收获。如此，商业银行的转型发展才能够更好地取得各方共识，克服重重阻碍，持续和健康地推进下去。

六、结语

经济"新常态"背景下，商业银行的发展环境正面临着深刻变化。新产业、新技术的快速崛起和发展，以及银行业自身改革的不断深化，对传统商业银行形成了巨大的挑战，也为其转型发展提供了历史性机遇。本文认为，"创新、协调、绿色、开放、共享"高度契合中国实际，为商业银行转型发展提供了重要指引和发展路径选择。创新发展作为第一生产力，能够构建银行转型最重要的动力源；协调发展可通过统筹经营能力，有效增强银行转型的持续性；绿色发展可通过提高银行经营质量和效益，持续提升银行转型价值；开放发展可通过拓展银行发展空间，有效扩大银行转型广度；共享发展可通过扩宽金融服务覆盖面，持续增强银行转型深度。商业银行应全面践行五大发展理念，将其嵌入到自身的发展内核，把握新旧动能接续转换的脉搏，着力支持国家重大战略、产业结构调整和企业转型升级，发展可持续绿色金融和普惠金融，降低企业融资成本，促进自身围绕服务实体经济的目标加快转型，以自身担当推动银行业与实体经济实现双赢。

参考文献

[1] 程恩富：《论新常态下的五大发展理念》，南京财经大学学报，2016（1）。

[2] 葛立新，杨跃：《中小商业银行组织架构优化路径选择：同业经验比较及启示》，摘自《中国银行业发展研究优秀成果评选获奖作品选集2015》，中国金融出版社，2016。

[3] 郭田勇，丁潇：《普惠金融的国际比较研究——基于银行服务的视角》，载《国际金融研究》，2015（2）。

[4] 李克强总理：《政府工作报告》，2016。

[5] 李媛媛、金浩和张玉苗：《金融创新与产业结构调整：理论与实证》，载《经济问题探索》，2015（3）。

[6] 陆磊，杨骏：《流动性、一般均衡与金融稳定的"不可能三角"》，载《金融研究》，2016（1）。

[7] 马骏：《"十三五"时期绿色金融发展十大领域》，载《中国银行业》，2016（1）。

[8] 尚福林：《在 2016 年全国银行业监督管理工作会议上的讲话》，2016。

[9] 尚福林：《"十三五"银行业改革发展方向》，载《中国金融》，2016（1）。

[10] 吴敬琏：《借助金融创新实现经济增长》，载《农村金融研究》，2006（12）。

[11] 杨涛，姚余栋：《新经济时代的共享金融理论与实践创新》，载《浙江经济》，2015（19）。

[12] 詹向阳：《对当前银行业发展中几个焦点问题的思考》，载《金融研究》，2015（7）。

[13] 中国共产党第十八届中央委员会：《中共中央关于制定国民经济和社会发展第十三个五年规划的建议》，2015。

[14] 中国银行业协会行业发展研究委员会：《中国银行业发展报告（2015）》，中国金融出版社，2015。

［15］周荜，沈仁康：《贯彻五大发展理念 为实体经济贡献金融新动力》，载《金融时报》，2016 - 03 - 11。

［16］周荜：《做改革的主力军——来自浙商银行的实践探索》，载《金融时报》，2016 - 03 - 14。

［17］周小川：《深化金融体制改革》，载《中国中小企业》，2015（12）。

［18］周月秋：《商业银行从三大国家战略入手促区域协调发展》，载《中国银行业》，2016（1）。

第五篇
风险防范篇

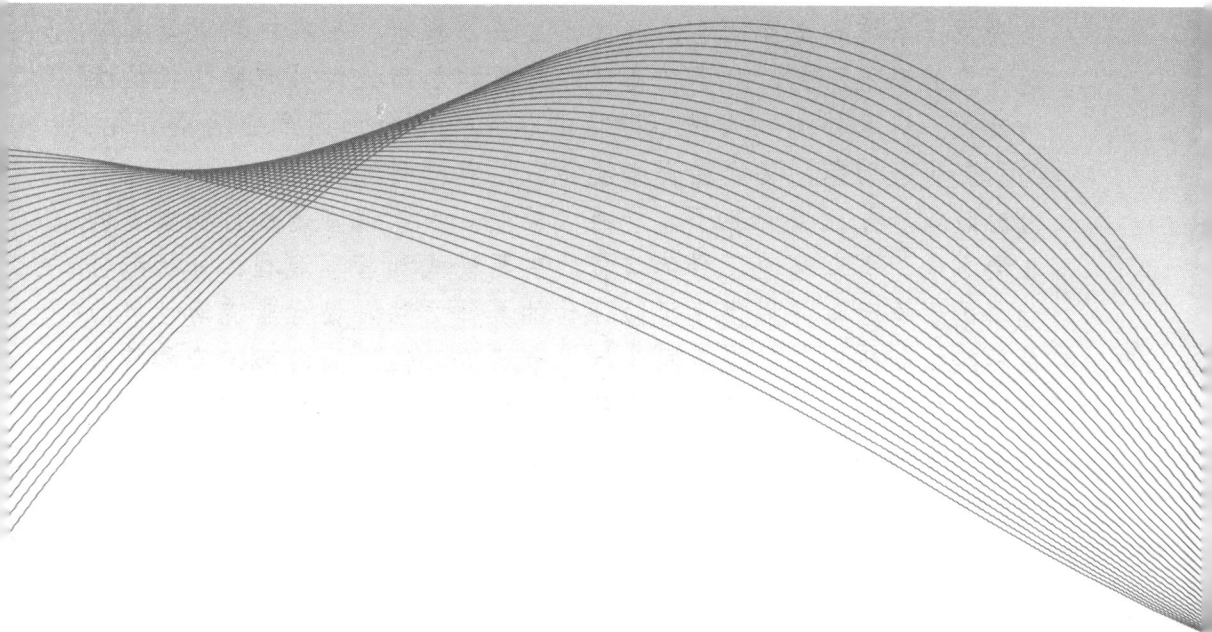

本篇导读

清华大学经管学院金融系教授、教务办主任　朱玉杰

　　随着我国多层次资本市场的发展，金融市场中金融机构之间的合作日益密切，局部危机扩展成行业乃至系统性风险的可能性增大，另外，国际金融危机的外溢性影响极大，同样对我国的金融安全提出了挑战。金融安全是国家安全的重要组成部分已成为共识。如何有效防范和化解金融风险是保证我国金融安全的重中之重。

　　本篇中选取的四篇文章从不同的角度研究了金融风险防范问题，研究结论均有很强的现实借鉴意义。中国不良资产系列问题研究报告提供了系统和全面的有关我国不良资产现状、形成机制以及处置等问题的深入研究，对不良资产的处置和创新提供具有操作性的参考建议。资本外流和人民币贬值的相互作用会加剧产业的空心化，易引起金融动荡，必须在资本流动、汇率机制和政策以及宏观经济金融政策等方面多管齐下才能有效控制。绿色信贷是银行业发展的重要方向，文章梳理了绿色信贷的主要模式和管理流程，分析绿色信贷的影响因素并提供了风险评估的具体方法。银行业流动性风险的传染机制研究，对银行同业拆借市场流动性风险内部传染和跨市场传染机制做了深入研究，并从实证角度研究了银行同业拆借市场对股票市场和债券市场的价格溢出程度。

中国不良资产系列问题研究报告概述

中国华融资产管理股份有限公司 崔宇清 刘 原 刘 佳①

2016 年是不良资产行业里程碑式的一年。一方面，不良资产规模不断壮大，带动了不良资产处置行业高速发展，资本闻风涌入，融资事件和融资金额迅速上升。另一方面，监管机构动作频频，市场竞争格局瞬息万变。鉴于此，课题组结合国内外经济环境、不良资产市场趋势、处置模式以及法律问题等因素撰写本报告，以求对当下中国不良资产问题进行一次系统且全面的剖析。

一、本轮不良资产形成的背景分析

（一）当前我国宏观经济金融形势、债务扩展与杠杆率

1. 当前国内外宏观经济金融发展形势分析

（1）2016 年国内外宏观经济金融回顾

根据 IMF 的测算，2016 年全球经济增速在 3.1% 左右，发达国家明显减速，发展中国家增速有所回升。就国际主要经济体而言，美国经济增长低于预期，欧洲维持低速运行，日本经济仍然处于低迷态势，新兴国家市场经济下行有所缓和。总体上，2016 年中国经济稳中向好，保持在合理区间。第一，经济总体运行平稳，经济结构继续优化。第二，金融交易稳步增长，社会融资规模好于预期。第三，国际收支保持基本均衡，人民币国际化稳步推进。

（2）2017 年国内外宏观经济金融形势展望

第一，世界经济维持低速增长态势，仍将面临诸多挑战。第二，国内

---

① 崔宇清，中国华融资产管理股份有限公司研究发展部总经理，博士研究生；刘原，中国华融资产管理股份有限公司研究发展部高级经理，博士研究生；刘佳，中国华融资产管理股份有限公司博士后科研工作站与中国政法大学联合培养博士后。原报告篇幅较长，受篇幅所限，本报告仅为概述。

下行压力持续存在，经济发展趋势稳中求进。第三，财政政策将更加积极有效，货币政策将呈现稳健中性。

（3）2017年国内经济金融主要领域的趋势判断

第一，政策性及价格变动等短期支撑因素或将整体趋弱，2017年工业企业利润增速预计将稳中回落。第二，房地产政策调控将紧中求稳，市场趋势稳中有降；企业资金逐步趋紧，扩张意愿明显降低。第三，信贷政策由松转紧。金融机构去杠杆而非基本面是本轮政策出发点。金融同业业务及非银行金融业务首当其冲。中小商业银行及非银行金融机构负债端成本将显著提升，融资便利度将有所下降。

2. 中国经济增长的债务扩张与杠杆率

（1）当前中国资产负债现状与杠杆率

根据国家金融与发展实验室最新研究成果显示，截至2015年底，中国债务总额为168.48万亿元，全社会杠杆率为249%，比2014年底提高13.6个百分点。在结构上，2015年末居民部门的杠杆率为39.9%，比2014年增加3.5个百分点，表明居民部门加杠杆的趋势进一步显现（见表1）。

表1　　　　　中国杠杆率水平的国际比较（2014年）　　　　单位：%

	住户部门杠杆率	政府部门杠杆率	非金融企业部门杠杆率	金融机构部门杠杆率	总杠杆率
美国	77	89	67	46	279
日本	65	234	101	112	512
英国	86	92	74	255	507
加拿大	92	70	60	54	276
法国	56	104	121	65	346
德国	54	80	54	91	279
意大利	43	139	77	55	314
西班牙	73	132	108	50	363
平均	68.25	117.5	82.75	91	359.5
中国	36	62	121	22	241

资料来源：马建堂等著《中国的杠杆率与系统性金融风险防范》，载《财贸经济》，2016（1）。

从国际比较看（见表1），中国总体杠杆率低于发达国家，但是结构性特点突出，居民部门杠杆率偏低，政府部门杠杆率居中，非金融企业部门杠杆率较高。非金融企业杠杆率过高是中国债务较为突出的问题，在企业债务中，归于国企约为65%。可以认为，国企杠杆率较高，是中国债务问题的关键所在。

（2）中国非金融企业杠杆率较高的原因与潜在风险

中国非金融企业杠杆率不断攀升是2008年以来中国大规模投资刺激之后出现的现象，导致部分行业和企业债务较高，尤其是部分传统行业的国企，主要有以下几个因素：①囿于传统经济增长方式，投资仍向传统行业集中；②银行和国企承担部分稳增长的任务；③间接融资占主导地位的金融体系导致企业融资以债权融资为主。

非金融企业融入更多债务资金，加重了财务负担，偿债成本不断增加，企业投资能力弱化，债务违约风险不断加大，对经济可持续发展和金融稳定造成较大负面影响：①高杠杆容易导致实体经济倒闭风险，其过程类似于金融市场内部风险传导机制的作用；②高杠杆率不利于经济结构调整，加大了系统性风险；③债务规模越来越大，银行业信用风险随之上升。

（3）中国去杠杆的路径与措施

正确治理中国杠杆率问题，一方面要警惕高杠杆带来的风险，另一方面不可盲目采取去杠杆措施。当前中国经济最大的风险不在于杠杆率的绝对水平，而在于经济增长的下行压力可能会引发高杠杆率实体企业债务违约引发的多米诺骨牌效应。因此，去杠杆应该更加重视"稳增长、守底线"的策略，要优化杠杆结构，提高资金利用效率。同时应当采取健康、积极、渐进的手段去杠杆，即通过经济持续稳定增长逐步化解高杠杆。第一，转变经济增长方式，多管齐下消化过剩产能。第二，企业去杠杆要与清理"僵尸企业"和国企改革结合起来。第三，推进多层次资本市场建设。

3. 我国区域经济差异化分析

（1）我国区域经济发展的差异化现状

2000年以后，国家对区域经济非均衡发展战略进行了调整，区域经济均衡发展取得了一定成效，但我国的区域经济发展水平仍然存在较大的差距。一是整体经济增速变缓，区域增速不均衡。二是人均收入水平不均衡，区域间存在差异。三是产业迁移规律决定区域经济发展方向。四是东、中、西部经济结构具有不同的特点：

①东部经济的主要特点

一是产业结构升级，主要省份服务业取代工业速度在加快；二是人口质量红利的释放，推动东部经济持续升级；三是注重研发投入，以创新替代投资驱动经济发展。

②中部经济的主要特点

一是承接东部转移产业，以工业化带动城市化；二是选择性承接东部产业，主动谋求转型升级；三是产业政策引导是未来中部发展的重要推动力量。

③西部经济的主要特点

一是投资是近年来西部地区高速增长的主要驱动力；二是高投资高负债下潜藏的偿债风险不容忽视；三是未来以资源优势为基础、"一带一路"为依托，规划产业布局。

（2）我国区域经济发展面临的机遇风险和重点区域分析

①经济发展机遇性较强的区域

一是投资政策扶持、产业政策支持的"小而强"省份。如贵州、西藏、重庆、江西等4个中西部省份投资增速高、经济总量小，在政策利好和投资支持下，经济增速高增长中期仍可延续。二是产业升级、创新驱动的"大而稳"省份。如上海、江苏、广东、天津、浙江、山东、福建、北京等8个东部省份服务业高占比、产业升级快、研发投入高、经济总量大且增速平稳。

②经济结构风险性较高的区域

一是去产能背景下的"老经济"省份。如辽宁、山西、河北等3个省份工业化率高但工业增速低，仍属资源和重化工导向型工业，不仅当前出现了经济增速快速下滑，未来在结构转型的持续压力下，经济低增长甚至负增长状态都将可能延续。二是产业承接中面临"新问题"的省份。甘肃、云南、新疆等西部省份经济增速低、单位GDP能耗高、工业化率与城镇化率较低，可能将面临产业承接中的各种"新问题"，从而导致产业承接不力。三是升级乏力"转型难"的省份。如作为"转型难"的代表，东北三省的转型困局，主要表现为工业经济下滑，财政收入下降，并形成螺旋式的恶性循环。

③国家级政策支持的重点区域

一是"一带一路"区域。从当前"一带一路"主要规划来看，几乎西部所有省份都将显著获益。其中，新疆被定位为"丝绸之路经济带核心区"，将是重要的交通枢纽、商贸物流和文化科教中心，政策扶持力度较为强劲。重庆、广西、云南、内蒙古均是所在地区周边重要的战略支撑和开放窗口，对周边区域有一定辐射作用，有利于区域经济合作与产业聚集发展。二是京津冀经济区。综合来看，京津冀的发展目标主要围绕着首都核心功能、交通一体化、生态环境保护、产业转移升级等领域展开。三是长江流域经济带。长江经济带建设战略实施可以分为三个区域层面：上海（长三角地区），武汉（中游城市群），重庆（上游成渝经济区），以此来依托黄金水道打造新的区域发展平台。四是粤港澳大湾区。目前，粤港澳大湾区还处于概念阶段，但一个确定的事实是：该区域内各个层面的融合正在加速。

④主要行业去杠杆、去产能：以煤炭、钢铁行业为例

面对经济新常态，我国政府于 2016 年初提出供给侧改革，在"调结构、转方式、促升级"过程中，借"三去一补一降"的有效方式，彻底解决钢铁煤炭产能过剩问题，实现行业脱困发展。2016 年我国已取得了压减粗钢产能 6500 万吨，煤炭产能 2.9 亿吨的阶段性成效，但是整体而言，钢铁、煤炭行业产能库存过剩问题仍然严重，供给侧改革任重而道远。钢铁、煤炭行业"双去"过程中仍面临突出问题：一是钢铁、煤炭行业债务问题突出，金融风险逐步显现；二是部分去产能方式偏离，低效产能"国进民退"；三是供给端产量降低，扭曲市场价格机制；四是企业去产能去库存，下岗职工安置压力大；五是冷静分析去产能去库存成果，警惕盲目乐观。

（二）不良资产相关监管政策变化及其影响分析

1. 不良资产行业主要监管形势

2016 年，我国不良资产行业主要监管形势如下：一是积极推行不良资产行业创新的监管政策；二是加强不良资产行业高风险业务的监控；三是精细排查不良资产行业的系统性风险。

2. 重要监管政策内容概要及其市场影响

（1）规范金融资产管理公司不良资产收购业务

2016 年 3 月，银监会近日发布《关于规范金融资产管理公司不良资产收购业务的通知》，将对不良资产市场产生重要影响，堵邪路、开正门、强化监管，引导资产管理公司重回风险化解和资产价值挖掘提升的正确轨道。

（2）稳步推进不良资产证券化试点工作

2016 年 4 月 19 日，中国银行间市场交易商协会正式发布《不良贷款资产支持证券信息披露指引（试行）》，标志着我国不良资产证券化试点工作重启，中国银行、建设银行、工商银行、招商银行、农业银行、交通银行等 6 家成为试点银行，陆续开展不良资产支持证券的发行工作。

（3）相继出台法制化、市场化债转股政策

2016 年 10 月 10 日 ，以国务院《关于积极稳妥降低企业杠杆率的意

见》及附件《关于市场化银行债权转股权的指导意见》正式公布为标志，债转股时隔17年再次卷土重来。参考上一轮债转股的经验，本轮在采取市场化的操作手段后，预计债转股在未来两年到三年的时间总规模仍将达到万亿元。自政策的出台，已有多家企业债转股落地，继中钢集团债务重组方案正式获得批准后，武钢集团以及云锡集团的相关方案也已获确认，新一轮债转股已快速展开。

（4）放开地方资产管理公司"二胎"准生证

2016年10月21日，银监会向省级政府下发了《关于适当调整地方资产管理公司有关政策的函》，调整了省级资产管理公司相关政策，对地方资产管理公司管制进行松绑。此举将会增强市场上不良资产吸纳能力，有利于在经济结构调整期防范及化解金融风险，同时也要注意到，不良资产为典型的逆周期行业，一旦经济回到景气周期，银行不良资产供给会出现断崖式下降，地方资产管理公司的可持续发展将会面临一定的挑战。

3. 政策展望

2016年，尽管我国不良资产管理行业监管政策密集，但仍处于探索阶段。通过对2016年监管政策的梳理与总结，对未来政策展望如下：第一，监管政策有望出台"互联网＋"不良资产处置模式方面新规。第二，监管政策有望进一步支持不良资产行业的市场化。第三，监管政策有望在风险定价方面加强规范。

二、本轮不良资产形成的深层机理分析

（一）本轮不良资产分布情况及发展趋势

1. 2014—2015年我国不良资产分布情况分析

2014—2015年，全国31个省、市、自治区的不良率全面飘红，绝大多数是攀升态势，其中内蒙古、云南、广西占据增幅前三甲，分别上涨1.81、1.24、1.05个百分点。唯独上海是小幅下降，下降0.01个百分点，西藏则是持平状态。2015年相比2014年，几乎所有行业都呈现出不良贷款率增加的态势（见表2）。行业风险在近期具有"棘轮效应"。对银行来说，风险较高的行业，对其贷款的风险防范措施需要进一步加强，以免进一步的风险暴露影响行业贷款所获取的利润增长。

表2   各行业不良贷款率比较

2014 年不良贷款率		行业		2015 年不良贷款率
0.25		公共管理和社会组织		0.20
0.65		文化、体育和娱乐业		0.82
0.11		卫生、社会保障和社会福利业		0.12
0.58		教育		0.46
1.43		居民服务和其他服务业		2.07
0.08		水利、环境和公共设施管理业		0.12
0.66		科学研究、技术服务和地质勘查业		0.80
0.33		租赁和商务服务业		0.53
0.50		房地产业		0.81
0.21		金融业		0.19
1.47		住宿和餐饮业		2.26
3.05		批发和零售业		4.25
1.15		信息传输、计算机服务和软件业		1.06
0.52		交通运输、仓储和邮政业		0.58
0.72		建筑业		1.39
0.34		电力、燃气及水的生产和供应业		0.37
2.42		制造业		3.35
1.04		采矿业		2.33
2.64		农、林、牧、渔业		3.54

资料来源：Wind 资讯。

2. 全国主要省市不良数据跟踪

（1）银行业金融机构不良资产数据

从 2014—2015 年银行业金融机构不良率演变来看，除了辽宁、黑龙江分别有 0.17、0.15 个百分点的小幅下降以外，其他 8 个省市都是上升态势，上升幅度最大的为内蒙古，上升 1.1 个百分点。从排名看：山西、内蒙古、黑龙江稳坐头三把交椅，上海的不良率最低，不到 1%。

（2）非银行业金融机构不良资产数据

除了传统的银行不良贷款，非银行金融机构在社会融资活动中扮演愈发重要的角色，信托、券商资管、基金子公司等产生"类信贷"资产的非银行金融机构也将成为不良资产的一大供给方。截至 2015 年末，信托公司信托资产、券商资管资产、基金公司专户规模分别达到 16 万亿元、11.9

万亿元和 8.6 万亿元，累计合计规模已超过 27 万亿元。

（3）非金融机构不良资产数据

2013—2015 年，中国规模以上工业企业的应收账款净额年平均复合增长率已达 11.7%。截至 2016 年 7 月，规模以上工业企业应收账款总额从 2012 年末的人民币 8.2 万亿元增长至 2016 年中的 11.8 万亿元，增长率高达 43.9%；此外，工业企业资产负债率已经达到 56.4%，应收账款平均回收期为 36 天。

3. 不良资产总体趋势："不良拐点确立"尚需观察

截至 2016 年第四季度末，我国商业银行不良贷款余额 15123 亿元，较上季末增加 183 亿元；商业银行不良贷款率 1.74%，比上季末下降 0.02 个百分点。商业银行不良贷款规模仍在保持缓慢上行，但商业银行不良率自 2012 年第三季度以来首次出现下降，先行指标关注类贷款余额及关注类贷款率双降，关注类贷款余额环比下降 3.6%，关注贷款率占比环比下降 23bps 至 3.87%。数据表明银行业不良确认压力有所下降，部分行业融资需求及盈利状况有所改善，但要确立"不良拐点"还为时尚早。"不良拐点"的真正确立，主要看经济发展新的增长点何时确认形成、在哪里。而内部数据显示，目前关注类贷款仍处于较高水平。

4. 不良资产区域分布趋势："不良拐点"确立情况分化

结合 31 个地区商业银行不良贷款 2015 年及以前年份数据和 11 省市的 2016 年最新数据，对各区域不良贷款的发展趋势进行分析判断的结果是：不排除个别省市地区转型速度较快、效果较明显的可能，但更多省份则可能存在未充分暴露的问题。不同地区分别处于不良周期的不同阶段，区域市场有梯度、多层次的分布对不良资产的经营业务的可持续发展提供了良好条件。

5. 不良资产管理市场的区域应对策略

分化的区域不良资产市场特点也为不同区域的不良资产经营业务开展提供了差异化的机会。

一是就浙江地区总体而言，以前年份收购的不良资产及问题企业项目将陆续迎来较好的处置时机。新增收购项目虽然面临收购折扣价格上升的局面，但资产价值有所回升，预期资产回报率有望保持稳定，可在此基础上做多投行化业务，该类业务规模由于基数效应仍较为可观。二是东部沿海不良暴露启动时间较早，暴露较充分，处置进程较快或进入快车道。三是北上广地区在总体供大于求的情况下传统途径投资宜逐步移出，传统产业商业模式创新与新兴产业投资机会值得关注。四是东北地区不良资产因前期暴露不充分，目前刚刚进入暴露通道，价值持续贬损的过程还要持续相当一段时间，未到实际介入的最佳时机。五是中西部地区不良暴露相对略晚，现阶段正处于大量快速释放阶段。

（二）此轮不良资产形成的机理分析

近几年不良资产的成因及表现与以往有明显不同。一是形成不良资产的主导力量不同，上一轮是行政主导，本轮则是过渡性市场，逐渐由政策性主导向市场化主导转变，无论是企业经营还是银行信贷所受到的行政干预程度大为减轻，市场主体拥有较好的经营自主权，不良资产更多是由于自身的投资决策失误、经营管理不善、风险控制疏漏等问题所导致。

二是所处的经济大环境不同，上一轮处在我国经济高速发展的黄金阶段，乐观的经济前景冲淡了不良的风险；本轮不良则处于由高速到中高速的经济增速换挡阶段，加上当前的全球经济形势远比上一轮复杂和严峻，经济预期已经发生改变；上一轮处于经济社会改革初期，当前改革则已进入深水区和攻坚阶段，经济结构调整是形成本轮不良的重要成因。

三是不良的来源不同，上一轮不良主要来自国有经济，本轮不良则首先由民营经济引发；上一轮不良主要集中在国有银行，本轮不良中各类银行的不良都有明显上升，2016年第三季度，股份制银行的不良率已经追平国有银行。

四是不良资产的质量不同，一些制度性因素使得上一轮的很多不良资产并非真正意义上的不良，而是夹杂了很多优质资产，例如国有企业资产统一登记制度的缺失导致存在大量隐藏资产，不良分级人为因素等；本轮不良周期中，由于制度不断完善，银行风控及处置水平提升等，使得资产价值更为透明。

总体上，与上一轮两位数的不良率相比，本轮不良资产的风险程度相对较小，但由于资产转让环节没有了政府的介入，并且经济增速放缓，本轮的处置周期会更长、处置难度更大。

三、当前不良资产市场的竞争研究

（一）不良资产市场总体竞争态势研究

目前，我国不良资产管理行业主要有三类市场主体。一是四大资产管理公司，二是省（市）级资产管理公司，三是民间不持牌的资产管理公司。三类主体各有所长，差异化特征明显。四大资产管理公司占据的市场份额达80%以上，但随着地方资产管理公司逐渐发展，地方性一级市场中的竞争逐步加大。逐渐兴起的民营机构，也成为二级市场主体及产业链上下游服务商，其中的新兴业态，又通过"＋互联网"在产业链多种主体、多个环节之间建立起关联，深度渗透，丰富了行业生态圈。在金融市场化改革不断深化、技术创新不断涌现的背景下，"互联网＋"不良资产处置模式代表了未来市场的一个重要发展趋势。

（二）地方资产管理公司设立及相关经营情况分析

1. 地方资产管理公司的成立背景和发展现状

2012年第四季度以来，国内经济金融形势发生了新的变化，主要跟产能过剩等结构性矛盾突出、房地产调整预期、实体经济欲振乏力亟待转型相关，金融风险较为明显。在这种形势下，地方资产管理公司应运而生，分批陆续设立，在近期政策放松的激励下，继续呈现扩容的趋势。截至2016年12月末，已有32家地方资产管理公司取得省级授权或银监会批复。随着不良供给和持牌资产管理公司数量的增加，地方资产管理公司在2016年出现增资潮：从2016年10月开始，广西金控、宁夏顺亿、山东资产等百亿元级地方资产管理公司将相继亮相市场。

2. 当前已成立地方资产管理公司的分类及主要特点

（1）当前已成立地方资产管理公司的分类

本报告将已成立的地方资产管理公司按照控股股东类型、股权结构及与四大资产管理公司的关系分为四类（见表3）：一是地方国有独资企业集团控股类；二是地方政府直接控制类；三是地方民营企业（集团）控股类；四是四大资产管理公司投资控股类。

表3 已成立地方资产管理公司分类

类别	代表企业
地方国有独资企业（集团）控股类	江苏资产管理有限公司、浙江省浙商资产管理有限公司、上海国有资产经营有限公司、重庆渝康资产经营管理有限公司等
地方政府直接控制类	内蒙古金融资产管理有限公司、辽宁省国有资产经营有限公司、津融集团、陕西金融资产管理有限公司等
地方民营企业（集团）控股类	安徽国厚金融资产管理有限公司、宁夏顺亿资产管理有限公司、上海睿银盛嘉资产管理有限公司等
四大资产管理公司控股类	华融晋商资产管理股份有限公司、华融昆仑青海资产管理股份有限公司

注：根据公开资料整理。

（2）当前地方资产管理公司的主要特点

从表3内容可以看出，第一类凭借与地方财政和地方经济转型改革战略的"近水楼台"，凭借金融控股集团的多元化金融服务支持，不良资产综合处置效率较高，多寻求以投行业务、基金化、证券化业务提升业务的综合收益，部分看好债转股业务并谋求切入机会，部分谋求引入投资者机会，表现出完善治理结构和经营机制的需求；第二类政府控制力较强，股权结构较为单一，部分地方经济转型改革发展路径尚不清晰，区域市场环境与法治建设不尽完善，不良资产处置起步较晚、缺少经验，导致业务方面尚未真正展开；第三类最为活跃，在体制机制与市场化激励方面具有相对优势，率先增资百亿元以上的地方资产管理公司即在这一类别中，其发展势头较为迅猛，与四大资产管理公司的竞争意识较强，合作欲望也较强；第四类能够内化四大资产管理公司与地方资产管理公司之间的竞争，共享四大资产管理公司的市场化改革成果和专业经验，提升潜在收益。

3. 地方资产管理公司盈利模式分析

（1）地方资产管理公司的主要业务类型

地方资产管理公司成立时间普遍较短，时间最长的不过三年，其中活跃在业务一线的目前仍属少数。并且由于自行处置周期较长、成本较高、收益相对较低，目前较为活跃的地方资产管理公司在自行处置方面配置的资源也相对有限，代持通道业务、批量转让业务、投行化与基金化业务成为主要业务类型。

（2）地方资产管理公司的盈利模式

地方资产管理公司设立家数和处置方式政策的放松，将导致批量或非批量转让业务的大量增加。此外，盘活重整是对经济体作为有利的不良资产处置模式，投行化业务较多借助资本市场的力量，财富管理业务将为其他业务吸引社会资本、拓宽融资渠道、解决融资瓶颈，而且在不良资产处置短期不能支撑利润的快速大规模增长的情况下，作为现金流业务，可支撑理想的业务结构。

（3）地方资产管理公司的实际效用

在地方资产管理公司处置不良资产的实际效用方面，表现出三方面特征：一是竞争加剧抬高不良资产收购整体价格；处置效果与实际进程各异，地区环境市场化程度较高、不良资产空间较大、政府对转型改革更加积极作为、体制机制更为灵活的地方资产管理公司处置效果更好，不良资产处置进程推进较快。三是将来盘活重整（重组）类业务、基金化、投行化业务伴随处置进程的加速将有较为广阔的发展空间。

（三）"互联网＋不良资产"等其他市场参与者相关情况研究

1. 互联网企业参与不良资产市场情况

2015年开始，原动天、银资网、搜赖网、资产360、债工厂、一诺银华等诸多互联网不良资产处置平台相继出现。截至目前，平台数量已超过25家，仅2015年出现的号称"不良资产＋互联网"平台已不下50家。这些平台均处于起步发展阶段，主要模式有：撮合催收类、众筹投资类、数据服务类、淘宝拍卖类等四种模式（见表4）。在金融市场化改革不断深化、技术创新不断涌现的背景下，"互联网＋"不良资产处置代表了一种未来市场发展的重要趋势。

表4 "不良资产＋互联网"平台主要模式

模式	类型	代表平台
模式一	撮合催收类	撮合类：包之网、青苔债管家、资产360、银资网、原动天等；催收类：债全网、一诺银华等
模式二	众筹投资类	分金社、各资产管理公司与淘宝网合作
模式三	数据服务商	搜赖网、资产之家等
模式四	淘宝拍卖类	各资产管理公司与淘宝网合作

注：根据公开资料整理。

2. 互联网介入不良资产处置的主要特点

传统资产管理公司处置不良资产的方式存在委单流程长、匹配不合理、处置效率低、投资门槛高、资产积压重等弊端，而"互联网＋"的融合与介入，能借助信息技术、数据分析、平台效应等创造不良资产处置的新模式，发挥社会参与效应和分配功能，使产业链不同主体积极参与到不良资产投资中来，提高不良资产市场交易的活跃度和专业化程度，提高不良资产处置回收的效率和水平。不过目前，"互联网＋"不良资产处置模式发展的主要障碍来自于内外两方面：从内部来看，"互联网＋"不良资产处置的结合方式尚不紧密，结合效果也还有待观察；从外部来看，我国现阶段外部信用体系、法律制度保障不尽完善的情况下，互联网或不良资产运营机构更大程度上要依靠自身的力量在有限范围内营造类似环境。但随着社会诚信体系、法律体系、监管体系的进一步完善，"互联网＋"不良资产处置模式有望打破蜂拥而上的盲目狂热，迎来难得的市场机会。

3. "互联网 +"不良资产处置平台典型案例

分金社以价格优势去吸引各类用户参与投资，以实现资产处置人、普通投资者、资产最终买受人等多方共赢。但该模式是否能真正为投资者提供基于持有物权的硬性安全、超高收益、快速退出的投资产品，同时快速完成不良资产等特殊资产的处置变现，还有待深入考察。通过解剖"互联网 + 特殊资产"的运作模式，可观察到该模式的基本框架和可行性。分金社业务运作模式以及商业模式如图 1 所示。

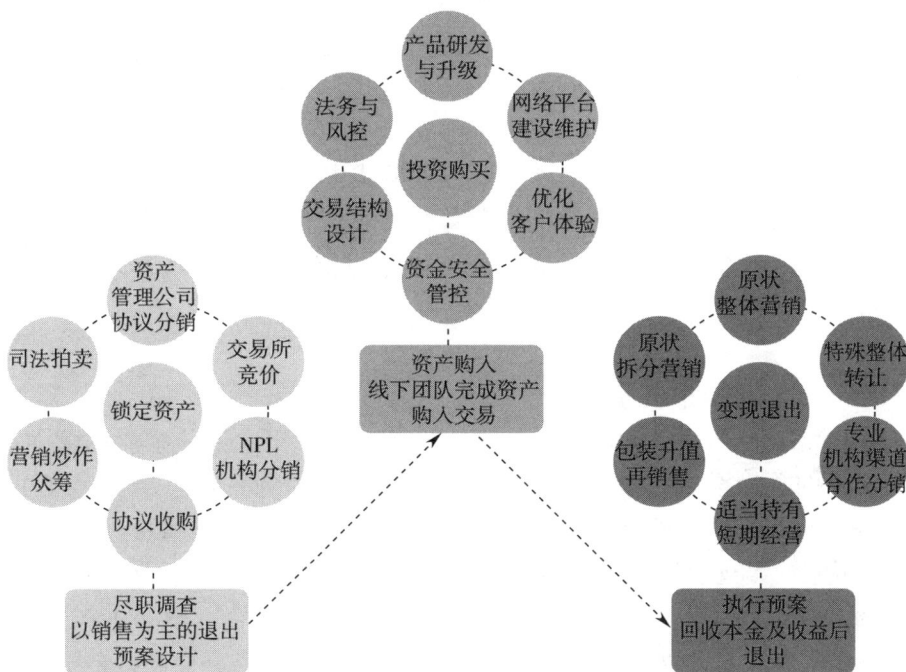

资料来源：ifind 数据库，分金社官网。

图 1　分金社"互联网 + 特殊资产"运作模式

四、不良资产收购处置主要模式研究

1. 不良资产包收购过程中存在的问题

（1）不良资产包定价问题研究

不良资产包定价应遵循以下原则：一是通过查阅债权相关档案，合理确定资产的回收价值；二是在对保证担保债权在定价时，根据保证人代偿意愿及资产状况合理定价；三是根据法院诉讼情况合理定价，项目组根据自身尽职调查结果，并在考虑相关评估机构给予的估值基础上，进行了综合定价。不良资产包定价方法主要有：一是账面价值法；二是账面折扣法；三是中介评估法；四是协商定价法；五是市场定价法。但方法各有优劣，应结合资产包确定。

（2）不良资产包收购中住宅抵押问题研究

在抵押住宅类不良资产交易中，资产管理公司对抵押住宅的选取及尽职调查决定了抵押住宅的估值参数，而通过核算购入价格及投入成本，预估过户时会产生的税费种类（尤其是增值税）及金额则直接影响其对资产包的报价。因此，实务中应综合考虑抵押品的选取及处置税费影响。另外，处置的难易程度直接决定了回收时间，也间接影响资产包的报价。

2. 不良资产主要处置模式研究

在经济新常态下，不良资产主要处置模式主要包括不良资产收购处置、收购重组、债转股、不良资产证券化等。不良资产处置和重组为传统收购模式，而新一轮债转股、不良资产证券化等为创新处置方式，同样值得市场高度重视。

3. 不良资产处置具体业务类型研究

（1）问题企业重组业务研究

在经济下行压力增大和供给侧结构性改革背景下，部分企业经营困难，问题企业的数量增多，为金融资产管理公司开展问题企业重组提供了更大的业务空间。资产管理公司可以立足"以时间换空间，以增量盘存量，化不良为优良"经营特点和多牌照优势，对陷入困境的危机企业实施兼并重组，通过整合资产、整合负债实现项目整合、企业整合，激活生产要素的社会价值，从而充分发挥金融资产管理公司维护社会稳定、化解金融风险、服务实体经济的独有价值。

（2）不良资产证券化业务模式研究

不良资产证券化风险主要为信用风险和定价风险。不良资产本身资信弱于正常资产，故会放大其信用风险。此外，不良资产证券化产品的定价普遍缺乏市场化，发行票息跟随国债利率走势，票面利率并未完全反映出信用风险。其中信用风险关注点在于：交易结构、主要参与方、基础资产池信息描述、回收率预测和现金流测试以及增信安排。

（3）市场化债转股业务研究

债转股对金融机构而言本质上是一项特殊机会型的风险投资，它不仅要求在企业负债端降低企业杠杆和债务违约风险，给企业以休养生息与结构调整的时间，更要求在资产端提升企业运营效率，改善资产质量与回报率，进而通过股权资产价值增值收益来弥补债权本金及机会成本损失。本轮债转股的实施方式及典型案例包括：中国一重"定增式"债转股案例中，将国拨资金转为上市公司股权；武钢集团"子公司设立基金"债转股案例中，以集团标准化基金撬动社会资本承接债转股股权；中国一拖"协议转让"债转股案例中，进行集团公司与上市公司股权置换（见图2）。

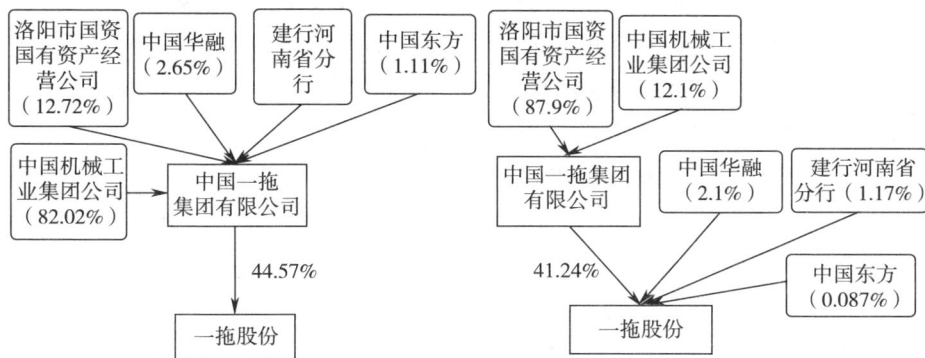

注：根据公开资料整理。

图2　中国一拖"协议转让"债转股股权变动示意图

五、不良资产收购处置创新模式探索

1. 国外不良资产处置市场的最新发展

国外不良资产处置的具体措施包括：一是通过降息和购买债券的方式为金融市场注入流动性；二是利用问题资产救助计划（TARP）对银行和汽车企业进行救助处置，并由美国联邦存款保险公司（FDIC）承担对破产银行及其资产的处置；三是实行公私合营投资计划（PPIP），成立公私合营基金清理不良资产；四是分拆不良资产的经营管理业务。

2. 国内不良资产收购处置创新探索

（1）国内不良资产处置创新点分析

面对监管政策的日趋完善和日益激烈的市场竞争，资产管理公司亟须创新业务手段，进一步提升在不良资产经营管理领域中的核心竞争力。具体创新点包括：不良资产处置基金（如资产管理公司＋银行模式、信托＋有限合伙模式、与处置方成立有限合伙模式），不良资产证券化，不良债权收益权转让（如转让普通收益权模式、转让优先级收益权模式、转让劣后级收益权模式和转让半劣后收益权模式）。

（2）"互联网+"不良资产模式创新研究

总的来看，互联网平台在不良资产处置中可以发挥公开拍卖、撮合交易、信息咨询、数据服务、众筹投资等功能，实践也表明，借助互联网平台平等开放等功能，可以扩大客户覆盖面，提高销售比率与溢价率。当前"互联网+不良资产处置"尚处于探索和萌芽期，但后续创新若能整合全社会债务人碎片化的资产信息，并建立不同资讯之间的关联，或将成为对传统主流不良资产处置业务的增值补充。如果能够将不良资产进行结构化、标准化处理，切分成适合普通消费者投资的金融产品，借助互联网平台出售，将会催生庞大的财富管理需求。

（3）依托资本市场创新不良资产处置方式的相关探索

为了进一步提升不良资产经营盈利能力和竞争水平，金融资产管理公司开始依托不良资产运作，聚焦多层次资本市场，开展并购重组业务，探索基于资本运作的不良资产处置新模式。具体包括："破产重整+资产注入"为核心的"ST超日"模式，"债务重组+资产注入"（见图3）的"ST东盛"模式；"非金收购+债转股"的"盛运环保"模式。

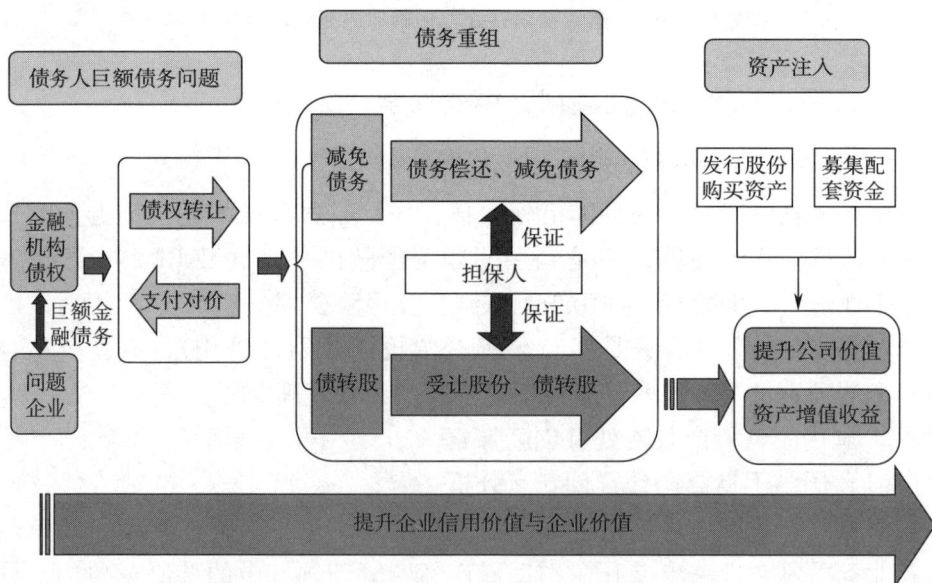

注：根据公开资料整理。

图3 "债务重组+资产注入"模式示意图

六、不良资产经营中的相关法律问题研究

（一）不良资产包经营中的法律问题研究

不良资产包经营通常包括不良资产包的收购、处置和重组，其中的核心法律问题则是不良债权的转让，涉及转让效力、转让通知义务、抵押权变更登记以及诉讼主体变更等实务问题。总体而言，尽管供给侧改革"三去一降"的宏观目标愈加明确，不良资产处置相关政策逐步完善，司法解释和法院裁判对法院审判案件的要求和指导日益丰富，但部分法院对法律法规以及债权转让法律关系的理解仍有偏差，没有按照主流裁判观点进行裁决。因此，不良资产包经营涉诉的法律风险仍然普遍存在，值得密切关注并通过援引判例和积极沟通进行化解。

1. 不良资产转让的效力及其认定问题

不良资产转让的实质虽属民法中的债权转让，但因属金融交易行为而受到国家金融法律法规的特殊调整。如《最高人民法院关于审理涉及金融不良债权转让案件工作座谈会纪要的通知》（法发〔2009〕19号，以下简称《会议纪要》）第6条，分别列举了11项不良资产转让行为因损害国家利益或社会公共利益或者违反法律、行政法规强制性规定而无效的情形。如债务人或者担保人为国家机关的；应当采取公开招标、拍卖等方式处置，但未公开招标、拍卖的；应当向行政主管部门办理相关报批或者备案、登记手续而未办理，且在一审法庭辩论终结前仍未能办理的等等。《会议纪要》第7条则规定了金融不良债权转让合同无效后的处理规则，即人民法院认定金融不良债权转让合同无效后，对于受让人直接从金融资产管理公司受让不良债权的，人民法院应当判决金融资产管理公司与受让人之间的债权转让合同无效；受让人通过再次转让而取得债权的，人民法院应当判决金融资产管理公司与转让人、转让人与后手受让人之间的系列债权转让合同无效。

2. 债权转让通知义务及诉讼时效中断问题

债权转让通知是成立新债权债务关系的必要条件，否则受让债权人无权要求债务人向其履行义务。其中，债权转让通知送达债务人及引起的诉讼时效中断问题，成为实务难点。债权转让通知的送达以债务人应当知悉为核心，此外具备主张权利内容的债权转让通知还能够引发诉讼时效中断的法律效力。《最高人民法院关于审理民事案件适用诉讼时效制度若干问题的规定》第19条规定：债权转让的，应当认定诉讼时效从债权转让通知

到达债务人之日起中断。之所以作此规定，是因为债权的移转或者债务的移转本身即包含请求的意思，可以考虑引起中断。但债权转让一概引发具有诉讼时效中断的效力，显然有所绝对且扩大解释了当事人的意思表示。因而最高人民法院在《关于民事案件诉讼时效司法解释理解与适用》一书中表明，债权转让通知具有诉讼中断效力的，应是在构成当事人一方提出要求这一诉讼时效中断事由的情形之下。[①] 如果虽不能从债权转让通知的事实中推出权利人有主张权利的意思表示，但义务人在通知上签字或者签章的，应认定义务人承认债务，构成义务人承认债务这一诉讼时效中断要件，也应具有诉讼时效中断的效力。

3. 债权转让后的抵押权登记问题

《物权法》、《合同法》和《担保法》均通过不同角度规定了债权转让时抵押权应一并转让，但是否应办理抵押登记变更未予规定。最高法院通过三份判决，明确了《物权法》第 192 条关于抵押权处分从属性的规定，明确抵押权作为从权利应随债权转让而转让；债权受让人取得的抵押权系基于法律的明确规定，并非基于新的抵押合同重新设定抵押权，故不因受让人未及时办理抵押权变更登记手续而消灭。

（二）非金融机构不良债权收购的法律问题研究

由于非金融机构不良债权形成原因复杂多样，非金融机构不良债权收购中标的债权多存在合法有效性、真实准确性以及债务人及第三人的抗辩权与抵消权等问题。

1. 非金融机构债权收购业务的收益模式

非金债权收购业务的收益模式目前常见的有四种：打折收购模式、违约金模式、财务顾问费模式及重组补偿金模式。其中打折收购模式较之其他模式的合法性和安全性均较好，但此模式下收购方和转让方的财务处理可能存在相关障碍而难以推行；违约金模式虽合法有效，但可能产生重组或宽限期无法确定的困境；财务顾问费模式，可能因财务顾问费金额过高而违反公平原则面临被抗辩风险；重组补偿金/资金占用费模式实质仍为收取利息，鉴于非金债权一般不应存在利息而建议称之为重组补偿金、资金占用费等，此收益模式的收益获取最终是否可得到司法支持也尚存在不确定性。

---

① 最高人民法院民事审判第二庭编：《最高人民法院关于民事案件诉讼时效司法解释理解与适用（重印本）》，人民法院出版社，2015。

2. 非金融机构债权收购涉及的主要法律问题

（1）标的债权转让的合法有效性

非金债权收购中可能出现收购标的为企业直接资金拆借所形成的债权的情形，尤其是股东与公司之间的资金拆借情形。企业间资金拆借的效力存在不确定性，可能存在被认定无效的风险，如被认定为无效，则对借款本金外的占用费、利息等司法机关一般都不予保护。前述情形在非金债权收购中多体现为股东与公司之间的拆借行为，故在相关收购中需要特别关注此类基础合同/标的债权效力不确定性问题。

（2）标的债权的真实准确性

非金债权与金融债权最大的不同之处在于，非金债权的真实性和准确性难以核查。标的债权不准确可能基于当事人的故意或过失，但最终结果则体现为主债权金额高于或低于真实债权金额，实质即为标的债权部分不真实，该种情形下，不真实部分的标的债权可能被认定为无效或被撤销。

3. 非金融机构债权收购所涉及法律问题的建议

一是核查非金融机构债权收购法律风险，如核查文件匹配的一致性、标的债权是否存在瑕疵等；二是确认非金融机构债权收购合同内容，如标的债权、转让通知送达、违约责任等内容的确认；三是关注其他法律问题，如聘请第三方中介机构进行专项审计、审慎处理对权利义务约定负责的收购项目、注意重组收益模式相关财务处理障碍等。

（三）不良资产收益权转让法律问题研究

不良资产收益权转让由于程序简便、收益率高而日益受到市场关注。然而不良资产收益权转让业务的开展，已突破原有权利法律体系，与传统债权转让有所不同，因而在遭遇纠纷时仍然容易出现较大的法律风险，影响预期利益的实现，值得倍加关注。总体而言，不良资产收益权转让主要包括合法合规性风险、破产隔离风险、监管政策风险、出现纠纷的维权风险与信息披露风险等。建议一是合规开发不良资产收益权产品；二是规范基础不良资产的准入管理和权利定价；三是设定全覆盖的担保措施；四是建立风险评估与监督预警机制；五是落实全过程不良资产收益权管理工作（见图4）。

（四）不良资产债转股的法律思考及建议

1. 不良资产债转股的法律思考

在当前宏观经济增速下行趋势延续、企业降杠杆压力增大的背景下，决策层和市场都对债转股寄予了较高的期望。然而，债转股涉及债权和股权两种不同性质资产权益的转换，与一般的债务处置方法相比，不仅面临较大的

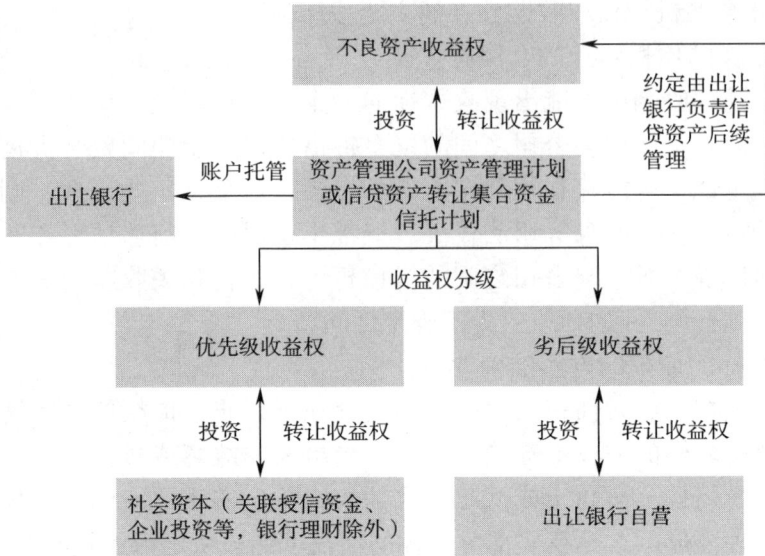

注：根据公开资料整理。

图4　不良资产收益权转让基本方式

政策不确定性和法律风险，其最终成效的影响因素也更为复杂。因此，有必要对债转股的性质、实施条件、法律风险等问题进行全面分析与评估。

不良资产债转股存在的主要法律问题有：债转股与商业银行投资限制问题、不良资产债转股的定价问题、债转股与抵押权丧失问题、债转股与破产重整程序的衔接问题、行政干预债转股问题和债转股权益保障制度欠缺问题。

2. 不良资产债转股的法律建议

一是坚持债转股的市场化导向，对政府部门在债转股中的角色进行合理界定，避免行政干预过度。二是充分发挥资产管理公司的作用，加快推出支持金融资产管理公司的政策规范，加快其国内上市进程，为金融资产管理公司解决不良资产填充"弹药"，并交予市场认可和投资。三是对不同类型的高负债企业区别对待，债转股目标企业应该首选那些发展前景好、产业方向好的高负债企业，以及因高负债而财务负担过重的成长型企业（特别是战略性新兴产业的成长型企业）；反之对于那些缺乏发展前景、扭亏无望的"僵尸企业"，有恶意逃废债行为的严重失信企业，与国家产业政策导向相悖、加剧产能过剩的企业，不能作为债转股目标企业，而应坚定地通过市场机制将其淘汰。四是根据相关各方的目的、财务状况、经营情况及相关背景综合考虑，选择采取债转股结合新股发售、三角置换、债权转质押股权以及债权转回购股权等多种模式实施债转股。五是拓宽债转股的股权退出渠道，如对于规模较大、发展潜力较好、法人治理结构较完善的目标企业，在外部环境较好时再择机将股份转让给其他投资者；对股权分散且管理层融资能力较强的目标企业，可采取管理层持股、收购的方式实现股权退出；对资金实力和融资能力较强的目标企业，可由企业支付收购对价，采取回购方式实现股权退出；对市场竞争力较强、发展前景较好的非上市企业，可推动企业规范化改制并公开上市，通过股票交易最终实现股权退出。

参考文献

［1］吴晓灵，何海峰：《中国金融政策报告 2016》，中国金融出版社，2016。

［2］朱新蓉，唐文进：《2016 中国金融发展报告》，北京大学出版社，2016。

［3］巴曙松，杨倞，刘少杰等：《2015 年中国资产管理行业发展报告：市场大波动中的洗礼》，中国人民大学出版社，2015。

［4］［美］乔治·阿克洛夫，［美］约瑟夫·斯蒂格利茨等：《次贷危机后的宏观经济政策》，中国人民大学出版社，2017。

［5］崔宇清：《培育不良资产处置的市场化环境》，载《银行家》，2016（8）。

［6］梁昱，刘原：《金融资产管理公司参与重点行业去产能去库存模式研究——以钢铁煤炭行业为例》，载《现代管理科学》，2017（9）。

［7］侯亚景，罗玉辉：《"供给侧结构性改革"背景下我国金融业不良资产的"处置之道"》，载《经济学家》，2017（1）。

［8］何力军，刘原，宋鹏程：《中国非金融机构不良资产市场的特点、行业分布与发展趋势》，载《金融论坛》，2014（7）。

［9］王海军，张海亮：《不良资产处置与管理》，中国金融出版社，2017。

［10］胡建忠：《不良资产经营处置方法探究：基于价值重估和分类管理的视角》，中国金融出版社，2011。

［11］侯建杭：《金融不良资产管理处置典型案例解析》，法律出版社，2011。

［12］张弛，胡延玲：《银行不良资产处置法律规制研究》，法律出版社，2014。

资本外流和人民币贬值的
强化机制及其风险防范

交通银行　连　平　刘　健　鄂永健

摘要： 受多重因素影响，未来中国资本外流和人民币贬值压力依然较大。资本外流与人民币贬值一旦形成趋势，可能在相互促进和加强的过程中，加剧产业空心化，导致产业转移受阻，带来金融市场动荡，甚至引发系统性金融风险，成为妨碍中国跨越中等收入陷阱的拦路虎。未来有必要通过非对称资本流动管理、完善汇率市场化形成机制改革及保持良好的宏观经济金融和政策环境等措施，促进资本流动趋向平衡，保持人民汇率在合理均衡水平上的基本稳定。

关键词： 资本外流　人民币贬值　非对称管理

21 世纪初后形成、历经十年左右的资本大规模流入和人民币持续升值过程已告结束。未来一个时期，我国仍将存在较大的资本外流和货币贬值的压力。无论是从国际收支和汇率理论还是实践角度看，资本流动和汇率变化均有着十分密切的关系，二者相互影响、相互促进、相互加强。资本外流和汇率贬值相互强化可能是未来一个时期的重大风险源。对此绝不能掉以轻心，而应高度警惕并采取有效措施加以防范。

一、未来资本外流和汇率贬值仍将面临较大压力

当前，我国已从直接投资净输入国转变为净输出国，而且输出步伐明显加快。改革开放三十余年来，在政策的持续推动下，境外资本持续流入并积累很大。除个别年份外，2007—2013 年我国外汇储备每年增长 4000 亿美元左右，外汇占款每年增长 3 万亿元左右。外汇储备最高的时候将近 4 万亿美元，外汇占款接近 30 万亿元人民币，这都是资本持续大规模流入的现实写照。从国际经验来看，一个国家或经济体发展到一定阶段后，大都

会逐步地从资本净输入国变成净输出国。我国资本持续大规模流入后，经济得到快速发展，产业发展能力增强，要素成本持续上升，资本遂有了全球配置的需求。而本币贬值则进一步刺激了资本流出，正在推进的资本和金融账户开放将为资本流出提供便利。随着人口老龄化、经济结构调整升级，以及生产要素成本优势减弱，我国对外资的吸引力逐步下降。我国实际利用外资增速已从 2010 年的 17.4% 降至 2015 年的 6.4%；2016 年前十个月实际利用外资 1039.1 亿美元，同比增长 4.2%。但与此同时，我国对外直接投资却快速增长。同期，我国对外非金融类直接投资同比增长 53.3%，达到 1459.6 亿美元；全年有可能超过 1700 亿美元，远超实际利用外资规模（见图1）。

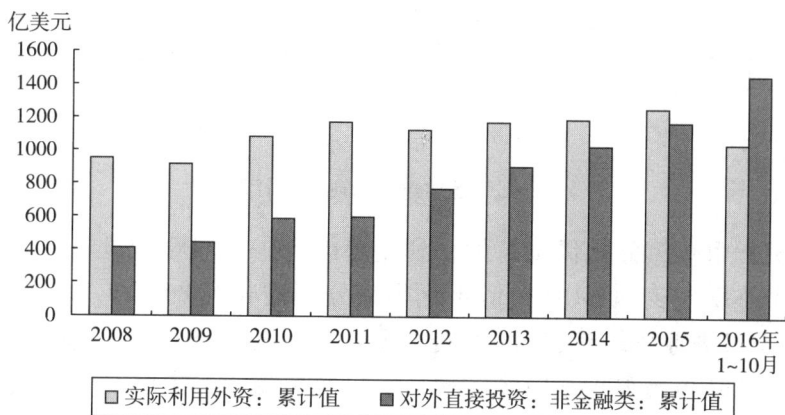

数据来源：商务部。

图1　中国对外直接投资快速增长

未来一个时期，我国制造业对资本的吸引力将持续下降。一个国家或经济体在经历了较长时间的高速增长后，都会有一个经济减速或调整的过程，我国也不例外。经过三十余年的高速增长，我国已成为全球第二大经济体，"后发赶超"优势减弱，潜在增长力呈下降趋势，经济增速逐渐下行将是一种常态。经济下行必然导致投资回报率降低，对资本的吸引力将逐步下降。曾经是吸引外资主力军的制造业投资增速大幅下滑，由前些年的30%左右，降至 2015 年的 8%，2016 年前十个月进一步降至 3.1%（见图2）。投资增速下滑导致制造业吸引外资力度减弱、增速放缓，2015 年近乎零增长。而随着土地、劳动力等生产要素成本提高，外资企业逐步向东南亚等更低成本的国家和地区迁徙已是不争事实。而目前我国服务业开放程度依然较低，外资进入仍有较多限制，在一定程度上制约了对外资的吸引力。2016 年 1～10 月，服务业实际使用外资 4712.5 亿元人民币，同比增长 9.1%，增速较去年同期下降 10.3 个百分点。

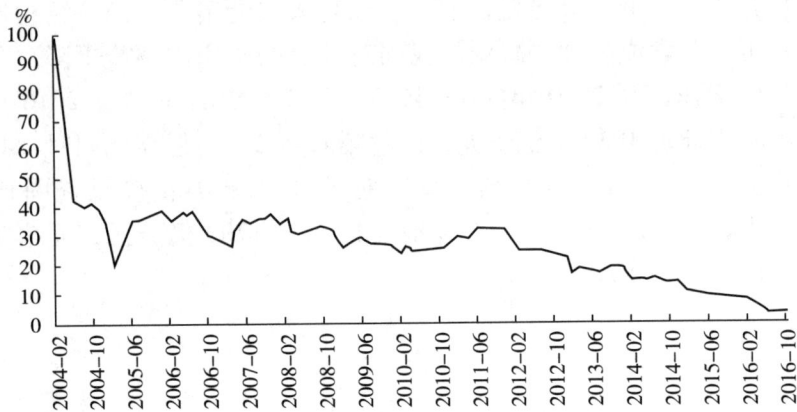

数据来源：Wind。

图 2　中国制造业投资增速（累计同比）

中美货币政策分化仍将持续，利差可能进一步收窄或处在低位。2016 年前三个季度，美国 GDP 初值年化季率分别增长 0.8%、1.4% 和 3.2%。最近 12 个月失业率维持在 5% 左右，核心 CPI 连续 10 个月超过 2%。尽管美国出口回升步履艰难，但经济增长的主要引擎——家庭消费仍然较为稳健，家庭的资产负债状况良好。2015 年美国财政赤字占 GDP 比重已经下降至 2.5%，接近 2008 年国际金融危机前的水平，财政赤字有进一步扩张的条件。美国新当选总统特朗普明确支持大规模财政刺激，并表示将大幅扩大基建投资支出。未来美国经济有可能保持相对较快的增长，从而支持美联储加息。美国联邦基金利率自 2008 年国际金融危机以来，连续八年维持在低位。持续的量化宽松，助长了资产价格泡沫，联邦基金利率有回归正常的需要。从历史经验看，美联储一旦开启加息周期，往往会连续加息，以尽快回升到正常水平。近期中国经济运行出现了一些企稳的迹象，但仍面临诸多不确定性，经济企稳回升的可持续性仍待观察，货币政策稳健偏松格局短期内难以根本转向。从"十三五"时期整体运行格局看，我国经济仍将在结构调整中运行在合理区间的低位，货币政策不存在明显收紧的条件。中美 10 年期国债利差已从 2014 年的 1.6 左右，收窄至 2015 年的 1.2 左右，2016 年 10 月以来则进一步收窄至 0.7 左右（见图 3）。鉴于中美货币政策的分化态势，中美利差可能进一步收窄或保持在低位，甚至不排除出现利差消失的可能性，从而给人民币带来进一步贬值压力。

数据来源：Wind。

图 3　中美 10 年期国债收益率趋于收窄

企业和居民全球资产配置需求、避险需求及套利需求明显增加。随着中国企业的不断发展壮大，企业"走出去"步伐加快。在经济增速下降背景下，国内投资回报率趋势性下降，加之生产要素成本提高，企业全球资产配置需求持续大幅增加。近年来我国对外直接投资高速增长便是明证。与此同时，我国私人财富快速增长，财富集中度不断提高。据统计，2014年我国总资产超过 5 亿元的超高净值人达 1.7 万人，总计资产规模约 31 万亿元人民币，占 GDP 的比重近一半。世界银行 2010 年的报告显示，中国1% 的家庭掌握了 41.4% 的财富，财富集中度已经超过了美国。我国在私有财产保护、营商环境等方面与欧美日等国相比仍有不小差距，部分高净值人群对快速集聚的私人财富本就有所担忧，一直存在并持续增强寻找海外出路的冲动。人民币较强的贬值预期可能进一步加重其避险需求和套利需求，进而带来资本外流和人民币贬值压力。"8·11"汇改以来，人民币兑美元汇率中间价贬值幅度已超过 12%。经济增速下行导致实业投资回报率趋势性下降，必然催生套利需求。人民币持续贬值则进一步加强了未来的贬值预期，这又会增强市场避险需求。目前我国居民部门资产负债表中海外资产占比不足2%，而日本和韩国的这一比例已分别达到15%和20%。从中长期看，我国居民部门资产仍有进一步外流的持续需求。

货币多发带来人民币贬值压力，但并非主要和直接原因。汇率是两种货币的比率，当局多发货币会带来货币供给增加，导致本币购买力下降。因此，从理论上说，货币多发最终有可能带来本币贬值压力。近年来，我国货币供应量确实快速增长，M_2/GDP已从2001年底的140%升至2015年底的203%，明显高于全球平均水平。但也应考虑到我国经济增长速度较快和间接融资为主的两个重要特征。若比较中美货币当局的资产负债表的扩张可以发现，2007—2015年，我国央行资产负债表扩张了1.4倍，而同期美联储的资产负债表则扩张了4.2倍。货币信贷快速增长可能会在一定程度上增加人民币贬值压力，但由于我国资本和金融账户并未完全开放，货币信贷扩张对汇率的传导作用并没有那么直接和明显。近十几年，我国货币信贷始终处于快速增长期，但由于经济增长较快，境内投资回报率较高，中外利差相对较大，人民币持续面临升值压力。因此，货币因素并非是当下人民币贬值的主要和直接的原因。

资本外流和人民币贬值相互促进、相互加强。资本流动会影响外汇供求，进而影响汇率变化。货币升值会吸引资本流入，资本流入则进一步强化升值预期，从而形成循环。2005—2013年人民币兑美元汇率中间价由8.27元一路升至6.1元左右，累计升值幅度达26.3%。在升值预期强烈的同时，中国经历了持续的资本流入。外汇占款由2005年初的4.7万亿元增至2013年底的26.4万亿元，累计增加近22万亿元；外汇储备则由6236亿美元增至3.8万美亿元，累计增加近3.2万亿美元（见图4）。类似的案例还可从日本的经济运行轨迹中找到。日元兑美元汇率由1990年初的145左右升至1995年底的80左右，累计升值幅度达42%。主要原因之一就是资本回流对日元形成了有力支撑。据统计，日本投资者购买的美国长期证券（包括国债、机构债券、公司债券、公司股票等）总额在1990—1995年连续下降，累计减少了60%以上。资本流入与日元相互促进、相互加强，使日元连续六年大幅升值。反之，人民币持续贬值将导致人民币资产价值缩水，增加国内投资下行的压力；而且贬值会进一步强化贬值预期，增强全球投资者抛售人民币资产的动机，导致资本外流压力加大，从而形成"资本外流—人民币贬值—贬值预期增强—资本外流压力加大—贬值预期再增强"的循环。2015年以来，我国资本流动与人民币汇率走势便是一个鲜明的例证。

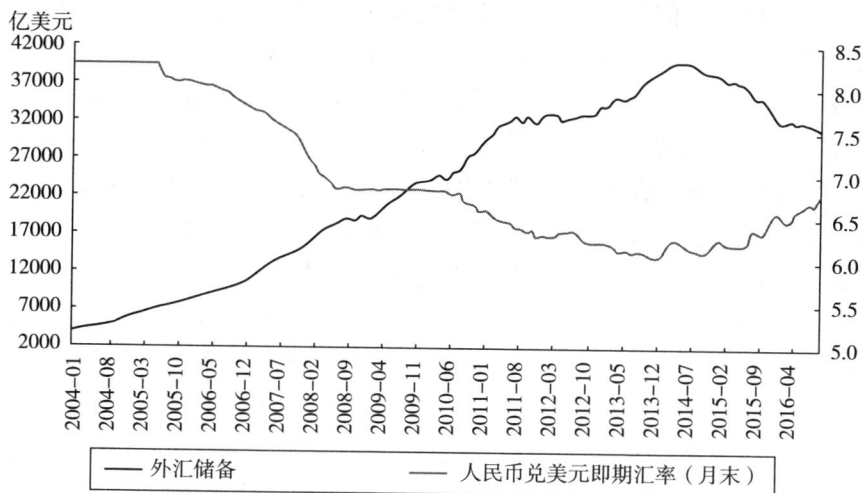

数据来源：中国人民银行。

图4 人民币汇率与外汇储备走势

总体来看，本轮资本外流和人民币贬值是中国经济下行和美元走强等内外部因素共同作用的结果。中国经济增速放缓、产业结构调整、要素成本上升和经济主体需求转变是内因，也是决定性因素。美联储加息带动美元走强短期内进一步增大了资本外流和人民币贬值压力，但并非主导因素。2004—2006年尽管美联储连续17次升息，将联邦基准利率从1%提升至5.25%。但其间我国的外汇储备与外汇占款均保持持续增长，二者分别增长了6600亿美元和5.5万亿元；而人民币2005年后却开始了升值之路。主要原因是中国经济在此期间持续保持10%以上的增长，货币政策逐步收紧导致国内利率水平走高，投资回报率较高，对资本的吸引力较强。如果美联储加息步伐放缓，可能短期内会相应减轻我国资本外流和人民币贬值的压力，但难以根本改变其趋势。

二、资本外流和人民币贬值相互强化已成重大挑战

持续资本外流和人民币贬值预期可能加剧产业空心化。全球金融危机之后，发达国家纷纷推行"再工业化"和"再制造业化"战略，就是对产业空心化进行深刻反思后做出的理性选择。但受经济增速放缓、"资产荒"等因素影响，近两年大量资本从制造业领域涌向了房地产等金融属性较强的行业。当前，中国经济最突出的结构性矛盾之一，就是虚拟经济与实体

经济在一定程度上的脱节，非实体经济聚集了过多的发展资源。资本外流与人民币贬值预期下国内实业投资回报率低下，无疑会推动国内产业空心化发展，拖累制造业转型升级，削弱增长新动力赖以形成的基础。

　　资本外流和人民币大幅贬值加大了民间投资下行压力。今年以来，基础设施建设投资和房地产投资明显回升，但固定资产投资却继续下行，主要原因是制造业投资增速大幅下降。而与此同时，民间投资增速降幅更大，从而成为经济下行压力持续存在的新的重要原因。民间投资增速从2014年底的18.1%急速跌落至2015年底的10.1%，2016年10月则进一步降至2.9%（见图5）。民间投资增速与全社会投资增速"剪刀差"有逐步扩大态势。民间投资增速骤降与宏观经济下行、市场风险上升、国际市场需求萎缩、投资回报率降低背景下民营企业对盈利前景和信心不足密切相关。但以上这些理由似乎难以充分解释年初以来民间投资突然大幅下滑的现象。事实上，上述状况在2014—2015年也都不同程度地存在。年初以来民间投资骤然下降应该还有新增因素的影响。2015年以来人民币持续大幅贬值和不断增强的贬值预期应该与此有关。2015年夏天人民币兑美元一次性大幅贬值以及之后的振荡贬值，使民间资本形成了较强的人民币贬值预期，甚至造成了一定程度的恐慌心理。在整体经济下行背景下，企业长期投资回报率趋势性走低且不确定性增大，民营企业本就投资意愿不强，强烈的贬值预期则进一步降低了中长期固定资产投资的预期回报率。为数不少的民营企业宁肯将大量资金以活期存款形式存放，以满足灵活机动的交易型动机，也不愿进行中长期投资。不少民营企业则选择持续加大美元和日元等避险货币的资产配置，增加海外资产配置力度。目前我国对外直接投资中民间投资占比已超过50%。在人民币快速贬值推动下，民间资本海外投资力度的迅速增大，使得本已不振的民间境内投资雪上加霜。

　　持续资本外流和人民币贬值预期可能阻碍产业梯度转移。在东部地区人工和土地成本持续大幅上涨背景下，引导加工贸易产业从东部沿海地区向中西部地区转移，充分利用本地人力和自然资源，促使中西部经济爆发新活力，不仅有助于缩小地区发展差距，而且有助于整体经济结构调整。但资本外流和人民币贬值预期加大背景下，产业转移可能有新的选择，即通过比较资本外流和人民币贬值背景下向中西部转移的成本和风险，产业可能直接转向要素成本更低的国家。而在避险需求和套利需求增强背景下，即使产业出现向中西部的梯度转移，发生转移的可能也是空心产业，无助于中西部地区的经济发展，也对经济结构调整升级无益。

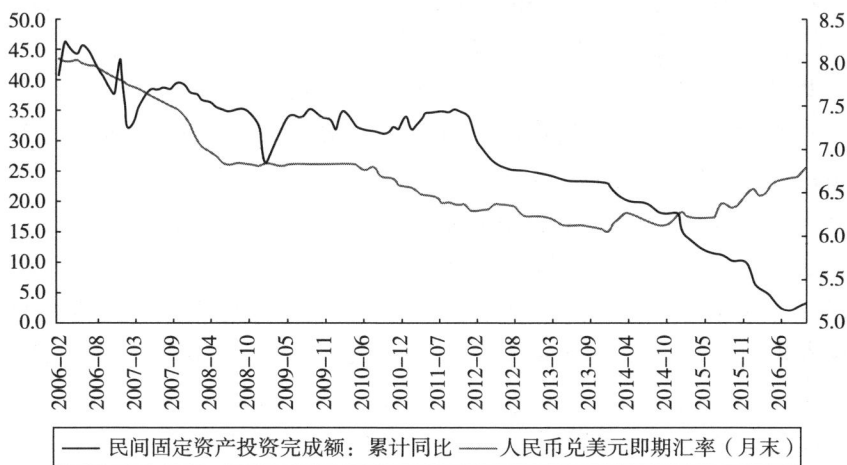

民间固定资产投资完成额：累计同比 ——人民币兑美元即期汇率（月末）

数据来源：Wind。

图5　人民币汇率与民间投资增速

大规模资本外流和人民币持续贬值可能再度引发股票市场动荡。未来一个时期，中国经济增速依然存在下行压力。美联储仍将处于加息通道，国际金融市场动荡、地缘政治冲突、"黑天鹅"事件频发等导致国际资本风险偏好下降，资本外流压力和人民币贬值预期难以在短期内完全消退，避险需求和套利需求将持续存在。一旦短期贬值幅度过大，尤其是再次出现一次性大幅贬值，不排除在市场恐慌情绪带动下，短期资本大规模外流，从而出现股市、汇市联动杀跌效应，造成资本市场大幅震荡。"8·11"汇改以来，这种联动至少已出现了两次，未来再次出现的可能性依然存在。

持续资本外流和人民币贬值预期有可能引发系统性金融风险。持续的资本外流及人民币持续贬值可能引发更大的贬值预期，导致人民币资产价值持续缩水。短期资本在贬值预期驱动下必然大规模夺路出逃，人民币则是抛售对象，以人民币计价的各类资产都将难逃贬值冲击。金融资产对价格变动较为敏感，且流动性较强，因而会首当其冲。房地产价格经过多年的持续上涨，市场上已存在较强的房价下跌预期。近年来，房地产市场崩溃论一直不绝于耳。人民币持续贬值并形成较强的贬值预期，外资和部分内资都可能加快从中国房地产市场撤离的步伐，未来我国房地产市场可能面临较大风险。经验表明，全球性和区域性的金融或经济危机差不多每十年左右爆发一次。最近一次是2008年全球金融危机，这样2017—2018年前后有可能处于爆发全球性或区域性金融危机的敏感期。在开放度提高条件下，未来国际金融危机传导的风险加大，容易促进资本外流与人民币贬值相互强化和形成恶性循环。在股市、债市、外汇、信托、房地产、私募、理财及P2P等本身因各种问题而十分敏感的情况下，单一的个体风险也可能因"蝴蝶效应"引发上述市场出现共振，导致资金迅速撤出各类人民币投资品，从而酝酿系统性风险。

资本外流和人民币相互强化可能成为妨碍我国跨越中等收入陷阱的拦路虎。当前及未来几年，我国正处于全面建成小康社会，告别中等收入国家行列、迈入发达国家门槛的关键时期。应当看到，我国已经具备了跨越中等收入陷阱的较好基础和条件。改革开放以来，我国经济总体保持高速增长。新型城镇化、长江经济带及"一带一路"等战略的稳步推进将进一步带动投资、消费需求的增长。我国拥有长期稳定且大力支持市场机制发挥作用的政府和持续改善的高质量的人力资本。持续推进的城乡一体化改革、投融资体制改革、科技体制改革和科技创新以及供给侧结构性改革等一系列重大改革，能够释放巨大发展潜力，驱动中国在未来五年左右跨入高收入国家行列。

然而，资本持续大规模外流和人民币汇率大幅贬值之间的相互加强，可能威胁金融市场的稳定性，阻碍经济平稳增长，甚至可能成为跨越中等收入陷阱的拦路虎。阿根廷、巴西、智利、委内瑞拉等拉美国家经济起飞初始条件优于日本、韩国、新加坡等东亚国家，但最终却走向经济停滞而陷入中等收入陷阱，主要原因之一便是资本持续大规模外流与汇率大幅贬值。在资本大规模流出压力下，1978年，阿根廷新比索与美元的汇价是1:1003；而到了1982年底，1美元更是可以兑换3.9万新比索；阿根廷的国际储备则从1979年的116亿美元降至1982年的45亿美元，下降了61%。拉美国家的经验教训告诉我们，在本币剧烈贬值下，资本持续大规模外逃将导致金融市场动荡，经济最终陷入停滞而倒退。当前和未来一个时期，我国仍将面临人民币贬值和资本流出的压力以及两者相互加强的风险，这必然会使下行压力较大的宏观经济"雪上加霜"，在引发系统性金融风险的同时，破坏经济增长基础。

总体来看，当前及未来一个时期，我国不少领域都存在潜在风险。部分一、二线城市房价飙升，楼市金融属性增强，房地产泡沫风险有所提高；非金融企业杠杆率呈上升趋势，增加了企业的财务成本，企业债务违约风险上升；"影子银行"体系规模庞大，并不断膨胀，风险时隐时现、渐行渐近。不过，我国当前的财政实力较雄厚，政府调控市场能力较强，而且商业银行资产质量尽管有下行压力但风险总体可控，金融体系依然稳健。因此，上述风险都处在可控范围内。但资本外流和人民币贬值相互加强所带来的风险却涉及境内外市场的相互影响、内外部政策的相互掣肘以及国际经济关系的协调，管控难度相对较大，但危害程度可能较为严重。从相关的国际经验和我国当下的现实来看，当前和未来一个时期，我国面临的最严峻的挑战和最重要的风险可能就是资本大规模外流和人民币汇率大幅贬值及其相互加强。

我们既不能轻视资本存在大规模流出压力，当国内需要加大投资的关键时刻，眼睁睁地看着资本尤其是民间资本大规模外流；我们也不能就事论事地从外汇市场角度考量人民币贬值，不顾贬值对人民币资产投资的削弱效应，在市场汇率已经很接近合理均衡水平上下时，任凭非理性的市场力量大肆做空人民币，甚至还要实施"一次性贬值到位"；我们更不能对资本流出和人民币贬值的相互加强及其危害视而不见，盲目乐观而疏于应对，坐视其抑制境内投资、阻碍产业梯度转移及触发系统性金融风险等严重后果的形成。

三、多管齐下力阻资本流出和汇率贬值相互强化形成趋势

为避免资本流出和人民币贬值相互加强的危害性，在保持经济中高速增长的同时，应在资本流动、汇率机制和政策以及宏观经济金融政策等方面多管齐下，力促资本流动相对平衡和人民币汇率在合理均衡水平上下保持基本稳定。

1. 问题的关键是保持资本流动基本平衡

汇率是外汇的市场价格，自然由供求关系决定。资本流动会影响市场外汇供求关系，从而决定汇率变化，尽管汇率形成预期之后会影响资本流动。未来人民币汇率稳定的关键是资本流动基本平衡。当然，汇率基本稳定并非一成不变，而是可以在合理均衡水平随市场供求上下波动。

未来应理性审慎推进资本和金融账户开放。当前和未来一个时期，从市场需求和国家战略的角度看，有必要进一步推进资本和金融账户开放步伐。根据目前的国际环境和中国的实际状况，全面开放资本和金融账户是一项高风险的操作。未来的开放宏观上应审慎，微观上应稳健。但不能矫枉过正，更不宜笼统地提"加强资本管制"，不应轻易改变过去的承诺。资本流动会影响外汇供求，资本管制势必扭曲外汇供求关系，难以实现真正推进汇率市场化形成机制改革。在当前资本外流和人民币贬值压力较大、

国际金融市场不确定因素较多的情况下，应合理和稳妥地设计资本和金融账户开放的步骤和路径，采取先试点、再推广的策略。按照蒙代尔"不可能三角"理论，当前我国保持汇率稳定、货币政策独立性和资本项目开放三者难以兼得。从有利于经济平稳运行和有效控制金融风险的角度出发，当下我国应保持货币政策独立性和汇率基本稳定，对资本和金融账户开放采取审慎态度，主要是谨慎对待资本流出。

当前和未来一个时期，应采取非对称的资本流入和流出管理，促进资本流动趋向平衡。所谓非对称管理即对外汇流出管理偏紧，对外汇流入管理偏松。从我国资本流出压力较大的现实看，有必要进一步开放境内市场，适度加大吸引资本流入的相关政策。具体来说：

进一步加大服务业外商直接投资开放力度。尽管服务业已超过制造业成为吸引外资的主力军，但增速相对较低。未来有必要进一步推进服务业有序开放，尤其是金融、电信、运输等重点领域开放力度，逐步放开建筑设计、会计审计、商贸物流、电子商务等服务业领域外资的准入限制。

适度扩大资本市场和货币市场向外资开放的力度。逐步扩大证券投资领域的开放，适时扩大合格境外机构投资者（QFII）的额度，简化审批流程。"深港通"正式开通后，适时开展"沪伦通"的可行性研究。

进一步完善宏观审慎管理框架下的外债和跨境资本流动管理体系，适度放松企业举借外债限制。以人民币纳入 SDR 为契机，进一步推进债券市场开放，促进债券市场的互联互通，适时考虑建立人民币国际债券市场，打通各个市场的融资者和投资者的交易渠道。近年来，我国外债规模总体呈扩大趋势，目前，我国全口径外债余额 1.39 万亿美元，较 2001 年增长了近 6 倍。但主要外债风险指标一直处于低位，负债率为 13%，债务率为 58%，短期外债和外汇储备之比为 28%，均在国际公认的安全线以内，也优于发达国家和经济规模较大的发展中国家相关外债风险指标。其中的关键问题是短期外债占比较高，目前，我国短期外债占比已较峰值下降了 16 个百分点，但占比仍在 60% 以上。未来可考虑在合理安排外债期限的同时，适度放松企业境外融资限制，进一步放宽企业举借外债规模、比例、资金用途等方面限制，逐步实现中外资企业举借外债平等的国民待遇。进一步梳理外汇管理相关政策法规，废除部分陈旧的政策法规，清理、修正相互矛盾的政策法规。

进一步放松外汇流入限制措施，减化外汇管理手续，减少审批流程，提高外汇流入的审批效率。考虑到目前市场主体结汇意愿相对平稳，结汇规模进一步萎缩空间较小，未来有必要通过多种途径鼓励出口企业积极结汇，激发企业的结汇热情。

在资本外流压力较大背景下，对资本流出的管理则应适当收紧。诸如个人对外实业投资、不动产投资和证券投资等敏感领域的放开应谨慎推进。持续加强宏观审慎管理，严格限制投机性购汇需求。

在资本外流和人民币贬值压力较大的背景下，资本流入和流出的非对称管理将在短期内为实现资本流动相对平衡赢得缓冲期，从中长期看则可以形成有效管理这方面冲击的机制框架。未来在资本流动相对平衡、市场条件逐步好转后，可逐步从非对称管理转向对称管理，这不仅是推进资本和金融账户开放的必要条件，也可避免由于特定时段资本集中外流可能引发的金融市场风险。为有效稳定市场，防患于未然，境内外监管部门应就联合干预市场的条件、时机、方式以及成本分摊等事项事先协商确定。进一步考虑外汇管理应急机制，提前布局能够控制资本流动的有效措施，包括额度控制以及加强对外直接投资和外币兑换的审批程序。一旦出现危机隐患，还可以通过提高税率、收紧额度和延长审批时间等措施控制资本外流。

2. 合理的汇率机制和政策是重要手段

贬值与贬值预期容易相互强化。在当前的内外部市场环境下，有必要通过多种措施合理引导市场预期，同时谨慎推进汇率市场化改革，进一步完善人民币汇率定价模式，促进人民币汇率在波动中保持多维度的基本稳定。

当下应合理引导市场预期，有效管理贬值节奏。在市场非理性行为的作用下，一次性大幅贬值及短期内快速贬值都有可能进一步加剧贬值预期。"8·11"汇改的人民币一次性贬值及2015年底至2016年初的人民币快速贬值都进一步加剧了市场贬值预期。在中国经济下行压力较大的情形下，甚至推出CFETS篮子和中间价顺势下调等举措都被市场解读为政策导向的竞争性贬值。因此，有必要将人民币年度贬值幅度控制在金融资产平均投资回报率上下，避免再次出现一次性贬值及过快贬值。但可以允许人民币在市场供求关系影响下顺势逐步贬值，阶段性地双向波动。采取适度控制贬值节奏的策略，同时辅以外汇市场适时合理干预以避免大幅度贬值，推动市场预期分化。但在人民币贬值压力较大和市场悲观情绪浓重的情况下，货币当局应"该出手时就出手"，同时与市场进行有效沟通、让市场充分理解政策意图，及时正确地引导和管理市场预期。有限的干预操作应精准使用，每次干预应真正打痛投机者，以达到震慑一批的目的。促进人民币汇率在波动中保持多维度的基本稳定①。

未来应谨慎推进和进一步完善汇率市场化改革。当前的内外部环境并非是快速推进汇率全面市场化改革的较好时机。可以考虑继续通过调节离岸市场人民币的银根来掌握离岸人民币汇率的定价权，适时抬高做空投机者的成本，从而有效调控市场。为缩短汇率决策流程，提高快速反应能力，可考虑授权货币当局在一定目标区间内相机调控汇率。适时进一步扩大人民币汇率波动幅度，分化投资者的预期。进一步完善 CFETS 人民币汇率指数，真正实现人民币汇率形成机制更多地参考一篮子货币。"参考收盘汇率"＋"参考一篮子货币汇率"的双参考定价模式，使人民币汇率市场化程度进一步提高。但这种新的机制也可能易受国际货币之间汇率波动的影响，容易导致非对称贬值，尤其是在资本外流和人民币贬值压力较大的条件下。"8·11"汇改以来，人民币汇率先后出现四次较大幅度贬值，除了中国经济下行和国际金融市场波动等内外部因素外，双参考定价模式也可能起到了一定的推动作用。研究表明，人民币一篮子货币汇率变化和美元指数变化具有明显的负相关关系。美元指数走强，一篮子货币汇率变化倾向于贬值，美元指数走弱，一篮子货币汇率变化则倾向于升值。因此，未来有必要进一步完善人民币汇率定价模式，从而更好地适应市场变化。

3. 良好的宏观经济金融和政策环境是保持资本流动平衡的基础

经济中高速增长、金融市场稳定和货币政策合理是汇率和资本流动最重要的基本面。只有保持经济中高速增长和货币金融稳定，才有可能形成境内投资较高的回报率，保持中外利差在合理水平上，促进境内资本加大投资力度，吸引境外资本合理流入，改变资本过度外流局面，最终促进人民币汇率走向基本稳定。

众所周知，中国经济具有保持中高速增长的潜力。从城镇化水平较低、人均 GDP 仍在中等收入层次和产业梯度转移空间看，未来一个时期，我国依然有能力保持 6.5% ~7% 的增速。从保持市场信心和稳定预期看，维持中高速增长也有此必要。经济增速换挡过程中不能失速，经济运行一旦失速，进入惯性下滑轨道，信心缺失与经济下滑就会形成恶性循环。届时，

---

① 连平：《保持人民币汇率平稳运行至关重要》，载《上海证券报》，2016－08－30。

不仅结构调整难以有效推进，而且经济基本面还会受到更大伤害①。保证经济在潜在增长水平上下平稳增长，避免"硬着陆"是改变市场预期、稳定金融市场的重要基础和前提。人民币不存在长期贬值的基础。但良好的基础变成市场的现实因素和预期还需要有效的政策推动。实体经济不稳，"硬着陆"的风险持续存在，即便有再多的外汇储备、再好的预期管理，外汇市场也很难稳定。预期管理需要以现实为基础，脱离了良好的基本面，预期管理手段再高明也将无济于事。因此，当务之急是运用多种政策工具保持经济中高速增长。

针对当前我国经济面临的复杂的挑战和结构性难题，需要合理的结构性措施加以调控应对。从提高供给质量出发，推进结构调整，矫正要素配置扭曲，扩大有效供给，提高供给结构对需求变化的适应性和灵活性。继续加大力度简政放权，破除市场壁垒，稳步推进价格改革，促进城乡要素流动，提高全要素生产率，为未来经济发展提供强大推动力。

积极的财政政策要保持适当力度，实施多方面稳增长政策。投资下行压力较大主要来自于民间投资，应在缓解民营企业融资难、融资贵、经营成本高等问题的同时，深化市场化改革，营造不同投资主体一视同仁的公平投资环境，为民间资本创造更好的投资空间。在充分发挥投资稳增长的同时，要更加重视服务业发展和消费增长，加大对现代服务业的政策支持力度，应推出大量助推经济结构转型的重大项目。

货币政策保持稳健、适度和灵活。在经济增速下行，资本流出和人民币贬值压力下，货币政策应围绕"稳增长"和"控风险"两个核心目标实施，总体保持稳健、适度和灵活。近期经济运行出现企稳回升。投资增速止住了年初以来的下跌趋势，保持平稳增长；规模以上工业增加值连续8个月高于6%，企业效益逐步改善；PPI结束了54个月以来的负增长，连续数月明显回升；制造业PMI在荣枯线上大幅反弹，非制造业PMI连续9个月高于53%；一、二线城市房价在调控下趋于平稳，部分二线城市房价则持续上涨。未来如果通胀明显露头，楼市泡沫进一步加重，货币政策应不失时机适度收紧，以实现稳增长和控风险的平衡。

尽快建立系统性金融稳定机制，提高对金融危机的预警和防范能力。从战略高度和国家层面部署和推进金融风险防范工作。建议继续有效发挥

---

① 　人民日报：《如何看待当前中国经济形势——访国家发改委宏观经济研究院常务副院长王一鸣》，2013 - 07 - 17。

国务院应对国际金融危机小组的关键作用，促进其一定程度的常态化，赋予其适当的风险管理的决策权力和管理职能。尽快建立与国际接轨的跨境资本流动统计监测体系，有针对性地开展情景分析和压力测试，以前瞻、透明地监测跨境资本流动。密切跟踪监测风险状况，做好风险监测和预警。建立境内外联动的风险预警机制，与境外主要人民币离岸市场的监管部门加强协同联动、信息共享，就离岸市场人民币汇率、利率、股票、债券等价格异动、资金异常流动等信息及时进行沟通反馈。

绿色信贷风险评估体系建设

——基于钢铁企业环境风险评估的实证研究

北京银行　刘宏业　李　静　李维民

摘要： 绿色信贷是保护环境的重要经济手段，也是银行业发展的必然趋势。本文以解决商业银行开展绿色信贷的实际问题为出发点，重点梳理了绿色信贷的主要模式和管理流程，及在分析国内外银行发展情况的基础上，找出中外银行在企业环境风险评估方面的差距；同时通过建模从收益最大化角度分析影响银行与企业在面临环境风险决策的因素，强调通过多种措施确保风险治理成本低于环境风险损失，以推动银行和企业的积极性。以钢铁企业为例实证开发了企业环境风险评估打分卡，使信贷管理人员能够对企业环境风险有量化的认识，并为企业整体风险评估提供参考依据，以及进一步评估企业潜在的环境风险损失提供分析基础。根据研究结果对绿色信贷风险评估体系的建设方案提出政策建议。

关键词： 绿色信贷　环境风险评估　赤道原则

一、引言

随着人口增长、经济快速发展和能源大量消耗，人类赖以生存的生态环境受到严重挑战。粗放的经济发展模式日益受到能源、资源以及环境的约束，特别是高污染高耗能生产方式与经济可持续发展的矛盾日益凸显。为此，绿色发展逐步被树立为经济发展的基本理念，也成为当前经济发展的主导方向。发展绿色金融是实现绿色发展的重要举措，绿色信贷作为绿色金融的核心受到世界各国的广泛重视。

绿色信贷涉及两个层面：一是发挥资源配置功能，即将信贷资源向低碳经济、循环经济等领域投放，促进绿色产业、绿色经济发展；二是加强环境与社会风险管理，即建立环境与社会风险管理体系，识别与评估企业或项目潜在环境与社会风险，并把企业有效降低环境与社会风险作为商业银行提供融资的前提条件。

国家"十三五"规划已将绿色发展作为五大发展理念之一，绿色信贷无论对商业银行本身，还是对社会经济发展都具有极其重要的意义。我国商业银行在推进绿色信贷过程中更偏重于向绿色领域的资源配置，相对缺乏对环境和社会风险管理，多数商业银行基本上以环保部门审批通过的环评报告书作为管理手段。根据银监会披露，截至 2016 年 6 月末，21 家主要银行在节能减排、环境治理、清洁能源等绿色领域的信贷余额为 7.26 万亿元，占各项贷款余额的 9%。钢铁、有色、煤炭、化工、造纸、制革、建材、印染、火电、采矿、制药、畜牧、电子等大量领域面临环境与社会风险问题，有待商业银行通过信贷手段引导企业降低环境风险。

据环保部专家分析测算，我国环境污染损失绝对量逐年上升，环境污染恶化趋势还没有得到根本控制。银行信贷结构中大多数传统产业项目都存在着环境风险，环境风险日益成为信贷活动中最主要的风险之一。商业银行在加强绿色产业领域信贷投放的同时，应进一步加大环境与社会风险的管理，通过信贷手段督促企业采取各种有效措施充分降低环境与社会风险，并确保风险与收益的平衡。

与欧美发达国家相比，我国绿色信贷仍处于起步阶段，特别是在绿色信贷的风险评估领域，尚未建立完善的风险评估体系，缺乏有效的管理工具。加强绿色信贷研究，特别是环境风险评估研究对商业银行提升自身环境和社会表现，坚持可持续发展具有重要的理论价值和现实意义。

本文结构如下：第二节重点梳理了绿色信贷的主要模式和管理流程；第三节整理分析了绿色信贷在国内外的发展情况；第四节通过建模分析了银行绿色信贷影响因素；第五节实证分析了企业环境风险打分卡的开发过程；第六节是全文的总结，在前文研究分析的基础上提出了银行建立环境风险评估体系的方案。

二、绿色信贷的主要模式和管理流程

（一）绿色信贷的主要模式

绿色信贷总体包括三个层面内容：一是正向激励（即绿色信贷产品创新），即使用合理的信贷政策和手段，支持节能环保企业或项目，实现履行环境责任和银行盈利的双赢；二是负向惩罚，即严控"两高一资"领域的信贷投入，特别是对违反各类环保相关法律法规或遭受环保处罚的企业和项目，采取停贷或提前收回贷款等信贷处罚措施；三是风险管理，即充分了解企业的环境信息，准确评估企业面临的环境风险，并积极采取多种手段引导企业实施充分降低环境风险的措施，间接降低信贷风险。

1. 绿色信贷产品创新

绿色信贷的正向激励实质上体现为绿色信贷产品的创新，国外银行主要的绿色信贷产品创新如表1所示。

表1 国外银行绿色信贷产品

产品模式	银行	产品内容
住房抵押贷款	花旗集团	针对中低收入的居民，将省电等节能降耗指标纳入其信用评分体系。
	加拿大帝国商业银行	对于购买节能型住房或对住宅进行节能改造，可以提供长达35年的按揭以及对贷款保险费提供10%退款。
商业建筑贷款	美国新资源银行	对绿色建筑项目中的商业或居住单元贷款，提供0.125%的利率折扣。
	富国银行	对经过LEED认证的节能商业建筑提供贷款，并免除开发商需要为建筑物支付的初始保险费。
房屋净值贷款	花旗集团	向购买住宅居民用太阳能设备的客户提供便捷融资。
	美国新资源银行	提供一站式的太阳能融资。
汽车贷款	加拿大Van City银行	对于低排放量汽车提供优惠利率贷款。
	澳大利亚MECU银行	要求贷款申请人通过种树以吸收私家汽车的排放。
运输贷款	美洲银行	为卡车运输司机提供贷款，支持其购买节油率15%汽车升级套装。
信用卡	荷兰合作银行	每年根据信用卡购买高耗能领域产品的金额，按照一定比例捐献给世界野生动物基金会。
	巴克莱银行	对于用户购买绿色产品和服务，提供较低的借款利率，同时将信用卡利润的50%用于全球碳减排项目。
项目融资	爱尔兰银行	对转废为能项目提供期限长达25年的融资，要求客户与当地政府签订废物处理合同并承诺支持合同规定外的废物处理。
	巴克莱银行	成立专项服务部门致力于清洁能源项目的长期投资。
理财产品	日本瑞穗实业银行	推出可再生能源私募基金、与生态环境相关的结构性理财产品。
绿色债券	澳大利亚国民银行	发行贝壳杉种植债券。

2. 绿色信贷风险管理

绿色信贷风险管理的重点是环境风险的评估和环境风险的组合管理。本文提到的绿色信贷风险专指由环境风险演化的风险。

表2   **银行环境风险演化的风险**

风险类型	影响
信用风险	客户由于环境风险而无法偿还贷款，包括：（1）项目成本增加（如延期、额外投资）；（2）由于不遵守国家与地方环境法律规定产生罚款或赔偿；（3）丧失生产能力（如停产整顿）；（4）低效率导致低竞争力或低销量；（5）保险费用增加；（6）场地污染；（7）设备维护保养不当等。
法律风险（责任风险）	金融机构面临法律问题、规费和整改所持有的资产对环境构成损害的责任，包括：（1）获得受污染抵押物的所有权；（2）直接责任导致严格意义上的放贷方责任；（3）因环境负面影响而引起的集体诉讼等。
声誉风险	因项目在环境方面的负面影响损害了金融机构的媒体形象，包括在公众当中的形象、商业和金融领域声誉。包括：（1）媒体报道；（2）当地阻力或消费者运动；（3）政府调查。

环境风险评估是通过对环境风险的影响因素和环境风险发生可能性的调查、分析和评价的基础上，评估出环境风险大小的过程。通过对环境风险的评估，能够帮助信贷管理部门了解当前信贷资产组合中环境风险主要暴露在哪些领域，并对信贷结构调整优化提供参考依据。

（二）绿色信贷风险管理的基本流程

绿色信贷风险管理的基本流程通常包括环境风险的识别、评估、应对、监控、控制、沟通等环节，如图1所示。环境风险管理应贯穿于银行信贷业务的贷前、贷中及贷后整个流程中。

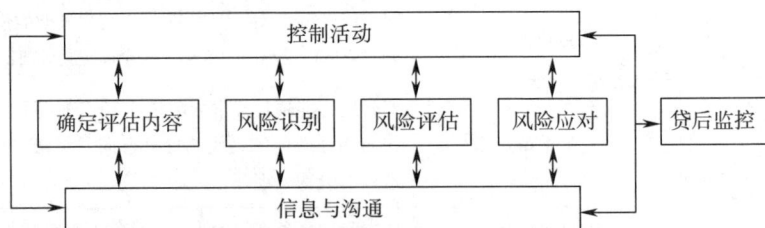

图1   环境风险管理的基本流程

商业银行应当建立环境与社会风险管理体系，有效识别、计量、监测和控制环境风险。对存在重大环境和社会风险的客户应实行名单制管理，并制定相应的风险缓释措施，包括通过保险公司分担环境风险，制定重大风险应对预案，加大环境风险治理的投入，强化环境风险管理约束，增加环境风险信息披露的透明度等。

三、绿色信贷在国内外的发展情况

《环境与社会风险项目融资指南》（即赤道原则）被国际金融界作为衡量绿色信贷的标准。这个准则出现于 2003 年 6 月，由国际金融公司与花旗集团、荷兰银行等金融机构联合制定。2006 年，赤道原则扩大了适用范围，降低了符合项目融资的规模和入门银行的门槛。目前，共有 37 个国家的 89 家国际知名金融机构宣布采纳赤道原则，项目融资额已超过全球融资总额的 86%。赤道原则已经被作为判断和评估环境与社会风险的国际标准。

欧美发达国家绿色信贷已经十分成熟，主要得益于完善法律和政策约束。一方面强调商业银行的法律责任。要求商业银行对其发放贷款的项目环境污染负责，即在保证项目对环境不产生有害威胁的情况下，商业银行才可以发放贷款，并承担永久的环保责任。另一方面是政府出台各种鼓励政策，如低息、担保、补贴、税收等进行积极引导生产企业节能减排，做好环保措施。

发达国家的银行普遍在赤道原则的基础上，结合本国实际情况，制定较为完善的绿色信贷发展规划和业务管理标准体系，将赤道原则所倡导的理念贯穿于绿色信贷各个环节，拥有可量化的风险评估指标体系、差异化的绿色信贷管理流程以及标准化的绿色信贷准入机制，从而督促和引导投资者进行绿色投资决策发展绿色经济。

（一）国外银行绿色信贷发展情况

1. 美国花旗银行

花旗银行建立环境与社会风险管理体系（Environmental Social Risk Management，ESRM），依据赤道原则理念控制环境与社会风险；专门设立环境和社会风险政策审查委员会，负责环境与社会风险评估，要求所有融资项目必须通过环境与社会风险审查后才可以发放。委员会根据风险情况将绿色信贷申请项目分为三种类型：一是 A 类，是指项目的环境与社会风险造成的破坏无法挽回；二是 B 类，是指项目环境与社会风险带来的影响相对有限，能够通过一些补救措施挽回；三是 C 类，是指项目环境与社会风险带来的影响较小。对于纳入 A 类的项目需要按照赤道原则的标准进行

严格审查。超过 1000 万美元的项目融资的信贷审批，需经过四个阶段流程
（如图 2 所示）。

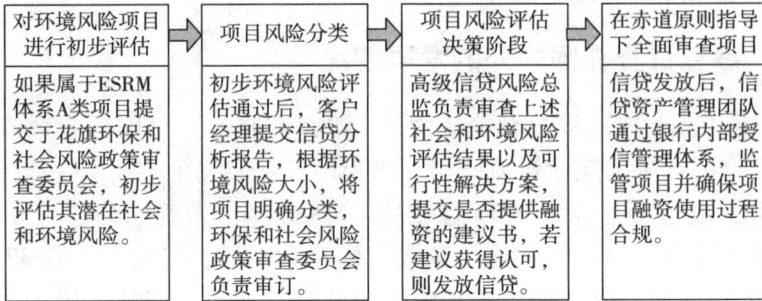

对环境风险项目 进行初步评估	项目风险分类	项目风险评估 决策阶段	在赤道原则指导 下全面审查项目
如果属于ESRM体系A类项目提交于花旗环保和社会风险政策审查委员会，初步评估其潜在社会和环境风险。	初步环境风险评估通过后，客户经理提交信贷分析报告，根据环境风险大小，将项目明确分类，环保和社会风险政策审查委员会负责审订。	高级信贷风险总监负责审查上述社会和环境风险评估结果以及可行性解决方案，提交是否提供融资的建议书，若建议获得认可，则发放信贷。	信贷发放后，信贷资产管理团队通过银行内部授信管理体系，监管项目并确保项目融资使用过程合规。

图2　花旗银行 ESRM 评审过程

花旗银行采取梯形方式进行绿色信贷项目审查，即由业务经理与内控经理分别独立地对相关信息审查，并形成相互制约。业务经理负责对客户基本信息、运营信息、盈利水平等进行分析，内控经理则负责对客户的信用等级、抵押品的质量和有效性、项目面临的环境风险进行评估。

2. 日本瑞穗实业银行

日本瑞穗实业银行制定了覆盖 38 个行业的业务指导手册，并参照《环境、健康与安全指南》等制定了"行业环境影响筛选表"。成立可持续发展部，负责信贷项目绿色审核和评估，并将信贷项目被分为 A、B、C 三类。A 类和 B 类项目对环境与社会风险存在较大影响，需按照不同的行业标准进行审核。首先确定项目是否可以纳入赤道原则范围；如果项目纳入赤道原则，由业务部门负责根据项目规模及位置、对环境与社会的影响程度等因素，确定项目应划入哪一级别，并撰写报告报送可持续发展部；可持续发展部按照"环境清单"进行环境风险审查，并将审查报告提交给信贷部门作为信贷审批决策的重要依据。

3. 加拿大皇家银行

加拿大皇家银行也是将项目划分为三类（如表 3 所示），对不同环境风险类别的授信项目进行差异化管理。Ⅰ类项目聘请外部专家进行环境风险评估；Ⅱ类项目聘请外部专家提出具体环境风险；Ⅲ类项目聘请外部专家进行项目环境风险调查。

表3　　　　　　　　　　　　　加拿大皇家银行授信项目分类

Ⅰ类		Ⅱ类	Ⅲ类
干洗店（仓库）	干洗店（设施）	天然气管道	木材储藏
纺织业	电气技术行业	停车场	化肥
皮革及皮革产品	金属制品	采矿	资源萃取
印刷	农业服务及供应	大型油库	油气生产
设备及固定装置	电镀业修理库	白金公司	杀虫剂、除草剂制造
木材及木制品	制药行业	电池、溶剂和液体废料回收	废弃物管理
洗衣服务	冶金业	废料及废弃物	纸浆和造纸业
石头、黏土及草制品	油漆制造	加油站	铸造
变电站	油气开发	墨水制造	钢铁业
仓储	油气制造	制革	石油提炼
	输油管	运输业	石油化学行业

4. 加拿大商业发展银行

加拿大商业发展银行构建了一套较为完善的信贷评估审核机制和环境评估决策机制，以配合国家有关政策实施。根据项目评估结果进行贷款审批或发放决策（如图3所示）。

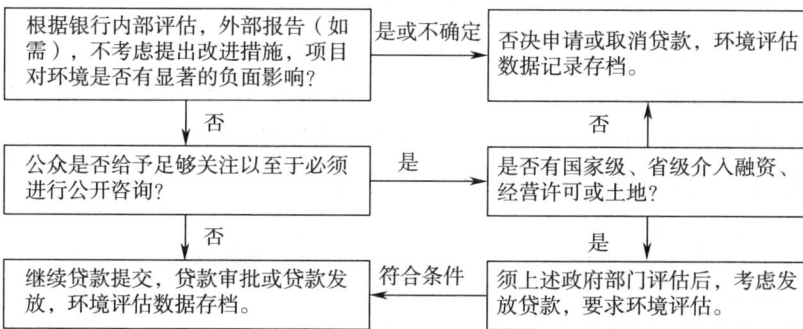

图3　加拿大商业发展银行的环境风险评估决策树

5. 荷兰合作银行

荷兰合作银行将环境风险评估贯穿于信贷业务的每个阶段（如图4所示）。在每个阶段都充分征求、咨询各方意见。在任何一个阶段发现客户存在较为严重的环境问题，如果是新客户，则立即停止业务关系；如果是老客户，则寻求解决途径，若未解决该问题，则停止业务关系。

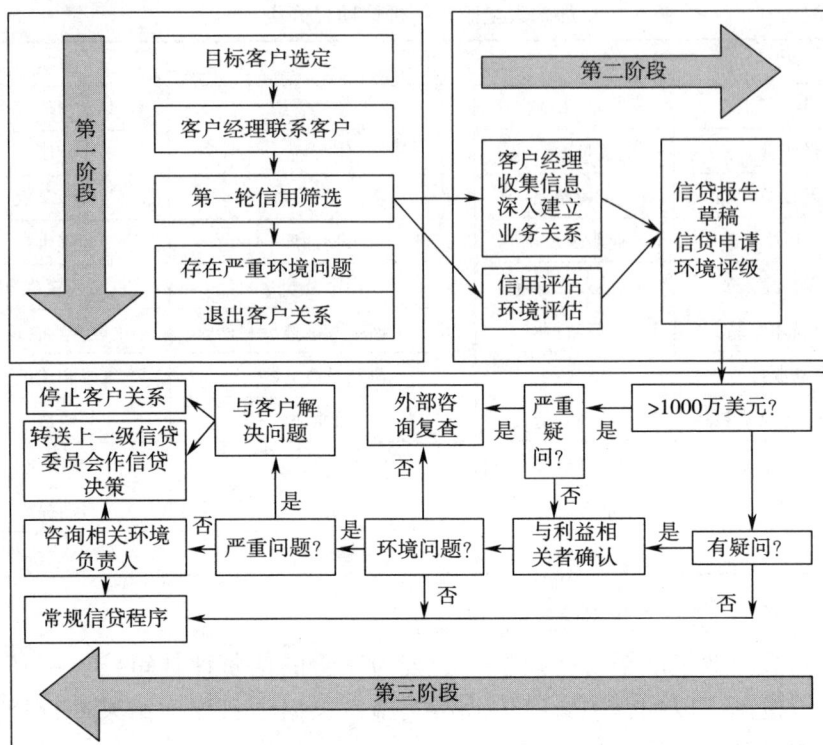

图4 荷兰合作银行信贷环境风险评估流程示意图

6. 荷兰发展金融公司

荷兰发展金融公司通过成立专门投资决策委员会，组建环境与社会风险管理专家团队，明确管理原则、制订行动计划，来推动绿色信贷发展。投资决策委员会的决策流程如图5所示。

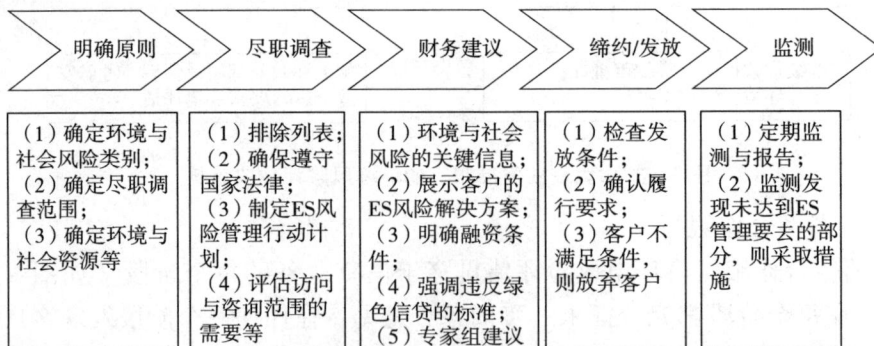

图5 荷兰发展金融公司绿色信贷的决策流程

7. 英国巴克莱银行

巴克莱银行制订 50 多个行业的信贷指引，详细规定了每个行业客户可能存在的环境违法信息以及不同等级的环境风险，便于对融资项目进行审查和评估。成立专业的环境风险评估团队，聘请第三方咨询公司评估项目的环境风险，提交全面、客观、专业的评估报告。

8. 英国渣打银行

英国渣打银行将环境与社会风险管理嵌入整个借贷流程中（如图 6 所示），即使是高环境风险客户，也要寻找有效措施要求客户充分降低环境与社会风险后，以支持企业发展。

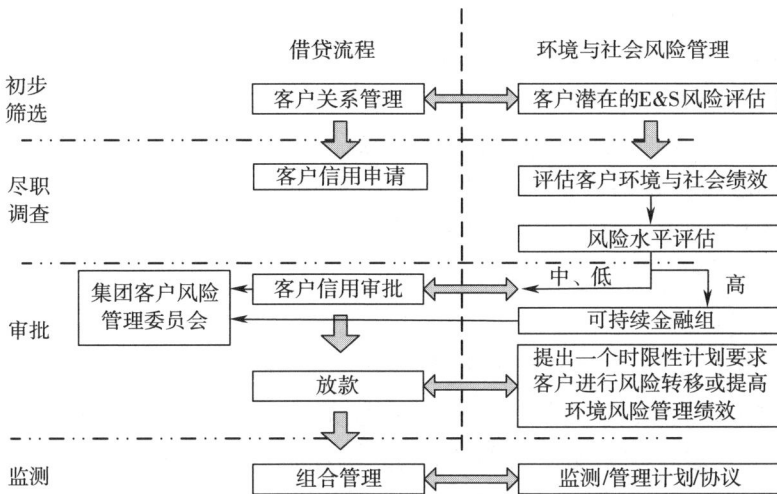

图6　英国渣打银行信贷环境风险评估流程示意图

9. 巴西大贝贝亚银行

巴西大贝贝亚银行将环境与社会风险因素纳入信贷决策框架中，在组织内部，每个部门设计相应的方法来实现客户分类、环境与社会风险评估，以根据具体需求和特点监测和控制贷款过程中的环境与社会风险（如图 7 所示）。

总体上，国际大型银行往往制定了专门绿色信贷风险评估机制，具有完善的环境风险评价工具作为技术支撑。例如瑞士信贷银行开发信息系统化筛检工具 REPRSIK、德国投资与开发有限公司的环境与社会风险指数评估工具 EaSI 等，对客户的环境与社会风险进行评估。我国大多数商业银行

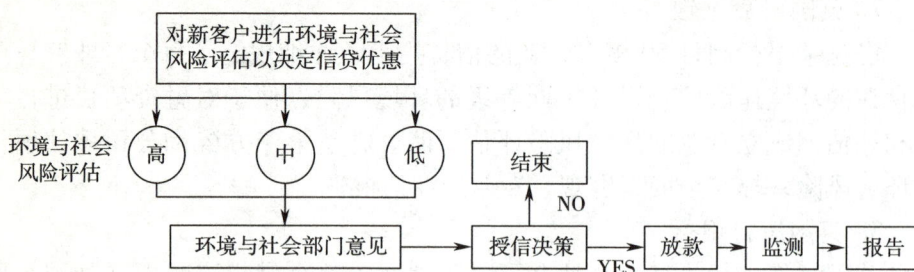

图7　巴西大贝贝亚银行在信贷决策程示意图

尚未建立起一个完善的环境风险评估管理流程，特别是缺乏有效的客户环境风险评估工具。

（二）中国绿色信贷发展情况

我国商业银行在绿色信贷领域取得了显著进步，但与发达国家同行相比，仍处于起步阶段。从绿色信贷政策演进方面看可以分为三个阶段：

第一阶段，环境保护理念被引入信贷活动，但并未真正成为信贷"三查"的重要依据。2005年，国务院公布《关于落实科学发展观加强环境保护的决定》，要求对不符合国家产业政策和环保标准的企业不得审批用地并停止信贷；2006年，环境执法信息被人民银行纳入征信系统。

第二阶段，提出绿色信贷概念，要求控制"两高一剩"行业信贷投放，压缩限制类项目、禁止介入淘汰类贷项目。2007年，人民银行下发《关于落实环境保护政策法规防范信贷风险的意见》，强调不得向未通过环评的项目提供授信；2007年，银监会下发《节能减排授信工作指导意见》，强调不得向列入国家产业政策限制和淘汰类的新建项目提供信贷支持；2009年，人民银行下发《关于进一步做好金融服务支持重点产业调整振兴和抑制部分行业产能过剩的指导意见》，强调不得向国家明令限期淘汰的产能落后、违法违规审批、未批先建等项目提供信贷支持。

第三阶段，银监会发布《绿色信贷指引》，强调对绿色、低碳、循环经济全面支持。《绿色信贷指引》明确了绿色信贷的政策界限、管理方式及考核政策等规定，确保信贷资金投向低碳、循环、生态领域；2015年，银监会等联合发布《能效信贷指引》，鼓励银行业金融机构积极开展能效信贷业务，支持产业结构调整和企业技术改造升级。2016年，中国人民银行等联合下发《关于构建绿色金融体系的指导意见》初步构建我国绿色金融体系整体框架。

在中央、环保部门、银行监管部门等各方政策一致推动下，我国绿色信贷业务的发展也可分为三个阶段：

第一阶段，与国际金融机构开展节能减排项目。国内多数银行与国际金融公司、法国开发署、亚洲开发银行等合作，开展中国能效融资项目（即 CHUEE 项目）、合同能源管理项目等。国内多数银行参与了与上述国际组织的合作。

第二阶段，国内各主要银行开始推出自己的绿色信贷产品。例如，农业银行推出节能减排收益权保理业务，兴业银行推出的排污权抵押贷款、碳金融服务以及低碳主题信用卡，北京银行推出的"节能贷"、"节能补贴贷"等。

第三阶段，国内银行完善绿色信贷产品体系，建立包括绿色信贷咨询、投资理财、财务顾问、结构化融资、融资租赁、绿色金融债、供应链融资、环保产业基金等方面的综合服务方式。例如，浦发银行推出《绿创未来——绿色金融综合服务方案》，农业银行在伦敦证券交易所发行了绿色债券。

2016 年，我国绿色信贷主要投向绿色交通运输，节能环保、新能源、新能源汽车等战略性新兴产业，可再生能源及清洁能源项目等如图 8 所示。

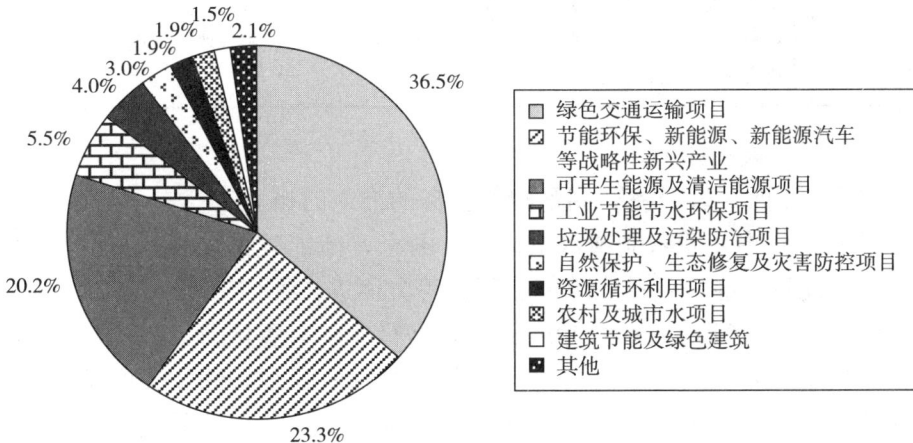

图8　我国银行业绿色信贷投向分布

目前，国内银行绿色信贷基本采取以下模式：一是环保未批，不予贷款。国家明令禁止或不符合环保规定的项目和企业，不予贷款；未通过环评或环保部门不予批准的项目，不予贷款。二是环保信息，纳入征信。对存在违法违规信息的企业，银行需要充分审慎评估客户环境风险。三是环保评定，分类管理。即根据环保部门对企业环境分类评定结果，制定相应的信贷管理方案。

国内银行绿色信贷产品大同小异，本节重点以兴业银行为例介绍绿色信贷管理流程及一些主要管理手段，进行简要介绍。

1. 国内绿色信贷管理流程

兴业银行是国内首家加入赤道原则的银行，在环境风险控制方面与国际银行步调相对一致。因此本文以兴业银行为例介绍国内银行绿色信贷管理流程（如表4所示）。

表4   **兴业银行环境风险管理流程**

管理阶段	管理流程
贷前调查	全面调查与综合评价项目的环境与社会绩效。
授信准入	制定准入细则，实施行业分类管理； 采取"环保一票否决"制，未通过环评、环保设施未验收或环保不合规项目不予授信。
放款审核	项目应符合在环境标准、评估报告等方面的放款条件。
贷后管理	采用名单制管理，并对其环境与社会信息标识进行录入与管理； 负责授信后环境与社会风险的监测、分析等，及时进行风险预警并有效处置； 存量项目贷后检查发现污染物排放超标或环保不达标，则采取措施逐步压缩贷款规模直至全部收回。

具体运作模式如下：

（1）"环保一票否决"制是授信业务的准入门槛。

（2）满足准入要求的项目也应符合国家"节能减排"要求，同时对项目的市场前景、经济效益、节能、环保等方面进行评估论证。

（3）严格规范行业准入标准，并做好行业的分类区分。新增项目，严格按照国家产业政策，不得向列入国家产业政策限制和淘汰类的项目提供任何授信支持；属于淘汰类项目的，但已建投产正常运营的企业，应禁止各类新增授信；属于限制类项目，但属于国家认可企业在一定期限内采取措施升级的，应审慎支持。

（4）环境与社会风险监测。关注"两高"行业潜在风险，合理控制信贷投入总量；建立风险预警机制，做好日常监测，定期开展风险排查，并根据风险评估结果及时下调风险分类级别或主动退出。

2. 国内银行其他管理措施

国内银行其他绿色信贷业务风险管控基本上都是从以下七方面入手。

（1）制定绿色行业信贷政策或规划，鼓励增加绿色信贷投放。例如，工商银行自 2007 年起制定绿色信贷政策，国家开发银行制定多个地区的循环经济区系统性融资规划及环保领域信贷政策。

（2）根据客户环境风险，对信贷客户实施分类管理。例如，工商银行细化客户环保风险分类标准，分别建立了绿色信贷客户分类和非项目类贷款分类，包括友好类、合格类、观察类和整改类四类十二级。国家开发银行将环保项目分为 3 大类 18 个子类。招商银行将信贷客户划分为环境友好型、环保合格型、环保关注型和环保缺失型等四类，对环境风险进行精细化管理。

（3）采取"环保一票否决"，将环保部门的环评报告作为准入门槛，及时获取环保部门的相关监管处罚信息及人民银行相关征信信息，作为评估依据。

（4）实施行业限额，按照"有保有压"原则，优化行业及客户的结构和限额内资源配置。

（5）对存量产能过剩领域及落后产能的客户进行专项风险排查，对存在风险隐患的客户采取积极的风险管控措施。

（6）成立绿色金融专门部门。例如浦发银行、平安银行、北京银行、江苏银行等在总行层面都成立了绿色金融业务主管部门。

（7）建立专门的绿色审批通道。例如中国银行为绿色信贷业务审批提供"绿色通道"，国家开发银行制定《环境效益评价方法》支持环保项目。

（三）国内银行绿色信贷风险评估难点

总体来说，国内银行绿色信贷业务与发达国家银行相比，现实中最大差距在环境风险的评估。造成这方面困难的主要原因有两个：

一是国内银行绿色信贷审查主要依据借款人提供的环境影响评价报告和环保部注册登记信息。环评报告本身具有一定的局限性，无法充分满足银行对客户环境风险管理的需要。一方面是环评报告内容是企业过去静态的环境信息，无法客观全面地评估企业当前的环境风险；另一方面环评报告只是一个理论报告，企业按照报告要求进行建设就能达到环保标准，但在实际建设或运行中企业是否严格按照报告要求操作，缺乏有效的监督约束。

二是国内商业银行缺乏环境风险管理的专业人才。绿色信贷涉及对企业环保信息的判断、环境风险的评估等，技术性和专业性要求较强，而国内商业银行人才储备严重不足，无法从环境风险专业技术角度对绿色信贷业务进行可行性评估和风险量化。多数银行依然只能依据环评报告和信贷管理人员对环境风险敏感度，来把握企业或项目的环境风险管理。

四、基于建模的银行绿色信贷影响因素分析

本节重点通过建模分析银行开展绿色信贷受到的主要影响因素。首先我们为了方便逻辑推理，对项目情况进行简化条件。项目的信贷风险因素很多，通常主要取决于两个方面：一是项目的投资收益和贷款企业的信用水平。因此，项目投资收益率和企业的信用等级是决定信用风险的两个主要因素。

1. 目标函数：银行期望收益最大化

假设 $I(I \geqslant 0)$ 表示企业融资项目需要投资资金总额；$W(0 \leqslant W \leqslant I)$ 表示企业用于项目的自有资金，企业需向银行融资资金为 $B = I - W(0 < B \leqslant I)$。$R$ 表示企业的期望收益额，$\mu(\mu \geqslant 0)$ 表示企业对所投资项目的期望收益率，$p(0 \leqslant p \leqslant 1)$ 表示企业所投资项目的风险（包含了项目的环境风险），假设 $p = p_0 + p_1$，p_0 为环境风险引发的信用风险，p_1 为非环境风险引发的信用风险；$r(r > 0)$ 表示银行贷款利率，$\delta(\delta > 0)$ 表示银行贷款损失率，$\rho(0 < \rho \leqslant r)$ 表示市场上的无风险利率，Z 表示银行的期望收益。

首先假设如果项目没有环境风险，单考虑企业内部评级，客户贷款利率则低于有环境风险的同评级客户贷款利率。企业融资项目的风险 p 既影响企业自身的期望收益 R，也影响银行的期望收益 Z。在无抵押信用贷款情况下，当考虑项目风险 p 对银行的期望收益 Z 产生影响时，银行的期望收益可表示为

$$Z = (1 - p)(1 + r)B - \rho B \tag{1}$$

由式（1）可知，当 $0 \leqslant p \leqslant 1$ 时，$\frac{\partial Z}{\partial p} = -(1 + r)B < 0$，银行的期望收益是项目风险 p 的严格递减函数，则项目风险越大，银行的期望收益 Z 越低，项目风险越小，银行的期望收益越高；当 $0 < p \leqslant \frac{1 + r - \rho}{1 + r}$ 时，有 $Z \geqslant 0$，即银行的期望收益非负；当 $p \geqslant \frac{1 + r - \rho}{1 + r}$ 时，有 $Z < 0$，则信贷资金不能完全收回，银行则损失贷款成本；当 $p = 1$ 时，表明企业项目投资完全失

败，信贷资金完全不能收回，银行损失达到最大，损失额度为 $Z = \rho B$，损失额也是银行该笔贷款的机会成本，即无风险利息值；当 $p = 0$ 时，表示企业融资项目没有任何风险，银行能够按期收回全部贷款成本和利息。

2. 约束条件

（1）企业收益的合理性

假设项目融资是基于信用评级的无抵押贷款，项目本身的风险则决定企业是否违约和是否能够按期偿还贷款。企业收益合理性是指企业投资项目应具有非负的期望收益。

当考虑项目的风险 p 对企业的期望收益 R 的影响时，企业收益的合理性可表示为

$$(1 - p)R - (1 - p)(1 + r)B - (1 + p)W > 0 \qquad (2)$$

由式（2）知，当 $0 \leqslant p < 1 - \dfrac{(1 + \rho)W}{R - B}$ 时，企业收益的合理性将得到满足，则会向银行贷款，否则不会申请贷款。

（2）银行贷款风险损失率

如果项目的风险 $p = 0$，且不存在道德风险，则企业偿还本金和利息 $(1 + r)B$；如果项目的风险为 $0 < p < 1$，企业则无法依赖项目收益全部偿还银行的贷款本金和利息，只能偿还 $(1 - p)(1 + r)B$，则银行遭受的损失为 $p(1 + r)B$，考虑到机会损失，银行将在一年内失去同业存款利率 pB，则银行总贷款风险损失率 δ 为

$$\delta = \frac{p(1 + r)B + \rho B}{B} = (1 + r)p + \rho \qquad (3)$$

当项目的风险 $p = 1$，则项目完全失败，银行贷款风险损失率为 $1 + r + \rho$；当项目的风险 $p = 0$，银行贷款风险损失率为 ρ。

对于绿色信贷项目，利率相对优惠（假设由于国家补贴），则银行的贷款风险损失率、预期收益率与贷款利率之间关系为：$r = r_0 + \delta - r_1$，其中，r_0 是银行基准贷款利率，δ 是银行贷款风险损失率，r_1 是国家补贴利率，$r_0 - r_1$ 是银行的预期收益率，因此有

$$r = r_0 - r_1 + (1 + r)p + \rho \qquad (4)$$

3. 绿色信贷项目信用贷款决策模型及最优解

$$MAX \qquad Z = (1 - p)(1 + r)B - \rho B$$
$$S.T \qquad (1 - p)R - (1 - p)(1 + r)B - (1 + p)W > 0$$
$$r = r_0 - r_1 + (1 + r)p + \rho \qquad (5)$$

解：根据公式（5），本优化问题的 Lagrange 函数为 $L = (1-p)(1+r)B - \rho B + \alpha[(1-p)R - (1-p)(1+r)B - (1+p)W] + \beta[r - r_0 + r_1 - (1+r)p - \rho]$，其中 $\alpha \geq 0$ 和 $\beta \geq 0$ 是广义 Lagrange 乘子。

对 α 和 β 进行求导，有

$$(1-p)R - (1-p)(1+r)B - (1+p)W = 0 \tag{6}$$

$$r = r_0 - r_1 + (1+r)p + \rho \tag{7}$$

由式（6）和式（7）可得

$$r = \frac{(1+r_0-r_1+\rho)R}{(1+r_0-r_1+\rho)B + (1+\rho)W} - 1 \tag{8}$$

$$p = 1 - \frac{(1+r_0-r_1+\rho)B + (1+\rho)W}{R} \tag{9}$$

由此，可以看出企业项目的期望收益 R、自有资金 W 及申请贷款金额 B 三者都会影响最优的贷款利率 r 和项目的风险 p。

假设企业项目期望收益 $R = R_0 - C_1 - C_2$，R_0 为项目存在环境问题未投入治理下的收益，C_1 环境风险的治理成本（$0 \leq C_1 < R_0$），C_2 环境风险带来损失（如处罚等）（$0 \leq C_2 < R_0$），C_1 增加时，则 C_2 减少。

由此

$$r = \frac{(1+r_0-r_1+\rho)(R_0-C_1-C_2)}{(1+r_0-r_1+\rho)B + (1+\rho)W} - 1$$

$$p_0 + p_1 = 1 - \frac{(1+r_0-r_1+\rho)B + (1+\rho)W}{R_0-C_1-C_2}$$

最优情况下项目环境风险。

通过上面的分析结果可以看出，如果企业加大减排努力，成本投入 C_1 将增加，C_2 处罚将减少。若 $\Delta C_1 < \Delta C_2$，项目风险降低；若 $\Delta C_1 > \Delta C_2$，项目风险增加，企业宁愿被处罚，也不愿意增加环保投入；那么只有在政府加大对企业的补贴，即增加 R_0，才能有效降低项目风险；通过提高补贴利率 r_1 或通过提供担保降低贷款损失率 ρ，并不能降低项目风险；或者银行根据项目风险，提高基准利率 r_0，确保风险与收益平衡。

从模型中看出，只有在 $\Delta C_1 < \Delta C_2$，项目风险降低，企业才有降低环境风险的动力；否则需要银行、政府、企业三方协同，减少银行绿色信贷成本、加大企业减排的奖罚力度、合理调整绿色信贷银行的奖励及损失系数、增加环境风险溢价水平。

在综合分析企业的环境风险损失与风险治理成本之间的平衡前，银行

需要对客户的环境风险有一个量化评估，以直观了解企业的环境风险情况，并以此作为企业潜在环境风险损失分析的基础。因此银行环境风险管理体系中，需要专门开发一系列可量化的环境风险评估工具，作为银行客户经理对环境风险尽职调查的工具，同时也是审查人审批的重要参考，还可作为投贷后管理的定期监测工具。因此设计一个易于银行人员使用的环境风险量化评估工具十分重要。下一节，通过实证分析的方法，介绍针对钢铁企业环境风险打分卡的开发过程。

五、环境风险打分卡开发的实证研究

环境风险评估是环境风险管理起步阶段重要工作之一。针对不同行业或项目制定不同的环境风险指标体系是环境风险评估的重要基础。

钢铁、电力、有色、化工、水泥、造纸、煤炭、皮革、印染等属于我国环境风险相对集中的行业。商业银行客户所处行业众多，一方面缺乏能够对各个行业都充分了解的专家，另一方面如果每个项目聘请第三方专家进行环境风险评估成本较高。本文针对钢铁行业环境风险通过借助环保部门公开研究成果，开发设计一个简便有效的环境风险量化打分卡模板。本节采取熵值法与层次分析法相结合的方式，最大程度地利用定量指标数据的客观性，提高数据的可信度和精确度，以实现客户经理能够利用简单的打分卡对企业环境风险有一个初步判断。

1. 构建风险评估指标

本文参照环保部制定的《企业环境风险评估技术指南》《企业突发环境事件风险评估指南（试行）》和世界银行《污染预防和消减手册——钢铁制造业》的指标，从资源消耗、综合利用、废物排放、生产工艺装备及技术、清洁生产管理、污染及危险废物管理等六个方面构建评估指标。指标体系分为准则层和指标层，定量指标共 12 个（如表 5 所示），定性指标共 6 个（如表 6 所示），指标具体定义如表 7 所示。

表5　　　　　　　　　　　　　　　定量指标

准则层	序号	指标层	单位
资源消耗指标（A1）	A11	生产用新鲜水量	m^3水/t 钢
	A12	高炉燃料比	kg/t 铁
	A13	转炉炼钢钢铁消耗	kg/t
	A14	炼铁工序能耗	kgce/t 铁

续表

准则层	序号	指标层	单位
综合利用指标（A2）	A21	生产水重复利用率	%
	A22	高炉煤气利用率	%
	A23	转炉煤气回收热量	kgce/t 钢
	A24	转炉渣利用率	%
废物排放指标（A3）	A31	颗粒物排放量	kg/t 钢
	A32	废水排放量	m^3/t 钢
	A33	SO_2 排放量	kg/t 钢
	A34	NO_x 排放量	kg/t 钢

表 6 定性指标

准则层	序号	指标层
生产工艺装备及技术（B1）	B11	技术装备水平
	B12	综合利用社会废物
清洁生产管理（B2）	B21	建立健全环境管理体系
	B22	开展清洁生产审核
污染及危险废物管理（B3）	B31	危险废物安全处置
	B32	环境污染事故预防

表 7 指标定义

指标	内容
生产用新鲜水量（A11）	指年工业用新鲜水量与当年粗钢产量的比。
高炉燃料比（A12）	指高炉冶炼每吨合格生铁所消耗的燃料量。
转炉炼钢钢铁消耗（A13）	指钢铁企业每年消耗的铁矿石原矿含铁量与粗钢产量的比重。
炼铁工序能耗（A14）	指企业综合能耗总量与粗钢产量的比。
生产水重复利用率（A21）	年工业重复用水量与年工业用水量的比重。
高炉煤气利用率（A22）	指年回收利用的高炉煤气量与年高、转、焦炉煤气排放总量的比。
转炉煤气回收热量（A23）	指钢铁生产各工序所有可利用预热的全年利用量与合格钢水年产量
转炉渣利用率（A24）	指冶炼渣回收利用量与冶炼渣总生产量的比值。
颗粒物排放量（A31）	指每生产 1 吨合格钢水外排烟粉尘量。
废水排放量（A32）	指每生产 1 吨合格钢水外排的废水量。
SO_2 排放量（A33）	指每生产 1 吨合格钢水外排废气中的 SO_2 量。
NO_x 排放量（A34）	指每生产 1 吨合格钢水外排废水中的 COD 量。
技术装备水平（B11）	国家鼓励发展的先进技术和装备水平。

续表

指标	内容
综合利用社会废物（B12）	国家鼓励节能减排技术应用情况。
建立健全环境管理体系（B21）	指企业环境监测和环境管理制度的健全情况，包括建立环境应急预案等情况。
开展清洁生产审核（B22）	按国家相关规定要求，制订清洁生产审核工作计划，定期开展清洁生产审核活动，且节能、降耗、减污取得显著成效。
危险废物安全处置（B31）	建立有关危险废物的管理制度，处置台账记录，转移联单齐全，无害化处理后综合利用率显著。
环境污染事故预防（B32）	按照国家相关规定要求，建立健全环境风险防控制度，完善污染事故防范措施，杜绝重大环境污染事故发生。

2. 钢铁行业清洁生产指标的标准值的确定

评价体系包含定性和定量两种指标，定量指标标准值采用国家发改委的《钢铁行业清洁生产评价指标体系》三级指标作为标准值，如表 8 所示；定性指标的指标要求，对于被评价企业，根据企业满足定性指标情况将系数分为四个等级，如表 9 所示。

表 8　　　　　　　　　　　定量指标标准值确定值

准则层	指标层	标准值
资源消耗指标（A1）	生产用新鲜水量	≤4.1
	高炉燃料比	≤540
	转炉炼钢钢铁消耗	≤1100
	炼铁工序能耗	≤446
综合利用指标（A2）	生产水重复利用率	≥95
	高炉煤气利用率	≥95
	转炉煤气回收热量	≥18
	转炉渣利用率	≥90
废物排放指标（A3）	颗粒物排放量	≤1.0
	废水排放量	≤1.8
	SO_2 排放量	≤1.6
	NOx 排放量	≤0.10

表9   **定性指标系数定义**

等级系数	100分	75分	50分	25分	0分
技术装备水平（B11）	（1）180 m² 以上烧结机配置率配置率≥60%； （2）1000m³ 以上高炉配置率100%； （3）120 t 以上转炉，配置率100%； （4）顶装焦炉炭化室高度≥6m 的配置率≥40%。	满足任意三项	满足任意两项	满足任意一项	不满足
综合利用社会废物（B12）	（1）原料场实现防尘网、大型机械化技术； （2）焦炉煤气脱硫脱氰装备 H2S≤250mg/m³，HCN≤200mg/m³； （3）设有全厂区集中污水处理系统，总回用水量≥80%； （4）高炉炉顶煤气余压利用装置配置100%。	满足任意三项	满足任意两项	满足任意一项	不满足
建立健全环境管理体系（B21）	（1）建立有 GB/T 24001 环境管理体系； （2）GB/T 24001 环境管理体系取得认证； （3）达到环境持续改进的要求； （4）管理手册、程序文件及作业文件齐备。	满足任意三项	满足任意两项	满足任意一项	不满足
开展清洁生产审核（B22）	（1）制订有清洁生产管理制度及审核工作计划； （2）对钢铁生产流程中部分生产工序定期开展清洁生产审核活动； （3）方案实施率≥60%； （4）节能、降耗、减污取得明显成效。	满足任意三项	满足任意两项	满足任意一项	不满足

等级系数	100 分	75 分	50 分	25 分	0 分
危险废物安全处置（B31）	建有相关管理制度，台账记录，转移联单齐全；且无害化处理后综合利用率≥70%。	综合利用率≥50%	综合利用率≥35%	综合利用率≥25%	不满足
环境污染事故预防（B32）	（1）建立健全环境管理制度及污染事故防范措施；（2）未发生过重大环境污染事故；（3）污染物排放浓度符合国家和地方要求；（4）污染物排放总量符合国家和地方要求。	满足任意三项	满足任意两项	满足任意一项	不满足

3. 熵值法确定定量指标权重的步骤

熵值法是一种根据各项指标观测值所提供的信息量的大小来确定指标权数的方法，详细介绍见附录一。

（1）收集评估钢铁行业 3 家标杆企业相关的指标数据（见表 10）

表 10　　　　　　　　2015 年 3 家标杆钢铁企业数据

准则层	指标层	标准值	钢铁企业 1	钢铁企业 2	钢铁企业 3
资源消耗指标（A1）	生产用新鲜水量	≤4.1	3.5	3.8	3.69
	高炉燃料比	≤540	490	520	536
	转炉炼钢钢铁消耗	≤1100	1000	1080	1090
	炼铁工序能耗	≤446	322	372	386
综合利用指标（A2）	生产水重复利用率	≥95	97.61	97.52	96.5
	高炉煤气利用率	≥95	96.28	97.26	97.42
	转炉煤气回收热量	≥18	23	20	18
	转炉渣利用率	≥90	95.81	95.55	91.23
废物排放指标（A3）	颗粒物排放量	≤1.0	0.7	0.8	0.9
	废水排放量	≤1.8	1.6	1.8	1.9
	SO_2 排放量	≤1.6	1.0	1.4	1.6
	NO_x 排放量	≤1.8	0.9	1.2	1.5

（2）将标准值与钢铁行业 3 家标杆企业相关的指标数据进行标准化（见表 11）

表 11   指标的标准化值 x_{ij}

指标层	标准值	钢铁企业 1	钢铁企业 2	钢铁企业 3
生产用新鲜水量	0.2717	0.2319	0.2518	0.2445
高炉燃料比	0.2589	0.2349	0.2493	0.2570
转炉炼钢钢铁消耗	0.2576	0.2342	0.2529	0.2553
炼铁工序能耗	0.2923	0.2110	0.2438	0.2529
生产水重复利用率	0.2457	0.2525	0.2522	0.2496
高炉煤气利用率	0.2461	0.2495	0.2520	0.2524
转炉煤气回收热量	0.2278	0.2911	0.2532	0.2278
转炉渣利用率	0.2416	0.2571	0.2564	0.2449
颗粒物排放量	0.2941	0.2059	0.2353	0.2647
废水排放量	0.2535	0.2254	0.2535	0.2676
SO_2 排放量	0.2857	0.1786	0.2500	0.2857
NO_x 排放量	0.3333	0.1667	0.2222	0.2778

（3）通过指标的特征的比重 p_{ij}（见表 12）

表 12   评价的特征比重 p_{ij}

指标层	标准值	钢铁企业 1	钢铁企业 2	钢铁企业 3
生产用新鲜水量	−0.3540	−0.3389	−0.3473	−0.3444
高炉燃料比	−0.3498	−0.3403	−0.3463	−0.3492
转炉炼钢钢铁消耗	−0.3494	−0.3400	−0.3477	−0.3486
炼铁工序能耗	−0.3595	−0.3283	−0.3441	−0.3477
生产水重复利用率	−0.3449	−0.3475	−0.3474	−0.3464
高炉煤气利用率	−0.3451	−0.3464	−0.3473	−0.3475
转炉煤气回收热量	−0.3370	−0.3593	−0.3478	−0.3370
转炉渣利用率	−0.3432	−0.3492	−0.3490	−0.3445
颗粒物排放量	−0.3599	−0.3254	−0.3405	−0.3518
废水排放量	−0.3479	−0.3358	−0.3479	−0.3528
SO_2 排放量	−0.3579	−0.3076	−0.3466	−0.3579
NO_x 排放量	−0.3662	−0.2986	−0.3342	−0.3558

（4）计算熵值 e_j 与差异系数 g_j（见表13）

表13　　　　　　　　　　熵值 e_j 与差异系数 g_j

指标层	熵值 e_j	差异系数 g_j
生产用新鲜水量	0.9988	0.0012
高炉燃料比	0.9995	0.0005
转炉炼钢钢铁消耗	0.9995	0.0005
炼铁工序能耗	0.9952	0.0048
生产水重复利用率	1.0000	0.0000
高炉煤气利用率	1.0000	0.0000
转炉煤气回收热量	0.9962	0.0038
转炉渣利用率	0.9997	0.0003
颗粒物排放量	0.9937	0.0063
废水排放量	0.9986	0.0014
SO_2 排放量	0.9883	0.0117
NO_x 排放量	0.9773	0.0227

（5）计算定量指标权重

表14　　　　　　　　熵值法确定定量指标权重

准则层	权重	指标层	权重
资源消耗指标（A1）	0.13	生产用新鲜水量	0.17
		高炉燃料比	0.07
		转炉炼钢钢铁消耗	0.07
		炼铁工序能耗	0.69
综合利用指标（A2）	0.08	生产水重复利用率	0.02
		高炉煤气利用率	0.01
		转炉煤气回收热量	0.90
		转炉渣利用率	0.07
废物排放指标（A3）	0.79	颗粒物排放量	0.15
		废水排放量	0.03
		SO_2 排放量	0.28
		NO_x 排放量	0.54

4. 层次分析法确定定性指标权重

层次分析法是一种简便、灵活的主观确定权重的方法，可以实现从定性到定量的转化，具体介绍见附录二。

根据专家意见给出六个定性指标的重要性标度，并计算最大特征值及权向量（见表 15 ～ 表 17）。

表 15 定性指标的重要性标度

序号	B11	B12	B21	B22	B31	B32
B11	1	5	6	5	6	5
B12	1/5	1	4	1	4	1
B21	1/6	1/4	1	1/4	1	1/4
B22	1/5	1	4	1	4	1
B31	1/6	1/4	1	1/4	1	1/4
B32	1/5	1	4	1	4	1

表 16 最大特征值及权向量

序号	W_{ij}	W_i	λ_i
B11	4.063	0.481	6.578
B12	1.214	0.144	6.114
B21	0.371	0.044	6.279
B22	1.214	0.144	6.114
B31	0.371	0.044	6.279
B32	1.214	0.144	6.114

经检验，CR = 0.0932 < 0.1，矩阵具有满意的一致性。

综上得出定性指标权重。

表 17 定性指标权重

准则层	指标层	权重
生产工艺装备及技术（B1）	技术装备水平（B11）	0.48
	产业政策符合性（B12）	0.14
清洁生产管理（B2）	建立健全环境管理体系（B21）	0.04
	开展清洁生产审核（B22）	0.15
污染及危险废物管理（B3）	危险废物安全处置（B31）	0.04
	环境污染事故预防（32）	0.15

5. 定量指标与定性指标统一

由于定量指标调查是环保指标数据，而定性指标是分值，为此本文通过插值法将环保指标数据转换为分值，以实现定量指标与定性指标统一。

（1）利用插值法对定量指标值转换为分值。

利用线性插值法计算标准值之间的分数。插值公式如下：

$$y_i = \frac{y_{k+1} - y_k}{x_{k+1} - x_k}(x_i - x_k) + y_k$$

上式中 x 代表定量指标数值，y 代表定量指标数值所对应的档位分数值。对于某一企业的任一定量指标，若计算数值为 x_i，并位于 x_k 和 x_{k+1} 区间内，则通过上述插值法共识，经过运算后可得出 y_i 作为 x_i 对应的分数值。其中 y_k 和 y_{k+1} 分别表示 x_k 和 x_{k+1} 所对应的档位分数值。由于定量指标通常可以通过环保部门及行业协会调查取得，可以利用插值法将定量指标转换为分数。

（2）定量指标与定性指标权重占比

参照《钢铁行业清洁生产评价指标体系》研究成果，定量指标权重占75%，定性指标权重占25%。

最终形成钢铁行业环境风险评估打分卡（如表18所示），分值越高，环境风险越低。

表18	钢铁企业环境风险打分卡	单位：%
准则层	指标层	权重
资源消耗指标（A1）	生产用新鲜水量（A11）	1.66
	高炉燃料比（A12）	0.68
	转炉炼钢钢铁消耗（A13）	0.68
	炼铁工序能耗（A14）	6.73
综合利用指标（A2）	生产水重复利用率（A21）	0.12
	高炉煤气利用率（A22）	0.06
	转炉煤气回收热量（A23）	5.40
	转炉渣利用率（A24）	0.42
废物排放指标（A3）	颗粒物排放量（A31）	8.89
	废水排放量（A32）	1.78
	SO_2 排放量（A33）	16.59
	NO_x 排放量（A34）	32.00
生产工艺装备及技术（B1）	技术装备水平（B11）	12.00
	产业政策符合性（B12）	3.50
清洁生产管理（B2）	建立健全环境管理体系（B21）	1.00
	开展清洁生产审核（B22）	3.75
污染及危险废物管理（B3）	危险废物安全处置（B31）	1.00
	环境污染事故预防（32）	3.75

虽然目前银行还缺乏各行业环境风险数据，但是上述数据相对容易从环保部门和企业获取，并通过打分卡能够直观、简洁量化出企业环境风险情况，提高客户经理对企业环境风险的筛选能力，大大提高了环境风险评估的效率。在实际工作过程中，随着环保监管要求的提升及钢铁企业生产工艺的发展，相应风险评估权重需定期调整。从目前定量指标能够看出，钢铁企业在能耗和综合利用率方面已经有很大的提高，更多的问题集中在"三废"排放方面差异较大，造成"三废"排放权重较大，从而有效提高了钢铁企业环境风险识别能力。

六、结论与相关建议

本文重点梳理了绿色信贷的主要模式和管理流程，在分析国内外银行发展情况的基础上，找出中外银行在企业环境风险评估方面的差距；同时通过建模从收益最大化角度分析银行与企业在面临环境风险决策时的影响因素，充分说明对企业环境风险量化的重要性，并以钢铁企业为例，开发了环境风险评估打分卡。为此提出一个绿色信贷风险评估体系建设的初步方案。

1. 制定环境风险行业分类表。从国内外主要银行绿色信贷经验看，针对行业的环境风险进行分类是环境风险评估的基础性工作。商业银行可以参照国际金融公司制定的《社会和环境可持续政策和绩效标准》及国内行业环境风险实际情况，按照环境风险的影响及可能带来的损失制定本行环境风险行业分类表。

2. 开发环境风险打分卡。商业银行可以从本行客户数量较多的行业开始开发环境风险打分卡，充分借鉴环保部《企业环境风险评估技术指南》、《企业突发环境事件风险评估指南（试行）》和世界银行《污染预防和消减手册》，确定具体行业环境风险指标。由于企业环保意识与技术发展在不断进行，如果利用专家经验开发打分卡会相对滞后，以熵值法利用行业内发展排名靠前的主要企业生产环保数据确定权重更加客观，对商业银行修正或调整模型也相对容易。

3. 环境风险打分卡的应用。环境风险打分卡既可以作为客户经理尽职调查的工具，也可以作为贷后监测的工具，便于绿色信贷的全流程管理。客户经理根据打分卡评估结果，倒推企业面临的主要环境风险，积极推动企业采取措施化解环境风险，对于短期难以化解风险的或者环境风险本身的"长尾"特征，应要求企业向保险公司对相关环境风险投保，实现风险有效转移。

4. 本文打分卡的不足及改进。一方面，本文打分卡定量指标确定权重只用了3家标杆企业数据，在实践中应采用更多一些标杆企业的数据。另一方面，由于标杆企业主要以大企业为主，因此对于一些中小企业并不一定适用，因此商业银行可根据客户结构及资产组合情况，对打分卡模型进行细化。

5. 环境风险打分卡只是对客户的初步筛选，为了提高信贷效率，按照分值高低并综合授信规模的大小，建立差异化的审批流程，对于分值较低和授信规模较大的客户应由专门的审批团队进行专业化审批。

开展研究的目的就是希望商业银行积极开发评估企业环境风险的量化工具，以提高审批效率，优化审批流程，并确保整个信贷流程环节，相关人员能够对企业的环境风险都有量化的认识，为商业银行不断完善绿色信贷风险评估体系奠定基础。

参考文献

[1] 陈立铭，郭丽华，张伟伟：《我国绿色信贷政策的运行机制及实施路径》，载《当代经济研究》，2016（1）。

[2] 陈伟光，卢丽红：《中国商业银行绿色信贷外部障碍与环境风险管理框架的构建》，载《广东金融学院学报》，2011（3）。

[3] 胡乃武，曹大伟：《绿色信贷与商业银行环境风险管理》，载《经济问题》，2011（3）。

[4] 韩立岩，王臻：《绿色信贷发展的国际比较与启示》，载《国际经济合作》，2014（2）。

[5] 林可全，吕坚明：《商业银行绿色信贷的国际比较研究及对我国的启示》，载《探求》，2010（4）。

[6] 马秋君，刘璇：《发达国家绿色信贷业务发展经验借鉴》，载《新金融》，2013（4）。

[7] 何德旭，张雪兰：《对我国商业银行推行绿色信贷若干问题的思考》，载《上海金融》，2007（12）。

[8] 钱立华：《我国银行业绿色信贷体系》，载《中国金融》，2016（22）。

[9] 上海银监局绿色信贷研究课题组：《绿色信贷支持金融创新与产业结构转型研究》，载《金融监管研究》，2016（5）。

[10] 马秋君，刘文娟：《基于绿色信贷的我国商业银行环境风险管理

体系研究》，载《中国人口·资源与环境》，2013（11）。

附录一：熵值法介绍

熵值法是一种根据各项指标观测值所提供的信息量的大小来确定指标权数的方法。用熵值法确定指标权数的步骤设计如下：

指标的标准化。由于各个指标的含义与计算方法不同，无法进行直接比较，必须进行标准化处理。

当指标 c_{ij} 值与绿色经济发展正相关，且 c_{ij} 越大越好时：

$$x_{ij} = c_{ij}/c_j$$

式中，x_{ij}——各指标的标准化值；

c_{ij}——第 i 个评价对象第 j 个指标的原始值；

c_j——第 j 个指标的标准值。

当指标 c_{ij} 值与绿色经济发展负相关，且 c_{ij} 越小越好时：

$$x_{ij} = c_j / c_{ij}$$

计算第 j 项指标下，第 i 个被评价对象的特征比重 $p_{ij} = \dfrac{x_{ij}}{\sum\limits_{i=1}^{n} x_{ij}}$，这里假

定 $x_{ij} \geq 1$，$\sum\limits_{i=1}^{n} x_{ij} > 0$。

计算第 j 项指标的熵值 $e_j = -k \sum\limits_{i=1}^{n} p_{ij}\ln(p_{ij})$

式中，$k > 0$，$e_j > 0$。如果 x_{ij} 对于给定的 j 全部相等，那么 $p_{ij} = 1/n$，那么 $e_j = k\ln(n)$ 计算指标 x_{ij} 的差异系数。

对于给定的 j，x_{ij} 的差异越小，则 e_j 越大；反之 e_j 越小。

差异系数 $g_j = 1 - e_j$，g_j 越大，越应重视该指标的作用。

确定权数，即取 $W_j = g_j \sum\limits_{j=1}^{n} g_j$，其中 W_j 为归一化的权重系数。

附录二：层次分析法（AHP方法）介绍

层次分析法是一种层次权重决策分析方法，具体步骤大致分为指标体系构建及层次划分、构造成对比较矩阵、相对优劣排序、比较矩阵一致性检验、指标权重排序及筛选。

1. 构造判断矩阵并赋值

层次结构反映因素之间的关系，但各评价因素在目标衡量中所占的比

重并不一定相同。层次分析法主要是对每一层次中各因素相对重要性给出的判断，这些判断通过引入合适的标度用数值表示出来，写成判断矩阵。判断矩阵表示针对上一层次因素，本层次与之有关因素之间相对重要性的比较。构造判断矩阵的具体方法：每一个具有向下隶属关系的元素（准则）作为判断矩阵的第一个元素（位于左上角），隶属于它的各个元素依次排列在其后的第一行和第一列。填写判断矩阵主要是针对判断矩阵的准则，其中两个元素比较哪个重要，重要多少，对重要性程度用数字 1~9 及其倒数赋值。赋值的根据可以是由决策者直接提供，或是通过决策者与分析者对话来确定，或是由分析者通过某种技术咨询而获得，或是通过其他合适的途径来酌定。

附表 1　　　　　　　　　　　　　　重要性标度含义

重要性标度	含义
1	表示两个元素相比，具有同等重要性
3	表示两个元素相比，前者比后者稍重要
5	表示两个元素相比，前者比后者明显重要
7	表示两个元素相比，前者比后者强烈重要
9	表示两个元素相比，前者比后者极端重要
2，4，6，8	表示上述判断的中间值
倒数	若元素 i 与元素 j 的重要性之比为 a_{ij}，则元素 j 与元素 i 的重要性之比为 $a_{ji}=1/a_{ij}$

2. 层次单排序与指标一致性检验

层次单排序是指根据判断矩阵计算对于上一层某元素而言，本层次与之有联系的元素重要性次序的权值。根据线性代数有关理论，正互反矩阵 A 的特征值可作为衡量同一层次中每个因素对上一目标的影响中所占的比重，A 的最大特征值与权向量的"和法"计算公式是：

$$W_i = \frac{1}{n}\sum_{j=1}^{n}\frac{a_{ij}}{\sum_{k=1}^{n}a_{kl}}$$

在特殊情况下，判断矩阵可以具有传递性和一致性。一般情况下，并不要求判断矩阵严格满足这一性质。但从人类认识规律看，一个正确的判断矩阵重要性排序是有一定逻辑规律的，例如若 A 比 B 重要，B 又比 C 重要，则从逻辑上讲，A 应该比 C 明显重要，若两两比较时出现 A 比 C 重要的结果，则该判断矩阵违反了一致性准则，在逻辑上是不合理的。因此在实际中要求判断矩阵满足大体上的一致性，需进行一致性检验。只有通过检验，才能说明判断矩阵在逻辑上是合理的，才能继续对结果进行分析。一致性检验的步骤如下：

（1）计算一致性指标 CI（consistency index）：

$$C.I. = \frac{\lambda max - n}{n - 1}$$

（2）查表确定相应的平均随机一致性指标 RI（random index）。

$$C.R. = \frac{C.I.}{R.I.}$$

（3）计算一致性比例 CR（consistency ratio）：

（4）判断一致性。当 CR < 0.1 时，认为判断矩阵的一致性是可以接受的，否则需要对该判断矩阵进行重新修正。

我国银行业流动性风险的传染机制研究

交通银行 王其发

摘要： 商业银行业务已从传统的存贷款发展到各类复杂的金融服务，流动性风险容易通过资产负债表和资产价格之间的联系相互传染。货币市场与资本市场实现联通一方面提高了资金利用的效率，实现货币市场与资本市场的联合发展；另一方面由于风险具有外溢性，资金出现流动的同时也将单个市场的风险传染至其他市场。根据以往金融危机的研究表明，多次区域性或全球性金融危机的爆发都是由于最初在某个子市场内发生，然后通过溢出效应迅速波及其他市场。本文首先根据国内外研究成果梳理关于银行同业拆借市场风险传染的结论，总结银行同业拆借市场流动性风险内部传染和跨市场传染机制，接着从实证角度研究银行同业拆借市场对股票市场和债券市场的价格溢出，实证结果表明，危机情况下同业拆借市场与资本市场之间的联动程度增加，债券市场更容易受到同业拆借市场的风险传染。本文根据我国 29 家商业银行 2014 年的财务数据，使用信息熵最优矩阵法得出 29 家银行在最稳定状态下的债券债务矩阵，模拟单家银行受到外部冲击发生倒闭时产生的风险的内部传染。我国银行系统具有较高的稳定性，大型商业银行的倒闭对系统的冲击强于中小型银行，小型银行防御风险能力较低，发生倒闭时也不会对整个系统产生冲击。

关键词： 流动性 传染机制 信息熵矩阵 同业拆借市场

一、绪论

（一）研究的背景和意义

1. 研究背景

2008 年全球金融危机发生后，国际主要监管机构认识到巴《塞尔协议Ⅱ》对流动性风险监管的缺失，《巴塞尔协议Ⅱ》对流动性没有提出明确的可以量化的监管要求，而只有定性描述，因此催生了《巴塞尔协议Ⅲ》，对银行业提出了新的监管要求，而且首创了一个可以量化的流动性监管指标，表明对流动性风险的监管对整个金融系统稳健运行的重要意义。与《巴塞尔协议Ⅱ》相比，《巴塞尔协议Ⅲ》将对银行业的微观监管和宏观审慎监管结合起来，与以往的监管集中在对银行资本监管不同，《巴塞尔协议Ⅲ》兼顾了资本监管和流动性监管，大大降低了银行业发生流动性风险的可能性。对银行资本的监管从以往的注重数量转变为数量与质量并重。加强了资本框架，新定义了一级资本、二级资本，对银行资本进行质量上的划分。我国银行的资本充足率一直处于稳定地位，目前满足《巴塞尔协议Ⅲ》的监管要求，但是我国银行资产规模快速增长，因此对给银行资本补充施加了压力，在新的资本和流动性约束下，长期来看对银行业影响不容忽视。

近年来，单个市场发生波动时产生的溢出效应是流动性风险跨市场传染的现实体现，2013 年 6 月和 12 月银行间市场两次爆发"钱荒"事件，银行间市场的流动性紧缩迅速传导至股票市场，2013 年 5 月，银行间和交易所债市资金价格上升，至 6 月 20 日，上海银行间市场各期限同业拆借利率大幅飙涨，隔夜拆借利率达到 13.4% 的历史新高，回购市场的隔夜回购利率也创出了前所未有的高度达到 30%。同时 2013 年 6 月 24 日上证综指跌幅达 5.3%，创造了 2013 年内的最大跌幅，数百股跌停。事实表明，金融市场间联动越来越紧密，个别金融市场发生流动性紧缩时，会通过各种联通渠道出现"螺旋式"的传染，因此产生流动性风险的跨市场传染，并且这种传染具有显著的"信号效应"。当前我国处于利率市场化的收尾时期，对资本市场的改革和外汇政策的改革同样处于重要阶段，因此造成这些市场不同程度的波动，这个阶段要严防个别市场发生波动对整个金融系统内的其他市场产生的溢出效应。

2. 研究意义

我国正处于资本市场和经济体制改革的重要时期，金融竞争日趋激烈、金融创新步伐更快，金融机构之间业务联系更加紧密，尤其是银行业同业业务获得了快速发展，银行间市场快速发展一方面提高了资金利用效率，通过市场实现资金的最优配置，另一方面风险也通过同业资产传递。同时，由于资本市场相对货币市场具有较高的收益率，近年来金融产品的创新，银行业与非银行金融机构往来的加深，使货币市场的资金通过各种渠道流入资本市场，承担了资本市场的风险，因此，一旦货币市场发生流动性风险，也会发生风险的跨市场传染。银行业同业拆借市场参与机构不断增加，业务量也持续扩张，中小银行由于网点和规模的限制，在信贷业务领域难以获得优势，因此转战同业业务，将同业业务作为新的盈利增长途径。同业拆借市场参与机构来自不同的金融市场，同业业务规模持续扩张的同时会不会将个体的风险传染至其他机构？是否会出现银行间风险的跨市场传递？因此研究银行业的流动性风险的跨市场传染和同业拆借内传染有利于银行自身战略调整，也可以对监管当局进行银行业系统流动性风险和跨市场风险传染防范机制的建立提出合理化建议，有一定的实际指导意义。

（二）文献综述

1. 银行间市场风险的内部传染

国内学者关于银行间市场风险的传染主要基于同业拆借债权债务关系视角。从银行间市场出发，高国华（2012）[①]基于银行资产负债表的银行间市场双边传染风险进行研究得出，大型国有银行处于银行间市场资金流动的中心环节，因此是流动性风险传染的重要来源。周再清（2008）[②]通过使用信息熵矩阵法研究得出，五大国有银行具有较强的风险防范能力，而大多数中小银行防范系统性冲击的能力较弱，也不具备对系统造成冲击的能力。郭晨（2010）[③]通过分析我国银行在同业拆借市场内的交易特征分析得出，同业拆借市场内的银行系统不但受到银行业内部的风险影响，同时还受到货币政策和境外同业的外部冲击，同时银行业的风险对境内的其他非银行金融机构具有比较强的溢出效应。

国外研究也对银行业风险的同业内部传染进行了大量研究。Iyer（2011）[④]对银行间市场风险传染效应进行了实证分析，并指出了银行间的关联导致传染发生的信息渠道，个体银行倒闭时，在倒闭银行存放头寸的其他银行遭遇损失，然后储户和交易对手银行获得这个信息后，认为这些银行的违约风险提高，发生挤兑，使原本健康运营的银行遭遇流动性危机。并且，在倒闭银行资金存放头寸占自身资产越高的银行，越容易遭遇挤兑。Angelini（1996）[⑤]使用意大利银行业的数据，利用网络理论对支付系统进

---

① 《基于资产负债表关联的银行系统性风险研究》，载《管理工程学报》，2012（4）。

② 《我国银行间市场传染性的风险测试》，载《统计与决策》，2008（16）。

③ 《我国银行同业拆借市场交易特征及风险传染研究》，载《经济研究导刊》，2010（2）。

④ 《Interbank Contagion at Work：Evidence from a Natural Experiment》，载《Review of Financial Studies》，2010，24（4）。

⑤ 《The Ineterbank Market after August 2007：What Has Changed，and Why?》，载《Journal of Money，Credit and Banking》，2011，43（5）。

行了研究，指出支付清算体系给证券市场和银行业提供了进行清算的基础，因此银行业在金融机构实质风险暴露中起着重要的作用。

2. 银行间市场风险的跨市场传染

关于银行间市场风险的跨市场传染：目前关于银行业风险跨市场传染的结论比较一致，研究认为银行业与资本市场具有内在连通性，虽然我国当期货币市场与资本市场之间仍然存在界限，但随着混业经营和金融创新，这些界限越来越模糊，银行业中的许多银行也开始开展资本市场业务。银行业与资本市场之间的连通存在多种渠道，因此货币市场与资本市场之间"暗流"汹涌。

国外学者在 20 世纪就对风险的跨市场传染进行研究 Blanchard（1981）[①] 通过建立证券市场与利率相互联动的模型，认为利率与股票价格存在快捷反向的反应关系，利率上升时，股票价格会出现一个快速下跌的过程，而利率下降时，股票价格则会出现上涨。Nier（2007）[②] 构建网络模型，通过模拟发现，银行的违约传染性的弹性与银行的资本充足率成正比，并且这种效应是非线性的，银行敲击式违约的风险与银行同业规模成正比，与其他学者得到同样的结论，银行网络之间的联系越紧密，系统性风险越大。

国内的研究大多数是从金融市场之间的相关关系或价格溢出效应的角度出发。但关于货币市场与其他金融市场之间的关系，研究不太一致。一部分研究认为货币市场对股票市场具有显著的冲击，并且货币市场占据主动，岳正坤（2014）[③] 通过研究货币市场、债券市场对沪深 300 指数的溢出效应得出，短期内，股票市场受到债券市场显著的价格溢出效应，货币市场收益率的变化对股票市场具有持久性的冲击，同时债券市场作为货币市场与股票市场的链接纽带，更容易将货币市场的波动传导至股票市场。而张金林（2012）[④] 通过对中国金融市场间的风险溢出研究认为金融市场间存在显著的价格溢出和波动效应，但货币市场对其他市场影响较弱，股票市场占据了主导位置，货币市场没有发挥好货币政策传导工具的职能。

---

① 《BlanchardO. J, Output, the Stock Market, and Interest Rates》，载《American Economic Review》，1981（71）。

② 《Network models and financial stability》，载《Journal of Economic Dynamics and Control》，2007，31（6）。

③ 《货币市场、债券市场对沪深 300 指数溢出效应的实证研究》，载《宏观经济研究》，2014（3）。

④ 《中国金融市场间风险溢出效应的实证研究——基于四元 VEC - GARCH（1，1）- BEKK 模型》，载《中央财经大学学报》，2012（7）。

在银行业风险跨市场的传染途径研究中，苗文龙（2013）[①] 通过对中、美、德次贷危机时期的风险传染机制研究，认为金融系统内金融机构通过同业拆借市场、证券市场、外汇市场等业务往来建立了复杂的债权债务关系网络，同时也给风险提供了快速的传染路径。因此体现出金融市场之间的传染冲击效应，而且冲击使不同金融市场的波动周期同步化，进一步加强了金融市场间的风险传染。我国某些金融市场间的风险传染效应甚至超过了市场化高度发达的美国。周天芸（2014）[②] 分析了银行、证券、保险部门之间的关联性和风险传染机制，认为证券机构资产价值波动剧烈，对整个金融系统的风险贡献值较高，保险公司次之，而商业银行的风险溢出效应最强，但是我国银行体系较为稳健，没有给金融体系造成较大的风险溢出，并且金融体系对负向冲击更加敏感。

关于银行业风险跨市场传染的实证研究中，王丽英（2005）[③] 从资金流动角度出发，对银行间同业拆借市场和股票市场的相关性进行了研究，认为银行间同业拆借市场对证券一级市场和二级市场的影响不同，同业拆借市场流动性的变动会直接影响一级市场，但是却不会对二级市场上的股票价格指数产生影响。李宗怡（2005）[④] 使用矩阵法研究我国银行同业拆借风险头寸分布情况，估计我国银行体系内的风险传染。研究表明，我国银行系统较为稳定，风险传染概率较低，同业拆借市场的风险传染由传统的向银行同业传染，开始向其他非银行金融机构扩散。

二、银行业流动性风险传染的理论研究

（一）银行业流动性及流动性风险的界定

流动性包括市场流动性和宏观流动性，市场流动性是整个市场所能提供资产变现能力的综合指标，通常与市场的交易成本和市场发展程度有关。宏观流动性是从整个金融体系出发对体系内流动性计量的总和，或者可以理解为不同口径下的信贷总量，货币当局通过对存款准备金率的规定对银行体系的流动性进行调节，进而影响全社会的流动性。本文所研究的商业

[①] 《金融危机与金融市场间风险传染效应——以中、美、德三国为例》，载《中国经济问题》，2013（3）。

[②] 《机构关联、风险溢出与中国金融系统性风险》，载《统计研究》，2014（11）。

[③] 《我国银行同业拆借市场资金变动对股票市场影响的实证分析》，载《当代经济研究》，2005（3）。

[④] 《我国银行同业拆借市场"传染"风险的实证研究》，载《财贸研究》，2005（6）。

银行流动性，可以理解为银行在有支付和清偿需要时以合理价格在市场上取得资金的能力。Lore 和 Borodosk（2000）[1] 将流动性定义为产生可以满足支付和清偿要求的现金流，这些现金流包括各种资产收益和从市场上拆借的资金。Freixas（2000）[2] 基于微观经济学基础对银行间市场风险传染问题进行了研究，认为在完全市场化情形下，发生系统性风险的概率较低，非完全市场化时发生系统性风险的可能性较高。中央银行的货币制度下基本不会出现系统性风险的爆发。

（二）银行业流动性风险的传染途径

现代金融体系中，金融创新产品不断涌现，银行间同业拆借市场快速发展，涵盖了我国全部的银行和大部分的非银行金融机构，形成了复杂的债权债务网络，一旦单个银行受到冲击而发生倒闭时与之具有同业业务往来的其他银行会遭受损失，发生流动性风险的同业传递。关于流动性风险的传染途径研究，国内外的主要观点如下。

1. 银行业流动性风险在同业拆借市场的传染途径

（1）同业资产负债关系：银行间市场参与机构众多，用于调节各银行之间的资金短缺和实现非银行金融机构资金投资增值的作用。这些债权债务是一种无担保无抵押完全建立在信用基础上的交易。银行间市场提供资金跨市场流动渠道的同时也造成了银行与其他金融机构之间形成错综复杂的资产负债关系。肖崎（2014）[3] 指出同业业务有利于资金的有效配置，金融机构为避免金融监管而获得高收益，使同业业务获得了快速发展，同业业务的创新导致"影子银行"规模迅速扩大，存在很大的风险隐患。彭建刚（2013）[4] 对我国银行间同业市场上参与机构之间的流动性风险传染进行了研究，结果表明，大规模的流动性冲击会导致流动性风险蔓延和同业市场交易量萎缩，小规模的流动性冲击不具有扩散能力，具有显著的收敛性。

（2）支付结算体系：支付结算系统是为市场参与者提供债务债权和清偿的平台，在金融系统有着重要的作用，支付结算系统的存在为交易者提

① 《The Professional's Handbook of Financial Risk Managemen》，载《Reed Educational and Profession Press》，2010。
② 《Interbank Market Integration under Asymmetric Information》，载《Review of Central Bank》，2000. 32（3）。
③ 《我国银行同业业务发展对货币政策和金融稳定的影响》，载《国际金融研究》，2014（3）。
④ 《同业拆借视角下银行业流动性风险传染效应研究》，载《湖南社会科学》，2013（5）。

供了方便快捷的服务，同时风险也在交易的过程中传染。银行间支付结算系统主要有三种结算方式：净值清算、总额清算与代理行方式。净值清算是对一段时期发生的集中清算，且只清算净余额，这时需要保证清算对手具有清算能力。我国支付结算系统基本覆盖了国内所有的银行，并且起着连接货币市场、资本市场、外汇市场的作用。支付结算系统的正常运行，给资金的正常运转提供了保障，因此是金融市场稳定的必要条件。

2. 银行流动性的跨市场冲击途径

（1）信息不对称：Diamond 和 Dybvig（1983）[①]创立了 DD 模型，Diamond 和 Dybvig 认为，银行恐慌的起因是顺序服务原则导致的投资者的挤兑行为。储户为将自己的损失降至最低，出现对失败银行的挤兑发展成健康银行的挤兑。因为对银行进行挤兑，掌握了完全信息的理性客户虽然了解银行的经营情况，但为了降低自己的损失也会跟着对银行进行挤兑，从而导致健康运营的银行也陷入挤兑的冲击直至倒闭，这样就会导致整个银行系统的恐慌传染。

（2）市场参与主体：2007 年央行颁布《同业拆借管理办法》，允许信托公司、金融资产管理公司、金融租赁公司、汽车金融公司、保险公司、保险资产管理公司等非银行金融机构纳入同业拆借市场申请人范围，此时我国允许加入同业拆借市场的金融机构达 16 种，包含了我国全部的银行类金融机构和大部分的非银行类金融机构。同时，参与同业拆借市场的大部分非银行金融机构可以进入股票市场和债券市场进行债券和股票的投资，这就提供了资金由银行同业拆借市场向货币市场和债券市场的流通渠道。

（3）金融创新与金融自由化：金融创新是指金融内部各种要素的重新组合和变革，包括金融产品创新、金融制度创新，长久以来金融产品创新发展迅速，金融产品种类的丰富满足了市场参与者对风险和收益上的不同需求，因此这些金融创新产品具有很强的竞争力。然而，整个金融市场的流动性是固定的，每个市场的资金量必然是此消彼长的关系，一旦一个市场出现价格波动，就会通过资产价格信息传递至其他市场，引起风险传染。

（4）风险溢价效应：风险溢价是市场参与者在面对不同风险的产品时，往往通过对产品收益要求的提高来抵消产品风险的增加。风险溢价效应是指当单个金融市场遇到冲击时，会影响市场参与者的风险承受意愿，市场参与者为均衡风险溢价使市场内资产价格产生变动，因此出现冲击的

---

① 《deposit in surance，and liguidity》，载《Journal of political Economy》，1983，91（3）。

传染。

（三）关于风险传染的实证方法

1. 银行同业拆借市场内部风险传染的实证方法

矩阵法：矩阵法的基本思想是银行通过同业拆借市场建立了债权债务网络，因此将不同银行的资产负债表联系起来。单个银行的倒闭会通过同业资产负债关系对其关联银行造成直接的损失，当关联银行缺乏消化吸收损失的能力时就会发生倒闭，因此每一家银行的倒闭都会对整个市场产生新一轮的冲击，最终导致流动性风险在整个系统内爆发，演变成系统性风险。

网络分析法：网络分析法的基本思想是通过运用复杂的网络理论先分析出银行间债权债务的结构特征，然后由金融网络的结构特征出发，分析银行间市场中存在的风险传染效应，与矩阵法相似的是均以同业资产负债关系为出发点，但网络分析法加强了对银行网络结构特征的研究，采用网络分析法的一大优点是能够分离出不同网络结构对风险传染的贡献值。

2. 风险跨市场传染的实证方法

VAR系列模型：VAR（向量自回归模型）是 Sims 在 1980 年提出，VAR 模型是用模型中所有变量的若干滞后变量进行回归分析，VAR 用于估计联合内生变量之间的联系，而且没有根据实际经济理论对模型进行约束，之后学者们为了克服 VAR 模型的局限性在 VAR 模型的基础上构建出 SVAR（结构型向量自回归模型）、PVAR（面板向量自回归模型）、TVP – VAR（时变系数向量自回归模型）和其他衍生的模型。

GARCH系列模型：GARCH 模型被称为广义 ARCH 模型，是根据 ARCH 模型拓展而来，ARCH 最初由 Engle 提出，当初只是简单的线性变量方程，用于描述英国通货膨胀率中存在的条件异方差特性，在这之后学者在 ARCH 的基础上创建出 GARCH 模型。近年来研究者们将 GARCH 模型拓展到多元的情况。相继提出了 VEC – GARCH、DVEC – GARCH、CCC – GARCH、DCC – GARCH 和 BEKK – GARCH 等模型。

Copula类模型：Copula 模型是 Sklar 在 1959 年提出，又被称为相依函数或连接函数，通过把多维随机变量的分布通过其各自的边际分布连接起来产生的函数。使用 Copula 函数在不考虑每个金融资产边缘分布的情形下研究组合内资产间的相关结构和相关模式。

三、银行流动性风险在银行间同业拆借市场的传染分析

（一）模型说明

基于银行间市场债权债务关系，模拟个体银行破产时对整个银行系统的冲击时使用信息熵最优矩阵法具有一定的优势，首先，信息熵最优矩阵法使用银行具体的同业资产与负债数据，能够使模型符合实际交易情况，使模型具备现实的意义。其次，根据银行同业资产负债情况对同业拆借市场结构进行模拟建立，可以直观地得出我国银行间同业拆借市场的结构，进行模拟时得出的结果以银行倒闭的形式表现出来，具有很强的直观性。

本文模拟银行同业拆借市场流动性风险的银行业内部传递，选取研究中主要使用的矩阵法进行模拟。由于我们无法获得各家银行两两之间的同业资产负债关系，因此需要构建一个 $N \times N$ 矩阵，矩阵的元素反映 29 家银行两两之间的债权债务关系。构建矩阵 X，如下式所示：

$$\begin{bmatrix} x_{11} & x_{12} & x_{13} & & x_{1N} \\ x_{21} & x_{22} & x_{23} & \cdots & x_{2n} \\ & \vdots & & \ddots & \vdots \\ x_{n1} & x_{n2} & x_{n3} & \cdots & x_{nn} \end{bmatrix}$$

矩阵中的元素 x_{ij} 表示第 i 家银行对第 j 家银行的债权，同时也可以理解为第 j 家银行持有的第 i 家银行的资产，因此矩阵每一行的元素之和即 $\sum_{j=1}^{N} x_{ij} = a_i$ 表示第 i 家银行全部的同业资产规模，矩阵每一列的元素之和即 $\sum_{i=1}^{N} x_{ij} = b_j$ 表示第 j 家银行的全部同业负债规模。由于银行对自身并无债权债务关系，因此矩阵对角元素全部为 0，矩阵全部元素和为整个同业拆借市场的同业资产和同业负债规模。根据 29 家银行 2014 年的年报，得出样本内的银行 2014 年同业拆借市场资产与负债数据如表 1 所示。

表1			2014 年 29 家银行同业资产负债表				单位：百万元	
	存放同业	拆出资金	买入返售款项	同业存放	拆入资金	卖出回购款项	同业资产	同业负债
工商银行	270219	467611	259213	1092303	300977	161718	997043	1554998
农业银行	562792	412825	509412	834765	197803	126950	1485029	1159518
建设银行	551451	0	247698	1473193	0	15683	799149	1488876

续表

	存放同业	拆出资金	买入返售款项	同业存放	拆入资金	卖出回购款项	同业资产	同业负债
中国银行	654957	310144	94957	1814414	201611	32376	1060058	2048401
交通银行	174261	172318	178454	1022037	212996	89573	525033	1324606
国家开发银行	1005026	19495	1084318	1408476	76099	28035	2108839	1512610
进出口银行	404442.4	46096.65	13087.29	534383.3	34608.37	98052	463626.3	667043.7
农业发展银行	45122	72395	80338	92381	0	0	197855	92381
浦发银行	142287	21969	196188	761531	63098	68240	360444	892869
宁波银行	30477.6	2866.596	170079	86634.36	14071.98	28155.13	203423.2	128861.5
兴业银行	99267	50999	712761	1270109	24808	0	863027	1294917
平安银行	66969	45841	178636	385451	13551	22568	291446	421570
民生银行	69027	170011	675868	853206	43048	80075	914906	976329
招商银行	55986	124085	344980	697448	94603	66988	525051	859039
中信银行	81689	47810	135765	698362	18703	41381	265264	758446
光大银行	40063	132333	286682	508445	21592	51767	459078	581804
南京银行	19803.11	7019.296	14497.98	84966.27	8625.185	30663.1	41320.38	124254.6
北京银行	97681	76465	133179	313296	24083	58857	307325	396236
华夏银行	62568	19108	123136	284714	22264	40202	204812	347180
广州银行	6448.906	901.26	31231.51	75064.68	5770	21964.18	38581.67	102798.9
杭州银行	27191.59	15563.14	3852.7	63656.61	5541.488	4226.037	46607.43	73424.13
徽商银行	11352.33	9232.91	53200.62	10583.38	9410.038	53200.62	73785.86	73194.03
浙商银行	43938.4	8474.424	41272.89	185755.2	5780.519	23462.5	93685.71	214998.2
渤海银行	5059644	6884.654	72149.08	195380.2	3467.643	13578.64	5138677	212426.5
恒丰银行	26702.49	1002.5	50223.8	280031.7	1256.199	7456.427	77928.78	288744.3
天津银行	31685	9574.695	80050.67	122321.7	10905.08	13856	121310.4	147082.8
广州农商行	32226.37	10940	60960.96	42016.97	7000	8642.669	104127.3	57659.64
上海农商行	7526.332	16401.84	11315.93	14388.99	1902.868	18569.53	35244.1	34861.39
北京农商行	32763.37	8163.566	35457.64	25630.34	7787.188	10514.86	76384.58	43932.39

一般情况下，我们难以取得单个银行对其他银行的同业资产和同业负债规模，因此矩阵 X 的元素难以获得，但是我们可以了解每个银行在同业拆借市场全部的同业资产和同业负债头寸。根据以上分析，现在矩阵 X 具有 N^2 个未知元素，并且矩阵行列元素和固定，我们可以得到 $2N$ 个可知元

素。因此我们需要使用某种方法估计其他元素的值。本文采用之前研究常用的"最大信息熵"矩阵法，信息熵是数学上一个比较抽象的概念，信息熵是对一个系统不确定性的平均度量，信息熵的值越高不确定性就越高，信息熵越低，不确定性就越低，系统就更为稳定。

（二）基本算法

根据上面获得的银行间债权债务矩阵，我们可以分析单个银行倒闭时所形成的流动性风险传染，根据商业银行经营的风险管理理论，本文选择银行自身的一级核心资本弥补同业资产损失。一旦同业资产损失超过银行的一级核心资本，则银行破产倒闭。本文根据模型构建情况做出以下假设：

1. 初始冲击只针对单个银行，而非对整个银行系统的冲击。

2. 假设银行倒闭时其违约损失率为 K，并且风险传染至其他银行时，这些银行倒闭时的违约损失率不变，仍为 K。

3. 银行弥补损失只有通过自身的一级核心资本，不存在其他途径使银行弥补损失。

根据以上模型构建，风险传染模拟算法如图 1 所示。

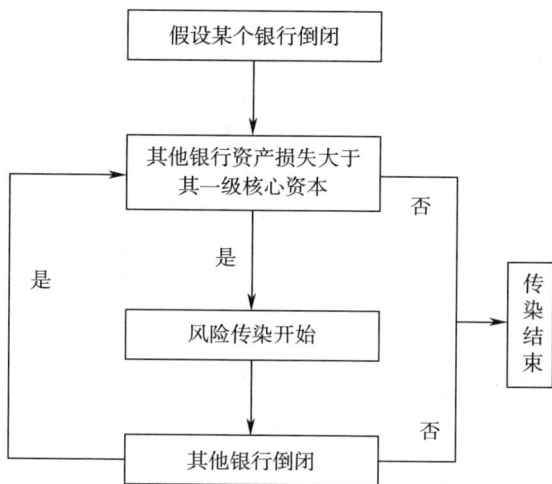

图 1　基于同业资产负债矩阵银行间风险传染算法流程

传染过程可以解释为假设银行 j 因自身经营不善或者外部冲击而倒闭，则系统内的银行在 j 银行的资金存放出现损失，损失率为 K，C_i 为银行的一级核心资本。当存在第 i 家银行使得 $K \times X_{ij}^* > C_i$ 时，则第一轮冲击使 i 家银行破产，此时如果存在银行 m，使初始倒闭银行和第一轮倒闭的银行对 m 银行产生的资产损失大于其一级核心资本，则会出现第二轮传染，即 $K \times (X_{ij}^* + X_{mj}^*) > C_m$ 时，随着传染效应继续扩大，其他银行的资产损失越来越高，出现资本金损失超过一级核心资本的情况，接着出现第三轮、第四轮风险传染，直至不再有银行倒闭为止。

（三）实证分析

本文构建的银行间债权债务矩阵涵盖了我国 29 家银行，根据估算的债权债务关系矩阵，分别选取中国银行、国家开发银行、兴业银行、招商银行、杭州银行、上海农商行作为受到外部冲击倒闭的银行同业拆借市场的风险源，分别代表国有银行、政策性银行、股份制银行、城市商业银行和农村商业银行。假设银行违约损失率分别为 20%、60%、80% 时，检测风险源银行对其他银行的风险传染。

本文将银行间市场的主要参与的 29 家银行纳入模型，包括五大行、政策性银行、股份制银行、城市商业银行和农村商业银行，首先对 29 家银行进行编号。具体编号结果如表 2 所示。

表 2　　　　　　　　　　　　　　　银行编号

编号	银行	编号	银行	编号	银行
1	工商银行	11	兴业银行	21	杭州银行
2	农业银行	12	平安银行	22	徽商银行
3	建设银行	13	民生银行	23	浙商银行
4	中国银行	14	招商银行	24	渤海银行
5	交通银行	15	中信银行	25	恒丰银行
6	国家开发银行	16	光大银行	26	天津银行
7	进出口银行	17	南京银行	27	广州农商行
8	农业发展银行	18	北京银行	28	上海农商行
9	浦发银行	19	华夏银行	29	北京农商行
10	宁波银行	20	广州银行		

由于同业拆借市场参与机构众多，本文所收集的 29 家银行的同业头寸难以满足总同业资产规模与总同业负债规模相等，因此需要对其中不重要的银行数据进行修改，本文中总的同业负债规模大于同业资产规模，因此将渤海银行的同业资产数据进行修改。经过进行信息熵最优矩阵的求解，得出 29 家银行的最优债权债务关系矩阵，根据矩阵结果模拟中国银行、国

家开发银行、招商银行、杭州银行、上海农商行（编号为4、6、14、21、28）受到外部冲击发生倒闭时，风险向银行系统的传染（见表3）。

表3　　　　　　　　个体银行倒闭对银行系统冲击模拟结果

假设倒闭银行	债权违约率	第一轮	第二轮	第三轮	第四轮	第五轮	第六轮	第七轮
4	0.2	无						
	0.6	7	11、13、23、26	10、16、18、20、25、27	12、19	传染停止		
	0.8	7	11、13、18、23、25、26	8、10、12、16、19、20、27	6、21、22、29	14	17	传染停止
6	0.2	无						
	0.6	7	11、13、18、20、23、25、26	10、12、16、19、27	17、22、29	传染停止		
	0.8	7	10、11、13、18、20、23、25、26	8、12、14、16、17、19、21、22、27、29	2、6、9	15	4	传染停止
14	0.2	0						
	0.6	0						
	0.8	7	传染停止					
21	0.2	0						
	0.6	0						
	0.8	0						
28	0.2	0						
	0.6	0						
	0.8	0						

　　杭州银行、上海农商行倒闭时不会发生风险传染，在其债权违约率达到80%时也不会引起其他银行倒闭。招商银行只有在债权违约率达到80%时会使进出口银行倒闭，并且风险传染在第二轮停止。国家开发银行、中国银行在我国银行间市场中具有重要的地位，持有大量的同业头寸，因此这三家银行倒闭时会对整个系统产生链式冲击。债权违约率为80%时分别导致系统中的银行倒闭数量为24、20（见表1）。并且在冲击过程中，城市商业银行首先受到冲击倒闭，其次是股份制商业银行和农村商业银行，国

有银行一般不易受到传染，城市商业银行和股份制银行核心资本不如国有银行充足，而且同业拆借市场参与程度较高，因此容易受到冲击。而农村商业银行由于同业资产头寸较小，因此在银行流动性风险传染时不会轻易倒闭。

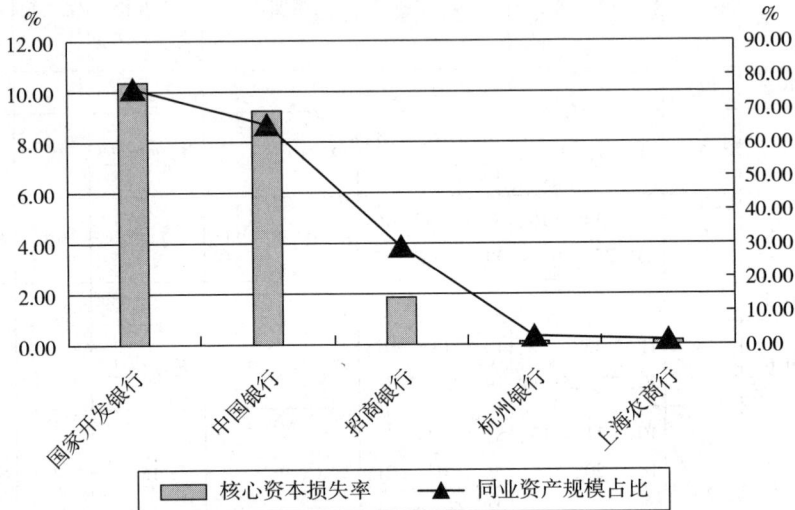

图2　倒闭银行同业资产规模与引起核心资本损失占比

如图2所示，倒闭银行作为风险传染源时，引起样本内银行一级核心资本损失率与银行同业资产规模占比成正比，国家开发银行和中国银行引起29家银行的一级核心资本损失率达到77.70%，中国银行倒闭引起系统内的一级核心资本达到69.31%，招商银行、杭州银行、上海农商行分别引起系统内一级核心资本损失率为13.96%、0.86%、0.41%。因此可以得知，单个银行作为风险传染源时，对整个银行系统的冲击与银行同业资产规模成正比，大型银行在银行系统内具有重要性，而小型银行对整个系统的影响较小。

根据以上模拟结果可以得出以下结论：

我国银行同业拆借市场较为稳定，抽取的五家银行中包括国有银行、政策性银行、股份制银行、城市商业银行和农村商业银行的代表，在债权违约率为80%的情况下仍然不会使所有银行倒闭，风险传染最严重的是国家开发银行在违约率为80%时会使24家银行倒闭，波及了样本中的绝大多数。

银行防御风险冲击的能力与银行资产规模成正比，模拟结果中，由于国有五大行资产规模雄厚，资本较为充足，在整个冲击过程中受到的冲击较小，只有国家开发银行在债权违约率80%的情况下会使中国银行和农业银行倒闭。其余银行的倒闭均不会对五家国有银行造成冲击，并且资产规模较小的城商行和股份制银行在冲击面前防御能力较弱。

四、银行业流动性风险跨市场冲击的实证分析

（一）模型说明

SVAR 模型与冲击反应分析

近年来研究中多采用向量自回归模型（VAR）分析多变量之间相互影响关系，但是单纯的向量自回归模型存在着许多缺陷，首先，VAR 没有在自变量中包含变量的当期值，因此变量间的当期关系隐藏在随机干扰项中，其次 VAR 模型中只从数据出发，模型构建中并没有与现实的经济理论相结合。本文采用结构向量自回归模型 SVAR，SVAR 模型在 VAR 模型的基础上加入了各变量之间的当期关系，并且根据模型实际情况添加约束条件，赋予模型实际意义。SVAR 模型构建如下：

$$A \times Y_t = \sum_{i=1}^{P} A_i \times Y_{t-i} + e_t \tag{1}$$

此时式（1）可表示为

$$A(I_k - A_1 \times L - A_2 \times L^2 - \cdots - A_P \times L^P)Y_t = e_t \tag{2}$$

设：$e_t = B \times u_t$

将式（2）整理得 $(I_k - A_1 \times L - A_2 \times L^2 - \cdots - A_P \times L^P)Y_t = A^{-1} \times B \times u_t$

$$\tag{3}$$

设 $A^{-1} \times B = C$ \hfill （4）

则 C 称为 SVAR 模型的长期约束，C 的形式为 $\begin{bmatrix} c_{11} & \cdots & 0 \\ \vdots & \ddots & \vdots \\ 0 & \cdots & c_{ii} \end{bmatrix}$ 即 C 为对角矩阵，对角线上的值为模型要估计的值。

其中，y_{1t}、y_{2t}、y_{3t} 是银行间质押式回购利率、股票市场收益率、债券市场收益率，p 是滞后阶数，样本个数为 T。e_t 是 k 维扰动向量，u_t 经过正交化的单位创元。

（二）变量选取

本文构建的 SVAR 模型主要有三个变量，包括银行间质押式回购利率、

沪深300指数收益率、中国债券总指数，其中银行间质押式回购利率是使用上海银行间同业拆借期限为一周的质押式回购利率。

（三）实证分析

本文分别选取2012年底至2015年的数据，首先，对三个市场进行协整检验，研究长期以来三个市场之间的结构性关系。然后将样本期分为2013年的"钱荒"时期、2014年至2015年上半年的股市上涨时期和2015年下半年的股市调整时期。使用三个变量的日度数据构建SVAR模型进行实证。并在此基础上进行冲击反应分析、方差分解，分析银行同业拆借市场与股票市场、资本市场之间的联系。

1. Johansen 协整检验

Johansen 协整检验要求所用变量均服从 I（1）序列，即所有变量均为一阶单整。首先对整个样本期内所有变量进行平稳性检验（见表4）。

表4　　　　　　　　　　　　　变量平稳性检验结果

变量	Shibor	Cbai	Hs300	DShibor	DCbai	DHs300
检验形式	（C，T，4）	（C，T，2）	（C，T，3）	（C，T，4）	（C，T，1）	（C，T，3）
T 统计值	−2.12	−1.502	−1.236	−13.795	−14.931	−11.244
1%临界值	−3.960	−3.960	−3.960	−3.960	−3.960	−3.960
5%临界值	−3.410	−3.410	−3.410	−3.410	−3.410	−3.410
10%临界值	−3.120	−3.120	−3.120	−3.120	−3.120	−3.120
P 值	0.2142	0.8285	0.9029	0.000	0.000	0.000
结论	不平稳	不平稳	不平稳	平稳	平稳	平稳

质押式回购利率、中国债券指数、沪深300指数在整个样本期均不平稳，但经过一阶差分后的数据均平稳，表明样本期所用数据均为一阶单整的（见表4），此时可以使用Johansen协整检验方法检验三者之间的长期协整关系。Johansen协整检验结果如表5所示。

表5　　　　　　　　　　　　Johansen 协整检验结果

原假设最多存在协整关系数量	特征值	迹统计量	5%临界值
0	—	29.4806	29.68
1	0.03465	2.3236	15.41
2	0.00289	0.0924	3.76
3	0.00012		

根据以上协整关系检验可知（见表5），在5%的显著水平下，不能拒

绝变量间含有 0 个协整关系的原假设，表明在整个样本期内三个变量间不存在长期协整关系，三个市场不存在长期结构性关系。下面将变量划分为 2013 年的"钱荒"时期，2014 年 8 月至 2015 年 6 月的股市上涨时期和 2015 年下半年的股市调整时期，分别构建 SVAR 模型。

2. 描述性统计

由于所使用的质押式回购利率是银行间市场的收益率，本文将沪深 300 指数与中国债券指数同时处理成收益率的形式。对变量处理如下：

$$RHs300 = \ln \frac{x_t}{x_{t-1}}, RCabi = \ln \frac{y_t}{y_{t-1}}$$

其中，x_t、y_t 分别为沪深 300 指数与中国债券指数的当期值。x_{t-1}、y_{t-1} 分别是其滞后一期值。

表6　　　　　　　　　　　所用变量描述性统计分析

统计值	"钱荒"时期			股市上涨时期			股市调整时期		
	Shibor	RHs300	RCabi	RShibor	RHs300	RCabi	RShibor	RHs300	RCabi
最大值	11.004	0.033247	0.004263	5.782	0.049182	0.008934	2.921	0.059607	0.003346
最小值	3.59	−0.05435	−0.0072	1.92	−0.08492	−0.00504	2.11	−0.08878	−0.00193
均值	5.25141	−0.00331	−0.00038	3.450338	0.004238	0.000245	2.545981	−0.01006	0.000157
标准差	1.743407	0.01547	0.001616	0.866806	0.018095	0.001692	0.149692	0.035653	0.000878
偏度	1.222494	−0.62363	−1.35207	0.235873	−0.89508	0.736627	−0.13522	−0.30815	0.67446
峰度	4.228126	5.027407	10.70574	2.506083	6.706793	6.635008	4.909928	2.679931	5.915228

根据所用变量的描述性统计可以得出，银行间质押式回购利率在"钱荒"时期、股市上涨时期、股市调整时期呈现出下降的趋势。同时，银行间质押式回购利率在三个期间内呈现出标准差降低的趋势。沪深 300 指数收益率在三个时期方差变动较小，表明沪深 300 指数在三个时期内的波动幅度没有显著的差别。中国债券指数的指数收益率的统计分析可以得出在"钱荒"时期中国债券指数向下变动，但在股市上涨时期和股市调整时期内呈现出向上的走势。正态分布的峰度系数为 3，所用数据在大多时期偏度高于 3 表现出数据呈现出的尖峰厚尾的特征（见表6）。

3. ADF 平稳性检验

进行 SVAR 模型实证之前，需要对变量进行平稳性检验，如果变量不平稳直接进行模型构建容易产生回归偏差，隐藏变量之间的真实关系，因此需要对变量序列处理后才能进行回归分析。

表7 变量平稳性检验结果

时期	序列	Shibor	Cabi	Hs300	D_shibor
"钱荒"时期（2013.05—2013.12）	检验形式	(C, T, 1)	(C, T, 1)	(C, T, 0)	(C, T, 0)
	P值	0.0578	0.0008	0.000	0.000
	结论	不平稳	平稳	平稳	平稳
股市上涨时期（2014.08—2015.06）	检验形式	(C, T, 3)	(C, T, 1)	(C, T, 0)	(C, T, 2)
	P值	0.1738	0.000	0.000	0.000
	结论	不平稳	平稳	平稳	平稳
股市调整时期（2015.06—2015.12）	检验形式	(C, T, 2)	(C, T, 2)	(C, T, 0)	—
	P值	0.0011	0.000	0.000	—
	结论	平稳	平稳	平稳	—

对所用变量进行单位根检验，根据 SIC、AIC 等信息准则确定检验的滞后阶数，检验形式中的 C 表示检验中加入截距项，T 表示检验中加入时间趋势。如表7所示，Shibor 在"钱荒"时期、股市上涨时期不平稳，经过差分后得到 D_shibor 为平稳序列，但在股市调整时期为平稳序列，可以进行实证。Cabi 与 Hs300 在所有时期中均为平稳序列，不需要进行处理，可以直接进行模型回归（见表7）。

4. 冲击反应分析

冲击反应图是根据自变量变动一个单位时（即1%），因变量所产生的变动，本文使用 STATA 绘制反应周期为10个交易日沪深300指数收益率和中国债券指数收益率受到质押式回购利率的冲击反应图，其中阴影部分表示冲击置信度为95%的置信空间，也就是说，当阴影部分不包含0时表明冲击具有显著性，相反的是阴影部分包含0表明冲击不具有显著性。

如图3所示，根据构建的 SVAR 模型运行结果进行期限为10个交易日的冲击反应图绘制，根据图3可知，同业拆借市场质押式回购利率发生正向变动时即同业拆借市场发生流动性紧缩时，首先会给沪深300带来负向冲击，并在第二期内达到冲击的最大值，之后冲击效应逐渐消失。同业拆借市场发生流动性紧缩时同样会使中国债券指数的负向变动，表明同业拆借市场对我国债券市场具有价格溢出效应。同业拆借市场向资本市场的风险传染机制与股票市场类似，同业拆借市场出现流动性紧缩时收益率上升。而且从冲击反应图中可以得出，银行同业拆借市场对债券市场的冲击无论从力度还是显著性上均高于对股票市场的冲击。

如图4所示，质押式回购利率的正向变动在第一期内对沪深300指数

沪深300受质押式回购利率冲击反应

中国债券指数受质押式回购利率冲击反应

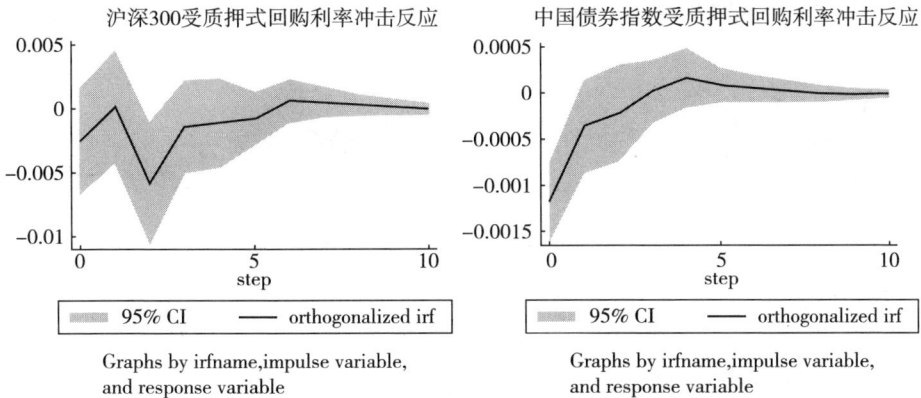

图3 "钱荒"期间股市与债市受质押式回购利率冲击反应

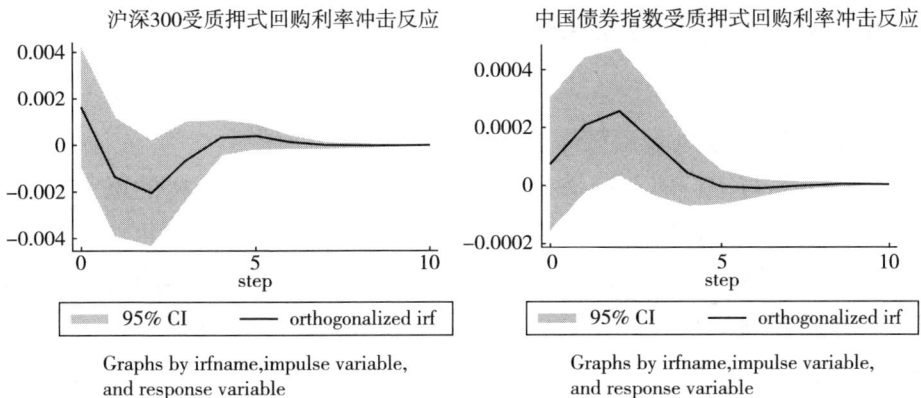

沪深300受质押式回购利率冲击反应

中国债券指数受质押式回购利率冲击反应

图4 股市上涨时期股市与债市受质押式回购利率的冲击反应

产生一个正向冲击,并在第五期后冲击消失。质押式回购利率的正向变动,对中国债券指数在第一期至第三期内具有正向冲击,显著性较弱。表明在流动性宽松时期银行间市场与资本市场之间的价格互动并不明显。

如图5所示,在股市调整时期,质押式回购利率变动时对沪深300指数产生负向冲击,并且冲击值均高于"钱荒"期间和股市上涨期间,同时具有较高的显著性,表明股市调整时期,同业拆借市场的利率的正向变动会对股票市场收益率产生负向冲击,使股价下挫。与此对应的是,同业拆借市场的正向冲击对债券市场的冲击较弱,并且不具有显著性,表明这一段时期,债券市场受到同业拆借市场的影响较弱。

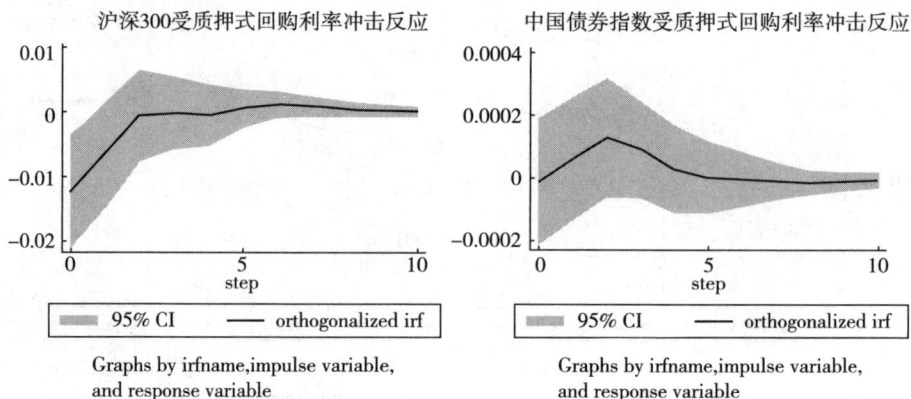

图5　股市调整时期股市与债市受质押式回购利率的冲击反应

五、基于防范银行业风险传染的政策建议

（一）政策建议

1. 构建跨市场风险预警体系

资本市场与银行同业拆借市场在危机时刻倾向于更紧密的联系，一个市场内发生风险事件时存在多种渠道传染至另一个市场，因此建立良好的风险预警机制对防范风险跨市场传染十分重要。银行间市场的流动性风险具有银行系统内自我扩大和跨市场外溢的特点，而这个过程需要一定的时间来实现，因此在流动性风险尚未大规模爆发时如果能够构建跨市场风险预警体系，可以有效地预知风险。首先选择有效的风险预警指标，使预警指标能够体现市场风险水平，并明确相关部门的职责，在风险爆发之前能够有效地察觉，并进行及时干预，最大程度降低银行业流动性风险传染的可能性。

2. 完善金融机构和金融市场

金融体系的内在脆弱性是风险传染的根源，在完善对金融机构个体监管的同时，也应当完善金融系统内的体系建设，从根本上杜绝风险发生传染的可能性。有效的金融市场需要各金融市场间能够实现高度联通，资金能够跨市场自由流动，最大程度地满足资源的有效配置，实现资金跨市场流动可以使资源实现最优配置，同时也可以使以往处于暗中的资金流动提高透明度，降低风险滋生的可能性。完善金融市场首先疏通跨市场资金流动渠道，增加银行间同业拆借市场的准入机构，鼓励金融创新，发展跨市场金融产品，丰富我国金融市场交易品种，吸引更多的投资者加入。

3. 加强对跨市场业务的监管

与金融创新相比，监管总是滞后的，因此每次金融创新潮流来袭，市场上总是存在许多监管空缺，因此需要加强监管当局对市场发展的了解，不同市场的监管部门进行联合监管，减少市场中的监管真空。创新业务缺乏监管将不受限制地流入各个行业领域，对我国货币政策的实施也产生了挑战。因此需要市场监管部门严格控制此类监管套利行为，规范银行主体行为，避免信贷资金流入不受当前经济政策支持的行业。对有利于实体经济能够实现资源优化配置的同业业务，应予以鼓励。

4. 提升中小银行的风险管理水平

中小银行容易受到冲击源的风险传染发生倒闭，并且与冲击源形成联合冲击，增强了冲击力度。而大型银行拥有充足的资本，一般抵抗风险的能力较强。因此，提高中小银行的风险管理水平不但能降低中小银行受到冲击时倒闭的可能性，而且能够降低对整个银行系统的冲击。提升中小银行的风险管理水平应当从两个角度出发。首先，降低中小银行由于风险传染发生倒闭的可能性。严格控制中小银行同业业务规模的扩张，监管当局需要对银行同业业务的规模和增速进行规范，对银行业借助同业业务将流动性输送到高风险行业的行为进行严格控制，疏导银行业资金流入实体经济。其次，倒闭银行债权违约率降低时减少了流动性风险的传染程度。在风险传染源银行倒闭时降低债权违约率就降低了整个银行系统发生倒闭的可能性，降低倒闭银行的债权违约率需要从银行自身风险管理和监管当局两个方面提高银行抵抗风险的能力。

5. 重点对大型银行进行风险防范

根据第四部分的实证结果，大型银行在受到冲击倒闭时对系统内其他银行的冲击较强，会引起风险的多轮传染使大部分银行倒闭，一旦大型银行倒闭就会扰乱金融市场正常的运行秩序，因此有必要对大型银行加强风险防范。历来的金融危机中，大型金融机构的破产对整个金融市场甚至一个经济体都产生很大的冲击，因此出现"大而不倒"的现象，大型银行同业头寸占整个银行系统的比例较高，在同业拆借市场中扮演着十分重要的角色。因此有必要加强对大型银行同业业务执行更高的监管要求。要求在我国银行同业拆借市场中同业头寸达到一定规模以上的银行披露更多的信息，包括披露银行表外资产规模、同业业务复杂性和关联性程度，增加大型银行的信息透明度。

6. 继续推进存款保险制度

根据历史事件可以看出，历来的银行业危机大部分从储户的"挤兑行为"开始，银行实行"先到先得"的服务策略，因此，建立规范的存款保险制度有利于保护存款人的合法权益，能够降低银行业流动性风险爆发的可能性，最大程度地维护金融系统的稳定。存款保险制度的实施保护了存款人的利益，增强了储户对银行业稳健经营的信心，不但降低了单个银行发生流动性风险倒闭的可能性，而且有效防止了流动性风险在银行业的内部扩散。未来存款保险制度应当根据新的市场环境制定出实施细则，包括银行破产的清算原则、债务清偿原则等，并且充分发挥存款保险制度对商业银行的激励作用，加强商业银行制度建立的自我完善。

关于表彰中国银行业
发展研究优秀成果评选（2017）
获奖个人及单位的决定

银协发〔2017〕112 号

各会员单位：

　　为进一步推动银行业研究事业的发展，鼓励中国银行业从业人员积极从事研究工作，以期为银行业发展转型提供决策，中国银行业协会行业发展研究委员会自 2013 年起连续五年成功举办"中国银行业发展研究年度优秀成果评选"。本年度中国银行业发展研究优秀成果评选于 2017 年 2 月正式启动，得到了会员单位的广泛响应和积极参与，共收到 86 家各类银行业金融机构及地方银行业协会选报成果 1024 份。

　　本次评选坚持以科学发展为指导，坚持公平、公开、公正的评选原则。历时数月，经过报名审核、初步筛选、封闭式初审、复审、终审电子评阅及终审现场会议等多个流程层层推荐，最终评选出《创新超越——新常态下大型商业银行改革与转型》等特等奖 3 名；《中国商业银行资产负债管理——利率市场化背景下的探索与实践》等一等奖 10 名；《银行业集中度与产业增长——基于资源再配置和技术进步的路径研究》等二等奖 20 名；《用"互联网＋"打造商业银行转型升级新引擎》等三等奖 30 名以及《银行业营改增的必要性、当前影响和未来演进》等优秀奖 95 名。

　　同时，为鼓励积极参与评选并给予大力支持的会员单位，特向交通银行等 10 家会员单位颁发"中国银行业发展研究优秀成果评选（2017）"组织奖。

　　希望获奖单位和个人珍惜荣誉、再接再厉，在今后的研究工作中再创佳作；希望全体会员单位和个人以他们为榜样，面对日趋激烈的金融形势，加强研究力量，培养研究人才，深入开展研究工作，促进形成理论、实践研究百家争鸣、百花齐放的良好学术氛围，更好地践行服务行业发展的职责，推动我国银行业课题研究水平不断提升！

    附件：1. 中国银行业发展研究优秀成果评选（2017）获奖作品名单。

    2. 中国银行业发展研究优秀成果评选（2017）组织奖获奖名单。

中国银行业协会

2017 年 7 月 27 日

附件 1

中国银行业发展研究优秀成果评选（2017）
获奖作品名单

特等奖

序号	成果名称	作者	单位
1	创新超越——新常态下大型商业银行改革与转型	牛锡明	交通银行
2	商业银行"一带一路"跨境清算服务研究	孔新荣	中国农业银行
3	我国杠杆环境与银行业支持降杠杆的研究	冉海陵　隋　军 陈邦强	重庆银行

一等奖

序号	成果名称	作者	单位
1	中国商业银行资产负债管理——利率市场化背景下的探索与实践	楼文龙	中国农业银行
2	中国特色现代国有金融企业制度课题研究报告	高兆刚　陈志能 宗　良　廖张锋	中国银行

序号	成果名称	作者	单位
3	中国不良资产系列问题研究报告	崔宇清　刘　原 刘　佳	中国华融资产管理公司
4	大数据体系下工商银行零售业务精准营销工作发展研究	王英琦　郭亚欣	中国工商银行
5	小服务，大格局——中国便民缴费行业研究	杨兵兵　许长智 陈红薇	中国光大银行
6	交易银行发展与业务模式创新研究	李忠东　黄瑞升 颜培杰　李建平	中国建设银行
7	资本外流和人民币贬值的强化机制及其风险防范	连　平　刘　健 鄂永健	交通银行
8	经济新形势下的商业银行客户战略转型研究	洪　崎　黄剑辉 王一峰	中国民生银行
9	绿色信贷风险评估体系建设——基于钢铁企业环境风险评估的实证研究	刘宏业	北京银行
10	我国居民消费金融使用意愿的影响因素分析	周　丹	南京银行

二等奖

序号	成果名称	作者	单位
1	银行业集中度与产业增长——基于资源再配置和技术进步的路径研究	龚　元	宁波银行
2	借鉴国际经验 推进我国金融基础设施建设——兼论我国 P2P 网贷中央数据库建设构想	吕世蕴	银行业信贷资产登记流转中心有限公司
3	国外商业银行转型发展研究	战略发展部课题组	中国邮政储蓄银行
4	何去何从，农村小型金融机构内生式的发展	张康松	广州农商银行

序号	成果名称	作者	单位
5	共享生态下商业银行消费金融创新策略研究——基于"云+端+智能"的视角	李　麟	上海浦东发展银行
6	我国银行业流动性风险的传染机制研究	王其发	交通银行
7	资产管理公司的"大资管"业务模式及发展策略	谭人友	中国长城资产管理公司
8	关于新形势下加快风险管理动态、前瞻性转型的研究	刘瑞霞　李红侠　薛冬辉　杨晓岩	中国工商银行
9	上市银行净息差分化的深层原因及其启示	仇高擎　武　雯　鄂永健	交通银行
10	商业银行经济资本管理与价值创造	刘宏海	中国邮政储蓄银行
11	供给侧结构性改革背景下商业银行"债转股"发展建议研究	王　舒	交通银行
12	"8·11汇改"以来人民币汇率走势分析及展望	黄剑辉　应习文　刘　杰	中国民生银行
13	新常态下城市商业银行战略转型研究	申学清	郑州银行
14	我国直销银行子公司制改革路径探索	董希淼	恒丰银行
15	区块链发展趋势与商业银行应对策略研究	程　华　杨云志	招商银行
16	中国货币制度中的政府因素：基于转型经济背景的考察	赵柏功	中国工商银行
17	基于大数据的交易银行应用平台研究与实践	王　勇　周劲松　张启保	徽商银行
18	中国银行业转型升级需摒弃"鼹鼠情结"——以大型商业银行为例	张兴荣	中国银行
19	当前债转股问题研究——基于新制度经济学与合约理论	喻志刚　汪　翀　王　莹	中国银行
20	赢在自贸区——股份制商业银行自贸区发展策略策略与研究	李诚志　苏　榕　张　雯	恒丰银行

三等奖

序号	成果名称	作者	单位
1	用"互联网＋"打造商业银行转型升级新引擎	沈仁康 杜 权 杨 跃	浙商银行
2	离岸市场在美元短期资产定价结构中的作用及对人民币的启示	边卫红 陆晓明	中国银行
3	商业银行"大托管"发展路径研究	马曙光 任 航 张薄洋	中国农业银行
4	跨境人民币结算的制约因素及对策研究	方璐茜	中国银行
5	低利率环境下商业银行资产负债的生成和变化	王 晓 李 杰 尤建强	平安银行
6	商业银行私有云设计与实现	金磐石 戴 蕾	中国建设银行
7	新资本监管形势下中国商业银行资本工具创新研究	吕艳霞	恒丰银行
8	基于信用评分模型的商业银行消费金融业务智能化审批研究	程子宝	南京银行
9	金融扶贫助力安康地区农民收入提升——基于空间探索技术和面板计量的分析	万 马	中国建设银行
10	中美德日银行业发展对比分析及政策建议	金融发展研究中心	中国民生银行
11	跨国资本流动:"一带一路"沿线国家与发达国家的比较	侯哲	厦门国际银行
12	A银行集中营运模式研究及路径	朱 斌 邓 萍 王宇航	中国邮政储蓄银行
13	新一轮债转股的利益博弈分析	贾 佳 王 蓉	中国华融资产管理公司
14	双活数据中心IT连续性成熟度模型研究与实践	扈 浩 苏海涛	中原银行

续表

序号	成果名称	作者	单位
15	创新消费金融 开启零售银行新增长极	麻艳	中国民生银行
16	MS银行信用卡催收管理研究	李伟	中国民生银行
17	中国对外直接投资（OFDI）对人民币国际化影响的实证研究	张晓涛 杜萌 杜广哲	中国进出口银行
18	JS银行网上银行业务赔付机制构建研究	孟莹	恒丰银行
19	浅析基于大数据应用技术 提升银行案件防控工作质效	宗勇涛 彭飞 郭一凡	北京银行
20	利率波动与利差变化的国际经验与中国情况研判	李虹含	华夏银行
21	城商行创新金融支持方式的路径选择——深化供给侧金融服务改革	程松彬 张光华 何珊	吉林银行
22	"负利率"政策实施对日本银行业的影响及启示	赵乙欧 王哲	中国银行
23	大数据背景下小微交叉销售机会识别研究	王茜	中国民生银行
24	中国农业银行外联出口网络安全深度防护研究与实践	左燕 秦玮 温景容	中国农业银行
25	基于风险防控视角的农村地区电子银行业务发展研究	谭华舟 朱梅	江苏省农村信用社联合社
26	"大资管"时代商业银行财富管理经营策略研究	成巍立	恒丰银行
27	国内外商业银行市值管理经验的启示与借鉴	李相栋	中国民生银行
28	新常态下社区银行的发展探析——基于北京地区的分析	董玉华	中国农业银行
29	中小银行信用卡业务发展策略及路径探索	杨跃 庄瑾亮	浙商银行
30	国际大型银行交易型业务发展经验及启示	刘健	交通银行

优秀奖

序号	成果名称	作者	单位
1	银行业营改增的必要性、当前影响和未来演进	蔡浩	恒丰银行
2	商业银行前海自贸区业务法律风险管控研究	文介平	中国农业银行
3	新常态下我国上市银行发展轨迹的比较研究	天津金城银行课题组	天津金城银行
4	M1与M2增速差持续扩大趋势下商业银行经营策略思考	宋艳伟	上海浦东发展银行
5	供给侧结构性改革与中小银行创新发展	闫冰竹	北京银行
6	供给侧结构性改革中产业升级的金融支持研究——以四川省为例	舒红兵、孙志华、陈晓安	中国工商银行
7	托管业务"大数据"应用思考	邓剑军　杨帆　赵颖	中国农业银行
8	数字化营销和商业银行大零售客户标签体系建设	田丽　周学春	中国民生银行
9	A银行"互联网＋"服务三农探索与实践	张秀萍　刘国建　吕芙蓉	中国农业银行
10	银行信息系统开放弹性架构实践研究	宋士正　富浩　李维山	浙商银行
11	"中国版"资产担保债券：从构想到实践	罗颖　郑志荣　徐惊蛰	中国银行
12	香港机构信托业务创新发展浅析——以SVF业务为例	任烨懿	交通银行
13	货币渠道、信贷渠道与房价非对称调整：基于房价向下刚性的实证研究	刘子寅	成都农村商业银行
14	我国商业银行综合化经营的规模经济与范围经济效应	曾力	广东省农村信用社联合社
15	英国金融机构反洗钱监管研究及对中资银行的启示	陈帆	中国农业银行

续表

序号	成果名称	作者	单位
16	金融供给侧结构性改革策略研究	杨建荣	中国农业银行
17	2016 年宏观经济金融形势判断、问题分析与政策建议	战略规划部宏观经济金融研究处课题组	中国农业银行
18	基于汇率预期与央行干预的汇率动态决定：理论分析与经验研究	李小林	青岛银行
19	中国票据市场：制度与逻辑	钟俊	广发银行
20	区域银行个人金融业务创新研究	叶小银	长沙银行
21	"营改增"对商业银行经营管理的影响	唐梅　赵媛媛　周宁	中国民生银行
22	上海自贸区扩区后商业银行的机遇与挑战及相关建议	陈舟楫	上海银行
23	供给侧改革背景下城商行小微金融创新研究——以浙江台州小微企业金融服务改革创新试验区为例	朱秀文　杨建东　金伊婷	宁波银行
24	中国经济何时见底回升：分析与判断	高玉伟	中国银行
25	医疗及大健康客户群细分研究	管鸿禧　孔祥荣	河北银行
26	商业银行的业务流程再造研究	袁毅晨	交通银行
27	商业银行科技金融供给侧结构性改革研究—风险收益结构的视角	尹亭　王学武　杜琰琰	交通银行
28	商业银行服务"一带一路"建设路径研究 —— 中国工商银行的探索	胡浩　吴敏敏　康珂	中国工商银行
29	新形势下互联网金融发展及应对措施研究	宋长林　王炎　胡凯阳	中国邮政储蓄银行
30	上海银行业敬老服务情况报告	公会消保专委会窗口服务小组	上海市银行同业公会
31	国际托管银行发展经验研究	张亭　王雪芹　杨慧	中国农业银行
32	金融资产管理公司不良资产处置绩效研究报告	张洪涛	中国长城资产管理公司

序号	成果名称	作者	单位
33	我国银行系金融租赁公司船舶租赁业务研究	濮文华	交通银行
34	新形势下建设银行网络金融业务战略转型探索	刘雅男	中国建设银行
35	上市城商行经营分析	张晓林　张永成	湖北银行
36	商业银行大零售组织架构改革方向——基于法国巴黎银行的经验与启示	王　婷	南京银行
37	以"三丰收"融合促社区银行转型升级研究	曹晓民　范卓桓　蓝云建	浙江省农村信用社联合社
38	国内商业银行与保险业合作模式探析	漆　铭	南京银行
39	2016年当前三农（县域）人力资源分析报告	田东林　苏泉有	中国农业银行
40	我国国有金融资本出资人模式研究	熊　伟	中铁信托有限责任公司
41	远程开户对商业银行的影响——基于直销银行的分析	王钰娜	北京银行
42	互联网应用的敏捷及持续集成工艺研究	王伟镜　于洪奎　付大亮	中国银行
43	用结构方程模型进行零售业务任务指标分解方案	孔　京	中国民生银行
44	政府引导基金研究——以B市引导基金为例	江　斌	中信银行
45	HS银行个人住房贷款业务安徽市场营销策略优化研究	宁　洁	徽商银行
46	互联网新理念分析及启示——互联网思维助力建行转型发展	赵熙　邱碧波　王治华	中国建设银行
47	"银租"合作发展策略研究	汪学军	中国农业银行
48	社会资本、民间金融与中小企业融资	刘　帅	中国建设银行

续表

序号	成果名称	作者	单位
49	互联网金融对大型商业银行小微金融业务风险定价的启示	吴姣	中国工商银行
50	人民币国际化业务在中小股份制商业银行的发展研究	陈波	江苏银行
51	宁夏地区跨境资本流动的影响因素研究	贺继江　王晓军	交通银行
52	商业银行国际结算业务发展策略研究——以Z银行C分行为例	郑韬	中国银行
53	国内私人银行国际化产品线趋势研究	梁瑞明　郑拓　奚安臻	中国工商银行
54	人民币国际债二元一体发展模型之初探	张朝阳　应坚	中国银行
55	商业银行对保障性住房建设的融资支持模式探析——以北京地区为例	石晓	中信银行
56	大数据应用对商业银行战略转型的意义及应对策略	赵辉　栾峰　程玥	江苏银行
57	H银行客户服务中心服务流程再造研究	汪将诚	徽商银行
58	商业银行内部控制	惠平　童频	中国工商银行
59	"僵尸企业"清理对商业银行的影响与应对策略	汪伟　吴剑　仇高擎	交通银行
60	实施巴塞尔协议内部评级法对提升银行风险管理水平的作用	王超	中原银行
61	交易对手信用风险计量与管理研究	风险管理部课题组	中国工商银行
62	中国光大银行统一远程监控体系——信息化环境下的创新内部审计模式	叶东海　胡浩　穆立	中国光大银行
63	反欺诈策略实验室及敏捷发布平台的应用成果报告	余挈　陈少静　周岚	中国建设银行
64	商业银行移动互联网应用安全实践研究	吴建伟　骆鉴　孙钢	浙商银行

序号	成果名称	作者	单位
65	中国和美国银行风险承担行为的比较研究	张　涛　刘　璐　任达理	恒丰银行
66	企业过度融资的识别与防范研究	索绪全　杨志忠　杜学勇	中国工商银行
67	农民住房抵押贷款中金融机构债权实现的困境与出路	刘　佳	中国华融资产管理公司
68	同业存单与银行资金成本	尹昱乔	中央国债登记结算有限责任公司
69	低迷时期谨防假按揭	林治乾　闫　静	青岛银行
70	当前地方中小法人银行流动性风险管理现状—基于苏州辖内6家法人银行的调研数据	苏州银行业协会课题组	苏州银行业协会
71	资本回报率美元汇率中长期周期性波动的影响研究——基于ARDL模型的实证研究	刘晓曙	青岛银行
72	基于机器学习的信用评级展望研究——以发电企业为例	董　申　王　倩	中国农业银行
73	基于大数据建模的法人客户信用风险预警监控研究	张　军　王洪恩　张　迪	中国农业银行
74	新金融新变革互联网金融背景下中国商业银行竞争研究	范大路	郑州银行
75	国家扶持政策下邮储银行小微企业金融服务实践	邵智宝　李云涛　张　烨	中国邮政储蓄银行
76	区块链在商业银行的应用前景研究	王雅娟	中国工商银行
77	大型商业银行网点规划布局及选址研究	刘志军　许晓帆　彭　晟	中国邮政储蓄银行
78	创新农村"两权"抵押贷款业务模式助推农业供给侧结构性改革深入推进	吴　琦	恒丰银行
79	"一带一路"背景下保险业发展机遇、挑战及路径选择	安　雅	中国东方资产管理公司

续表

序号	成果名称	作者	单位
80	科技对票据市场发展影响实证研究	张敬伦 李 鹰 陈 飞	中国工商银行
81	大型商业银行清算网络体系建设研究	大型商业银行清算网络体系建设课题研究小组	中国工商银行
82	开拓"商行+投行+托管"业务发展模式，开辟银行轻资本转型新天地	杨 洪	中信银行
83	金融服务失地农民养老保障研究与实践	冯丽英	中国建设银行
84	哈尔滨国家级新区投融资方案思路	乔立群	哈尔滨银行
85	互联网金融信号显示、融资效率与风险水平	张 琛	中国东方资产管理公司
86	人民币汇改背景下的商业银行外汇资产负债管理研究	资产负债管理部课题组	中国农业银行
87	中资商业银行的国际化战略研究	王静文 张雨陶 孙 莹	中国民生银行
88	中国绿色债券报告（2016）	商 瑾 宋 旸 史 祎 陆文添	中央国债登记结算有限责任公司
89	基于国产X86服务器的集群数据库在银行业信息系统中的研究与实践_V10	赵连强 杨天喆 刘照乾	中国农业银行
90	金融新常态下商业银行融资结构与融资效率研究	马 岚 李启明 谷晓然	北京银行
91	商业银行大数据应用体系研究	商业银行大数据应用体系课题研究小组	中国工商银行
92	银行业最新发展态势展望及应对策略	王一峰 张丽云	中国民生银行
93	徽商银行消费金融发展线路及布局研究报告	消费金融调研组	徽商银行
94	跨界与融合：商业银行渠道生态圈建构设想及路径	沈荣勤	中国工商银行
95	商业银行贷款定价模型及应用研究	王 冲	中国农业银行

附件 2

中国银行业发展研究优秀成果评选（2017）组织奖获奖名单

交通银行

中国工商银行

中国农业银行

中国建设银行

中国银行

中国邮政储蓄银行

中国民生银行

恒丰银行

浙商银行

北京银行